외교의 시대

외교의 시대

한 반 도 의 길 을 묻 다

윤영관

미지북스

아내에게

The Era of Diplomacy

이 책은 2003년에서 2004년 초까지 필자가 외교통상부 장관으로 일했던 경험에서부터 그 구상이 시작되었다. 당시는 노무현 정부가 출범한 첫해였고 2차 북핵 위기, 미군기지 이전, 이라크 전쟁 등 나라 전체가 들썩였던 굵직한 외교 현안이 많았다. 필자는 그러한 현안들을 다루어 가면서 많은 것을 배우고 생각하게 되었다. 그중 한 가지는 국내 언론이나 여론의 형성 과정에서 학계의 영향이 의외로 미약하다는 자각이었다. 수많은 풍문들, 감성적이고 자극적인 주장들이 쏟아져 나오고 힘을 발휘하는 동안 진지한 분석을 토대로 한 합리적이고 균형 잡힌 시각들은 별로 제시되지 못했다. 그렇게 혼란스러울수록 중심을 잡아주어야 할 학계의 목소리는 생각보다 약했고 그러한 상황에 대해 아쉬움을 금할 수 없었다.

그래서 장관직을 그만두고 학교로 돌아왔을 때 책을 쓰는 게 가장 다급한 일이라고 생각했다. 무엇보다도 국제 정치와 한국의 외교 전략에 대해 읽기 쉽고 친절한 책을 써야겠다고 마음먹었다. 어려운 전문 학술 용어로 가득 찬 논문과 저서들은 많으나 정작 그것들이 일반 시민들의 생각에 접목되지 못하니 자연히 별다른 영향도 주지 못하는 것 같았기 때문이다. 한편으로는 '학계 따로, 정부 정책 따로' 현상이 벌어지는데 이를 바꾸어야 한다는 생각도 들었다. 그런데 10여 년 세월이 지난 이제야 그러한 생각의 결실이 나오게 되었다.

￤

필자는 이 책을 통해 한국의 미래 전략, 즉 대북 전략, 외교 전략, 통일 전략을 제시하고자 했다. 그런데 이를 위해서는 먼저 한반도를 둘러싼 동북아시아 지역 정치뿐만 아니라 더 넓게 전 세계 차원의 국제 정치 흐름을 독자들과 공유할 필요가 있었다. 그래서 책을 구상할 때 우선 탈냉전 이후 글로벌 국제 정치를 소개하고 동북아시아 4대국의 한반도 정책을 설명한 다음, 그러고 나서 본격적으로 한반도와 북한 문제를 다루는 식으로 초점을 넓은 데서부터 좁은 데로 좁혀 나가는 방식을 택했다. 그래서 이 책을 읽고 나면 국제 정치 흐름의 큰 맥을 잡고 그 속에서 한반도는 어디쯤 와 있으며 앞으로 어디로 가야 할지에 대한 그림이 머릿속에 그려지도록 했다.

　　이 책을 관통하는 필자의 문제의식과 관련해서 미리 두 가지를 말해두고 싶다. 첫째, 무엇보다 주인의식, 즉 철저하게 한국의 입장에서 국제 정치를 분석하고 앞길을 제시하는 책을 쓰려고 애썼다. 국제정치학은 수학이나 물리학과 같은 지구상 어느 나라에서나 똑 같은 내용이 통용되는 그런 학문이 아니다. 모든 사회과학이 그렇듯이 국제정치학은 연구자가 살고 있는 시간과 공간에 따라 문제의식이나 논의 내용도 달라질 수밖에 없다. 특히 '외교'라는 실천적 과제를 생각할 때는 더욱 그러하다.

다시 말해 지금의 국제정치학은 압도적으로 미국의 영향이 크다. 그런데 미국의 국제정치학은 미국이라는 초강대국의 입장과 문제의식에서 출발한다. 따라서 그러한 초강대국이 아닌 상대적으로 작은 분단국가 한국의 국제정치학도는 서방의 연구나 이론들을 접할 때 그 내용을 우리 입장에서 걸러내는 작업을 해야 한다. 그러한 재창조, 즉 걸러내는 작업 없이는 자칫 모든 노력이 남의 다리를 긁는 격이 될 수 있기 때문이다. 예를 들어 한미 동맹은 한국 외교의 축으로서 앞으로도 꽤 오랜 기간 중요할 것이다. 그런데 현실적으로 한미 양국의 국익이 100퍼센트 일치할 수는 없다. 그래서 항상 한국과 미국의 국익이 어떻게 중첩되며 또 어떤 편차가 있는지 꼼꼼히 따져보아야 한다. 두 나라의 국익이 일치하는 교집합 부분을 어떻게 살릴 것이며 서로 다른 부분들을 어떻게 조정해서 상호 이득이 되게 하느냐, 그것이 외교의 본질이고 전략일 것이다. 우리를 둘러싸고 있는 중국, 일본, 러시아와의 관계에 있어서는 더 말할 나위도 없다. 무엇보다도 이러한 작업들이 오랜 기간 축적될 때 한국적 관점에서의 국제정치학 정립도 가능해질 것이다.

예를 들어 독일의 통일은 그보다 앞선 시기에 빌리 브란트 총리가 시작한 동방 정책이 없었다면 힘들었다. 그런데 브란트 총리가 동방 정책을 처음 시작할 때 정작 독일의 맹방인 미국은 그것을 달가워하지 않았다. 당시 미국의 헨리 키신저 안보보좌관은 동방 정책을 가리켜 "기회주의적 민족주의의 발로"라고 혹평했고 나아가 "브란트는 그 결과를 감당할 능력이 없는 사람"이라며 폄훼했다. 이처럼 설령 맹방일지라도 서로 간에 이해관계나 입장에 편차가 존재한다. 1982년 집권한 기민당의 지도자이자 대표적인 보수 정치인인 헬무트 콜은 바로 그러한 편차를 이해했고 결국 분단 독일의 현상 변경은 독일인의 몫일 수밖에 없음을 알게 되었다. 그래서 그는 과감하게 경쟁 정당인 사민당의 동방 정책을 자신의 정책으로 채택할 수 있었다. 이는 독일 보수의 깨인 안목을 보여주는 대목으로 우리에게 시사하는 바가 크다.

둘째, 이 책을 통해 어쩌면 우리가 '고래 싸움에 등 터진다'라는 식의 '새우 의식'에 젖어 있는 것은 아닌지, 만약 그렇다면 그게 아니라 '돌고래' 같은 영민함을 갖추어 나가야 한다는 의식을 일깨우기 위해 노력했다. 영민함이란 한국을 둘러싼 대국들의 의도와 그들이 벌이는 권력 정치의 로직을 철저히 이해하고 그 안에서 우리의 번영과 평화를 보장하는 길을 찾아내는 것을 말한다. 물론 그런 다음에는 그 길로 향해 가야 할 것이다. 세계 차원에서 벌어지는 열강의 권력 정치가 '추하다'고 하여 그것을 '고고하게' 외면할 만한 여유가 우리에게는 없다. 오히려 그것이 한반도에 던져주는 과제들을 철저히 파헤쳐 이해하고 극복해 나가려는 적극적인 도전 정신이 필요하다. 우리 국민들의 의식 저변에 깔려 있는 소국적 열등의식과 체념론은, 감성적 냉소주의나 음모론이 아니라 냉철하게 분석하고 주도면밀하게 실천하려는 의지로 극복해나가야 한다.

필자는 이러한 문제의식을 가지고 이 책을 썼다. 그래서 자연스럽게 이 책은 '국가 중심적 시각'을 채택하고 있다. 그런데 한국의 적지 않은 국제정치학도들은 '국가 중심적 시각'에 대해 종종 불필요하게 부정적 시각을 갖는 경향이 있다. 물론 오늘날의 국제 정치는 경제적 세계화와 상호의존의 시대이고, 국가가 아닌 국제기구, 초국가 기구, 기업, 집단들의 활동도 두드러진다. 그리고 이들이 형성하는 상호의존, 통합, 네트워크 등도 중요한 연구주제로서 충분히 그 가치가 있다. 그러나 우리가 살고 있는 한반도는 초국가적 통합이나 평화 지대라 일컬어지는 유럽에 있는 것이 아니라 19세기적 권력 정치가 두드러지는―영토 분쟁과 세력 경쟁, 민족주의 문제가 심각한―동아시아에 위치하고 있다. 최근에는 심지어 유럽에서조차 크림 반도 침공 등 권력 정치적 행태가 자행되어 '지정학의 도래'가 운위되는 상황이다. 대국들에 둘러싸여 분단의 질곡을 경험하고 있는 한반도를 생각할 때 국가 중심적 시각의 필요성을 무시하는 것은 일종의 지적 사치(奢侈)로 여겨진다.

마지막으로 2012년 초 정부 초청으로 한국을 방문하고 귀국하여 『슈피겔』지에 인터뷰한 독일 전직고위 관리들과 학자들의 이야기가 기억난다. 한국에 와서 많은 사람들과 통일에 대해 이야기를 나눈 그들 중 한 사람은, 독일은 통일을 할 때 돈 문제를 그렇게 따지지 않았는데 왜 한국 사람들은 통일 이야기만 나오면 돈 이야기부터 하는지 참 이상하다는 이야기를 했다. 필자가 2013년 봄 베를린에서 체류할 때 만난 독일인들은 자기네들 세대에게 통일을 달성할 사명이 주어졌다는 데 대해 감사하게 생각했고 그래서 최선을 다했다고 말했다. 이것이 우리보다 덜 민족주의적이고 더 초국가적일 것으로 여겨지는, 유럽 국제 질서의 중심에 있으면서도 오히려 민족 국가적 통일을 열심히 이루어낸 독일인의 눈에 비친 우리의 초상이다.

세계화, 통합, 초국가 시대가 운위되는 21세기에도 이처럼 민족 국가는 존재하고 살아서 움직인다. 눈을 돌려 외면하고 나 개인의 삶에 매몰된다고 하여 역사가 사라지지는 않는다. 오늘 우리의 선택은 우리의 아들딸, 더 후대의 아들딸의 운명에 영향을 미칠 것이고 그러한 선택의 결과에 의해 우리가 과연 잘난 조상이었는지 못난 조상이었는지 그들에게 평가받게 될 것이다. 그런 의미에서 이 책이 독자들, 특히 젊은 청년들에게 역사와 우리의 분단 현실을 되돌아보는 계기를 마련해 줄 수 있으면 좋겠다.

10여 년의 과정을 거쳐 나온 책이지만 이러한 저자의 의도나 고민이 제대로 전달되고 공감을 일으킬 수 있을지는 미지수이다. 이 책을 통해 우리 사회의 보수든 진보든, 좌든 우든, 우리 역사와 미래에 대한 낙관론자든 비관론자든, 차가운 머리로 함께 고민해 보는 계기가 될 수 있다면 기쁘겠다. 풍문과 이념과 체념이 아니라, 분석과 논리와 도전 정신에 근거하여 모두가 함께 밝은 미래를 꿈꾸어 보는 하나의 계기가 될 수 있다면 좋겠다.

이 책이 나오기까지 수많은 분들이 큰 도움을 주셨다. 그분들에게 깊은 감사를 드린다. 2005년 안식년을 맞아 스탠포드대학교에 갔을 때 이 책의 기본 구상을 다듬을 수 있었는데 당시 재정적으로 지원해 주신 이종문재단(Chong-Moon Lee Foundation)의 이종문 회장님께 감사드린다. 또한 많은 분들이 진지한 평과 제언을 해주셨고 그것을 충분히 반영하려고 애썼다. 그러나 미흡한 점도 있을 텐데 그러한 부분은 전적으로 저자의 책임이다. 서울대학교의 이옥연, 전재성, 조동준, 박종희 교수, 가톨릭대학교의 마상윤 교수, 그리고 그 외에도 국내외 몇몇 인사들께서 귀한 평을 해주셨다. 자료 조사와 정리에는 서울대학교 대학원의 우형진, 김병구, 류기은, 박상연 조교들이 많은 도움을 주었다. 또한 미지북스 김대수 편집자의 열정적 제언, 그리고 이지열 대표의 협조가 없었더라면 이 책이 나오기 힘들었을 것이다. 이 모든 분들의 노고에 깊이 감사드리며 그 노고가 더 밝은 한반도의 미래에 대한 투자로 이어지기를 기원한다.

2015년 10월
관악산 연구실에서

일러두기

• 주(註)의 경우 단순 서지 주는 후주로, 내용 주는 각주로 각각 구분하여 편집하였다.

• 외국어의 고유명사는 국립국어원 외래어표기법에 따라 표기했다.

• 본문에서 인명, 지명 등은 일일이 원어를 병기하지 않는 것을 원칙으로 했다. 대신 찾아
보기에 원어를 같이 실었다. 예외적으로 중국 인명과 일부 지명에 대해서는 본문에서도
원어를 병기했다.

역사의 장

제1장

권력 부침의 세계사와
소국의 딜레마

국제 정치의 권력 판도가 바뀌고 있다. 조지 W. 부시 정부(2001~2009년)까지만 해도 미국은 국제무대에서 하늘을 찌를 듯한 위세를 떨쳤다. 당시 많은 사람들은 미국을 보며 제국을 떠올렸다. 미국은 고대 로마 제국이나 19세기 대영 제국에 즐겨 비교되었고, 과연 국제 질서는 패권국 미국을 중심으로 요동치며 이전과는 다른 시대를 예비하는 것처럼 보였다. 그러나 2008년 바로 그 미국이 진원지가 되어 세계 금융 위기가 일어났고 2010년에는 유럽에서 경제 위기가 일어났다. 이 시기를 거치며 20세기 내내 국제 정치를 주도해 온 미국과 유럽은 심각한 타격을 받았다. 그리고 이후로 모든 것이 바뀌었다. 미국의 오바마 행정부는 부시 행정부 때보다 국제 분쟁에 대한 군사 개입을 훨씬 꺼리고 있고, 미국의 부재로 생긴 힘의 공백을 중국의 시진핑 주석과 러시아의 푸틴 대통령은 공세적으로 파고들었다. 특히 중국은 2008년 금융 위기를 기점으로 국제무대에서 영향력을 한층 강화하면서 미국에 공세적인 외교를 펼치기 시작했다. 과연 21세기에 미국은 쇠퇴의 길에 들어선 것일까? 그리고 신흥 대국 중국이 미국을 대신하게 되는 것일까?

분명한 것은 2008년 금융 위기가 세계 권력 구조에 상당한 변화를 가져 왔고 이미 되돌릴 수 없는 역사가 되었다는 점이다. 돌아보면 2008년 금융 위기는 지난 1991년 소련의 붕괴만큼이나 중요한 정치적 의미를 갖는 사건이었다. 오늘날 미국과 중국은 국제정세의 새로운 변화 속에서 앞으로 어떻게 서로 간의 관계를 설정하고 관리해야 할지 혼란스러워하고 있다. 이 같은 전환기적 상황에 대해 한 논자는 "미국은 영향력을 잃어버렸고, 중국은 방해자(spoiler)가 되었으며, 소국들은 원치 않는 것을 모두 거부할 수 있게 되었다"고 선언하기도 했다.[1] 이제는 패권국의 횡포가 아니라 국제적 리더십의 공백과 뒤따를 혼란을 걱정하는 목소리도 들리기 시작한다.

권력 부침의 세계사

이 같은 변화를 바라보고 있노라면 확실히 국제 정치에서도 권력이란 살아 있는 생물과 같다는 것을 실감한다. '권불십년(權不十年), 화무십일홍(花無十日紅)'이라는 금언은 비단 국내 정치에만 해당하는 말이 아니다. 지구상에 존재했던 모든 대국은 권력*이 성장하는 빛나

---

* 여기서 권력(power)이란 '상대방에게 미치는 영향력'이라는 심리적 측면을 강조하는 개념이 아니라 '물적 자원(capabilities)의 상대적 크기'에 초점을 맞추는 개념이다. 즉 물리적 측면을 강조하는 개념으로 사용한다.

외교의 시대

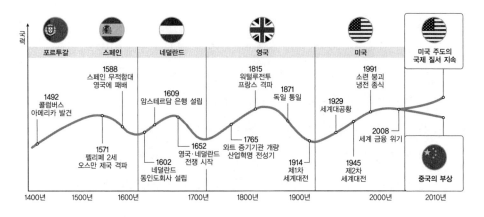

그림 1. 15세기 이후 패권 국가의 변화
참고: "미국은 말발 안먹히고 중국은 책임 안지려 하고…", 『매일경제』 (2010. 1. 15).

는 시절을 뒤로 하고 예외 없이 쇠퇴의 시기를 맞았다. 그림 1이 보여 주는 것처럼 지난 5세기 동안의 세계사를 보더라도 중요 국가들의 권력은—물론 상대적인 관점에서—상승과 하강의 주기를 그리며 변해 왔다.[2]

　　근대 이후 역사 무대에서 시대를 풍미한 패권국으로는 포르투갈(15세기 말~16세기 중엽), 스페인(16세기 초~17세기 초), 네덜란드(17세기), 프랑스(17세기 말~18세기 전반), 영국(19세기), 그리고 2차 세계대전 이후 현재까지 패권적 지위를 유지해 온 미국이 있다. 일반적으로 기존의 패권국이 쇠퇴하고 이에 도전하는 국가가 패권을 이어받는 과정에서는 대개 큰 전쟁이 일어났다. 대표적으로 나폴레옹 전쟁(1803~1815년)이 그러한 전쟁이었다. 나폴레옹 치하의 프랑스는 유럽 대륙의 지배를 꿈꾸며 전쟁을 일으켰다. 하지만 프랑스는 신흥 도전국 영국과 그 연합 세력에 의해 저지당했고, 이후 유럽의 패권은 프랑스에서 영국으로 넘어갔다.

　　20세기 초중반을 강타한 두 차례의 세계대전도 이러한 권력 부침의 파생물이었다. 1차 세계대전(1914~1918년)은 19세기의 패권국 영국을 중심으로 한 연합국과, 1871년 통일 이후 급속히 성장한 신흥 도전국 독일을 중심으로 한 추축국 사이에 벌어진 전쟁이었다. 전쟁은 연합국의 승리로 끝났고 독일의 야심은 좌절되었다. 그런데 전후 국제 질서를 설계하면서 새로운 문제가 배태되었다. 연합국 측은 독일의 힘을 영원히 약화시켜야 평화가 유지될 수 있다고 보았고, 그러한 목표 아래 독일에서 군대를 해체하고 가혹한 전쟁배상금을 부과했다. 그런데 이러한 조치는 독일 경제를 극도로 피폐한 상태로 몰아갔고 연합국에 대한 독일 국민의 여론을 크게 악화시켰다. 그리하여 역설적으로 선동가 히틀러가 집권하는 계기가 만들어졌다. 결국 히틀러 치하의 독일은 또다시 도전국이 되었고 1차 세계대전의 승전국들을 상대로 전쟁을 일으켰다. 이 2차 세계대전(1939~1945년)도 영국, 프랑스, 미국, 소련이 가담한 연합국의 승리로 귀결되었다. 그러나 패권국 영국은 전쟁을 치르면서 경제적으로 큰 타격을 입었고 이후 세계 패권은 영국에서 신흥 대국 미국으로 넘어갔다.

미국 패권의 부침

2차 세계대전이 끝난 시점에 미국은 전 세계 부의 절반을 차지할 정도의 압도적인 권력을 보유하고 있었다. 미국은 이를 바탕으로 전후 국세 정치경제의 틀을 짜 나갔다. 정치적으로는 유럽, 일본과 동맹을 맺어 자유민주주의 진영을 주도하면서 소련과 중국의 공산 진영에 맞섰고, 경제적으로는 시장경제와 자유무역을 기본으로 하는 세

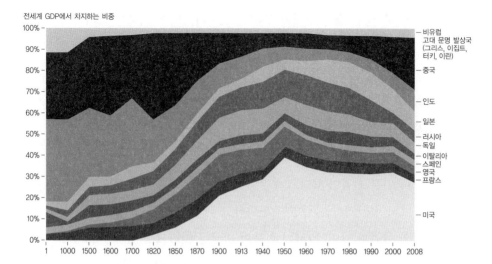

전세계 GDP에서 차지하는 비중

그림 2. 중국과 다른 대국의 경제력
자료: Derek Thompson, "The Economic History of the Last 2000 Years in 1 Little Graph," (June 20, 2012)에서 재인용.

계 경제 질서를 만들어 나갔다. 특히 후자의 경우 국제통화기금(IMF) 과 세계은행(IBRD), 관세 및 무역에 관한 일반 협정(GATT) 등의 국제 제도가 중요한 역할을 수행했다.

　그러나 1950년대와 1960년대 유럽과 일본이 경제적으로 빠르 게 성장하며 세계 경제에서 차지하는 비중을 높여 가는 동안 미국은 그러지 못했고 미국 경제는 경쟁력이 상대적으로 약화되었다. 특히, 이어진 1970년대에 미국이 베트남전에서 패배하자 이를 지켜본 서 구의 학자들은 미국도 과거 패권국들처럼 결국 쇠퇴의 길에 접어들 었다고 생각했다. 소위 '미국 쇠퇴론'이 거론되기 시작한 것이다.[3]

　그러나 1990년대 초 사람들이 미처 예상치 못한 방향으로 역 사의 물꼬가 터졌다. 소련과 동구권이 급작스레 붕괴하면서 수십 년을 이어온 냉전 양극 질서가 무너진 것이다. 그 후 미국은 쇠퇴하기 는커녕 오히려 일극 체제의 최정상 지위에 올라섰다. 새로운 전망이 쏟아져 나왔고 이전까지의 전망들은 순식간에 낡은 것이 되었다. 미국의 정치학자 프랜시스 후쿠야마는 자유민주주의의 승리로 세계 역사가 최종 종착지에 도달했다고 선언했고, 헨리 키신저 전 미국 국무장관은 전후(戰後)에 이어 다시 한 번 미국이 새로운 세계 질서를 주도해 나갈 시점이 왔다고 주장했다.[4]

　하지만 역사는 끝없이 변화하고 국제 정치는 살아 움직인다. 이들의 예측과 달리, 21세기에 들어 미국은 이라크 전쟁과 아프가니스탄 전쟁에 발이 묶였고 경제는 하강 곡선을 그렸다. 월스트리트에서 촉발된 2008년 금융 위기는 미국 경제의 상대적 쇠퇴를 보여준 분수령이었다. 반면 세계의 이목은 1978년 개혁개방 이래 빠르게 성장한 중국에 집중되고 있다. 그림 2에서 보듯이 오늘날 세계 경제의 중심축은 아시아로 이동하고 있고 그 중심에 중국이 있다.

역사 속의 약소국

국제 정치에서 권력 판도가 바뀌면 국가들은 불안한 '전환기'에 돌입한다. 전환기는 그 끝에 나타날 새로운 질서가 어떤 것일지, 그 과정에서 어떤 새로운 양상의 게임이 전개될지 아직 분명히 알 수 없다는 점에서 본질적으로 불안한 시기이다. 권력 판도에 변화의 조짐이 있는 오늘날과 같은 전환기에 세계 각국의 지도자와 학자들이 마주하는 질문은 다음과 같이 정리할 수 있다.

• 기존 패권국과 새로운 상승 도전국 사이에는 어떤 관계가

설정될 것인가?

- 누가, 어떻게 새 국제 정치의 판도를 주도할 것인가?
- 그 전환 과정은 과연 평화로울 것인가, 그렇지 않을 것인가?
- 그 속에서 자국은 어떤 영향을 받게 될 것인가?

이러한 질문을 던지는 이유는 간단하다. 이를 제대로 꿰뚫어 본 후에야 전환기 상황을 헤쳐 나갈 전략과 정책을 선택할 수 있고, 또 이웃 국가들을 상대로 어떤 외교를 해 나갈지도 결정할 수 있기 때문이다. 결국 이 모든 것은 자국의 안보와 번영에 관한 근본적인 물음이다. 더 이상 평상시의 관성에 안주할 수 없는 상황, 특히 이러한 권력 전환기에는 그 어느 때보다 냉철하게 판을 읽는 '안목'과 현명하게 대응하는 '전략적 사고'가 필요하다.[*]

폴란드: 120여 년간 주권을 빼앗긴 나라

'안목'과 '전략적 사고'는 강대국보다 약소국에 더욱 절실하다. 역사에는 국제 정치의 판을 정확히 읽어내고 대응하는 데 실패해서 희생당한 약소국이 수없이 많다. 단적인 예로 강대국들에 의해 네 차례 분할되고 점령당한 끝에 지도에서 사라졌던 폴란드를 들 수 있다. 원래 폴란드는 1569년 폴란드-리투아니아 연방을 수립한 이후 광대한 영토를 확보하고 절정의 국력을 과시하던 중부 유럽의 강국이었다. 그러나 17세기 중엽 이래 수많은 전쟁과 국내적 혼란을 겪으며 서서히 쇠락의 길을 걷기 시작했다.

18세기 후반이 되면, 폴란드는 러시아와 프로이센, 오스트리아라는 세 강대국에 둘러싸여 있었다.[**] 당시 러시아는 오스만 제국과의 전쟁에서 승리한 후 지속적으로 서쪽으로 세력 확장을 도모하고 있었는데, 오스트리아는 이에 위협을 느껴 러시아와 전쟁을 불사하며 강경 대응에 나섰다. 프로이센은 전쟁의 불꽃이 자국에 튀는 것을 막기 위해 두 나라의 세력 경쟁이 폴란드 땅에서 일어나도록 유도했다. 애석하게도 폴란드는 국가적 위기가 임박한 순간까지 주변 국가들의 의도나 국제정세를 정확히 판단하지 못했고 현명한 외교 노선을 채택하지도 못하였다. 오히려 폴란드는 내부 분열에 휩싸여 외국 세력에게 자국을 침공할 단초를 제공했다. 세 강대국은 폴란드의 영토를 각각 나누어 차지함으로써 세력 경쟁을 완화하기로 합의했다. 그리하여 폴란드는 내란과 러시아의 침공으로 국토가 황폐화되었을 뿐만 아니라 세 강대국의 이해관계에 휘둘린 끝에 1772년 영토의 3분의 1을 강탈당하고 말았다(1차 분할).

그로부터 20년 후 폴란드의 지도층은 국내 개혁을 추진하기 위해 새로운 헌법을 제정했다. 그런데 이것이 또 하나의 빌미가 되었다. 국내의 보수파는 그에 반발해 내부 투쟁을 벌이며 러시아에 군사 지원을 요청했고, 러시아가 움직이자 프로이센도 군대를 파견했다. 헌법을 가결했던 폴란드 의회는 외국 군대에 의해 포위되었다. 이는 마치 구한말 동학 혁명 이후 조선에서 벌어진 청일 전쟁의 상황과도

• 국제 정치의 험한 세계에서 권력을 키우는 것은 중요하다. 그러나 한국처럼 한정된 권력 자원을 가진 중위권 국가가 권력을 키우는 데에는 한계가 있을 수밖에 없다. 그렇기에 한 국가에 있어서 한정된 권력 자원을 어떻게 효율적으로 사용하여 국가목표를 달성할 것인가가 가장 중요한 문제로 등장한다. 최소의 권력 자원으로 최대의 목표를 달성하는 것, 이것이 바로 국가 전략의 기본이다.

•• 19세기 후반 이래 조선의 지정학적 상황도 이와 비슷했다. 조선은 청나라와 일본, 러시아에 둘러싸여 있었다.

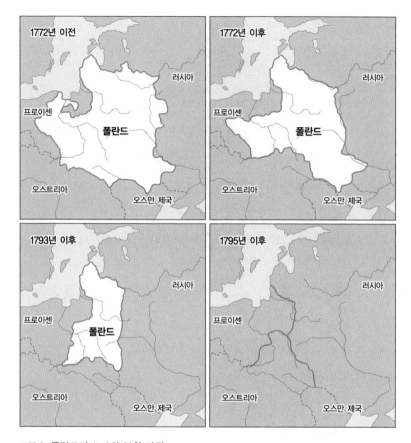

그림 3. 폴란드의 1~3차 분할 과정
참고: H. G. Wells, *The Outline of History* (New York: The Macmillan Company, 1921), 800쪽.

비슷했다. 결국 1793년 폴란드는 남은 영토의 절반마저 또다시 빼앗기고 말았다(2차 분할).

　　2차 분할 이후 분노한 폴란드 국민들은 전국에서 봉기를 일으켰다. 하지만 주변 삼국은 오히려 이를 진압한다는 명목으로 폴란드에 군대를 파견했고, 폴란드는 이들 군대에 의해 완전히 점령당하고 말았다. 1795년 세 강대국은 폴란드의 남은 영토마저 분할하기로 합의했고, 이후 123년 동안 폴란드는 지도상에서 사라져 버렸다(3차 분할).[5]

1918년 1차 세계대전이 끝나면서 폴란드는 잃었던 주권을 회복하고 나라를 되찾았다. 그러나 2차 세계대전의 와중에 폴란드는 독일과 소련 사이에서 홍정의 대상이 되어 다시 한 번 희생되었다. 1939년 9월 1일 나치 독일이 폴란드의 서쪽 국경을 침공했고 이어서 9월 17일 소련군이 동쪽에서 쳐들어 왔다. 같은 달 27일 폴란드는 독일과 소련에 의해 분할 점령됨으로써 또다시 지도에서 사라졌다(4차 분할).

비록 2차 세계대전 후 나라를 되찾을 수 있었지만 폴란드가 겪은 이 질곡의 역사는 약소국과 중위권 국가에게 큰 교훈을 던져준다. 물론 경제적 상호의존과 세계화가 심화된 오늘날 21세기에 그와 같은 적나라한 영토 쟁탈전은 드물다. 그러나 우크라이나 사태와 러시아의 크림 반도 합병과 같은 일이 엄연히 벌어지고 있고, 동아시아에서도 여러 영토 분쟁이 목전에서 진행 중이다. 오늘날에도 지정학적, 전략적 고려는 여전히 중요하다. 한국처럼 지정학적 요충에 있는 국가가 대국들 사이에서 권력 정치의 희생양이 되는 운명을 피하기 위해서는 더욱 눈을 부릅뜨고 국제정세를 살펴야 한다. 그리고 국내적으로 단합하여 머리를 맞대고 현명한 전략과 정책을 추구해야 한다.

광해군의 조선, 인조의 조선

폴란드의 과거 역사가 결코 남의 이야기가 아님을 우리는 잘 알고 있다. 우리 민족의 역사에서도 험난한 국제 정치의 파고 속에서

판을 제대로 읽지 못하고 현명한 전략으로 대응하지 못해 온 국민이 고통을 당한 예가 자주 있었다. 단적인 예로 구한말 조선 정치 지도자들의 실패는 이후 고통스러운 역사로 이어졌다. 물론 조선에는 국제정세의 변화를 꿰뚫어 보고 현명하게 대응하여 기회를 잡으려고 한 군주도 있었다. 오늘날 '실리 외교, 현실주의 외교'를 펼쳤다고 재평가되는 광해군이 대표적인 예다.

임진왜란이 끝나고 17세기 초 조선을 둘러싼 국제정세는 날로 복잡해지고 있었다. 무엇보다 중국에서 명나라에 도전하는 후금 (後金)의 세력이 커지고 있었다. 왜란을 경험한 광해군은 시시각각 변하는 천하의 정세에 대응하기 위해 국방을 튼튼히 하고 주변국의 동태를 파악하는 데 힘썼다. 무엇보다 빛을 발한 것은 현실적인 판단력을 가지고 임한 외교 전략이었다. 우선 그는 서북쪽에서 후금이 위협으로 존재하는 한 동남쪽의 일본과 안정적인 관계를 유지할 필요가 있다고 느꼈다. 그는 신료들의 반대를 무릅쓰고 1609년 일본과 국교를 재개했다. 1616년 마침내 후금이 공식적으로 건국되자 명나라는 이를 친다는 명목으로 조선에 파병을 요청했다. 하지만 광해군은 명나라의 요청에 바로 화답하지 않고 정세를 살피다가 1618년에 이르러서야 마지못해 1만 명의 병력을 파견했다. 이때 광해군은 지휘관인 강홍립 장군에게 너무 열심히 싸우지 말고 적절한 시점에 항복하라고 지시하였다. 국제 권력 판도가 거대한 변화를 맞은 전환기에 광해군은 명분에 집착하기보다 국익을 앞세우는 실리 외교를 펼쳤던 것이다.

그러나 1623년 인조반정이 일어나 광해군은 폐위되었다. 새로 권력을 쥔 인조와 서인 세력의 눈에 비친 광해군의 외교는 다음과 같았다.

> "우리나라가 중국을 섬겨온 지 2백여 년이 지났으니 의리에 있어서는 군신의 사이지만 은혜에 있어서는 부자의 사이와 같았고, 임진년에 나라를 다시 일으켜 준 은혜는 영원토록 잊을 수 없는 것이었다. 이리하여 선왕께서 40년간 보위에 계시면서 지성으로 중국을 섬기시며 평생에 한 번도 서쪽으로 등을 돌리고 앉으신 적이 없었다. 그런데 광해는 은덕을 저버리고 천자의 명을 두려워하지 않았으며 배반하는 마음을 품고 오랑캐와 화친하였다. 이리하여 기미년에 중국이 오랑캐를 정벌할 때 장수에게 사태를 관망하여 향배를 결정하라고 은밀히 지시하여 끝내 우리 군사 모두를 오랑캐에 투항하게 하여 추악한 명성이 온 천하에 전파되게 하였다."[6]

즉위 후 인조의 무감각한 숭명 외교는 결국 외침을 불러왔다. 집권 5년 만인 1627년에 후금의 침략을 받아 정묘호란이 일어났고, 1636년에는 후금에서 국호를 바꾼 청나라의 침략을 받아 병자호란이 터졌다. 두 차례의 전란으로 백성들은 말로 표현하기 힘든 고초를 겪었다. 1637년에는 인조 자신이 삼전도(三田渡)*에서 청 태종을 향해 세 번 절하고 아홉 번 머리를 조아리는 치욕을 당해야만 했다.

---

* 오늘날 서울 송파구 송파동에 있던 나루. 조선 시대에 서울과 남한산성을 이어주던 나루였다.

구한말의 실패와 그 결과

19세기 후반이 되면 서구 제국주의의 물결이 마침내 거세게 동양으로 밀려들어 오기 시작한다. 그 전까지 조선과 일본은 동일하게 쇄국 정책을 펼치며 문호를 닫고 있었다. 여기서 19세기 후반 이래로 두 나라가 너무나 대조적인 길을 걷는 것을 눈여겨볼 필요가 있다. 1853년에 일본은 이른바 흑선을 몰고 우라가(浦賀) 항에 도착한 미국 페리 제독의 개항 요구에 직면했다. 일본인들은 자신들을 압도하는 선진 군사력과 그것을 앞세운 강압 외교에 엄청난 충격을 받았다. 하지만 그들은 얼마 지나지 않아 직면한 국제정세의 본질을 정확하게 파악했고 재빠르게 적응하며 변신하기 시작했다. 일본은 국내적으로 힘을 결집하고 서구 문명을 받아들여 부국강병에 전념하면서 당시 새롭게 변화하는 국제 질서에 대응해 나갔다.

비슷한 시기에 조선도 외부 세계의 도전을 받았다. 그러나 조선은 내부적으로 국가 역량을 결집하지 못했고 한 방향으로 국가 전략을 정하여 나아가지도 못했다. 바깥세상을 꿰뚫어 보는 안목도, 새로운 흐름에 대응할 능력도 끝내 갖추지 못하였다. 우리 민족은 열강의 틈바구니에 끼어 표류했고 결국에는 빠르게 성장한 일본에게 침략당해 나라를 잃었다. 이후 백성들은 35년의 세월 동안 참담한 고통을 겪어야 했다. 구한말 조선은 앞서 본 폴란드와 비슷한 운명을 맞았던 것이다.

문제는 여기서 그치지 않았다. 2차 세계대전이 마무리되는 과정에서 우리 민족은 자력으로 일본을 물리치지 못했고 이 때문에 해방되자마자 한반도는 외국 세력이 개입한 가운데 남북으로 분단되었다. 곧이어 한국 전쟁이 발발했고 이후 분단이 고착화된 채 우리는 질곡의 냉전 갈등을 지금까지도 계속하고 있다. 그나마 남쪽의 한국은 1960년대 이후 고속 경제 성장을 통해 세계 13위의 경제대국이 되었고, 정치적으로도 군부 독재의 유산을 떨쳐 버리고 상당한 민주주의의 발전을 이루었다. 그러나 북쪽에서는 여전히 시대에 뒤떨어진 작동 불능의 사회주의 경제와 독재 정치 아래 주민들이 극심한 고통을 겪고 있다. 특히 1990년대 중반의 대기근 이래 주민들이 제대로 먹지 못해 키가 자라지 않고 골상이 바뀌는 참극이 바로 우리 눈앞에서 진행되어 왔다.

한국의 전략은 무엇인가

외교와 안보에 대한 정치 지도자들의 잘못된 판단과 결정은 그 시기뿐만 아니라 대를 이어 후손들의 운명까지 좌우한다. 실로 그 여파가 막대하다. 한 세기 남짓 전부터 잘못 꿰어진 역사의 단추가 지금까지 우리 민족의 현실을 왜곡하고 있는 것처럼 말이다. 현명하고 냉철한 대외 전략의 설정과 추진이 갖는 중요성은 아무리 강조해도 지나침이 없다.

　　냉전이 끝난 지 사반세기가 되었지만 한반도는 여전히 세계 유일의 냉전의 섬으로 남아 있다. 북한은 체제 유지와 생존 확보를 위해 핵과 미사일을 개발하여 우리를 위협하고 있다. 그 외에도 북한은 2010년 천안함 격침 사건과 연평도 포격 사건을 일으켰고, 2013년 봄에는 3차 핵실험과 미사일 발사로 한반도를 극도의 긴장 상태로 몰아가기도 했다. 김정은으로의 권력 이양이 끝난 후에도 북한 경제는 사회주의 체제와 시장경제 사이에서 어정쩡한 작동 불능의 상태에 있으며, 장성택 처형이 보여주듯이 그 권력 기반은 단기적으로는 공고화되는 모습이지만 장기적으로 정치, 경제, 사회적 전망 등 모든 부문에서 미래가 불투명하다.

그리고 이 순간에도 바깥세상은 빠르게 변화하면서 한반도에 영향을 미치고 있다. 중국의 시진핑 주석은 2014년 7월 방한하여 행한 서울대학교 강연에서 임진왜란 당시 조선과 중국이 일본의 침략에 대항해 함께 싸운 동지적 관계였음을 강조했으며, 이후 우리나라를 중국 쪽으로 끌어당기고 있다. 한편에선 우리의 동맹국 미국이 남중국해에 대한 중국의 영유권 주장을 비판하며 중국과 대립각을 세우고 있고, 일본에 대해서는 집단자위권 행사를 위한 헌법 재해석 조치를 환영하며 일본의 군사력 증강을 지지하고 있다. 그러는 동안 한국과 일본의 관계는 아베 총리의 집권 이후 대단히 악화되어 감정 대립으로까지 치달았고 미국은 가운데 서서 말리기에 바쁘다. 국민들은 이처럼 복잡하게 얽혀 가는 한반도 주변 정세 속에서 한국이 어디로 가고 있는 것인지, 또 어떻게 해야 할지 혼란스러워 하고 있다. 도대체 동북아시아 '지정학 시대의 도래'[7] 속에 한국의 갈 길은 어디인가?

바깥에서는 이처럼 복잡하게 국제 정치의 판도가 바뀌고 있는데, 우리 안을 들여다보면 상황은 그리 희망적이지 않아 보인다. 불안정한 북한을 머리에 인 채로 세계를 상대로 무역을 해서 먹고사는 나라인 만큼 우리는 다른 어떤 나라보다 국제 정치와 바깥세상의 변화에 민감해야 한다. 그리고 그 변화가 우리에게 어떤 영향을 미칠 것인지, 과연 우리는 어떤 전략으로 대응할 것인지에 대하여 정치 지도자와 국민들이 머리를 맞대고 지혜를 짜내야 한다. 주변 정세의 변화에 무감각한 채 내부 싸움에만 몰두했던 폴란드나 구한말 조선의 역사는 결코 남의 일이 아니기 때문이다. 그럼에도 불구하고, 무릇 정치 지도자라면 통합과 소통의 리더십으로 나라의 지혜와 힘을 한 방향으로 모으고 대외 전략과 비전을 제시해야 마땅하건만 우리의 정치 지도자들은 그렇게 하지 못하고 있다. 외교건 대북 정책이건 구호는 있지만 구체적인 실천이 없고, 따라서 그때그때 국제적 현안이 터지면 마치 휩쓸리듯이 즉흥적으로 일정한 전략도, 방향도 없이 대응하고 있다. 나라 전체가 이념 싸움과 이런저런 사건들 속에 파묻혀 일엽편주처럼 표류하고 있는 것이다.

이 책은 독자들에게 현재 우리가 겪고 있는 국제 정치 현실에 대한 보다 정밀한 이해를 제공하고, 그런 '안목'에 기대어 우리가 나아가야 할 전략적 방향과 구체적인 답을 공유하기 위해 구상되었다. 필자의 노력이 제대로 닿는다면 독자 여러분은 책을 덮은 뒤에도 오늘날 한국의 국제정치적 처지와 가야 할 길을 가늠할 수 있을 것이다. 각 장에서 이 책은 다음과 같은 질문들에 답하려고 한다.

먼저 2장은 국제 권력 질서의 판을 크게 바꿔 놓은 1991년 소련의 붕괴에서부터 이야기를 시작한다. 소련은 왜, 어떻게 무너졌는가? 그리고 소련의 붕괴는 어떤 과정을 거쳐 냉전 질서의 종결로 이어졌는가? 냉전 시대가 막을 내린 후 국제 질서는 미국이 주도하는 패권적 일극 체제로 바뀌었다. 하지만 미국의 권력은 이후에도 시기에 따라 부침을 겪었다. 세계 유일의 초강대국 미국은 어떻게 권력의 절정기에 '오만(hubris)'의 상태로 나아갔으며, 급기야 스스로 패권 쇠퇴의 씨앗을 뿌리게 되었는가? 2장의 후반에서는 이에 관한 역사를 살펴본다.

국제 정치의 역사에서 권력의 상승과 하강은 주기를 그리며 반복되어 왔고 그 과정에서 패권의 교체가 이루어졌다. 오늘날 이것은 미국 경제력의 상대적 하강과 중국 경제력의 상승으로 나타나고 있다. 그렇다면 패권국인 미국이 하강하는 이유는 무엇인가? 또 도전국인 중국이 상승하는 이유는 무엇인가? 3장에서는 패권국의 '자만'과 도전국의 '절제' 심리 관점에서 두 나라의 국내 정치경제 메커니즘을 살펴본다.

상승 대국은 언제나 경제력의 상승에 버금가는 정치적, 군사적 영향력을 추구한다. 그리고 기존 대국은 이를 견제한다. 이와 같은 상승 대국과 기존 대국의 치열한 경쟁이 현재 아시아 태평양 지역에서 진행 중이다. 4장에서는 두 대국의 경쟁이 어떤 양상으로 전개되고 있는지 경제적 영향력과 군사적 영향력 두 측면에서 상세히 들여다보기로 한다.

흔히 이야기하는 것과 달리, 미래의 국제 질서는 미국과 중국 두 대국만이 축이 되는 'G2 시대'로 진입하지 않을 것이다. 미국과 중국 외에 다른 대국들의 움직임도 중요한 변수가 될 것이기 때문이다. 5장에서는 2차 세계대전 이후 일본과 러시아, 인도, 유럽의 국제 정치적 궤적을 추적한 다음, 미래 국제 질서에 관한 중요한 질문을 던질 것이다. 지금 이 국가(지역)들은 어떤 도전에 직면해 있는가? 가까운 미래에 이들은 어떤 방향으로 움직일 것인가?

앞선 장들이 글로벌 국제 질서란 무엇인지 규명하기 위한 것이었다면, 6장은 전반부에 근거한 결론 부분으로 여기서는 미래 국제 질서의 향배에 대한 전망을 내놓을 것이다. 미래 국제 질서는 미국과 중국 두 대국을 중심으로 일본, 러시아, 인도, 유럽이 합종연횡하여 이루어지는 '미중이 선도하는 다극 체제'일 것이다. 지난 2014년은 1차 세계대전 발발 100주년이 되는 해였다. 세계적으로 지금의 상황이 한 세기 전 유럽의 상황과 유사하다는 지적이 자주 등장한다. 이 장에서는 지금의 국제 질서가 어떤 점에서 그때와 닮아 있는지, 무엇보다 그때의 대재앙을 반복하지 않으려면 어떻게 해야 될 것인지 그 방책도 제시해 보려고 한다.

7장에서는 이제 초점을 한반도와 주변 정세로 좁혀 본다. 앞에서 설명한 현 국제 정치 상황은 한반도에 어떤 도전을 제기하고 있는지, 한반도의 주변 4국은 한반도에 대해서 무슨 생각을 하고 어떤 의도를 가지고 있는지, 특히 한반도 통일에 대한 이들의 생각은 무엇인지 살펴본다. 또한 이 국가들과 양자 관계에 걸려 있는 중요 현안들에는 무엇이 있는지, 어떻게 그것들을 풀어 나가야 하는지도 짚어 본다.

누가 뭐래도 우리가 당면한 가장 긴급한 현안은 '북한 문제'이다. 한반도의 미래를 좌우할 북한 문제, 특히 '북핵 문제'와 '북한 경제 문제'의 본질은 무엇인가? 냉전 종결 이후 이 두 문제는 어떻게 전개되어 왔으며, 그 해결 노력에 대해서 어떻게 평가해야 할까? 그리고 지나온 궤적에 비춰 볼 때 대북 정책에 어떠한 방향 전환이 필요한가? 이 문제를 8장에서 다룬다.

9장에서는 시야를 넓혀 한국이 글로벌 차원에서 외교 전략을 어떻게 펼쳐 나가야 할지 살펴본다. 국제 질서의 변화, 한반도 주변 4국의 의도와 역학 관계, 북한 정세 등을 염두에 놓고서, 우리 한국은 과연 세계를 상대로 어떤 외교를 펼쳐야 하는가? 입체적인 관점의 '삼축외교론'과 동맹에 기반한 '중첩외교론'을 중심으로 우리 외교 스스로의 역량과 공간을 확대하는 방안을 모색한다.

마지막으로 10장에서는 우리의 궁극적 국가목표인 통일을 어떤 전략으로 달성할 것인지 논한다. 통일에 대해 서로 다른 입장을 가진 주변국을 상대로 어떤 외교를 펼쳐야 할지, 안으로는 한반도 내부의 구심력을 강화하기 위해 어떤 정책을 추구해야 할지 살펴본다. 특히 통일 한국의 외교적 위상과 비전 설정의 문제에 대해 생각해보는 장이 될 것이다.

이 책은 이러한 질문들에 답함으로써 21세기 글로벌 차원과 동아시아 차원의 국제 정치 맥락에서 한반도의 항구적인 평화와 번영, 통일을 달성하기 위한 새로운 미래 전략, 즉 대북 전략, 외교 전략, 통일 전략을 제시하는 데 그 목표를 두고 있다.

제2장

미국 패권의 절정과
쇠퇴의 씨앗

1991년 냉전 대결의 두 축을 이루고 있던 미국과 소련 가운데 한 축이 사라져 버렸다. 소련이 붕괴한 것이다. 그와 함께 수십 년간 팽팽하게 유지되어 온 양극 체제도 종말을 고했다. 1970년대 이후 한때 흔들리는 듯 보였던 미국의 국력과 위상은 다시 한 번 상대적으로 한껏 강화되었다. 당시 유행하던 '미국 쇠퇴론'은 다시 '미국 패권론'과 더 나아가 '미국 제국론'에 자리를 내주었다. 과거 역사에서 국제 정치의 권력 구조가 이처럼 크게 바뀔 때에는 항상 전쟁을 동반했지만 냉전 체제는 전례 없이 평화적으로 끝이 났다.

    그렇다면 소련은 어떻게 무너진 것일까? 소련의 붕괴는 냉전 질서의 종결을 가져온 중대 사건이었을 뿐 아니라 현재 북한이 처한 정치경제적 딜레마에도 시사하는 바가 크다. 그래서 상세하게 들여다볼 필요가 있다.

소련의 붕괴

1985년 3월 고르바초프가 서기장에 취임하던 시점에 소련 경제는 각종 문제들이 누적되어 이미 심각한 증세를 보이고 있었다. 2차 세계대전을 직접 경험하지 않은 전후 세대 출신으로는 처음으로 공산당 서기장이 된 고르바초프는 전임 서기장들과 달리 스탈린 시대의 유산으로부터 자유로웠다. 그는 경직된 체제와 사고에서 벗어나 부분적 개혁을 단행함으로써 소련 경제를 되살릴 수 있다고 믿었고, 1985년 개혁(perestroika)과 개방(glasnost) 정책을 선언했다. 그는 결코 사회주의를 완전히 포기하려던 것이 아니었다. 그러나 그의 의도와 달리, 그가 소련 사회에 개혁개방을 풀어 놓자 곧 정치 상황은 급속히 변화하기 시작했고 마침내는 최고 통치자인 그조차 통제할 수 없는 수준으로까지 치달았다.

소련은 국가가 모든 경제 활동을 계획하고 통제하는 계획경제 체제였다. 당시 소련 경제가 깊은 침체에 빠지고 만 것은 체제 자체의 모순이 누적된 결과였다. 계획경제 체제의 가장 큰 문제는 개인의 생산성과 능력을 끌어내려는 유인(誘因) 동기가 형성되지도, 기능하지도 않는다는 데 있었다. 개인은 아무리 열심히 일해도 그에 대한 보상을 받을 수 없었다. 서방의 시장경제 체제에서는 이것이 가능했기에 기업가들을 필두로 기술 발전과 경영 혁신, 생산성 증대가 이루어져 경제가 성장했다. 그러나 소련에서는 공장과 토지 등 모든 생산 수단이 국유화되어 있었고, 국유 기업들은 국가가 계획하여 하달한 할당량만 마지못해 채우는 그런 식의 생산을 하고 있었다.

이러한 한계를 극복하기 위해 고르바초프가 시도한 대표적인 정책은 1985년부터 시작된 농업 개혁과 1988년 기업법 제정이었다. 농업 개혁은 제한적으로나마 개인영농을 도입하고 기업들 간에 협동조합 시스템을 구축함으로써 집단농장의 낮은 생산성을 만회하고 식량 부족 문제를 극복하고자 시작되었다. 기존 집단농장 체제를 보완하는 차원에서 성과에 비례해서 보수를 지급하는 집단계약제를 도입하고 또 개인 단위에서도 임대계약제를 통해 부분적으로 사적 영농을 허가하는 등 제한적으로나마 시장경제적 요소를 도입하는 것이 농업 개혁의 주요 골자였다.[1] 또한 고르바초프는 기업법을 새로 제정하여 국가가 기업을 전면 통제하던 관행에서 기업들을 풀어 주려고 시도했다. 중앙이 쥐고 있던 권한을 부분적으로 국유 기업의 경영자들에게 위임하고 기업 생산품의 일부를 시장에서 직접 판매할 수 있도록 허용한 것이다.

그러나 이러한 부분적 개혁들은 결국 실패로 돌아갔다. 농업 개혁의 경우 농민들은 갑작스럽게 시도된 사적 영농을 낯설어 했고, 지방 관리와 농장 경영자들은 자신들의 권한을 약화시킬 것으로 보이는 개혁 조치에 저항했다. 기업법과 관련해서도 기대했던 결과는 나오지 않았다. 권한을 위임받은 경영자들은 단기적 수익을 높이는 데에만 치중했고 공장의 노후 설비를 교체하는 문제 등 장기적인 기업의 성장에는 관심을 갖지 않았다. 또한 '연성예산제약(soft budget constraint)'의 문제, 즉 경영자의 잘못으로 인해 손실이 발생하더라도 어차피 기업의 실제 주인인 국가가 다 해결해 줄 것이라는 믿음 아래 방만한 경영을 지속하는 문제도 해결되지 못했다. 그렇지 않아도 예산이 부족한 상황에서 정부는 이러한 문제기업들에게 자금을 지원할 수밖에 없었다. 이는 끊임없이 재정 적자와 인플레이션 문제를 낳았고 결국에는 소련 경제 전체가 멍들었다.

그림 4. 소련 붕괴 소식을 전하는 미국 CNN 방송의 한 장면(왼쪽)과 사회주의 진영의 붕괴 이후 레닌 동상이 철거되는 모습을 그린 영화《굿바이 레닌(Good Bye, Lenin!)》(2003년 작)의 한 장면.

 고르바초프의 개혁 정책이 결국 소련의 붕괴로 이어진 또 하나의 중요한 원인은 정치적 자유의 부여 문제였다. 고르바초프는 개혁을 성공적으로 원활하게 진행하기 위해서 지지층을 더 확보할 필요가 있다고 느꼈고 사회 각 부문에 언론과 표현의 자유를 허용했다. 그러나 일단 정치적 자유가 주어지자, 특히 언론의 자유가 허락된 다음부터 상황은 걷잡을 수 없는 방향으로 전개되었다. 개혁의 고삐를 당기던 고르바초프는 순식간에 마치 '달리는 호랑이 등에 올라탄 격'이 되어 버렸다.[*] 무엇보다 이러한 정치적 자유는 그를 공격하는 반대 세력에게도 부여되었고 부메랑이 되어 고르바초프 자신을 공격

---

[*] 헨리 키신저는 이와 관련해 글라스노스트가 페레스트로이카와 충돌함으로써 소련이 붕괴하게 되었다고 지적한다. 헨리 키신저, 『헨리 키신저의 중국 이야기』 (서울: 민음사, 2012), 550~551쪽.

외교의 시대

하는 데 사용되었다. 그리하여 개혁에 반대하는 공산당과 더 과감한 개혁을 주장하는 급진파들 모두가 새롭게 주어진 자유를 활용하여 고르바초프를 공격하기에 이르렀다.

이에 더해 1988년 12월 고르바초프에 의해 선거 제도가 개혁되면서 기존의 소련 공산당이 독점하고 있던 특별지위가 박탈되었고 다른 정당들에 대한 진입 장벽이 제거되었으며 지방 공화국들의 재량이 강화되었다. 이를 계기로 소련의 민주화는 더욱 가속화되어 결국 사회주의 이념의 사실상 폐기로 이어졌고 소련 중앙 정부의 군대와 경찰을 통한 강제력 행사의 기반마저 약화되었다. 이렇게 중앙 정부가 발휘하는 구심력이 느슨해진 틈을 타 소비에트 연방을 구성하고 있던 공화국들이 독립을 추구하기 시작했다. 연방에 균열이 생기는 전례 없는 역사가 시작된 것이다. 그 와중에 고르바초프는 공화국들의 독립 요구를 인정하라는 자유주의파와 소련의 통합을 유지하라는 보수파 사이에서 오락가락하며 양측 모두에게서 공격을 받았다. 결국 1991년 8월 군부 쿠데타가 일어났고 고르바초프는 권력을 잃었다. 이후 옐친이 집권하면서 1991년 12월 26일 소비에트 연방 공화국은 공식적으로 해체되었다.

냉전 질서의 종결

1856년 프랑스의 정치 사상가이자 역사가인 알렉시 드 토크빌은 압제적인 정치 체제가 가장 위험한 때는 스스로의 문제점을 인식하고 어쩔 수 없이 개혁을 시도할 때라고 갈파한 바 있다.[2] 이는 소련은 물론이고 1990년을 전후한 대부분의 동구권 국가들에서 대체로 맞아떨어졌다. 토크빌이 갈파한 이 딜레마는 한반도의 미래에도 중요한 함의를 던진다. 바로 북한에 대해서도 유효하기 때문이다. 과연 이 딜레마를 피해가려는 북한의 시도는 성공할 수 있을까? 이에 대해서는 8장에서 다시 살펴보기로 하고 우선 역사를 좀 더 들여다보자.

개혁개방의 와중에 경제난에 허덕이던 당시 고르바초프 정부는 몹시 절실히 서방의 지원과 협력을 필요로 했다. 고르바초프는 국내적 어려움을 타개하기 위해 신사고에 입각하여 미국과 전략무기 감축협정(START)을 비롯한 군비 감축 협상에 적극적으로 나섰고 다른 서방 국가들과도 대결이 아닌 협력적 안보 관계를 추진해 나갔다. 무엇보다 소련은 그 과정에서 동구권 국가들에 대한 자신의 통제권을 자발적으로 포기했다. 이는 소련 스스로가 추진하던 개혁개방과 민주화의 논리적 귀결이기도 했는데, 동구권 위성국가들이 소련과 마찬가지로 개혁개방과 민주화를 주장할 때 소련에게는 그것을 반대할 명분이 없었기 때문이다.

실제로 당시 폴란드를 비롯한 각 동구권 국가들의 내부에서는 기존 공산당 정권에 대한 개혁을 요구하는 세력들이 등장해 정권을 압박했다. 그러나 소련은 정치적 위기에 몰린 공산당 정권들을 지원하지 않았다. 이것은 오랫동안 유지되어 온 '브레즈네프 독트린'의 폐기를 의미했다. 즉, 유사시 무력 개입을 통해 동구권 각국의 공산당 정권을 지원함으로써 연방의 결속을 공고히 한다는 원칙을 포기하는 중대한 변화였다.

이때 서독의 헬무트 콜 총리는 시대의 변화에 재빠르게 반응했다. 그는 동유럽에서 발생한 힘의 공백 상태―소련 연방의 구심력이 약화된 상태―를 독일이 통일을 이룰 수 있는 절호의 기회라고 판단했고, 기민하고 현명한 외교로 통일의 위업을 달성했다. 이렇듯

짧은 시간에 독일은 통일되었고, 소련을 중심으로 하는 동유럽 공산권은 와해되었으며, 궁극적으로 자유 진영과 공산 진영 간에 반세기 가까이 지속되어 온 냉전 질서가 무너졌다.

공산 진영이 붕괴된 결과 미국의 상대적 위치는 최정상으로 올라섰고, 이후 탈냉전 시기의 국제 질서는 명실공히 미국이 주도하는 패권적 일극 체제로 바뀌었다. 새로운 국제 정치 상황에서 미국의 조지 H. W. 부시 행정부(1989~1993년)는 소련과 같은 국제 정치상의 라이벌이 새롭게 등장하지 못하도록 막는 것을 대외 정책의 중요한 목표로 삼았다.[3] 이러한 목표 아래 미국은 냉전의 종결에도 불구하고 유럽과 아시아에서 미군을 계속해서 주둔시켰다. 나토(NATO) 또한 소련과 동구권이 붕괴하고 바르샤바조약기구가 해체되었음에도 불구하고 동구권 지역으로까지 영향력을 확장해 나갔다. 즉, 미국과 서유럽의 영향력이 과거 소련의 세력권이었던 동구권 국가들로 확대된 것이다.

특히 과거 소련 치하에 있었던 우크라이나는 입장이 바뀌어 미국을 비롯한 서방 세계가 동구권에서 러시아의 영향력을 견제하고 중앙아시아에서 그들의 영향력을 증대하는 데 있어 중요한 역할을 했다. 러시아의 푸틴 대통령은 이에 강력히 반발했고 2005년 이후부터 러시아는 뚜렷하게 미국에 대항하는 공세 외교로 전환했다. 이와 같이 우크라이나 위로 서방 국가들과 러시아 간의 대결 구도가 드리운 가운데, 우크라이나 안에서는 친러파와 친서방파 간의 정치적 갈등이 고조되었다. 그리고 이것이 2014년 2월 우크라이나 정권 교체와 러시아의 크림 반도 점령 사태의 배경이 되었다.

유럽에서부터 시작된 냉전의 해체와 이후 탈냉전 질서로의 진입은 전 세계로 확산되었다. 그러나 유일하게 동북아시아만큼은 이 흐름에서 예외로 남았다. 국공 내전의 역사가 있는 중국과 대만은 여전히 통일을 이루지 못하고 있고, 무엇보다 한반도의 우리 민족이 지금까지도 냉전적 갈등을 겪고 있다. 특히 이 지역에서 냉전 질서의 붕괴로 가장 심각한 타격을 받은 국가는 바로 북한이었다. 냉전의 종결이 어떻게 '북한 문제'를 낳게 되는지는 8장에서 자세히 살펴볼 것이다.

미국 패권의 절정

1991년 냉전 종결 이후의 국제 정치는 압도적인 국력의 미국이 주도하는 일극 체제 양상이 되었다. 전 세계 국방예산에서 미국의 국방예산이 차지하는 비중은 냉전 말 30%대 후반에서 냉전 종결 이후 40%대 초반까지 증가하였다. 반면 과거에 미국과 경쟁했던 러시아의 국방비가 차지하는 비중은 냉전 시기 20% 정도에서 냉전 종결 이후인 1993년에는 5.2%까지 떨어졌다.[4] 전 세계 GDP 중에서 각국이 차지하는 비중을 보면, 미국은 냉전 전후에 20% 초반을 기록했는데 이것은 유럽연합 전체 회원국이 차지하는 비중과도 비슷한 수준이었다.[5] 반면 러시아의 해당 수치는 냉전 종결 이전에 약 6%에서 이후 3% 이하로 하락했다.

21세기 초에 이르기까지 소련을 뒤이은 러시아는 경제 체제를 개혁하고 그에 따른 국내 정치와 사회의 혼미한 상황을 추스르느라 여념이 없었다. 중국은 1979년 이래 점진적인 경제 개혁의 기조 위에서 안정적인 성장을 이어가길 원했고 이를 위해 국제 협력을 확보하고 평화적인 환경을 조성하려고 노력했다. 특히 중국은 미국과

표 1. 냉전 종결 전후 시기 전 세계 국방예산 중 미국과 러시아의 국방예산 비중(1988~1999년)

(단위: %)

연도 나라	1988년	1989년	1990년	1991년*	1992년	1993년	1994년	1995년	1996년	1997년	1998년	1999년
미국	35.8	36.3	35.3	-	41.6	40.8	39.5	39.4	38.0	37.4	36.9	36.3
러시아	21.9	20.8	17.9	-	5.7	5.2	5.2	3.2	2.9	3.2	2.1	2.1

• 1991년의 데이터는 추산되지 않음.
원자료: 스톡홀름 국제평화연구소(SIPRI), http://milexdata.sipri.org/

표 2. 냉전 종결 전후 시기 전 세계 GDP* 중 주요 국가의 GDP* 비중(1988~1999년)

(단위: %)

연도 나라	1988년	1989년	1990년	1991년	1992년	1993년	1994년	1995년	1996년	1997년	1998년	1999년
미국	25.02	24.99	24.68	24.13	22.75	22.92	23.13	22.88	22.9	22.95	23.37	23.67
EU	28.83	28.75	28.53	28.24	26.07	25.64	25.58	25.88	25.46	25.1	25.2	25.08
러시아	5.849	5.818	5.66	5.286	4.194	3.752	3.176	2.939	2.732	2.659	2.455	2.523

• 구매력평가(PPP) 기준 GDP.
원자료: EconStats, http://www.econstats.com/weo/V012.htm

의 관계에서도 협조적인 자세를 유지했다. 이처럼 미국의 패권에 도전하는 국가가 없는 단극 체제에서 빌 클린턴 행정부(1993~2001년)는 출범 초기부터 민주당의 정강인 '자유주의적 국제주의' 정신을 강조했다. 클린턴 행정부는 국가들 간의 관계가 복잡하고 상호의존적이라는 시각 아래 국제 사회를 구성하는 각 단위들이 더 나은 국제 공동체를 위해 함께 노력함으로써 더 긍정적인 세계를 만들어 갈 수 있다고 보았다. 그런 맥락에서 클린턴 행정부는 미국이 세계 모든 지역의 모든 분쟁에 참여할 수는 없지만 국익과 국가 자원을 고려하여 필요하다고 판단되는 경우에는 적극적으로 관여함으로써, 시장민주주의 국가들로 이루어진 공동체를 강화하고 확대한다는 이른바 '관

여와 확대(engagement and enlargement)' 정책을 추구했다.[6]

이 시기에 미국은 해외 분쟁에 개입할 때에도 대부분의 경우 그들이 중시했던 자유주의적 국제주의에 입각하여 평화유지 활동을 펼쳤다. 미국은 개입을 수행하는 과정에서 미국의 깃발을 들기보다는 유엔의 평화유지 사업에 기반을 두고서 평화유지군이나 나토의 일원으로 참여했고 해당 지역의 안정이 개입의 목표임을 분명히 했다. 이는 "실재하거나 잠재하는 적들을 모두 죽이거나, 점령하거나, 가둘 수는 없다는 점을 인정한다면 결국은 거래를 할 수밖에 없다"라는 클린턴 대통령의 연설에서도 잘 나타난다. 미국은 적극적인 개입과 협상, 타협을 활용함으로써 평화적인 세계 질서를 달성하고자 했던 것이다.[7] 특히 동북아시아에서도 미국은 지역 내 국가들과의 동맹 관계를 활용하는 한편 중국 및 러시아와도 협력 관계를 모색했다. 그렇게 함으로써 미국은 국제적 공조 아래 북핵 문제를 비롯한 핵 확산 방지에 주력할 수 있었다. 그 외에도 미국은 지역 안보의 증진에 필요하다면 적극적으로 대화의 문을 열었고, 인권과 민주주의의 신장을 위해 노력했다.

다시 말해 세계 유일의 패권국으로 등장한 미국이었지만 클린턴 정부는 차기 조지 W. 부시 정부처럼 힘의 우위를 활용하여 강압적 방식으로 군림하려고 하기보다 협력적 관계 속에 미국 주도의 세계를 추구했던 것이다. 즉 '고립주의'라는 극단도 아니고 사명감에 불타는 '국제 개입주의(international crusades)'도 아닌, 중간에서 적절한 균형을 맞춘 대외 정책이었다.[8]

미국 경제는 클린턴 대통령의 재임 기간 동안 이른바 '신경제(new economy)'라 불릴 정도로 호황을 이어 나갔다. 당시 미국은 국내총생산이 증가하는 동시에 물가는 오히려 하락하는 호황을 누렸는데, 그 배경에는 세계 각국의 문호를 개방시키는 데 성공한 외교 정책이 있었다. 로널드 레이건 대통령 시절의 신자유주의 경제 정책을 이어나간 클린턴 대통령은 금융 시장을 개방하고 경제를 세계화하는 데 상당한 성과를 거두었다. 세계무역기구(WTO)와 북미자유무역지대(NAFTA)가 출범해 전 세계에 시장주의와 자유무역이 확산되었고 점차 세계 시장에 통합되어 온 동아시아 시장도 아시아태평양경제협력체(APEC) 등을 통해 한층 더 자유화되었다. 미국의 초국적 기업들은 전 세계로 사업 영역을 확장하고 기업 합병을 추진해 나갔다. 이와 같이 클린턴 행정부 시기에 미국은 자유주의적 국제 경제 질서를 자리 잡게 하면서 동시에 자국 경제의 팽창과 부흥을 경험했다.

권력의 자만

그러나 미국의 외교 노선은 조지 W. 부시 정부에서, 특히 2001년 9월 11일 자행된 테러 사건 이후 크게 변화했다. 9·11 테러는 미국이 주도하는 일극 체제 시대에 일어난 가장 중요한 국제정치적 사건이자 미국 대외 정책의 기본 전제를 흔들어 놓은 대사건이었다. 특히 새롭게 등장한 적대 세력이 국가가 아닌 비국가 단체, 즉 테러리스트 집단이라는 점이 그러했다. 냉전 시기에 미국에 가장 큰 안보 위협을 가한 것은 지리적으로 고정되어 있고 확실한 실체를 가진 '국가'였다. 그러나 9·11 테러 사건에서는 단 몇 명에 불과한 테러리스트들이 3천 명에 가까운 인명을 살상했다. 이제 고정되어 있지도 않고 실체도 없는 이 무형의 집단들이 제기할 새로운 성격의 위협에 어떻게 대응할지가 미국 국가 안보의 중요한 관심사로 등장했다.

그림 5. 9·11 테러와 사건 후 현장의 모습

9·11 테러는 우선 미국의 안보 의식에 큰 변화를 가져왔다. 그간 미국인들에게는 대서양과 태평양이라는 자연 방어벽이 존재하기에 미국 본토는 안전하다는 전통적인 안보관이 존재했는데 이제 그것이 깨지고 말았다. 그러한 인식 아래 부시 행정부는 세계에 배치된 미군을 신속기동군*으로 전환하고자 했다.

미국의 안보 정책 또한 크게 보수화되었다. 이는 특히 북핵 문제를 바라보는 미국의 시각에 적지 않은 영향을 주어서 9·11 테러 이후 북핵 문제는 미국 본토의 안보에 직접적인 영향을 미치는 다급한 문제로 부각되었다. 부시 행정부가 발견한 가장 핵심적인 우려는 북한의 핵 물질이 해외 테러리스트의 손에 넘어가 미국을 공격하는 데 사용될 가능성이 있다는 것이었다. 그래서 부시 행정부는 북한의 핵무기 보유를 절대로 용납할 수 없다는 강경 자세로 북핵 협상에 임하게 된다.

무엇보다도 중요한 것은 9·11 테러 사건이 미국 행정부의 외

외교의 시대

교 정책 분야를 장악한 신보수주의자들(neo-conservatives), 즉 네오콘에게 민주주의와 자유, 인권의 세계적 확산이라는 미국 외교의 이상을 실현하기 위해서라면 적극적으로 군사력을 동원할 수 있다는 명분을 제공했다는 점이다.◦◦ 건국 이래 미국인들의 머릿속에는 '미국은 세계에 민주주의와 자유를 확산시켜야 할 사명을 지닌 예외적인 나라'라는 생각이 존재해왔다. 정치적, 종교적 박해를 피해 유럽에서 넘어온 청교도들의 건국 정신에서 비롯한 이 생각은 20세기 초 우드로 윌슨 대통령의 14개 조항에서 더 분명하게 드러났다. "민주주의 국가들끼리는 서로 싸우지 않는다"라는 이른바 민주평화론(democratic peace)의 신봉자인 윌슨의 생각은 세계 평화를 위해 민주주의를 확산시키는 것이 미국의 사명이라는 정신과 깊이 연결되어 있었다. 역대 공화당 정부건 민주당 정부건 정도의 차이는 있을지언정 이러한 생각은 미국 대외 정책의 중요한 기조였다.

그러나 그러한 철학을 "군사력의 직접적인 사용을 통해 선제적으로 실천해야 한다"는 생각을 가지고 실제로 행한 것은 부시 행정부가 처음이었다. 9·11 테러 사건을 계기로 부시 행정부의 실세

• 21세기 새로운 형태의 군사적 위협에 직면하여 미국의 군대를 느리고 거대한 붙박이형이 아니라 신속하고 소규모이며 하이테크 군사 기술을 활용하여 정확성을 강화한 군대로 재편성하고자 했던 시도. 도널드 럼스펠드 국방장관이 주도했고 이라크 전쟁에서 적용되었다.

•• 미국의 대표적인 네오콘 논객 어빙 크리스톨은 클린턴 행정부가 세계화나 시장경제 관념, 그리고 부의 문제만 강조했다고 비판했다. 그는 "가장 강력한 국가이면서도 제국적 역할(imperial role)을 갖지 못한다면 미국이 가진 힘이 무슨 의미가 있느냐?"고 지적하며 "이제 미국은 민주주의와 자유를 세계적으로 확산시키기 위해 제국적 권력(imperial power)을 행사해야 한다"고 주장했다. C. Robin, "Grand Designs: How 9/11 Unified Conservatives in Pursuit of Empire," *Washington Post* (May 2, 2004), B1.

들은 미국이 가진 압도적인 군사력의 우위를 활용해 중동에 민주주의를 확산시키고 새로운 중동 질서를 구축하는 일종의 '제국적 역할(imperial role)'을 추구했다.[9] 이 신보수주의자들은 이전까지 미국이 국가 이익과 이념적 목표를 서로 구분하고 전자에만 매달려 왔는데 이는 잘못된 것이라고 주장했다. 미국이 이념적 목표 없이 국가 이익만을 생각하여 중동의 독재 국가들을 지원한 결과, 그 지역에 사회적 불만 세력이나 테러리스트들이 자라났고 결국 이들이 미국을 공격하기에 이르렀다는 것이다. 즉, 신보수주의자들의 눈에 9·11 테러는 국익 위주의 잘못된 외교 정책이 빚어낸 '부메랑'이었다. 따라서 이들은 오히려 민주주의의 확산이라는 이념적 목표를 실현하는 것이 미국의 국가 이익과도 합치된다고 주장했다.

2차 세계대전 이후 미국이 독일과 일본을 점령하여 그 지역에 성공적으로 민주주의를 이식했던 것처럼, 신보수주의자들은 미국이 이라크에 민주주의를 이식하면 그것이 도미노처럼 주변 지역에 확산되어 결국 중동 지역이 민주화될 것이라고 보았다.* 더 나아가 그렇게 중동의 민주화가 이루어지면 민주주의 국가들끼리는 서로 싸우지 않는다는 민주평화론에 따라 세계 평화에도 크게 기여할 것이라고 주장했다. 이것이 바로 2003년 봄에 시작된 이라크 공격의 배경이었다. 이들은 민주주의의 확산이라는 이념적 기준에서, 더 나아

---

* 그러나 이러한 네오콘의 주장은 독일이나 일본의 경우 역사적으로 민주주의의 경험이 있었고 무엇보다도 사회적인 응집력이 강했다는 점에서 이라크 등 중동 지역 국가들과 차이가 있음을 무시했다는 비판을 받는다. Elizabeth Drew, "The Neocons in Power," *New York Review of Books* (June 12, 2003). http://www.nybooks.com/articles/archives/2003/jun/12/the-neocons-in-power/

가 선악과 도덕의 기준에서 국제 정치를 바라보았다. 그런 의미에서 부시 대통령이 재임한 8년의 기간은 미국 외교의 역사상 특별한 시기로 남게 되었다.

이념이나 선악적 기준을 강조하는 신보수주의자들과는 달리, 냉전 초기의 조지 케넌이나 1970년대의 헨리 키신저, 그리고 조지 H. W. 부시 정부의 브렌트 스코크로프트 등의 전통적 보수주의자들은 국가 이익의 추구를 중시하는 현실주의 외교를 펼쳤다. 이들은 절대적 선악의 가치 기준으로 국제 정치를 바라볼 경우 발생할 위험에 대해 잘 인식하고 있었다. 그렇기에 이들은 미국이 어떤 대외적 행동을 취해야 하는 경우에 그에 따른 성과와 비용을 신중(prudence)하게 계산하고, 다른 국가들의 협력을 확보하면서 미국의 군사력을 사용해야 한다고 주장했다. 그러나 부시 행정부의 신보수주의자들은 이들의 주장과 달리 민주주의의 확산이라는 이념에 치중하여 신중한 전략적 계산 없이 군사력을 사용했다. 2003년 봄, 미국은 이라크에서 전투에서는 쉽게 이겼지만 이후 계속된 종족 분쟁과 내란을 해결하지 못한 채 10년 가까이 극심한 혼란과 희생을 치러야만 했다. 결국 스코크로프트와 같은 실용주의적 현실주의자들의 주장이 더 현명했음이 판명된 것이다.

또한 '미국에 협력하지 않으면 곧 적'이라는 식으로 사고하는 신보수주의자들의 일방주의 외교도 문제였다. 당시 미국은 적지 않은 다자적 국제 협약을 일방적으로 파기했는데 이는 반미 감정을 전 세계적으로 확산시켰을 뿐만 아니라 미국의 위신과 신뢰도, 국제적 영향력에 큰 타격을 주었다. 엘리엇 코언은 이와 관련해 미국이 과거 로마 제국으로부터 겸손함을 배워야 했다고 비판했다. 그는 과거

로마 제국이 오늘날 미국처럼 엄청난 권력의 우위를 지녔음에도 불구하고 외교에 임해서 상대를 협박하는 식이 아니라 '제국적 겸손함(imperial understatement)'을 견지하면서 영향력을 행사했다고 지적했다. 그는 부시 행정부가 이와는 정반대로 힘을 과시하는 '자만의 자세(hubris)'를 취함으로써 불필요한 반발을 초래하고 여러 난맥상을 자초했다고 평가했다.[10]

패권 쇠퇴의 씨앗을 뿌리다

결과론적 해석일 수 있으나 2008년 금융 위기 이후의 상황에서 돌아보면, 미국은 '권력의 자만' 시기에 이미 패권 쇠퇴의 씨앗을 잉태하고 있었다. 물론 오늘날 미국이 경제력 쇠퇴의 길을 계속 갈 것인지 아니면 과거처럼 다시 개혁을 통해 상대적 번영을 지속할 것인지는 좀 더 시간을 두고 관찰해야 할 것이다.

　　미국의 국제정치학자 조지프 나이는 부시 행정부가 군사력이라는 경성 권력(hard power)의 사용에 치중한 나머지 미국이 지닌 연성 권력(soft power), 즉 미국적 문화나 아이디어가 가진 영향력마저 약화시켜 버렸다고 비판했다.[11] 그러나 부시 행정부의 실책은 단순히 연성 권력 차원의 문제에 그치는 것이 아니었다. 경성 권력의 기반이 되는 경제력에도 심각한 약화를 가져왔기 때문이다. 이라크와 아프가니스탄 전쟁을 수행하는 데는 엄청난 전쟁 비용이 들었고 이것이 재정 부담으로 쌓여 미국 경제에 큰 주름살로 작용했다. 여기에 2008년 세계 금융 위기의 여파까지 겹쳐, 오바마 행정부의 미국은 재정 적자 때문에 갈수록 국제 분쟁에 개입하기를 꺼려 하며 적극적 리더십의 행사에 제약을 받고 있다. 그만큼 미국의 정치적 영향력이 약화되고 있는 것이다.

　　일반적으로 국제 정치에서 패권국이 존재하는 경우 다른 국가들이 서로 연합하여 이 패권국을 견제하는 현상이 나타난다. 하지만 2003년 이라크 침공을 전후한 시기에 국제 사회는 그렇게 반응하지 않았다. 그런데 이라크 상황이 악화되기 시작하자 미국의 전통적인 우호 세력인 유럽조차, 특히 미국의 지원 아래 통일을 달성한 독일마저도 미국의 이라크 정책에 반발했다. 동시에 중국과 러시아도 서로 연합하여 미국의 부시 행정부에 공세적인 태도를 취하기 시작했다. 국내 정치와 경제를 안정시키고 고유가 시대에 풍부한 에너지 자원을 무기로 자신감을 갖게 된 러시아의 푸틴 대통령은 2005년 이래 미국에 대해 공개적으로 정면 도전을 해왔다. 부시의 뒤를 이은 오바마 행정부는 이러한 반미 연합의 형성과 강화를 막기 위해서라도 불가피하게 기존 대외 정책의 틀을 다시 국제 협력을 강화하는 방향으로 바꿔야 했다.

제3장

권력 상승과
하강의 정치경제

1991년 소련의 붕괴가 국제 권력 구도를 일거에 바꿔 버린 대사건이었다면, 2008년 미국발 세계 금융 위기도 그에 못지않게 중요한 사건이었다. 전자가 미국을 세계 유일의 초강대국이자 최정상의 지위에 올려놓았다면 후자는 미국을 최정상의 지위에서 내려오게 만든 사건이었다. 2008년 9월 15일, 150년이 넘는 역사를 자랑하던 세계 굴지의 금융회사 리먼브러더스(Lehman Brothers Holdings)는 약 6천억 달러에 달하는 부채를 감당하지 못하고 파산했다. 이는 단순히 미국의 한 회사의 파산이 아니라 세계 권력의 축이 흔들리고 있음을 보여주는 상징적인 사건이었다. 리먼브러더스의 붕괴로 시작된 금융 위기는 거의 동시에 전 세계로 확산되었고 결국 1930년대 대공황 이후 사상 최대의 금융 위기로 기록되었다. 7년이 지난 2015년 현재까지도 미국과 유럽은 이 위기의 여파에서 완전히 벗어나지 못하고 있다.

패권국과 도전국의 정치경제

2008년 세계 금융 위기로 표출된 이 같은 국제 정치상의 권력 구도 변화는 지난 5백여 년간 반복되어 온 패권 권력의 상승과 하강, 즉 앞서 1장에서 본 권력 주기의 현대판이라고 볼 수 있다. 그렇다면 권력의 그러한 상승과 하강을 야기하는 국내 정치경제 메커니즘은 무엇인가? 국제무대를 주름잡는 대국들의 경우 내치가 단순히 그 나라만의 일로 그치지 않고 외교를 통해 국제 정치 전반에 투영되는 경우가 많다. 따라서 패권국 또는 상승 대국의 국내 정치경제를 살펴봄으로써 국제 정치의 흐름을 보다 입체적으로 파악할 수 있다.

　　무엇보다 주목할 점은 오늘날 미국과 중국의 관계가 120~140여 년 전 영국과 독일의 관계와 상당히 닮아 있다는 것이다. 19세기의 패권국 영국은 19세기 말부터 20세기 초에 걸쳐 기울기 시작했고, 독일은 신흥 도전국으로서 1871년 통일 이후 국력이 상승하고 있었다. 19세기 영국의 경우를 보면, 패권국으로 성장하던 초반(산업 혁명~1870년대)에는 신기술 발전을 통해 신상품과 생산 과정을 개발하고 새로운 성장 산업을 발전시켜 다른 나라에 앞선 산업의 우위를 확보했다. 그리고 이러한 산업의 우위를 활용하여 국제 무역에 집중하여 국부를 창출했다. 즉, 패권 전반기에 영국 경제는 무역 중심의 경제였던 것이다. 그러나 패권 후반기(1870년대~1차 세계대전 이전)가 되면서 영국 사회 전반에 '이완 현상'이 나타났다. 그리하여 영국 경제는 새로운 기술 발전에 필요한 국내 투자를 중시하기보다 비대해진 금융 부문을 통해 자본을 해외에 투자하여 수익을 거두는 투기 경제(rentier economy)로 변하게 된다.[1]

　　흥미로운 점은 바로 이 시점에 새로 등장하는 도전국의 정치

경제의 틀이 기존 패권국의 전반부 때의 모습과 비슷하다는 것이다.
신흥 도전국은 국가 주도로 산업 발전에 힘을 쏟고 무역 중심적이며
아직 이익집단들의 영향이 크지 않아 사회적으로 이완 현상도 적다.
1870년대 이후 패권국 영국과 도전국 독일의 국내 정치경제 성격은
이처럼 2008년을 전후한 시점의 미국과 중국의 경우와 역사적 대칭
을 이루고 있다.

미국: 패권국 후기의 정치경제

2008년 세계 금융 위기의 원인에 관하여 수많은 경제학자들이 다양
한 설명을 내놓고 있지만, 그것은 근본적으로 패권국의 '자만' 심리와
급속히 성장한 신흥 강대국의 '절제' 심리가 부딪친 결과물이었다.

2차 세계대전 직후 미국은 세계 경제력의 약 절반을 점유하
는 패권국으로 등장했다. 하지만 이후 유럽과 일본이 부흥함에 따라
1990년대에 이르면 미국은 그 비중이 23%까지 줄어들면서 약화되
는 모습을 보였으나[*] 소련의 붕괴로 상대적 영향력과 위상이 다시
한 번 강화되었다. 이처럼 그때그때 부침이 있었으나 미국의 패권적
위상은 2차 세계대전 이후 두 세대 이상 지속되었다. 그런데 주목할
점은 미국 사회 도처에서 이러한 패권적 위상을 침식해 가는 이른바
'이완 현상'이 나타나기 시작했다는 것이다. 이완 현상의 대표적인
예로 과잉 소비 현상을 들 수 있다. 과잉 소비는 공공 부문과 민간 부
문에서 벌어들인 것에 비해 훨씬 많이 소비하는 것을 말하는데, 역사

• 2장의 〈표 2〉 '냉전 종결 전후 시기 전 세계 GDP 중 주요 국가의 GDP 비중(1988~1999
년)'을 참조하라.

적으로 패권국들은 쇠퇴해 가는 단계에서 공통적으로 이러한 과잉 소비 현상을 경험했다.

먼저 미국이 자신의 정치적, 군사적 영향력을 대외적으로 투사하는 과정에서 공공 부문의 이완 현상이 나타났다. 2차 세계대전 이후 세계 경찰을 자임해 온 미국은 중요한 국제 문제들의 해결을 주도해 왔다. 특히 냉전 시기에 미국은 한국 전쟁과 베트남 전쟁 등 큰 전쟁을 수행했고, 냉전 종결 직후인 1991년에는 걸프 전쟁을 치렀다.

그리고 2000년대에 미국은 테러리즘 근절과 대량 살상 무기 제거라는 명분을 내세워 이라크 전쟁과 아프가니스탄 전쟁을 시작했다. 이 두 전쟁은 앞서 말했듯이 민주주의 확산을 위해서라면 무력의 선제 사용도 용납할 수 있다는 신보수주의 이념이 크게 작용한 무리한 전쟁이었다. 그런데 그보다 더 큰 문제는 부시 행정부가 해당 지역에서 군사적 승리 이후 다가올 내부 혼란과 희생을 예측하지 못했다는 것이다. 미국은 이라크 전쟁을 시작한 이래 수 년에 걸친 장기 개입으로 수많은 희생자를 냈을 뿐만 아니라 엄청난 경제적 비용을 치러야 했다. 클린턴 정부 시기에 달성했던 균형 재정이 깨졌고 대규모 재정 적자가 누적되었다. 여기에 2008년 금융 위기를 뒤처리하는 과정에서 재정 적자가 더욱 눈덩이처럼 불어나 2011년까지 누적된 재정 적자 규모는 15조 달러를 넘어서기에 이르렀다.

공공 부문뿐만 아니라 민간 부문에서도 과잉 소비가 발생했다. 일반적으로 미국처럼 풍요로운 국가에서는 시민들이 자국 및 자신의 부가 언제든지 계속 확보될 수 있다는 심리에 젖기 쉬우며, 그에 따라 수입보다 훨씬 많은 지출을 하는 경향이 있다. 특히 정부가 정치적 인기를 위해 팽창적인 경제 정책을 시행함으로써 시민의 소

외교의 시대

비 욕구를 돋우는 경우에는 이런 현상이 더욱 두드러지게 나타난다. 한 예로 2000년 3월 '닷컴 버블(Dot-com bubble)'[*]이 꺼져 가자 클린턴 행정부는 경기 침체를 우려하여 통화 팽창 정책을 채택했다. 그런데 이것이 서서히 부동산 가격을 끌어올렸고 곧 부동산 투기 붐으로 이어졌다. 이후 유명한 서브프라임 모기지론(subprime mortgage loan) 관행으로 사람들은 다운페이먼트(down payment)[**] 한 푼 없이 집을 살 수 있게 되었고 이는 부동산 붐을 더욱 심화시켰다.[***]

한편 서브프라임 모기지론과 같은 무분별한 파생 상품이 개발되고 그에 따라 투기 붐이 조장된 것은—비단 민간의 소비 행태 때문만이 아니라—미국 월스트리트의 금융 질서 자체에도 이완 현상이 나타났기 때문이었다. 이러한 이완 현상은 1980년대 초 이래

• 닷컴 버블이란 1990년대 초반 인터넷이 일반인을 상대로 서비스되기 시작한 이후 수많은 벤처 기업과 자본이 IT 관련 사업에 뛰어들어 과열된 주식시장이 1990년대 말, 2000년대 초반을 거치며 무너진 사건을 가리킨다. 한때 자산 가치 평가액이 3억 달러를 넘어섰던 고급의류 쇼핑몰 Boo.com이 서비스를 시작한 지 6개월 만인 2000년 5월 돌연 파산한 것이 대표적인 예다. 당시 IT 기업의 성장으로 한때 5000선을 넘나들던 미국의 나스닥 지수는 닷컴 버블의 붕괴로 2002년 10월경 1000포인트대까지 폭락했다.

•• 부동산 구매 시의 선지불금. 구매하려는 물건을 담보로 잡히고 대출을 받아 구매할 때, 그 부동산 시세의 일정 비율만큼을 구매자가 선지불하는 것.

••• 정상적이라면 모기지론(일종의 주택담보대출)은 20% 정도의 다운페이먼트를 해야만 인정되는데, 당시 유례없는 초저금리와 부동산 가격의 지속적 상승세가 이어지자 미국 금융업계는 신용도가 낮은 비우량(서브프라임) 고객에게도 다운페이먼트 없이 주택 시세의 100%를 대출해 주는 파생 상품을 앞다투어 내놓았다. 그리고 금융업계는 이처럼 대출해 준 자금을 근거로 채권을 발행하여 리먼브러더스 등의 투자은행 및 전 세계 금융 시장을 통해 유통시켰다. 미국의 전 재무장관 폴 오닐은 이러한 상황에서 세계 금융 위기라는 대재앙을 맞았던 것은 전혀 놀랄 일이 아니었다고 개탄한 바 있다. Fareed Zakaria, CNN, "Interview with Robert Rubin and Paul O'Neill," *Fareed Zakaria GPS*, 2010년 8월 8일 방영. http://globalpublicsquare.blogs.cnn.com/2010/08/08/

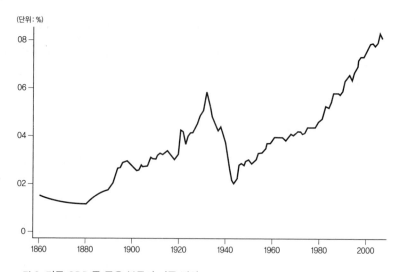

(단위 : %)

그림 6. 미국 GDP 중 금융 부문의 비중 변화
출처: Thomas Philippon, "The Evolution of the US Financial Industry from 1860 to 2007: Theory and Evidence," *NBER Working Paper*, No. 13405 (2008), 37쪽.

레이건-대처리즘에 의해 세계 금융이 개방, 통합된 상황에서 미국 경제가 지나치게 금융화(financialize)되었던 데 그 원인이 있었다. 레이건 행정부 이후 신자유주의를 신봉하는 정책 결정자와 월스트리트의 자본가들은 금융 규제를 점차 완화하는 데 성공했고 그에 따라 금융 부문은 계속해서 성장했다. 그 결과 실물 경제의 흐름을 압도하는 규모의 금융 자본이 세계화된 금융 네트워크를 통해 세계 도처에 흘러 다니게 되었다.

　　문제는 계속된 규제 완화 때문에 금융의 흐름이 건전하게 유지되도록 관리할 수 없게 되었다는 데 있었다. 특히 클린턴 행정부 때 이루어진 각종 규제 완화로 인해 규제 범위 밖에서 각종 파생 상품이 만들어지고 유통되기 시작했다.※ 금융 파생 상품의 방대한 네트워크 속에서 돌고 돌던 자본은 서브프라임 모기지론을 통해 부동산 분야로 흘러들었다. 그런데 부동산 버블이 붕괴하자 여기에 물려 있던 투자 회사들이 줄도산하기 시작했고, 이러한 위기는 곧 세계화된 금융 네트워크를 타고 전 세계로 확산되었다.

당시 월스트리트의 투자가들은 "개혁을 통해 리스크를 쪼개고 쪼개어 결국 리스크를 없애버리는 데 성공했다"고 선언하기도 했으나 그 모든 것은 허상에 불과했다. '인플레 파이터(inflation fighter)'로 잘 알려진 전 연방준비제도이사회 의장 폴 볼커는 이른바 '금융 혁신'이라는 것들에 대해 "여러 혁신들 가운데 유일하게 쓸 만한 혁신은 현금자동입출금기의 발명뿐이었다"며 냉소했다.[2]

결국 월스트리트의 금융 질서에 '이완 현상'이 나타난 가장 큰 원인은 시장 만능주의의 만연과 이에 빌미한 경제적 윤리관의 약화라고 할 수 있다. 금융 위기 전만 해도 미국에서는 "시장이 스스로 모든 것을 자동적으로 해결할 것이며 그러므로 정부는 시장을 규제하기보다 오히려 시장에 모든 것을 맡겨야 한다"고 보는 시각이 지배적이었다. 이에 입각해 각종 규제들이 대폭 완화되었고 그와 동시에 금융 및 경제 질서를 뒷받침해야 할 경제적 윤리관도 대단히 약화되

• 1997년 미 의회가 연방기관인 상품선물거래위원회(CFTC)의 권한을 박탈한 것을 대표적인 사례로 들 수 있다. 당시 상품선물거래위원회 위원장 브룩슬리 본은 "통제되지 않는 불투명한 거래는 정부도 모르는 사이에 시장뿐 아니라 경제 전체를 위협할 수 있다"면서 거래의 투명한 절차, 향후 손실에 대비하는 충당금 등을 마련할 것을 촉구했다. 그러나 당시 앨런 그린스펀 연방준비제도이사회 의장과 로버트 루빈 재무장관은 "새로운 규제를 논의하는 것만으로도 파생 상품 시장을 위축시킬 위험이 있다"며 반발했고 오히려 의회를 통해 상품선물거래위원회의 규제 권한을 박탈하기에 이르렀다. Peter S. Goodman, "Taking Hard New Look at a Greenspan Legacy," *The New York Times* (October 8, 2008), A1.

고 말았다. 버나드 메이도프의 금융 사기 사건*을 필두로 나타난 신용평가회사의 부실하고 부정직한 업무 수행, 금융 회사들의 도덕적 해이, 최고경영자들에 대한 과도한 보수 지급 등은 모두 경제적 윤리관의 약화 속에 나타난 현상이었다.

한편 이러한 이완 현상은 역사적으로 패권국이 쇠퇴하는 과정에서 공통적으로 나타나는 모습이기도 했다. 19세기 말 영국에서 나타난 변화가 대표적인 사례이다. 영국은 전성기에는 상품 생산에 주력해 '세계의 공장'으로까지 불리었으나 19세기 말 이후 후발국의 도전에 직면해 성장이 침체되자 점차 투기 심리에 잠식당했다. 즉, 건전한 기업가 정신에 따라 생산력을 강화하려고 노력하기보다 이미 만들어진 재화를 이리저리 이동시켜 가며 이득을 취하려는 경향이 강해졌고, 20세기 초가 되면 영국 전체에 '투기 경제'가 만연하는 결과가 초래되었다.[3] 요컨대, 미국은 한 세기 전 영국이 겪었던 것과 아주 유사한 상황을 경험한 것이다.

한편 미국 정치가 갈수록 통치력(governability)의 한계에 도달하고 있다는 점에도 주목할 필요가 있다. 이 또한 이완 현상의 하나이기 때문이다. 미국 정치, 특히 의회 정치는 과거에 비해 너무나 당파적이고 분열적인 양상으로 변했다. 그 결과 의회를 통해서 의미 있는 개혁을 이루어가기가 대단히 힘들어지고 말았다. 의회로 침투한 수많은 로비 그룹과 이익집단들은 국익을 위해 꼭 필요한 중장기 개혁 정책들마저 추진하지 못하도록 영향력을 발휘하고 있다. 세금 체제의 비효율성이 심각해 한때 매년 4천억 달러의 세금을 거두지 못하고 있음에도 '정치적인' 이유 때문에 정부 당국자들은 개혁을 추진하지 못했다. 조지 W. 부시 행정부에서 재무장관을 역임했던 폴 오

외교의 시대

닐은 이와 관련해 "지금 우리[미국]의 정치 체제는 정말 비극적일 정도로 붕괴되었다"고 개탄하였다.[4]

이 같은 현상은 미국의 경제학자이자 사회과학 전반에 큰 영향을 미친 맨커 올슨의 '집단행동(collective action)의 딜레마'라는 개념을 통해서도 설명이 가능하다. 그는 2차 세계대전 후 승전국인 영국의 경제는 상대적으로 침체의 길로 가는데 왜 패전국인 독일의 경제는 오히려 고속 성장을 할 수 있었는지 의문을 가지고 그 원인을 연구하는 데 10년간 매달렸다. 그의 연구에 따르면, 장기적 안정을 누린 선진국의 사회 전반에는 사회적 부의 분배를 놓고 서로 경쟁하는 이익집단 연합(distributional coalitions)이 난립하게 되며, 이 이익집단들의 영향력이 강화되어 정책 결정에 중요한 영향을 미칠수록 국력의 성장은 한계에 부딪히게 된다.[5] 중요한 점은 이러한 사회에서 개혁이 가능하려면 외부로부터 엄청난 위기가 닥쳐와 그 충격으로 분배를 둘러싼 기득권 이익집단들의 네트워크가 무너져야만 한다는 것이다. 또는 정책결정자나 엘리트들이 그에 준하는 심각한 위기의식을 가지고 제도를 개혁하고 합리적인 정책을 추구할 수 있어야만 한다.[**]

이러한 맥락에서 지난 2008년의 경제 위기는 미국에 개혁을 시도하기에 좋은 계기를 마련해 준 사건이었다. 그러나 미국은 위기를 충분히 활용하지 못했고 개혁 또한 성공적으로 진행되는 것 같지 않다. 여전히 위기의 원인을 제공했던 기득권 네트워크와 그 영향력은 건재하다. 예를 들어 오바마 행정부가 통과시킨 의료 및 금융 부문 등의 개혁법안이 거센 반발에 부딪치고 발목을 잡힌 배경에는 바로 그들이 있었다.

이처럼 올슨의 관점은 패권국 권력의 상승과 하강을 야기하는 국내적 정치 동학을 잘 설명해 준다. 즉, 아직 국가의 영향력이 크고 이익집단의 영향력이 상대적으로 작은 패권 전반기에는 무역 중심의 경제로 권력이 성장하지만, 점차 자유방임주의나 신자유주의 이념의 영향 아래 국가의 영향력이 약화되고 이익집단들이 힘을 발휘하는 패권 후반기에는 투기 중심의 경제가 되어 권력의 하강을 경험하게 되는 것이다.

중국: 도전국 절제의 정치경제

오늘날 미국의 패권에 도전할 국가로 주목받고 있는 중국은 거의 모든 면에서 미국과 정반대의 모습을 보이고 있다. 이는 마치 19세기 후반에 도전국 독일과 패권국 영국이 여러 측면에서 대조를 이루었던 상황을 떠올리게 한다. 당시 영국은 자유방임주의 정치경제 철학에 따라 시장 중심의 발전 전략을 채택한 반면, 독일은 국가 주도형 발전 전략을 추구하는 극명한 대조를 보였다. 오늘날 미국과 중국도

• 미국 나스닥 증권거래소 회장을 지낸 바 있는 버나드 메이도프가 벌인 다단계 금융 사기 사건이다. 메이도프는 20년 가까이 폰지 사기(Ponzi scheme), 즉 신규 투자자의 돈으로 기존 투자자에게 이자나 배당금을 지급하는 사기극을 벌였다. 이는 최대 650억 달러에 달하는 미국 역사상 최대 규모의 폰지 사기 행각이었다. Robert Frank, Amir Efrati, Aaron Lucchetti and Chad Bray, "Madoff Jailed After Admitting Epic Scam," *The Wall Street Journal* (March 12, 2009), A1.

•• 이는 단순히 미국과 같은 대국에만 한정된 이야기는 아니다. 한국의 경우, 2014년 4월 16일에 일어난 세월호 사건은 관피아 그리고 수많은 '-피아'로 불리는 이익집단들의 담합 구조가 얼마나 한국 사회에 강고하게 뿌리박고 있으며 건전한 발전을 좀먹고 있는지, 그리고 이러한 것들이 제도적, 정책적 개혁 없이 방치되는 경우 나라 전체가 어떻게 쇠퇴의 길로 갈 수밖에 없는지를 단적으로 보여 주는 중요한 정치경제적 사건이었다.

이와 유사한 양상을 보이고 있다. 미국은 1930년대 대공황 이후 케인지안(Keynsian) 경제철학을 채택해 왔으나 1980년대부터 자유시장을 강조하는 레이건-대처리즘의 신자유주의 쪽으로 방향을 틀었고 2000년대 들어서는 신자유주의 경향이 극단화하는 모습을 보여주었다. 반면 중국은 1979년 개혁개방 이후 줄곧 국가 주도형 경제 발전에 매진해 왔다.

하나의 비유를 들어 보자. 어느 동네에 부잣집과 가난한 집이 있었다. 오랜 세월 가난한 집은 극심한 배고픔에 시달리며 그저 힘 있는 부잣집을 바라보기만 하였다. 그러던 어느 날 가난한 집은 '저 이웃집처럼 잘 살아보자'고 굳게 다짐한다. 이후 가난한 집은 열심히 일하며 먹지도, 쓰지도 않고 저축하여 마침내 30여 년 만에 부잣집에 맞설 정도로 부자가 되는 데 성공했다.

이 이야기에서 가난한 집은 물론 중국을 가리킨다. 과거 공산주의 이념의 경직된 사고에 갇혀 있던 중국은 이른바 '사상 해방'을 통해 실용주의적 사고방식을 확립하고 이후로는 온 힘을 다해 경제 발전에 매진했다. 덩샤오핑(鄧小平)은 "검은 고양이든 흰 고양이든 쥐만 잡으면 된다"[6]라는 실용주의 관점에서 국가 주도형 시장경제를 도입했고, 중국은 지난 30여 년간 연평균 10%에 가까운 폭발적인 성장을 기록했다. 그 결과 1970년대에 세계 100위권에 머물렀던 중국의 경제 규모는 2011년 세계 2위로 급성장했다.[7]

중국의 경제 규모가 급성장할 수 있었던 원동력은 적극적인 해외 수출에 있었다. 그런데 13억 명의 거대한 인구를 가졌음에도 중국의 내수 소비 시장은 상대적으로 개발되지 못했다. 중국의 경제 성장은 말 그대로 지난 30여 년간 먹지도, 쓰지도 않으며 성장과 저축

그림 7. 1992년 덩샤오핑의 남순강화

에 몰두해온 결과였다. 중국은 자신이 생산하고 벌어들인 것보다 훨씬 적게 소비하고 과도하게 저축하는 이른바 '과잉 저축(saving glut)' 국가가 되어버렸다. 중국은 엄청난 경상수지 흑자로 3조 2천억 달러에 이르는 세계 최대의 외환보유고를 갖게 되었다. 그리고 넘쳐흐르는 중국의 자금 중 상당한 액수는 경상수지 적자로 신음하는 세계 최대의 채무국 미국의 국채 시장으로 흘러들어 갔다. 그 결과 중국은 1조 7300억 달러(2011년 6월 기준)에 달하는 미국 정부채권을 보유하기에 이르렀다.[8] 옛날에 가난했던 집이 이제 부자가 되어 빚에 쪼들리는 과거 부잣집에 많은 돈을 빌려주기에 이른 것이다.

중국은 자신이 보유한 엄청난 자산을 통해 대외적인 영향력을 행사하기 시작했다. 예를 들어 2009년 7월 미중 전략경제대화(S&ED)에 참여한 백악관 예산관리국장 피터 오재그는 중국 관료들의 질문 세례로 곤혹을 치렀다. 그는 금융 위기나 세계 경제 불황에 대해 논의하는 자리가 될 줄 알았으나, 그의 예상과 달리 중국 관료들은 미국이 의료보험 개혁에 필요한 재원을 충분히 조달할 수 있을지에 관심을 쏟으며 그 구체적인 방안에 대해 질문 공세를 퍼부었다.[9]

사실 중국의 입장에서 그것은 당연한 일이기도 했다. 만약 미국이 재원 확보에 실패할 경우 부족한 재원을 메우기 위해 달러를 대량으로 찍어낼 가능성이 있었기 때문이다. 이는 곧 달러 가치가 떨어진다는 의미였고 따라서 중국이 보유한 채권의 가치가 하락해 중국이 큰 손해를 본다는 의미이기도 했다. 그러니까 마치 채권자가 채무자에게 큰소리치는 것처럼 중국이 미국에 큰소리치는 상황이 2008년 금융 위기 직후 벌어졌던 것이다. 이제 미국은 과연 중국이 앞으로도 미국 채권을 계속 보유할 것인지, 아니면 매각하고 다른 국가의 자산으로 대신할 것인지 주시하게 되었다. 미국에 대한 중국의 영향력이 그만큼 커진 것이다.

이와 같이 중국은 2008년 금융 위기 이후 변화된 세계정세 속에서 새로이 자신감을 갖게 되었다. 그리고 이후 중국은 공세적인 대외 정책을 취하기 시작했다. 2008년 이후의 미중 관계를 살펴보면 이에 관한 몇 가지 사례를 발견할 수 있다. 특히 미국이 대만에 무기를 판매하는 것과 관련해 중국의 반응에서 변화가 나타났다. 이전까지 중국은 미국의 대만에 대한 무기 판매에 반발하면서도 한편으로는 이를 오랜 관행으로 간주하고 묵인했다.[10] 그러나 금융 위기 이후인 2008년 후반, 미국이 대만에 무기 판매를 재개하려 하자 중국은 미국과의 군사 교류를 일방적으로 중단하겠다고 선언하는 강경한 자세를 취했다. 유사한 상황이 재현된 2010년 초에는 군사 교류를 중단할 뿐만 아니라 무기 판매에 관련된 미국의 군수업체에 보복 조치를 가하겠다고 선언했다. 이때 중국은 한 걸음 더 나아가 보유하고 있던 상당한 양의 미국 국채를 처분하는 등 경제 수단을 활용해 보복 조치를 취하기도 하였다.

미국의 위안화 평가절상 요구에 대응하는 문제에서도 중국의 자신감과 변화가 엿보였다. 중국 정부는 미국이 금융 위기 이후 자국 경제의 모순을 해결하려고 노력하기보다 중국을 희생양 삼아 모든 책임을 중국에 떠넘김으로써 위안화 절상을 압박하고 있다며 미국에 강도 높은 비판을 이어갔다. 미국의 한 전직 고위 외교 관료는 미국에서 열린 미중 간의 한 국제회의에서 중국 대표 중 한 사람이 "이제 중국은 과거의 중국이 아니니 미국은 중국을 과거처럼 대하지 말라"고 발언하는 것을 들었다며 놀라워했다.[11]

전망

'미국의 하강'과 '중국의 상승'은 겉보기로는 꽤 분명해 보인다. 그러나 한 국가의 상대적 권력을 측정하는 문제는 그리 단순하지 않다. 우리는 다음과 같은 몇 가지를 염두에 두어야 한다.

첫째, 경제력 차원에서 미국의 쇠퇴와 중국의 상승이 앞으로도 상당 기간 지속될 것이라고 가정하는 것은 지나친 단순화의 위험이 있다. 특히 미국 경제력의 상대적 하강이 앞으로도 지속될 것이라는 주장과 관련해서는 보다 조심할 필요가 있다. 예를 들어 미국의 오바마 행정부는 의료보험 개혁법안에 이어 2010년 7월에 금융 부문 개혁법안을 통과시켰다. 미국 경제의 발목을 잡던 재정 적자의 규모도 2009년 GDP 대비 9.8%에서 2013년에 4.1%, 2014년에는 2.8%

로 감소했다.[12] 만약 미국 정부가 이와 같은 국내 개혁을 앞으로도 계속 성공시켜 나가면 미국의 상대적 하강은 그 속도가 늦춰질 수도, 혹은 중단될 수도 있다.

또한 최근에 미국이 이른바 '셰일 가스 혁명' 또는 '에너지 르네상스' 시대를 맞았다는 점에도 주목할 필요가 있다. 미국은 기술 개발을 통해 그동안 경제성이 없던 셰일 가스를 본격적으로 생산하기 시작했다. 원래 미국에서 천연가스 생산량은 2005년까지만 하더라도 감소 추세였고 2020년에는 국내 소비량의 26%에 달하는 7조 8900억 세제곱피트의 천연가스를 수입에 의존해야 할 것으로 예측되었다. 그러나 미국의 셰일 가스 생산량은 2007년 1조 3천억 세제곱피트에서 2012년 8조 5천억 세제곱피트로 증가했고, 2013년 시점에 천연가스 가격은 2008년에 비해 3분의 1 수준으로 하락했다.[13] 이로써 미국은 에너지를 해외에 의존하지 않아도 되는 상황이 되었고 상대적으로 에너지 해외 의존도가 대단히 높은 중국에 비해 유리한 상황을 맞았다. 덧붙여 러시아의 경우 천연가스의 가격 하락과 석유수출국기구(OPEC)의 저유가 정책으로 경제 전체가 심각한 타격을 받았다. 국제 정치에서 미국의 전략적 입지가 셰일 가스 혁명으로 불과 수 년 만에 개선된 것이다.

중국 경제의 지속적인 상승도 무조건 보장된 것은 아니다. 중국이 앞으로도 최근 수 년 전까지와 같은 두 자리 수 퍼센트의 고성장을 이어가기는 힘들 것이다. 한편으로 중국의 입장에서 무엇보다 중요한 것은 국내 정치의 안정을 유지하는 일이다. 그런데 현재 중국 정치는 공산당이 지배하는 폐쇄 체제인 반면, 중국 경제는 시장 원리를 도입한 개방 체제이다. 과연 중국은 정치 체제와 경제 체제 사이의 이러한 괴리를 언제까지 유지할 수 있을까? 이는 중국의 국내 정치 안정에 있어 중요한 관건이 아닐 수 없다. 고속 경제 성장의 결과로 중국 국민들의 자유와 민주주의에 대한 욕구는 높아지고 있고, 또 그 이면에서 점증하는 빈부 격차와 부패에 대한 불만도 커지고 있다.[14]

만약 중국의 정치 지도자들이 국민들의 정치적 욕구나 불만을 해소하면서 정치 체제를 개방적인 방향으로 서서히 연착륙시킬 수 있다면, 중국의 고속 성장은 더 지속될 것이다. 그러나 만약 이에 실패하여 공산당 정부와 국민이 충돌하게 된다면 그로 인한 정치적 불안정이 중국의 경제 성장에 악영향을 미칠 것이다. 시진핑 주석은 강한 리더십으로 국민의 정치적 욕구를 통제하고 있다. 그러나 시간이 지날수록 밑으로부터 올라와 누적되는 국민의 정치적 욕구를 지금처럼 통제하기는 힘들 것이다.

그 외에도 중국에는 환경 오염, 부패, 빈부 격차, 소수 민족 문제 등 난제들이 여전히 남아 있어 국력의 순탄한 부상이 힘들어질 수 있다. 2013년 이래 미국 경제는 서서히 호전되는데 비해, 중국의 경제 성장률은 2013년에 7.7%, 2014년에는 7.4%까지 하락하며 성장이 둔화되는 모습을 보였다.[15] 또 중국은 2015년 7월 중국 증시가 폭락한 데 이어 8월에는 1997년 동아시아 위기와 2008년 금융 위기 때에도 자제했던 위안화의 평가절하를 단행했다. 이는 세계 경제의 판도가 상당히 유동적임을 보여주고 있고, 심지어 일부 경제 전문가들은 중국 경제의 경착륙과 그 파장을 우려하고 있다.[16]

둘째, 세계의 권력 구조를 분석할 때 경제력뿐만 아니라 군사력도 동시에 고려해야 한다. 분명 경제력 면에서는 권력이 분산되면서 다극 체제로의 변화가 진행되고 있다. 그러나 권력을 구성하는 또 다른 중요한 요소인 군사력 면에서는 여전히 미국이 압도적인 우위를 점하고 있다. 미국의 군사력은 세계 군사력 평가에 있어 부동의 1위를 고수하고 있고,* 미국의 군비 지출은 전 세계에서 지출되는 군비 중 약 41%를 차지하고 있다.[17] 또한 군사 부문에 대한 미국의 연구개발비는 미국을 제외한 세계 모든 국가들의 연구개발비 총합보다도 큰 것으로 알려져 있다.[18] 이러한 점에서 앞으로도 군사력에 관한 한 미국의 절대적 우위는 상당 기간 지속될 것이다.

마지막으로, 상대 국가에 얼마나 영향력을 미칠 수 있느냐의 관점에서 국력을 생각할 때 연성 권력의 중요성을 빼놓을 수 없다. 국제 사회의 많은 국가와 시민들을 공감하고 따라오게 만드는 보편적 가치와 문화의 측면에서, 미국이 지향하는 민주주의와 인권, 자유 등의 가치는 아직도 상당한 호소력이 있다. 또한 경제 발전의 기반이 되는 창의적인 아이디어를 생산하고 그것을 과학기술 발전과 신산업의 창출로 연결해내는 능력의 측면에서도 미국의 대학 및 고등교육은 아직도 중국이나 다른 모든 국가들에 비해 탁월하다. 다시 말해 '미국의 쇠퇴'와 '중국의 상승'은 결코 필연적인 결론이 아님을 명심해야 한다.

---

* 군사력 순위의 산정 방식을 두고 군사 전문가 사이에서도 이견이 많은 것이 사실이지만 2000년대 진행된 대부분의 군사력 조사에서 미국은 부동의 1위를 고수했다. 이와 관련된 전문 사이트로 GFP(Global Firepower, http://www.globalfirepower.com/)를 참조.

국제 정치의 장

제4장

미국과 중국의 경쟁

국제 정치의 역사에서 경제력이 급속도로 성장하는 신흥 대국은 자국의 경제력 상승에 맞춰 더 강화된 영향력과 국제적 역할을 추구한다. 예를 들어 2차 세계대전 직후 미국은 그 경제력이 세계 경제의 절반을 차지할 정도로 강해지자 그에 걸맞게 국제 정치의 틀을 짜는 주도적인 역할을 담당했다. 조만간 미국의 경제력을 따라잡을 것으로 예측되는 중국도 과거 30여 년간의 경제 성장에 자신감을 얻어 더 큰 영향력과 국제적 역할을 본격적으로 추구하기 시작했다.

문제는 기존 패권국이 신흥 대국의 그러한 움직임에 협력하기가 쉽지 않다는 데 있다. 모든 권력은 상대적인 것이고 따라서 신흥 대국의 영향력이 커진다는 것은 바로 기존 패권국의 영향력이 작아진다는 것을 의미하기 때문이다. 중국이 아시아에서 군사적 영향력을 확대하고 2008년 금융 위기 이후 공세 외교로 나오자, 미국은 그에 대응해 2011년을 전후하여 아시아 태평양 지역을 중시하는 이른바 '재균형(rebalancing) 전략'을 들고 나왔다. 즉, 미국이 그동안 중동이나 다른 지역에 집중했던 자원을 경제적으로 중요한 아시아 태평양 지역에 재집중하고, 이 지역의 동맹국 및 파트너 국가들과의 관계를 강화하며, 이 지역의 정치, 경제, 안보 협력의 틀(architecture)에 적극 참여하겠다는 전략으로 나선 것이다.* 이처럼 현재 동아시아에서는 미국과 중국의 전략적 경쟁이 치열하게 전개되고 있다.

미중 격돌의 장, 동아시아

10년 전까지만 하더라도 학계에서는 중국이 과연 동아시아에서 패권을 추구할 의도가 있느냐 없느냐를 놓고 열띤 논의를 벌였다.[1] 그러나 2008년 금융 위기 이후에는 중국이 동아시아에서 지역 패권을 추구하면서 과거의 영광을 되찾고자 한다는 견해가 많아졌다. 중국이 미국에 견줄 만큼 대단한 경제력을 구축했지만 군사력에서 아직도 워낙 격차가 크기 때문에 글로벌 차원에서 본격적으로 미국에 도전하기는 힘들다. 그러나 중국은 최소한 자국이 과거 오랫동안 주도적인 지위를 누렸던 동아시아에서만큼은 옛날의 패권을 회복해야

---

* 힐러리 클린턴 국무장관은 이에 대해 양자 안보동맹의 강화, 신흥 국가들과의 관계 심화, 지역 다자 기구 참여, 무역 투자 확대, 광범위한 군사 주둔, 민주주의 및 인권의 발전을 핵심 내용으로 설명한다. Hillary R. Clinton, "America's Pacific Century," *Foreign Policy*, No. 189 (November, 2011), 56~63쪽. 한때 미국 정부는 '아시아로의 회귀(Pivot to Asia)'라는 표현을 썼지만 여기에는 미국이 아시아를 떠났었다는 의미가 암시되어 있다고 하여 더 이상 쓰지 않고 '재균형'이란 표현을 자주 사용한다. Jeffrey A. Bader, "U.S. Policy: Balancing in Asia, and Rebalancing to Asia," *India-U.S. Policy Memo*, The Brookings Institute (September, 2014). http://www.brookings.edu/research/opinions/2014/09/23-us-policy-rebalancing-asia-bader

한다고 생각할 것이다.

그래서 중국은 앞으로 동아시아에서 미국의 입지를 약화시키기 위해 노력할 것이다. 무엇보다 중국 입장에서 미국은 지리적으로 다른 지역 세력이다. 브레진스키는 이러한 중국의 전략을 마치 고대의 손자(孫子)가 말했을 법한 대로 "미국의 지역적 권력(regional power)을 약화 및 희석시키고, 이를 통해 미국이 자국 대신 [동아시아] 지역에서 지배적 우위를 차지하게 된 중국을 동맹으로 원하게 만들며, 궁극적으로 전 세계 차원에서 미국이 강한 중국을 파트너로 원할 수밖에 없도록 하는 것"이라고 요약하고 있다.[2]

그러나 미국의 입장에서 동아시아는 결코 쉽게 포기할 수 없는 지역이다. 미국은 세계의 패권국으로 군림하기 훨씬 전인 20세기 초부터 동아시아에 깊숙이 개입해 왔다. 미국의 동아시아 전략은 기본적으로 이 지역이 어느 한 국가의 지배적 영향력 안에 들어가지 못하도록 막는 것이었다.[3] 한 예로 1905년 미국의 시어도어 루스벨트 대통령은 포츠머스 조약을 통해 러일 전쟁의 종결을 중재했는데, 이는 승전국인 일본 세력이 만주까지 지배할 정도로 너무 커지는 것을 막기 위한 세력균형 정책의 일환이었다.[4] 그 후에도 미국은 1930년대에 일본의 세력이 너무 커지자 중국 편에 서서 일본을 견제했고, 1949년부터 1970년대 중반까지 공산당 정부가 중국 대륙을 지배하게 된 시기에는 2차 세계대전 당시 적국인 일본과 동맹을 맺어 중국을 견제했다. 그러다가 1970년대에는 미중 수교를 통해 중국을 끌어당기며 중국과 일본을 동시에 포용했다.[5]

미국은 이처럼 오랜 전략적 이해관계를 갖고 동아시아에 개입해 왔고 중국이 원한다고 해서 이 지역에서 쉽게 철수하지는 않을 것이다. 미국이 중국에 비해 여전히 압도적인 군사적 우위를 지키고 있는 상황이기에 더욱 그러하다. 환태평양경제동반자협정(TPP)의 추진이나 재균형 전략에서 여실히 드러나듯이, 오히려 미국은 동아시아에서 동맹 네트워크를 더욱 강화하면서 개입을 지속하려는 강한 의지를 보이고 있다. 한편으로 미국은 경제대국으로서 자국의 재부상을 시도하기 위해서도 활력 있게 성장하는 동아시아 경제가 필요하다. 그런 차원에서 미국은 동아시아에서 영향력을 유지하길 원할 것이다.

그렇다면 중국은 동아시아에서 어떻게 자국의 영향력 확대를 꾀하고 있는가? 또 미국은 어떻게 중국에 대응하고 있는가? 현재 중국과 미국의 경쟁 또한 국제 정치 역사에서 반복되어온 상승 대국의 도전과 기존 대국의 대응이라는 틀 안에 있음을 염두에 두고서 이를 좀 더 구체적으로 살펴보자.

중국의 경제적 영향력 확대 전략

2000년대에 들어서서 중국이 동아시아에서 조용히 영향력을 키워 나갈 수 있었던 데는 역설적으로 조지 W. 부시 대통령의 대외 정책이 기여했다. 9·11 테러 이후 부시 행정부는 아프가니스탄에서처럼 이라크에서도 손쉬운 승리를 거둘 것으로 예측했다. 그러나 미국은 막상 군사적 승리 이후 더 큰 문제에 봉착했다. 종족 및 분파 갈등이 불붙었고 정치적, 경제적 대혼란이 야기되었던 것이다.[6] 따라서 미국은 모든 관심과 지원을 이라크에 쏟아야 했고 세계의 다른 지역, 특히 동아시아에 대해 별로 신경을 쓰지 못했다. 이처럼 미국이 일방주의적 힘의 외교로 도처에서 비난에 직면하고 이라크 전쟁에 시선을 빼앗긴 동안, 중국은 동아시아에서 조용히 영향력을 키워 나갔다.

동아시아 방면

중국은 세계의 공장 역할을 담당하면서 동아시아의 주변 국가들을 중국 경제와 구조적으로 연결시키고 이들의 대(對)중국 의존도를 높여 왔다.* 무엇보다 중국은 2000년대 초반부터 주변 국가들과 자유무역협정(FTA)을 적극 추진하였다. 중국이 동남아시아국가연합(ASEAN)**과 2002년부터 협의해온 중국-아세안 FTA(CAFTA)가 2010년 마침내 발효되어 이 지역에 세계 3대 자유무역지대가 탄생했고, 같은 해 중국은 대만과도 사실상의 자유무역협정이라 할 수 있는 경제협력기본협정(ECFA)을 체결하였다.

중국은 또한 신속한 경제 성장과 과소 소비, 과잉 저축으로 누적된 막대한 경상수지 흑자에 힘입어 동아시아 지역에 적극적으로 투자와 경제 지원을 실시했고 개도국에 대해 차관이나 인프라 지원을 확대했다. 그 과정에서 국가개발은행이 중심 역할을 했는데, 그 활약상을 보면 2009년까지 141개국에 관여해 활동을 펼쳤고 2008~2009년 단 2년 동안 에너지 부문에서만 개도국 정부와 기업들

---

* 예를 들어 2014년 현재 한국의 대중 무역 의존도는 21.4%이다. 다른 나라의 대중 무역 의존도를 보면, 일본은 20.4%, 아세안은 14.5%, 호주는 20.6%, 인도는 10.5%, 러시아는 8.9%를 차지하고 있다. UN Comtrade Database, http://comtrade.un.org/data/, ASEAN Statistics – External Trade Statistics, http://www.asean.org/news/item/external-trade-statistics-3

** 흔히 아세안이라고 한다. 타이, 인도네시아, 말레이시아, 필리핀, 싱가포르, 브루나이, 라오스, 캄보디아, 베트남, 미얀마 등을 가맹국으로 하는 동남아시아의 정부 단위 협력 기구.

을 대상으로 650억 달러를 투자했다. 같은 기간에 중국수출입은행을 포함한 중국 정부의 개도국에 대한 장기 대부 액수는 세계은행보다 많은 1100억 달러 이상이었다.[7] 이러한 중국의 자본 대부는 에너지 및 인프라 개발 프로젝트들을 통해 아시아 국가들을 중국 경제에 연결하고 통합하는 방향으로 활용되었다. 예를 들어 러시아, 카자흐스탄, 미얀마로 연결되는 원유 파이프라인들이 건설 중이거나 가동 중이며 또 중국 남서부와 베트남, 라오스, 미얀마를 잇는 철도가 건설 중이다.

사실 '차세안(ChAsean)'이라는 말이 나올 정도로 동남아시아 국가들은 이미 중국 경제권에 상당히 통합된 상태이다. 중국 남부의 경제 발전이 가속화됨에 따라 그 지역과 국경을 맞댄 동남아시아 국가들의 북부 국경 지역이 그 나라의 다른 어떤 지역보다 경제적으로 발전하고 있다. 더욱이 중국 내륙에서부터 시작된 잘 닦인 도로와 철도 등의 인프라가 점차 이 국경 지역으로 연결되고 있다. 2000년대 이후 중국 경제력의 이와 같은 '남하(南下)' 혹은 동남아시아 진출은 크게 두 개의 축을 중심으로 진행되어 왔다. 하나는 중국 윈난 성-미얀마 내륙-방글라데시-인도로 이어지는 이른바 '미얀마 통로(BCIM Economic Corridor)'이고, 다른 하나는 중국 동남부-베트남 북부(통킹만)-메콩 강 유역개발 지역(GMS)으로 이어지는 루트이다.

신실크로드 구상

중국은 동아시아에서 그치지 않고 유라시아 대륙 전체를 대상으로 경제 대전략을 펼치고 있다. 시진핑 주석의 '신실크로드' 구상이 바로 그 결정판이다. 2013년 9월 7일 시진핑 주석은 카자흐스탄의 수도 아스타나에서 '신실크로드 경제벨트(New Silk Road Economic Belt)' 구상을 발표했다. 한 달 후 그는 인도네시아 자카르타에서 행한 의회 연설에서 '21세기 해양 실크로드(The 21st Century Maritime Silk Road)' 구상을 내놓았다. 이 육상과 해양 실크로드 구상은 중국이 해당 국가와 지역에 자금을 투자해 철도와 도로, 파이프라인 등 인프라를 구축하고 경제 협력을 심화한다는 내용으로, 여기에는 중국의 경제 세력권을 세 대륙에 걸쳐 확대해 나간다는 전략적 의미가 담겨 있다.

신화통신사의 공식 웹사이트에 발표된 지도에 의하면, 육상 실크로드는 중국 시안에서 출발하여 란저우, 우루무치를 거쳐 중앙아시아, 중동, 유럽으로 나아간다. 해양 실크로드는 중국 광저우에서 출발하여 하이난을 거쳐 말라카 해협, 인도양, 홍해로 나아가고 이어서 지중해를 통해 이탈리아 베네치아로 들어간다. 그리고 그곳에서 육상과 해양 두 실크로드가 만나게 되어 있다.[8] 중국 정부는 이 프로젝트를 위해 우선 163억 달러의 기금 조성 계획을 발표했는데, 이미 실크로드 파트너 국가인 스리랑카에 항구 건설을 위해 14억 달러, 중앙아시아에 인프라 건설 및 에너지 사업을 위해 500억 달러, 그리고 아프가니스탄에 3억 2700만 달러의 원조를 따로 약속한 바 있다.[9] 이 실크로드 프로젝트가 완성되면 전체 투자 규모는 21조 1000억 달러에 달할 것으로 예상된다.[10] 실로 광대한 프로젝트가 아닐 수 없다.

시진핑 주석은 이러한 사업들을 원활히 진행하기 위해 2013년 10월 인도네시아를 방문한 자리에서 아시아인프라투자은행(AIIB)의 창설을 제안했다. 중국은 이러한 자신들이 주도하는 다자 국제 은행을 창설함으로써 세계 경제 전략 구상을 위한 수단을 확보하는 한

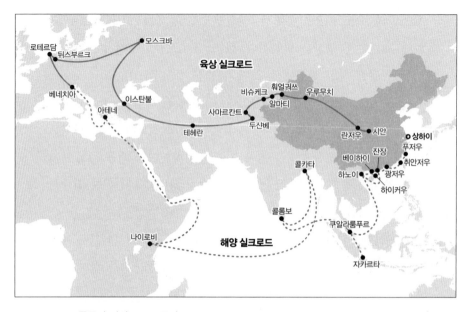

그림 8. 중국의 신실크로드 구상
참고: http://www.xinhuanet.com/world/newsilkway/index.htm

편, 미국, 유럽, 일본이 각각 영향력을 행사하는 세계은행, 국제통화기금, 아시아개발은행에 맞서고 있다.[11]● 일각에서는 마치 2차 세계대전 직후 미국이 마셜플랜(Marshall Plan)을 통해 초강대국으로 발돋움했던 것처럼 중국이 두 실크로드 구상을 통해 슈퍼 파워로 발돋움하고 있다는 평가도 나오고 있다.[12]

고이즈미 총리 시절 일본 정부는 중국의 남하 전략에 위기감을 느끼고 동남아시아와 나아가서 인도까지 이어지는 경제적 연결

● 중국은 한국도 아시아인프라투자은행에 가입하기를 권유한 반면 미국은 만류했다. 한국 정부는 2015년 4월 가입을 발표했다.

외교의 시대

고리를 만들고자 했으나 성과를 거두지 못했다. 자민당의 이러한 구상이 중국과의 경쟁을 염두에 둔 것이었다면, 하토야마 총리의 민주당 내각은 반대로 중국과의 협력을 도모하며 안보 영역까지 포함하는 '동아시아공동체 구축'을 외교 목표로 내세우기도 했다.[13] 그렇지만 이 같은 구상들은 오랫동안 힘을 받지 못했다. 현재 일본은 아베 총리 집권 이후 필리핀, 베트남, 호주, 인도 등과 관계를 심화하여 일종의 반(反)중국 네트워크를 만들기 위해 노력하고 있다.

국제 통화로서의 위안화

무역, 개발, 투자뿐만 아니라 금융, 통화 외교에 있어서도 중국은 공세적으로 움직이고 있다. 우선 2000년대 말 이후부터 중국은 주변국들과의 거래에 있어 위안화 결제 방식을 적극 확대하고 있다. 2009년 중반까지만 해도 동남아시아국가연합 국가들, 홍콩, 마카오와의 거래에 한하여 365개의 자국 수출 기업에만 제한적으로 위안화 결제를 허용했으나, 2012년 3월 위안화 무역결제 완전 자유화 조치 (出口貿易跨境人民幣結算將全面開放)가 실시되어 모든 수출 기업이 무역 거래에서 위안화로 결제할 수 있게 되었다.

이에 따라 중국과 아시아 국가들 사이의 위안화 결제 비율은 2012년(전 기간)만 해도 총 거래 금액의 13% 정도였으나 2015년에는 50%에 이를 것으로 예상된다.[14] 한국도 2014년 7월 시진핑 주석의 방한 때 중국과 원-위안화 직거래 체제를 구축하기로 합의했다. 이때 뉴시밍(牛錫明) 중국 교통은행 회장은 "현재 700억 위안 수준인 한국 내 위안화 예금이 2년 후에는 3000억 위안(약 48조 원)까지 늘어날 수 있을 것"이라는 예상을 내놓았다.[15]

더 나아가 중국은 장기적으로 위안화의 국제화까지 추구하고 있다. 이는 곧 중국의 위안화가 현재 기축 통화인 달러의 역할에 직접적으로 도전한다는 것을 의미한다. 한때 중국에서 선풍적인 인기를 끌었던 쑹홍빙(宋鴻兵)의 『화폐전쟁』은 미국이 기축 통화국으로서 위상을 남용해왔다고 주장하며 미국의 무책임한 경제 정책을 비판했는데[16] 비록 픽션이 가미된 책이지만 이 책의 주장은 중국 내 상당수의 학자, 정책 결정자들의 의견과도 유사하다. 베이징대학교의 왕융(王勇) 교수는 미국이 달러를 통해 "자국의 이익을 증대하려는 것처럼, 중국 역시 국익을 보호하기 위해" 국제 금융 시스템의 개혁에 나설 필요가 있고 달러에 대응하여 위안화의 역할을 늘려야 한다고 주장했다.[17] 중국수출입은행의 행장 리뤄구(李若谷)는 이와 관련해 "(최근의) 경제 위기는 현 국제 통화 체제가 얼마나 비합리적인 것인지를 분명하게 보여주었다"고 말했다. 중국의 대표적인 국책 싱크탱크인 중국현대국제관계연구원의 장융(江涌) 역시 국제 통화 체제에서 미국의 지배를 종식시키는 일은 새로 태어난 중국(New China)이 "핵보유국이 된 것만큼이나 중요하다"고 말했다.[18]

에너지 외교

13억 인구를 안정적으로 통치해나가기 위해서 중국은 고속 성장을 계속 이어나갈 필요가 있다. 그러기 위해서는 이를 뒷받침할 에너지 자원의 확보가 필수적이다. 이에 따라 중국은 최근 10여 년 전부터 공격적인 에너지 외교를 펼치고 있다. 그런데 예전부터 중국은 원유 수입을 중동에 의존하는 것을, 특히 원유 수송로가 말라카 해협에 너무 집중되는 상황을 내심 꺼려 왔다. 말라카 해협이 사실상 미국 해군의 영향력 아래 있기 때문이다. 만약 대만 문제 등의 이유로 미국과 중국 간에 충돌이 발생하여 미국이 말라카 해협을 봉쇄한다면, 중국은 말 그대로 숨통이 막혀 버릴 수 있다. 이런 우려 때문에 중국은 해상이 아닌 육로를 통해 에너지를 확보하기 위해 러시아나 카자흐스탄에서부터 중국으로 이어지는 파이프라인 건설에 힘써 왔다. 한편으로 중국은 이미 2013년 10월 광시좡족 자치구에서부터 윈난 성의 수도인 쿤밍(昆明)을 거쳐 육로로 미얀마 서부 해안에 이르는, 즉 말라카 해협을 거치지 않는 파이프라인을 완공했다.[19] 이처럼 중국이 동아시아에서 경제적 영향력을 증대하는 움직임은 동시에 중요한 군사전략적 고려를 담고 있는 것이다.

한편, 중국은 미국이 인권 탄압을 문제 삼아 제재를 가했던 미얀마, 수단, 베네수엘라와 같은 국가들을 상대로 적극적인 에너지 외교를 펼쳤다. 아프리카의 40여 국가들과 맺은 중국-아프리카 협력포럼(FOCAC) 또한 자원 확보를 위한 외교적 노력의 일환이었다. 동아시아에서는 시베리아의 석유 자원을 놓고 일본과 치열한 유치전을 벌였다. 2006년에 소위 동시베리아-태평양 석유 파이프라인(ESPO)의 노선 채택을 놓고 중국은 일본과 경쟁을 벌였는데, 중국은 '다칭(大慶) 라인'을 주장하고 일본은 '나홋카(Nakhodka) 라인'을 내세웠다.* 그러나 무엇보다 중국 에너지 외교의 절정은 2014년 5월

---

* 일본의 적극적인 로비로 나홋카 라인이 채택되었으나 우여곡절을 겪어 앙가르스크-나홋카가 아닌 타이쉐트-나홋카 라인이 건설되었고 지선으로 스코보로디노에서 중국의 다칭으로도 연결되었다. Yu-Shan Wu, "Russia and Chinese Security," in Lowell Dittmer and Maochun Yu (eds.), *Routledge Handbook of Chinese Security* (New York: Routledge, 2015), 95쪽.

21일 러시아와의 천연가스 판매 협상 타결이었다. 이것은 냉전 이후 러시아가 체결한 계약 중 가장 큰 규모의 천연가스 거래로 국제 정치의 '게임을 바꾸는 사건(game-changer)'으로 평가받고 있다.[20]

중국의 군사적 영향력 확대 전략

대국의 첫 무대, 서태평양

시진핑 주석은 2014년 7월 9일 6차 미중 전략경제대화에서 행한 개막 연설에서 "광활한 태평양에는 중국과 미국 두 대국을 수용할 수 있는 공간이 충분하다"고 말했다.[21] 그는 2012년 2월 당시 부주석일 때도 『워싱턴포스트』와의 인터뷰에서 동일한 발언을 해서 화제가 된 적이 있었다.[22] 태평양 해역은 2차 세계대전 이후 반세기 이상 미국의 배타적 영향력 아래 놓여 있었다. 그렇기에 이러한 발언은 미국이 태평양에서 누려온 배타적 지위에 도전하면서 태평양을 미국과 중국의 공동 영향권으로 만들어 가겠다는 전략 구상으로 해석할 수 있다. 최근 중국의 군사적 행보를 보면 중국은 우선 서태평양에 한해서라도 미국을 견제하고 밀어내려고 시도하고 있다. 만일 이러한 중국의 목표가 달성되면 한국과 일본은 중국 해군이 지배적 영향력을 행사하는 해역에 둘러싸인 섬이 될 것이다.

원래 1970년대 이후 중국은 미국이 보장해 주는 해양 통항의 자유에 의존해 경제 번영을 구가했다. 그러나 미국과의 대립이 점차 심화되는 현재, 중국은 미국의 보장에 의존하는 것을 넘어서서 스스로 대양해군을 건설하여 무역 활동을 보호할 자구책을 추구하고 있다. 중국의 이러한 군사 전략과 행보의 배경에는 중국 군부의 서구에 대한 강한 불신이 존재한다. 중국 국방대학원의 장교인 류밍푸(劉

明福)는 "총을 가진 사람(미국)과 칼을 가진 사람(중국)이 있는데, 전자가 후자를 위험하게 행동한다며 비난하고 있다"며 현재 미국과 중국의 관계를 비판했다.[23] 이러한 불신은 종종 중국에서 군사력 강화의 근거로 활용되는데, 바로 2010년에 출간되어 베스트셀러가 된 류밍푸의 책 『중국의 꿈(中国梦)』도 그런 논리를 펴고 있다. 류밍푸는 중국이 자국의 부상에 호의적이지 않은 미국의 견제와 압박—특히 군사적 압박—을 이겨내고 패권 쟁탈전에서 주도적 지위를 확보하기 위해서는 무엇보다 군사적 초강대국으로 부상하는 것이 중요하다고 역설했다.

실제로 중국은 그동안 해군력 강화를 통해 과거 미국 해군의 안방이나 다름없던 서태평양 해역에서 지속적으로 지배력을 늘려가고 있다. 덩샤오핑의 현대화 노선에 따라 지난 30여 년 동안 현대화에 박차를 가해 온 중국군은 기존의 다수 병력에 근거한 육군 중심의 대내 지향적 군대에서 해군과 공군을 강화하고 바다와 하늘을 자유롭게 항행하는 기술 집약적 군대로 탈바꿈해 왔다.

특히 이전까지는 대만을 둘러싼 미국과의 충돌 가능성에 국한되었던 중국의 해군력이 이제는 연안을 떠난 공해상에서도 상당 기간 작전 수행이 가능할 정도로 성장했다.[25] 오늘날 중국의 해군 전략가들은 공공연하게 원양에서의 작전 수행을 언급하는데, 이는 곧 중국이 해군력을 통해 자국의 에너지 수송로와 거대한 상업무역 수송로를 스스로 보호하겠다는 의지로 해석할 수 있다. 그러나 미국의 일각에선 이에 대해 전혀 다른 해석을 내놓는다. 예를 들어, 미국의 전 국방부 관리였던 댄 블루멘탈은 중국이 수송로 보호에서 그치는 것이 아니라 더 나아가 "미국을 축출하고 그 자리에 자국의 세력권

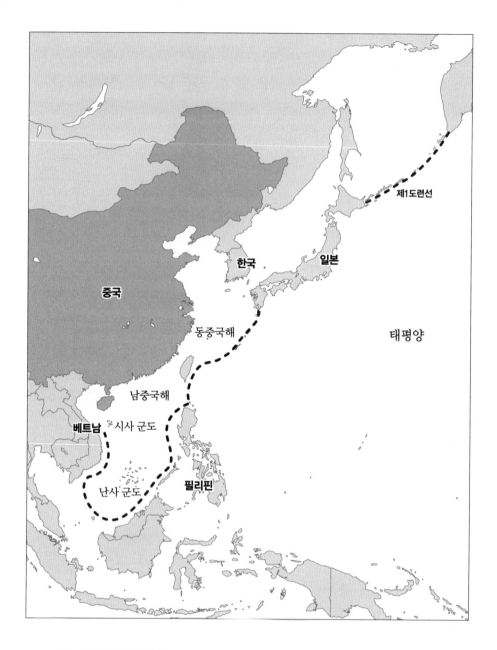

그림 9. 중국의 제1도련선
참고: *The Economist*, "Asia's balance of power: China's military rise," (April 7, 2012).

외교의 시대

을 건설하고 있다"고 주장했다.[26] 이러한 맥락에서 이제는 중국이 이른바 '제1도련선(島鏈線)'—러시아령 사할린 동쪽의 쿠릴 열도와 일본 오키나와, 그리고 대만을 거쳐 필리핀과 말레이시아의 근해를 연결하는 선—을 해양 방어 라인으로 삼으려고 한다는 의혹까지 제기되고 있다.[27]

물론 중국은 아직 미국과의 군사력 격차가 상당하기 때문에 현 시점에 미국과 정면으로 경쟁하는 것은 무리임을 잘 알고 있다. 그래서 중국은 상대적으로 비용이 적게 드는 비대칭 전력*의 개발에 힘써 왔다. 특히 중국은 육지에서 발사하는 탄도미사일 및 순항미사일 체계를 강화하고, 잠수함 함대를 개편 및 확대하는 데 주력했다. 또한 미국이 비교적 취약하다고 여겨지는 인터넷 정보 분야를 공략하기 위해 전자·사이버 전쟁 능력을 향상시켰고, 이를 포함해 군의 정보화에 역점을 두어 군사 체계의 유기적 작동을 강화하는 데 집중했다.[28] 이에 관해 로버트 게이츠 전 미국 국방장관은 "미국 해군이 지난 60년 동안 누려 왔던 서태평양 해역에서의 성역"이 위기에 처할 것이라고 경고했고, 실제로 미국의 해군 함정이 중국 근해에 접근하는 것이 점차 어려워지고 있다.[29] 미국의 싱크탱크인 전략예산평가센터(CSBA)와 랜드연구소(RAND Corporation)의 분석에 의하면, 중국은 2020년까지 제1도련선 안에서 미국 항공모함과 전투기들의 작전

---

* 기존의 재래식 전력인 전차와 군함, 전투기 등이 투자에 비례하는 효과를 얻는 무기라는 점에서 대칭 전력이라면, 비대칭 전력은 이와 달리 상대적으로 낮은 비용을 통해 효과를 극대화하는 무기인 핵무기, 탄도미사일, 생화학무기 등을 일컫는다. 전쟁 또는 위협에 있어서 '비대칭성(asymmetric)'에 대한 이해를 돕는 글로, Steven Lambakis, James Kiras, and Kristin Kolet, *Understanding "Asymmetric" Threats to the United States* (Fairfax, VA: National Institute for Public Policy, September 2002), 59~64쪽을 참조.

을 억제할 수 있는 군사적 수단을 확보하게 될 것이다.[30] 만일 그렇게 되면 한반도의 군사안보 환경도 상당한 영향을 받을 것이다.

동중국해

이와 같은 미국과 중국의 군사 경쟁, 특히 해군 경쟁이 서로 부딪치는 최전선은 동중국해와 남중국해이다. 두 해역은 향후 두 나라의 군사적, 전략적 대치를 가늠할 리트머스 시험지가 될 것이다. 물론 미국은 이곳에서 직접적인 분쟁 당사자가 아니다. 하지만 동중국해에서 중국과 갈등하는 일본은 미국의 동맹국이고, 남중국해에 이해관계가 걸린 베트남, 필리핀, 말레이시아는 미국을 배후에 두고 중국에 맞서고 있다. 실제로 미국은 동남아시아 국가들과 함께 남중국해에서 통항의 자유를 강조하고 있다.

동중국해에서 분쟁의 핵심은 센카쿠(尖閣) 열도(중국명 댜오위다오(釣魚島)) 문제이다. 이 섬들은 현재 일본이 실효적 지배를 하고 있는데, 중국은 일본의 영유권 주장에 강하게 반발하며 실효적 지배를 무력화하는 시도를 계속하고 있다. 이 영토 분쟁은 1895년 일본이 청일 전쟁에서 승리한 후 이 섬들을 점령한 데서부터 그 연원을 두고 있다. 이후 2차 세계대전에서 일본이 패배한 후 미국이 1951년 샌프란시스코 강화조약을 통해 이 섬들을 접수했다가 1972년 오키나와와 함께 다시 일본에 돌려주었다. 이 무인도들의 주변 해역은 지하에 석유 자원이 풍부한 것으로 알려져 있다. 과거 덩샤오핑은 양국 간에 해결하기 힘든 이 문제를 당분간 미루어 놓자는 현상 유지 방식을 일본에 제안해 합의했다. 2008년에는 두 나라 정부 사이에 이 해역에 대한 공동 개발이 합의되기도 했다.[31] 그러나 2012년 일본 정부가 이 섬을 국유화했고 중국 정부는 이것을 현상 유지 합의를 깨뜨린 것으로 해석했다.

그 후 이 섬들을 둘러싸고 중국과 일본 간에 경쟁이 격화되었다. 두 나라는 해군 함정이나 전투기를 인근 해역에 보내 의지를 과시하는 위험한 상황에까지 이르렀다. 미국은 이 섬의 영유권 문제에 대해 중립을 지키고 있다. 그렇지만 미국은 미일 동맹상의 일본 방어 의무가 이 분쟁으로 야기될 만약의 사태에도 적용될 것임을 분명히 하면서 중국을 견제하고 있다.

그러나 2013년 12월 중국은 아랑곳하지 않고 동중국해 상공에 '방공 식별 구역'을 선포하고 이 지역 상공에 진입하는 외국 항공기에 대해 사전 통보를 의무화했다. 이에 미국은 곧바로 반응했다. 이틀 후 미국은 중국의 일방적 선언을 무효화하기 위해 B52 전투기 두 대를 그 구역으로 비행시켰다. 한국과 일본도 중국의 선언을 거부했다.

이와 같이 중국과 일본 사이의 영토 분쟁 배후에는 그 이상의 중차대한 경쟁이 진행 중이다. 한편에는 주변 해역에 대한 실질적인 지배력을 손에 넣고 확장하고자 하는 중국의 시도가 있다면, 다른 한편에는 일본의 동맹국인 미국의 억제 노력이 전개 중이고, 두 세력의 힘이 맞부딪치고 있는 것이다.

남중국해

동중국해보다 더욱 심각한 쪽은 남중국해이다. 남중국해는 세계에서 가장 통행량이 많은 항로 중 하나이다. 해상으로 수송되는 세계 원유의 절반 이상이 이 해역을 지난다. 또 어업 자원뿐만 아니라 지하에 원유와 천연가스가 풍부히 매장되어 있어 개발을 둘러싼 경쟁이 치열하다. 중국 정부는 1947년 장제스(蔣介石)의 국민당 정부가 설정했던 '11단선(十一段線)'을 이어받아 '남해 구단선(南海九段線)'으로 변경하면서 선 안의 해역에 대한 배타적 권리를 주장해 왔다. 1992년 2월에는 남중국해 전체를 중국의 영토로 선언하는 법을 통과시켜 이 해역 안에 있는 난사 군도(南沙群島)와 시사 군도(西沙群島)를 포함한 수역에 대한 영유권 및 그 주변 해역에 대한 관할권을 주장했다. 2010년 3월에는 중국의 고위급 인사가 이 지역을 '핵심 이익' 지역으로 언급했는데, 이는 이 지역에 티베트나 대만에 준하는 수준의 중요성을 부여하겠다는 의지가 담긴 표현이었다.[32] * 또한 중국은 국내법 규정을 통해 2014년 1월 1일부터 남중국해에서 조업하는 외국 어선들에 대해 하이난 성 정부에 사전에 신고할 것을 요구했다. 이에 대해 미국 국무부 대변인은 "도발적이고 잠재적으로 위험한" 행동이라고 비난했다.[33]

베트남, 필리핀, 브루나이, 말레이시아 등 동남아시아 국가들은 중국의 남중국해 관할권 주장에 대해 강하게 반발해 왔다. 필리핀과 말레이시아 등은 1970년대에 난사 군도를 자국 영토라고 주장했고, 베트남은 통킹 만과 베트남 연안에서의 해상 경계를 놓고 중국 및 대만과 부딪쳐 왔다. 1978년에 베트남은 일본과 남중국해 해역에서의 원유 개발에 합의했고 2012년까지 인도의 국영 석유천연가스공사(ONGC) 등 외국 회사들과 60여 개의 원유 및 가스 개발 프로젝트 계약을 체결했다.**

2012년 4월에는 필리핀 당국이 난사 군도 수역에서 조업 중인 중국 어선을 체포하려다 필리핀 해군 함정과 중국 경비정 2척이 대치하는 사건이 일어났다. 이로 인해 필리핀과 중국 간에 긴장이 고조되었다. 사건 직후 필리핀은 미국과 연례 합동 군사훈련을 실시했다. 한편 중국 정부는 2014년 5월 대대적인 중국 해군의 호위 아래 HD-981로 불리는 거대한 해상 석유시추 설비를 베트남과의 분쟁 수역 안에 일방적으로 설치했다.[34]••• 7척의 중국 해군 전투함을 포함해 80여 척의 선박이 이 장비의 주변에 포진했다. 6월에는 4개의 석유시추 설비를 추가로 파견했다. 이로써 남중국해의 긴장은 더욱 고조되었다.

동남아시아 국가들은 남중국해 분쟁을 해결하기 위한 방도로 다자 포럼을 만들자고 중국에 제안했지만 중국은 기본적으로 당사국 간의 양자 대화 방식을 고집하여 서로 간에 접점을 찾지 못해 왔다. 그런데 2002년 동남아시아국가연합(아세안)과 중국 사이에 남중국해당사국행동선언(Declaration on the Conduct of Parties in the South China Sea, DOC)이 합의되었다. 그리고 2013년 6월 말 개최된 아세안-중국 외무장관 회의에서 중국은 아세안 국가들과 함께 남중국해에서의 행동강령을 마련하기 위해 노력하기로 합의했다. 이 합의로 갈수록 심화되는 남중국해 분쟁이 해결될 것이라고 기대하기는 어렵지만 그것이 최소한 분쟁을 관리해 나가는 데는 분명 도움이 될 것이다. 그러나 중국 정부가 최근 남중국해 분쟁 수역에 암초 매립 작업과 함께 군사 시설을 건설하고 있어 긴장이 고조되고 있다.

• 그러나 중국 정부는 후에 남중국해 문제를 '핵심 이익' 지대라고 말한 것은 당시 일부 고위 관료의 우발적인 발언일 뿐 중국 정부의 공식 입장은 아니라고 한 걸음 물러섰다. 107쪽 각주 •를 참조.

•• 중국 정부는 인도 정부를 향해 간접적으로 항의했다. "China warns India on South China Sea exploration projects," *The Hindu* (September 15, 2011). http://www.thehindu.com/news/international/article2455647.ece

••• 중국 정부는 같은 해 7월 15일 임무가 완수되었다면서 이 시설의 철수를 발표했다.

군사훈련

2010년 이후 서태평양, 즉 동아시아와 동남아시아 지역에서 미국과 중국의 군사 경쟁은 군사훈련의 형태로도 나타나고 있다. 먼저 한반도를 보자. 천안함 사건 이후 한미 당국은 2010년 6월 유엔 안전보장이사회에 대북 제재 안건을 상정하는 한편, 서해에서의 연합 군사훈련을 계획했다. 그러나 중국은 대북 제재 안건에 대해서 안전보장이사회 의장 성명문에 북한이 공격 주체와 규탄 대상으로 거명되지 못하도록 막았고, 한미 연합 군사훈련에 대해서는 서해가 자국의 내해라고 주장하며 미국의 항공모함 진입을 강력히 반대했다. 결국 한미 군사훈련은 동해상에서 진행될 수밖에 없었는데, 이 훈련이 끝난 직후에 중국은 서해와 동중국해에서 해상 군사훈련을 실시하며 정면으로 대응했다. 북한의 연평도 포격 사건 때에도 중국은 한미 연합 군사훈련에 대해 강력히 반대했다. 그러나 한국과 미국은 앞선 천안함 사건 때와 달리 서해상에서 연합 훈련을 강행했고 한국은 연평도 사격 훈련을 실시하기도 했다. 그러자 중국은 다시 이에 대응해 육·공 합동 군사훈련과 미사일 부대를 포함한 군사훈련을 실시했다.[35]

동남아시아에서도 유사한 상황이 반복되었다. 2000년 이래 미국은 필리핀과 연합 군사훈련을 실시해 왔는데, 여기에 더해 베트남과도 관계 강화를 추진했다. 2011년 7월에는 두 나라가 합동 군사훈련을 실시하기에 이르렀다. 물론 중국은 이를 가만히 보고만 있지 않았다. 2011년 아세안 회의에서 중국은 남중국해 문제에 역외 국가가 개입하고 있다며 비판의 날을 세웠고, 2012년 4월에는 미국이 필리핀, 베트남 등과 연합 군사훈련을 실시하자 러시아의 태평양함대를 서해로 불러들여 중러 연합 해상 군사훈련을 벌였다. 2013년 7월에도 중국은 러시아와 함께 동해상에서 대규모 합동 군사훈련을 실시했다.

중국의 공세적인 대외 정책의 배경

그렇다면 군사안보 영역에 있어서 중국의 공세적 행동은 누가, 어떻게 결정하는 것일까? 시진핑 주석이 집권하기 전에는 이에 대해 정책 결정 과정에서 최고지도자의 총괄 조정 능력이 약화된 결과로 해석하는 견해가 있었다. 즉, 개혁개방 이후 경제가 발전하면서 중국 사회가 다원화되고 이익집단들이 자리 잡았고, 이 때문에 정부 내 안보 관련 부처와 기관들의 이해관계가 복잡해져 제각기 다른 목소리를 내는 가운데[36] 이를 조정하는 최고지도자의 능력이 갈수록 약화되었다는 것이다.* 이에 따르면 2010년 동중국해에서 발생한 일본 해경에 의한 중국어선 나포 분쟁 때, 관계 부처들이 조율되지 못한 채 제각기 행동하는 바람에 중국은 의도하지 않은 결과, 즉 지나치게 공격적인 외교를 한다는 인상을 남겼다. 어업국은 어업국대로, 광업부는 광업부대로, 국방부는 국방부대로 다들 민족주의 감정에 자극받아 조율 없이 각자 조치를 취하다 보니 과잉 대응을 낳게 되

---

* 진찬룽, 「민주화, 민족주의, 중국 외교의 미래」, 문정인, 『중국의 내일을 묻다』(서울: 삼성경제연구소, 2010), 421~454쪽. 그는 외교 정책 결정 과정에서 최고리더십뿐만 아니라 외교부나 대외연락부를 비롯한 기존의 외교 정책 관련 기관의 위상 역시 약화되었음을 지적한다. 또한 새로운 이익집단으로서 에너지나 안보 등에 관련된 개혁개발위원회나 석유 회사 등의 영향력이 강화되고 있으며, 네티즌들을 비롯한 독립적 여론 형성 메커니즘이 발달함에 따라 이들이 외교 정책 결정 과정에 크게 영향을 미치는 변수로 등장했다고 주장한다.

었다는 주장이다. 당시 어업국이 그들이 가진 정보를 외교부에 넘기지 않았고 이 때문에 외교부가 정책 결정 과정에서 사실상 실종되는 상황이 빚어졌으며 후진타오 주석마저 리더십을 발휘하지 못했다는 것이다. 남중국해와 관련해서도 비슷한 견해들이 나왔다. 이에 따르면, 최근 남중국해에 대한 중국의 '핵심 이익' 발언은 중국 최고통수권자의 의도가 담긴 것이 아니라 한 정부 부처 책임자의 자의적 발언이라고 해석할 수 있었다. *

그러나 시진핑 주석이 집권하면서 상황이 달라졌다. 시진핑 주석은 2013년 국가안보회의를 신설하고 군사안보 분야에서 정책 결정 과정의 혼란을 통제하기 시작했다. 그에 따라 중국의 공세적 대외 정책에 대한 해석도 달라졌다. 이른바 '아홉 마리 용'이라고 불리는 인민해방군과 해상 경비 관련 기관들, 국영 에너지 기업 등이 서로 경쟁하면서 야기되는 정책 결정 과정상의 혼란을 시진핑 주석이 직접 통제, 조정하면서 치밀한 계산 아래 공세적 대외 정책을 추구하고 있다는 것이다.[37]

여기에 시진핑 주석의 집권 이전부터 변함없는 것이 있다면, 중국 군부의 영향력이 계속 증대되고 있고 그것이 공세적 대외 정책에 반영되어 왔다는 것이다. 이것은 2010년 군부 주도의 강경한 공세 정책이 전개된 다음 해인 2011년에 국방예산이 17.45% 증액되었다는 사실에서도 드러난다.[38] 당시 중국이 예년과 달리 10% 이하의 경제 성장률을 기록했다는 점을 고려하면 이는 괄목할 만한 증가율일 수밖에 없었다.

이는 민주주의 국가인 미국에서도 마찬가지이지만, 중국에서도 군부의 특수 이익이 안보와 국방 정책에 영향력을 행사하고 있음

외교의 시대

을 드러내 준다. 그리고 동시에 군부와 같은 특수 이익집단의 영향력이 적절히 제어되지 못할 때에는 중국의 대외 정책이 강경한 방향으로 표출될 것이며 국제 관계에 심각한 파장을 미칠 수 있음을 짐작케 한다. 즉, 유사시 포괄적인 국가 이익의 관점에서 미국이나 일본과 협력을 강조하는 외교부보다 강성 기조인 군부의 목소리에 중국의 행동이 좌우될 수 있다는 것이다.

한편 중국 정부는 1999년 나토의 베오그라드 주재 중국대사관 오폭 사건**, 2001년 미국의 EP-3 정찰기 충돌 사건*** 등 외국에 의한 분쟁이 있을 때마다 민족주의와 애국주의를 활용해 대중을 동원하는 모습을 보였다. 그러나 이러한 국민 동원 방식은 언젠가 부메랑처럼 되돌아와 중국 정부를 압박하는 요인이 될 수 있다. 여기에 중국 정부의 딜레마가 있다. 이익집단이나 국민들이 민족 감정에 입각해 정부를 압박할 때 지도층은 이를 경청할 수밖에 없을 것이기 때문이다.[39] 중국 전문가 수잔 셔크에 따르면, 중국 지도층은 경제 개방과 해외 교류, 인터넷 매체 등이 확대되면서 국민들에 대한 통제가

• 이들에 따르면 후진타오 주석은 신장, 티베트, 대만이 중국의 핵심 이익이라고 말한 바 있을 뿐 남중국해를 언급하지는 않았고, 오히려 외교담당 국무위원인 다이빙궈(戴秉國)와 군부의 부총참모장인 마샤오톈(馬曉天)이 자의적으로 이러한 발언을 했다고 한다.

•• 1999년 5월 나토군이 베오그라드 주재 중국대사관을 신유고연방의 병참본부로 오인해 폭격한 사건. 빌 클린턴 미국 대통령 등 나토 지도자들의 사과에도 불구하고 중국 전역에서 반미 시위가 들끓었다. 중국은 '실수로 인한 오폭'이라는 미국의 해명을 수용하고 별다른 보복 조치 없이 사건을 마무리했다.

••• 2001년 4월 하이난 섬 남동쪽 공해상에서 미국 해군의 EP-3 정찰기와 중국군의 F8 전투기가 공중 충돌한 사건. 중국 전투기는 추락하였고 전투기 조종사가 숨졌다. 미국의 정찰기는 하이난다오 공항에 비상 착륙했다. 하지만 중국이 승무원들을 10일간 억류하였고 이 과정에서 양국은 외교전을 벌였다.

갈수록 힘들어지고 또 양극화와 부패 문제 등 국내 모순과 불만을 해소할 정치적 메커니즘이 없기 때문에 불안감을 가지고 있다.[40] 이러한 상황에서 최고지도자들은 공산당에 대한 국민들의 지지와 군부 지도자들의 충성을 확보해야 하는 과제를 떠안고 있다. 즉, 중국이 대외적으로 공세적으로 나갈 수밖에 없는 국내 정치적 이유가 있는 것이다.

유소작위

2008년 이래 미국과 중국은 이처럼 여러 쟁점에서 서로 충돌했다. 2009년 3월에는 남중국해 공해상에서 비무장으로 임무를 수행하던 미국의 해양관측선 임페커블호(USNS Impeccable)가 중국의 해군 함정 5척에 의해 제지당하는 사건이 일어났다. 또 미국이 중국에 위안화 평가절상을 요구하며 압력을 가하자 중국 정부는 미국이 자국 경제의 문제에는 눈감고 타국에 책임을 전가한다며 맞받아쳤다. 그리고 중국은 2010년 미국의 대만에 대한 무기 판매에 대해 전례 없이 강하게 반발하면서 미국 내 군수품 제조 기업들에 대한 제재 조치를 선언하기도 했다. 2011년 오바마 대통령과 달라이 라마의 면담에 대해서도 중국은 강력한 어조로 비판했다. 물론 양안 관계가 개선됨에 따라 대만 문제를 둘러싼 미중 간의 긴장이 다소 해소되며 긍정적인 변화가 생기기도 했다. 하지만, 2008년 이래 미국과 중국이 벌인 대결 상황들은 이전에 비해 훨씬 긴장의 수위가 높았다.

그러는 와중에 중국의 다이빙궈(戴秉國) 국무위원은 2010년 12월 장문의 글을 통해 중국은 화평발전의 길을 계속 추구할 것이라는 입장을 밝혔다.[41] 이후 실제로 중국 대외 정책에서 강경 기조가 다소 약화되는 것처럼 보였다. 중국과 미국은 2011년 1월과 2013년 6월에 각각 정상회담을 가졌고 이를 통해 미중 관계가 다소 안정적으로 변한 것도 분명한 사실이었다. 또한 중국은 2014년 말 즈음부터 직접적 안보 대립의 기조를 다소 누그러뜨리고 대신에 더욱 공세적인 경제 외교를 펼치는 변화를 보여주기도 했다.[42]

그러나 중국의 장기적인 대외 전략 기조가 2008년 미국발 세계 금융 위기를 기점으로 공세적으로 변했음은 분명해 보인다. 한 예로 2011년 12월 환구시보(环球时报)의 주최 아래 중국 내 최고 전문가들이 모여 중국의 대외 전략 방향에 대해 벌인 난상토론을 들 수 있다. 이 자리에 참석한 전문가들 대부분은 중국이 국력의 성장에 걸맞은 대국 외교를 펼쳐 나가야 한다고 주장했다. 외교부 측을 대변해서 나온 외교학원의 취싱(曲星)은 미국이 결코 쇠퇴하고 있지 않다고 지적하며 중국이 '도광양회(韬光养晦)'*를 계속 이어나가야 한다는 온건론을 내세웠으나 큰 지지를 받지 못했다. 오히려 현실주의자인 칭화대학교의 옌쉐퉁(阎学通) 교수의 주장이 힘을 얻었다. 세계 권력 구도가 바뀌었기 때문에 지금 중국에 필요한 것은 그 변화에 맞는 새로운 대전략의 추구이지 화평발전에만 매달리는 것이어서는 안 된다는 게 그 내용이었다.** 군부를 대표한 뤄위안(罗援) 장군은 상대방이 잘못된 행위를 할 경우 그에 대응해 중국이 힘을 사용하는 것

---

* 재능을 감추고 밖으로 드러내지 않는다는 뜻으로, 1980년대 말 덩샤오핑이 중국의 외교 방침을 세우는 과정에서 제기한 대외 전략 노선이다.

** 한편 이러한 중국 대외 전략의 맥락에서 옌쉐퉁 교수는 2014년 4월 24일 성균관대학교에서 열린 한 학술회의에서 한국과 중국 간의 동맹이 체결되어야 한다고 주장한 바 있다.

은 잘못된 것도, 패권 행사도 아닌 정당한 행위라고 주장했다.[43]

이러한 주장들을 보면, 과거 '도광양회'로 대표되었던 중국의 대외 전략은 단기적 전술책에 불과할 것임을, 오히려 중국의 장기 전략은 '유소작위(有所作爲)'의 방향, 즉 자신의 국력에 걸맞은 역할을 요구하고 관철하는 공세적인 방향으로 변화해 갈 것임을 짐작할 수 있다.

미국의 대응

비록 상대적 경제력이 하강 국면에 들어서 있지만, 미국은 여전히 중국을 압도하는 세계 최강의 군사 대국이다. 오바마 행정부 초기, 즉 세계 금융 위기의 와중에서 미국이 중국에 온건하게 대응했던 것은 중국을 미국 주도의 기존 세계 질서 안에 포용해 낼 수 있다고 판단했기 때문이었다. 다시 말해 이때 미국은 중국의 가장 중요한 국익이 미국과 협력을 강화하는 데 있을 것이라고 가정했다. 그러나 세계 금융 위기 이후, 특히 2010년 초 이래 미국과 중국의 갈등이 깊어짐에 따라 오바마 행정부는 전략을 수정했다. 미국은 이른바 '재균형'을 선언하고 중국 주변의 국가들과 관계를 심화하면서 대중국 견제 정책을 펼치기 시작했다.

재균형 정책

재균형 정책은 군사 능력과 지리라는 상호 연관된 두 차원에서 추진되었다. 군사 능력 차원에서의 '재균형'은 아시아 태평양 지역에서 중국의 군사적 도전에 대응하기 위해 군사 하드웨어, 시스템, 군사 기술 등에 대한 투자를 강화하는 것을 의미한다. 특히 공군과 해군 전력의 강화가 강조되어 신형 항공모함과 해군 및 연안경비함 건설을 통해 해당 부문에서 지속적인 기술 우위를 확보하고자 했다. 그리고 중국이 자국 근해에서 미국 해공군의 접근에 대해 '접근 차단 (anti-access/area-denial)' 전술로 나오는 것에 대응하고자 미국은 해공 군력의 통합 운용을 모색하면서 '항공해양 전투(air-sea battle)' 작전 개념을 개발하고 있다.[44]

또한 미국은 미군 주둔과 관련하여 주둔국 내의 민감한 정치 갈등을 피하면서 미군 주둔의 범위를 넓게 포괄적으로 운용할 방안 을 찾고 있다. 예를 들어 필리핀이나 괌의 미군 기지를 다른 지역에 대한 군사적 관여까지 가능케 해줄 전초기지이자 병참 허브 기지로 만들겠다는 것이다.[45]

무엇보다도 미국은 지리적 차원에서 아시아 태평양 지역의 동맹 및 파트너 국가들과의 관계를 심화하고 확대하면서, 이 지역에 서 미군 배치와 주둔, 군사 협력의 성격을 국제 정세의 변화에 맞게 재조정하고자 했다. 미국은 기존 동맹 네트워크 국가들 간의 상호 연 계 작전의 가능성을 확대하는 한편, 동남아시아의 중요성을 더욱 강 조하고 나섰다. 예를 들어 2010년 7월 22일 게이츠 전 국방장관은 이 전까지 양민 학살 등에 연루되었다는 이유로 미국이 협력을 거부했 던 인도네시아의 특수부대 코파수스(Kopassus)와의 관계를 복원하겠 다고 발표했다. 뒤이어 7월 23일 아세안지역안보포럼(ARF)에서 힐러 리 클린턴 국무장관은 미국이 베트남과 안보, 경제, 환경 등 다양한 분야에서 관계를 격상할 준비가 되어 있다고 밝혔다. 또 미국은 말레 이시아와도 관계를 개선했다. 말레이시아 정부가 야당 지도자인 안 와르 이브라힘을 투옥한 사건이 있었음에도 불구하고 이루어진 일이었다. 미국은 그동안 인권 문제로 멀리했던 라오스와 미얀마와도 관계를 개선했다.[46] 특히 이 두 나라는 중국과 긴밀한 관계를 유지해 온 나라들이다.

그리고 2011년 11월 17일 오바마 대통령은 호주 의회에서의 연설에서 아시아 태평양 지역이 미국의 '최우선 순위(top priority)'이며, 아시아 태평양 지역의 미래 건설에 있어 미국은 더욱 광범위하고 장기적인 역할을 수행하고자 하는 전략적 결단을 내렸다고 발표했다.[47] 양국 정상이 호주 북단 다윈(Darwin)에 미국의 해병대를 순환 배치하기로 합의했다는 소식이 뒤를 이었다. 이 시기에 클린턴 국무장관도 미국의 대외 정책이 아시아 지역을 축으로 삼게 될 것이라고 발표했다.[48] 그리고 미국의 핵심 정책 결정자들은 오늘날 미국이 재정 적자를 줄이기 위해 군비 지출을 삭감해야 하는 상황이지만 동아시아에 대한 미국의 역할(commitment)은 오히려 더욱 강화될 것이라고 발표했다. 이 내용은 2012년 초 오바마 대통령과 레온 파네타 국방장관이 발표한 전략지침에서 공식화되었다. 그 외에도 미국의 군사전략 보고서들을 보면, 입안자들은 중국을 가상의 적으로 상정하면서 아시아 태평양 지역에 국방 정책의 우선순위를 두는 새로운 전략을 밝혔다.[49]

중국이 남중국해 분쟁 수역의 난사 군도와 시사 군도에 대한 영유권을 주장하는 데 대해서도, 미국은 동남아시아 국가들과 보조를 같이했다. 동남아시아 국가들은 2010년 7월 23일 베트남 하노이에서 열린 아세안지역안보포럼에서 미리 준비된 각본에 따라 한 국가씩 차례대로 남중국해에 대한 중국의 영유권 주장과 강압적인 방식에 대해 비판했다. 클린턴 국무장관도 이 자리에 참석했는데 그는

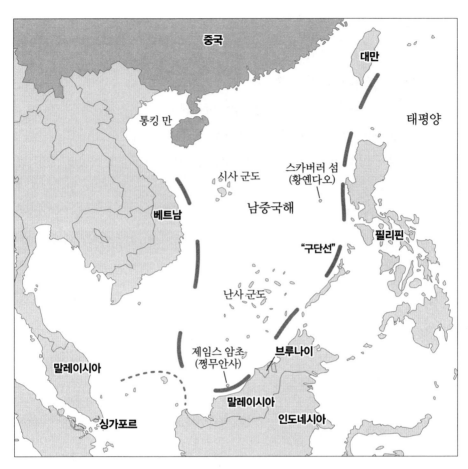

그림 10. 구단선과 분쟁 수역
자료: Banyan, "Joining the dashes," *The Economist*, Oct 4th 2014.

미국 역시 공해상의 자유 항행에 '국익'이 걸려 있다고 주장하며, 남중국해 문제의 다자적 해결을 지지한다고 발언했다. 물론 중국을 견제하는 행보였다.[50]

2014년 1월에는 미국 국무부 아태지역차관보 대니 러셀이

의회 증언을 통해 중국이 관할권을 주장하는 '구단선(九段線, Nine-dotted-Line)'은 국제법적 근거가 없다고 말했다. 이는 미국 정부 부처에서 나온 '구단선'에 대한 최초의 공식 입장이었다.[51] 그리고 미국은 만약 중국이 동중국해에 이어 남중국해에서도 '방공 식별 구역'을 선언한다면, 더 많은 미군을 서태평양 해역에 배치할 수 있다고 경고했다.[52] 더 나아가 미국은 중국이 이 해역에서 상대방의 의지를 탐색하면서 조용히 작은 규모로 현상 변경을 시도하면서 상대방의 반응이 미약하면 이를 기정사실화해 나가는 이른바 살라미 전술(salami tactics)을 구사한다며, 이에 대해 보다 적극적으로 대응하기로 했다. 예를 들어 최근에 미국은 좀 더 많은 정찰기를 분쟁 지역에 저고도로 비행시키고 때로는 직접적으로 무력을 과시하는 전술로 대응하기 시작했다.[53] 2013년 말에는 B52 전투기를 동중국해 해상에 띄웠고, 2014년 3월에는 중국과 필리핀 사이의 남중국해 분쟁 수역에 P-8A 정찰기들을 비행시켰다.

포용 정책

한 가지 유념할 점은 패권국인 미국이 상승국 중국에 대해 이처럼 군사적 견제로만 대응하는 것은 아니라는 것이다. 미국은 경제나 글로벌 이슈를 놓고 협력을 모색하는 포용(engagement) 정책도 동시에 추구하고 있다. 즉, 견제 일변도가 아니라 중국을 기존 국제 사회의 제도적, 규범적 틀 속에 끌어들이는 전략을 동시에 추구한다. 다시 말해 미국은 중국을 '도전국'으로 등장시키기보다 미국이 주도해 온 서방 중심의 기존 국제 질서 속에 최대한 '협력자'로 포용해 낼 수 있기를 바라고 있다.[54]

이러한 미국의 대중국 포용 정책은 1970년대 닉슨과 키신저 시기의 외교 정책에서 그 연원을 찾을 수 있다. 베트남 전쟁으로 미국의 대외적 영향력이 약화되던 1970년대에 리처드 닉슨 행정부는 중국과 국교를 체결하고 협력을 도모함으로써 중국의 국제무대 진출을 이끌어냈다. 이는 당시 악화된 국제 여론을 반전시키기 위한 카드였지만 동시에 중국을 미국 주도의 질서 속에 포섭하려는 적극적인 시도이기도 했다. 2001년에 미국의 주도 아래 서방 세계가 중국의 세계무역기구 가입을 승인했던 것도 이와 같은 포용의 맥락에서 이해할 수 있다. 미국은 중국을 세계무역기구에 가입시킴으로써 중국 경제와 서방 경제가 네트워크를 형성하고 상호의존적으로 서로 얽히게 만들고 이를 통해 중국이 자유주의 시장 논리의 경제규범을 받아들이고 더 나아가 서방 국가들의 민주주의, 자유, 인권과 같은 가치들까지도 수용하게 될 것이라고 기대했다. 앞에서도 언급했던 2005년 졸릭 전 국무부 부장관의 '책임 있는 이해당사국(responsible stake-holder)'에 대한 연설[55]도 이러한 미국의 대중국 포용 정책의 단면을 드러내고 있다. 중국 전문가 앨러스테어 존스턴은 중국이 국제기구 및 국제 규범에 참여하는 방식을 역사적으로 분석하면서 대중국 포용 정책이 중국으로 하여금 오늘날 국제 질서에 협력하는 현상유지(status-quo) 성향을 갖도록 만들었다는 주장을 내놓기도 했다.[56]

미국의 대중국 포용은 성공할 것인가

하지만 미국의 대중국 포용 정책이 꼭 성공하리라는 보장은 어디에도 없고 학계에서도 낙관론과 비관론이 엇갈린다.[57] 엘리자베스 이코노미처럼 포용 정책을 옹호하는 학자들은 과거 포용 정책이 중국의 경제 개혁을 비롯해 긍정적인 변화를 이끌어내는 데 성공했다고 분석하며, 향후 중국의 국내 정치적 변화까지 유도하기 위해서는 포용 정책을 지속하는 것이 중요하다고 주장한다.[58] 반면 에이먼 핑글턴을 비롯한 다른 학자들은 옹호론자들의 '수렴론', 즉 포용 정책으로 중국이 서구적 가치 쪽으로 수렴해 올 것이라는 주장에 대해 중국 고유의 역사적, 문화적 특수성을 고려하지 않은 낙관론에 불과하다고 비판한다.* 특히 비관론자들 가운데서도 역사학에 기반을 둔 중국 전문가들은 중국 고유의 세계관과 가치관이 서구적 세계관이나 가치관과 부딪침에 따라 수렴이 아닌 병존이나 대결, 나아가서는 '역수렴'까지 발생할 수 있다고 주장한다.**

실제로 중국은 미국의 포용 정책에도 불구하고 독자적인 가치관에 입각한 정치 체제를 추구하며 반(反)서방 국제기구를 만들어 기존 질서에 대항할 가능성을 보여주고 있다. 2013년 초 시진핑 주석의 집권 이래 그런 모습이 더 분명해지고 있는데, 예를 들어 2013년 4월 중국 공산당이 발행한 '9호 문서'의 내용을 들 수 있다. '9호 문서'는 시진핑 주석의 주도 아래 발행된 내부문서로 중국 사회를 위협하는 7가지를 제시하고 있는데, 여기에는 '서구식 입헌 민주주의', '인권이라는 보편적 가치', '서구식 언론 독립과 시민참여 개념', '지나친 친시장적 신자유주의' 등이 포함되어 있다.[59] 즉 시진핑 주석은 국내의 자유주의적 지식인들이나 서방 세계의 민주화 기대와는 반대로 권위주의 체제를 강화하는 방향으로 나아가고 있는 것이다.

또한 중국은 2001년 러시아, 중앙아시아 국가들과 설립한 상하이협력기구(SCO)나 2000년부터 아프리카 40여 국가들과 진행 중인 중국-아프리카협력포럼(FOCAC)과 같은 국제기구를 조직했는데,

이를 통해 미국이 주도해 온 기존 국제 질서에 대항하는 것이 아닌가 하는 의심을 받았다. 그런데 시진핑 주석의 취임 이후 그러한 가능성이 더욱 높아지고 있다. 예를 들어 시진핑 주석은 2014년 5월 20일 상하이에서 개최된 아시아교류및신뢰구축방안회의(CICA) 정상회의에서 '아시아인에 의한 아시아 안보 협력' 프레임워크를 건설하자고 주장했다.[60]*** 이것은 미국과의 양자 동맹 체제에 입각한 냉전식 안보 개념을 버리고 미국을 제외한 아시아 국가들만으로 이루어진 다자 안보 협력체를 건설하자는 것이었다.

그럼에도 불구하고 미국은 중국에 대해 포용이든 견제든 어느 한 쪽으로 치우치기보다는 포용과 견제(hedging)를 동시에 해나가는 이중 외교를 앞으로도 지속적으로 추구해야 할 것이다.[61] 길게 볼 때 이러한 전략은 19세기 말 영국과 독일처럼 패권국과 상승국이 서로 충돌하는 모델이 아니라 20세기 초반 영국으로부터 미국이 패권을 평화롭게 이전받았던 협력 모델을 염두에 두는 것이라고도 볼 수

• 핑클턴은 '역수렴', 즉 중국이 스텔스기와 같이 미국에 몰래 침투하여 오히려 미국의 가치와 제도를 잠식할 것이라고 주장한다. 즉 포용 정책의 결과 중국이 미국처럼 되는 것이 아니라 미국이 중국처럼 될 가능성이 있다는 것이다. Eamonn Fingleton, *In the Jaws of the Dragon: America's Fate in the Coming Era of Chinese Hegemony* (New York: Thomas Dunne Books, 2008).

•• 이에 더해 구체적으로 역사, 인구, 군사적 관점에서 볼 때 미중 간의 경제적 협력의 심화에도 불구하고 수렴을 통한 협력의 가능성보다 상호 경쟁의 가능성이 높다는 견해의 예로는, Gary J. Schmitt (ed.), *The Rise of China: Essays on the Future Competition* (New York: Encounter Books, 2009); Gilbert Rozman (ed.), *East Asian National Identities: Common Roots and Chinese Exceptionalism* (Stanford, CA: Stanford and Woodrow Wilson Center Press, 2012).

••• 아시아교류및신뢰구축방안회의는 1992년 카자흐스탄에 의해 처음 주도되어 만들어진 회의체로 26개국이 회원국이고 2016년까지 중국이 의장국을 맡게 되어 있다. 한국은 회원국이며 일본과 미국은 옵서버 국가이다.

있다. 만약 포용 정책이 성공적으로 추진되어 중국이 미국의 주도 아래 설정된 국제 제도의 규범과 행동 규칙, 가치 기준을 받아들인다면, 국제 권력의 중심이 미국에서 중국으로 평화적이고도 안정적으로 이동 가능할 것이다. 물론 미국 정부가 대중국 포용 정책을 추진한다는 것은 결코 미국 자신의 지도력과 패권을 중국에 넘겨주기로 결정했다는 의미가 아니다. 그러나 대중국 포용 정책이 성공한다면 설령 불가피하게 패권이 넘어가는 상황이 오더라도 미국인들은 자신들의 가치와 규범을 받아들이는 중국에 대해 훨씬 거부감을 덜 가질 것이다.

그러나 이 같은 포용과 견제의 이중 전략에도 불구하고 미국과 중국 두 나라는 아직도 안정적인 상호 관계의 패턴을 확립하지 못했고, 이것이 현 국제 정치가 불안정한 가장 근본적인 이유이다.[*] 세계 역사상 신흥 상승도전국의 요구를 기존의 패권국이 제대로 수용하거나 대응하지 못해 두 나라가 충돌하면 세계는 갈등과 전쟁의 길로 치달았고, 서로 협력적으로 타협에 성공하면 세계는 안정과 평화의 길로 나아갔다. 19세기 초 나폴레옹 전쟁, 1차 세계대전과 2차 세계대전이 전자의 사례라면, 20세기 초반 기존 패권국 영국과 신흥 도전국 미국 간의 관계는 후자였다. 과연 미국과 중국은 어느 길로 나아갈 것인가?

---

* 이와 같은 상대적 권력의 상승과 하강 국면에서 주요 대국들, 특히 권력 상승국과 권력 하강국 간에는 불신과 오해의 소지가 증가한다. 현재 미중 간에도 상대방을 바라보는 시각의 편차가 크다. 현재 미국과 중국의 상호 간의 인식 차이에 대해서는 K. Liberthal and Wang Jisi, "Addressing US-China Stregetic Distrust," The Brookings Institution (March, 2012). http://www.brookings.edu/~/media/research/files/papers/2012/3/30%20us%20china%20lieberthal/0330_china_lieberthal.pdf

제5장

4대국의 움직임

2008년 세계 금융 위기를 계기로 동아시아에서 기존 패권국과 상승 대국, 즉 미국과 중국의 경쟁이 이처럼 한층 치열하게 진행되는 동안, 다른 대국들은 무엇을 하고 있는가? 국제 정치의 미래 향배를 예측하기 위해서는 미국과 중국뿐만 아니라 다른 대국들의 움직임을 잘 포착할 필요가 있다. 지금도, 앞으로도 국제 정치가 오로지 미국과 중국이라는 두 핵심 세력의 갈등이나 협력만으로 결정되는 것은 아니기 때문이다. 미래 국제 정치는 그보다는 미국과 중국이 기본 축이 되고 그중 어느 한 편에 나머지 대국들이 연합하거나 대립하는 양상으로 전개될 가능성이 높다. 그 모습은 아마도 19세기 말과 20세기 초 유럽에서 다극 체제를 구성했던 열강들이 영국과 독일 두 축을 중심으로 합종연횡하게 된 상황과도 유사할 것이다.

　이 장에서는 미국과 중국 외의 대국들 중에서 일본, 러시아,

인도, 유럽으로 시야를 넓혀 현 국제 정치의 골격을 드러내 보려고
한다. 이들 4대국(지역)은 2차 세계대전 이후 국제 정치에서 어떤 궤
적을 그려 왔으며 현재 어디로 가고 있는가? 이들은 국제 정치에서
무엇을 추구해 왔으며 또 무엇이 이들로 하여금 미래 국제 질서를
주도하기 어렵게 만들고 있는가?

일본: 외교안보 대국의 꿈

2차 세계대전이 끝나고 냉전이 시작되던 무렵에, 전승국 미국이 패
권적 지도력을 발휘하는 국가로 새롭게 떠올랐다. 이처럼 세계의 권
력 판도가 크게 변화하는 상황에서 2차 세계대전의 패전국이었음에
도 불구하고 뛰어난 적응력을 발휘한 나라가 바로 일본이었다. 일본
은 새로운 패권국으로 부상한 미국과의 동맹 관계를 활용하여 국력
을 회복하고 한때 세계 제2의 경제대국으로까지 성장했다.

전후 냉전 시기 일본의 전략

2차 세계대전이 1945년 8월 일본의 무조건 항복으로 끝나자
연합군총사령부(GHQ)가 패전국인 일본을 점령하고 군정을 펼쳤다.
미군정은 군국주의적인 일본의 옛 정치경제 질서를 해체하고 신질
서를 수립하는 '전후 개혁'을 추진했다. 그 초점은 일본이 다시는 전
쟁을 일으키지 못하도록 무장 해제하고 군국주의 체제를 정리하는
민주화의 방향이었다. 맥아더 사령부는 기존의 절대주의적 천황제를
상징적 천황제로 바꾸고, 이른바 '평화헌법' 즉 신헌법 제9조를 통해
일본인들이 주권적 권리로서의 전쟁을 영원히 포기하며 육군, 해군,
공군을 비롯하여 전쟁을 일으킬 수 있는 어떤 다른 잠재 능력도 보

유하지 못하도록 규정했다.* 그 외에도 미군정은 일본에서 민주주의와 자유무역 질서를 확산하기 위한 개혁 조치로 재벌을 해체하고 토지를 재분배했으며 노동조합의 권리를 보장해 주었다.[1]

그러나 1949년 중국이 공산화되고 1950년 한국 전쟁이 발발하면서 동아시아 지역에서도 냉전 대결이 본격화되자, 미국은 대(對)일본 정책을 수정하기 시작했다. 무엇보다도 미국은 일본을 무장 해제시킨 채 방치할 경우 소련의 침투 세력에 의해 일본이 공산화될 가능성을 배제할 수 없다고 생각했다. 또한 미국은 공산 세력에 의한 정치적, 사회적 동요를 막기 위해서 일본 경제를 성장시키는 것이 중요하다고 판단했다. 그리하여 미국의 점령 정책이 수정되었고, 이를 통해 일본은 아시아에서 민주주의 및 시장경제의 교두보 역할을 하는, 미국의 냉전기 세계 전략의 중요한 축이자 동맹 파트너로 등장할 수 있었다.

주목할 점은 일본이 패전국 지위였음에도 불구하고 당시 일본의 엘리트들이 냉전이라는 새로운 국제 정치 상황을 오히려 현명하게 역이용했다는 것이다. 이는 마치 19세기 서구 제국주의 세력이 아시아로 밀려들던 위기의 전환기에 일본이 메이지 유신(明治維新,

---

* 일본 헌법 제9조의 내용은 다음과 같다. "일본 국민은 정의와 질서를 기조로 하는 국제 평화를 성실히 희구하고, 국권의 발동에 의거한 전쟁 및 무력에 의한 위협 또는 무력의 행사는 국제 분쟁을 해결하는 수단으로서는 영구히 이를 포기한다. 이러한 목적을 성취하기 위하여 육해공군 및 그 이외의 어떠한 전력도 보유하지 않는다. 국가의 교전권 역시 인정치 않는다." 한편, 당시 일본의 요시다 시게루 총리에게도 평화헌법은 매력적인 방안이었다. 1946년 총리직에 오른 이후 그는 경제 회복에 매진했는데, 군부 세력을 배후로 하는 극우 세력과 급진 좌파들을 경제 회복에 걸림돌이 되는 세력으로 보았다. 그는 이 세력들을 무력화할 수 있는 평화헌법의 제정에 앞장섰으며 국민들을 설득하기 위해 노력했다.

1868년)을 단행하는 등 기민한 대응으로 국력을 키우는 데 성공했던 사례를 떠올리게 한다. 먼저 경제적 측면에서 일본은 미국이 주도하는 자유무역 질서를 충분히 활용했다. 즉 일본은 정부 주도로 산업을 육성하고 세계 시장에 수출을 해서 경제 발전을 이루어 내는 중상주의 발전 전략으로 고속 성장하였다. 또한 일본은 안보 측면에서는 미국의 '안보 우산'에 전적으로 의지하면서 스스로의 정치적, 경제적 비용을 최소화했다. 이처럼 국가 안보는 미국에 맡기고 일본 자신은 모든 역량을 경제 발전에 집중하는 전략이 냉전기 전체를 관통하는 '요시다 독트린'이었다.

예를 들어, 냉전 대결이 본격화되기 시작하던 1951년, 미국의 대통령 특사 존 덜레스는 총리관저를 방문한 자리에서 요시다 총리에게 일본이 재무장을 통해 동아시아 반공기지 건설에 기여하면 미군정 통치를 끝내겠다는 제안을 건넸다. 일본 전문가인 케네스 파일은 당시 미국 측에 대응하는 요시다 총리의 입장을 다음과 같이 설명했다.

"첫째, 일본의 경제 부흥이 최우선 국가목표가 되어야 한다. 이를 위해서는 미국과의 정치적, 경제적 협력이 필수적이다. 둘째, 일본의 무장은 가벼운 수준에서 그쳐야 하며 일본은 국제적인 정치, 전략적 이슈들에 관여하지 말아야 한다. 자위대는 해외에 파병되어서는 안 되며 일본은 집단방위기구들에 참여하지 않도록 한다. 이러한 군사적 저자세를 통해 일본인들은 생산적인 산업 발전에 에너지를 쏟을 수 있을 뿐만 아니라 국내 정치 투쟁으로 인한 분열을 방지할 수 있을 것이다. 셋째, 일본은 자국 안보의 장기적 보장을 확보하기 위해서 미국의 육해공군에 기지를 제공할 것이다."[2]

1951년 미일 안전보장 조약(구조약)의 교섭 과정에서 미국 측이 일본의 재무장을 요구해 오자 요시다 총리는 위의 입장에 근거해서, 특히 미국이 부과한 평화헌법 제9조를 방패막이로 삼아 재무장을 강하게 반대했다.[*] 그런데 이러한 저항은 불평등한 안보 조약의 체결로 되돌아와서[**] 사실상 일본이 미국의 군사기지화되는 결과를 낳았다. 재무장 요구를 피하려다 안보 조약에 직면한 요시다 총리는 처음에는 이에 저항했다. 그러나 그는 곧 이를 통해 일본이 큰 경제적 이익을 얻을 수도 있음을 간파했다. 그러고는 미국이 군사 지원을 요청해 올 경우 최대한 이 요청을 회피했고 오히려 일본에 대한 미국의 경제적 지원을 철저히 받아내는 외교 전략을 펼쳤다.[3] 결국 미국은 소련의 세력 확장을 억제하는 차원에서 일본에 군대를 주둔시키고, 일본은 미국의 안보 우산에 의존한 채로 경제 발전에 매진할 수 있는 구도가 만들어졌다. 이후 1993년까지 이어진 자민당의 장기 집권과 함께 요시다 독트린은 냉전기 일본의 기본 전략이 되었다.

• 닉슨 부통령은 이와 관련해 1953년 일본에 헌법 제9조와 비무장을 강요한 것은 미국 측의 실수였다고 회상한 바 있다. Pyle, *Japan Rising* (Washington DC: AEI Press, 1996), 229쪽. 한편 요시다 총리의 재무장 반대는 한국 전쟁을 일본 경제 부활의 계기로 삼으려는 강한 의지에서 비롯되었다고 보는 입장도 존재한다.

•• 1951년 체결된 미일 안전보장 조약(구조약)을 말한다. 이 조약은 일본 내에 제3국의 군대가 주둔하는 것을 미국이 거부할 수 있고, 미군이 일본 내부에서 소요가 일어났을 때 이를 진압하거나 중재할 수 있으며, 미국이 일본과 상의하지 않고서도 제3국에 대해 일본에서 군사력을 계획할 수 있도록 하는 등 상당히 불평등한 조약이었다. 1960년에 개정되었다(신조약).

탈냉전기 일본이 직면한 어려움

그러나 1990년대 초중반부터 일본의 외교 노선에 문제가 생겼다. 탈냉전기가 시작되고 소련이라는 공동의 적이 사라짐에 따라 일본에는 요시다 독트린을 넘어서는 새로운 외교와 국가운영(statecraft)의 틀이 필요했다. 미국과의 관계에서도 동맹의 단절까지는 아닐지라도 동맹 관계 안에서 일본의 자율성을 강화할 필요가 생겨나고 있었다. 이와 같은 새로운 상황을 반영하여 등장한 전략 담론이 바로 '보통국가론'이었다. 1993년 당시 자유당 당수였던 오자와 이치로는 요시다 독트린에서 벗어나야 함을 강조하며 '일본개조론'과 '보통국가론'의 필요성을 주장하고 나섰다. 여기서 보통국가란—헌법 개정을 통해—군사력을 보유하고 국제 분쟁을 해결하기 위해 군사력을 행사할 수 있는 국가를 의미하는데, 오자와는 일본이 '보통국가'가 됨으로써 세계에 경제적으로 공헌하고 있는 만큼이나 외교 안보 차원에서도 공헌할 수 있다고 주장했다.[4]

그러나 일본이 탈냉전이라는 새로운 국제 정치 상황에 걸맞게 국가 전략을 새롭게 전환하고 국제적인 리더십을 행사하는 것은 몇 가지 이유로 쉽지 않았다. 무엇보다 냉전기에 일본의 성공을 이끌었던 정책 노선인 요시다 독트린의 관성이 너무나 강했다. 즉 일본은 안보를 미국에 전적으로 의존하여 수십 년 동안 국가를 운영해 왔기 때문에, 큰 틀에서 독자적으로 국제정세를 조망하고 비전을 제시해 추진해 나갈 만한 독립적이면서도 강력한 통치 체제나 위기관리 체제를 갖출 수 없었다. 그리고 이를 뒷받침할 정보 능력 등의 측면에서도 명백히 한계가 있었다.[5]

이 시기 일본의 어려움을 드러낸 대표적인 사례가 바로 걸프

외교의 시대

전쟁(1990~1991년) 당시 일본의 외교였다. 미국이 주도한 이 전쟁에서 일본은 냉전기와 크게 다르지 않은 외교를 수행했다. 일본 정부는 전쟁 지역에 평화유지 활동(PKO)의 일환으로 자위대를 파견하려고 했으나 국회가 평화헌법에 위배된다는 이유로 반대했다. 결국 일본 정부는 직접적인 군사 지원이나 파병을 하지 않고 대신에 뒤늦게 다국적군에 130억 달러의 전비를 제공했다. 그런데 일본의 기대와 달리 미국은 싸늘한 반응을 보였고 심지어 일본이 '수표 외교(checkbook diplomacy)'를 한다며 비난하기에 이르렀다. 국제적 비난에 일본은 충격을 받았다. 일본 국내에서는 과연 요시다 독트린에 따라 평화주의 외교를 수행해 나가는 기존의 방식이 타당한 것인지 깊은 회의가 일어났다.* 결국 일본은 국제 평화에 좀 더 크게 기여해야 한다는 미국의 요구에 점차 부응하기 시작했고, 9·11 사건 이후에는 아프가니스탄과 이라크에 직접 군사 지원을 하게 되었다.

주류 정치 세력의 정체성 문제

일본이 국제적 리더십을 행사하는 데 어려움을 겪은 데는 또 다른 구조적 요인도 있었다. 앞서 언급했듯이 중국 대륙의 공산화와 한국 전쟁으로 동아시아에서 냉전이 심화되는 과정에서, 일본 국내에서는 1949~1950년 시기에 노동 쟁의가 폭발적으로 증가하며 사

---

* 세계의 반응으로부터 충격을 받은 일본 정계는 이후 자위대의 평화유시 활동을 허용하는 법안을 통과시켰다. 한편 이 사건은 오자와 이치로의 보통국가론을 비롯한 국제 공헌확대론자들이 일본에 대거 등장하게 되는 계기가 되었다. 남창희, 「일본의 국제안보공헌론의 구체화 과정에 대한 연구」, 『21세기정치학회보』, 제19집 2호 (2009년 9월), 463~466쪽.

회주의 운동이 고조되었다. 미군정은 이에 불안감을 느껴 일본에 대한 체제 개혁의 방향을 수정했다. 특히 미군정은 국내 소요로 인해 국가의 사회 통제력이 약화될 것을 우려해 전범이란 이유로 추방했던 기존의 관료 세력을 다시 불러들였다. 미군정은 전후 피폐해진 일본의 경제를 성장시키고 정치적 안정을 확보하기 위해서 일상적인 정부 업무를 관리해 나갈 경험 있는 기존 관료 세력이 필요하다고 판단했던 것이다. 그 결과, 전쟁 책임 세력이 일본 정치의 중심 무대에 다시 부상하였다. 즉 태평양 전쟁 발발에 책임이 있는 전전(戰前) 정치 세력과 전후 정치 세력이 단절되지 못한 채로 전쟁 책임 세력의 역사관이 그대로 일본 정계에서 승계되었던 것이다.

　　일본 지도자들의 과거사 망언이나 2012년 아베 총리의 집권 이래 일본이 주변국과 빚는 여러 갈등은 이러한 역사적 맥락에서 배태된 것이다. 전후 정치 세력들에게 있어서 일본이 과거사나 전쟁 책임, 위안부 등의 문제에 대해 잘못을 인정한다는 것은 전전 세력의 세계관을 이어받은 스스로의 존재 근거를 부정하는 것과 마찬가지였을 것이다. 냉전 시기에 자유 진영에서는 공산 세력이라는 공동의 적에 대항하는 차원에서 단결 분위기가 존재했고, 이 때문에 일본 지도자들은 그들의 잠재의식 속에 자리 잡은 1930년대 시절의 제국주의적 세계관을 노골적으로 드러내지 않았다. 종종 망언의 형태로 표출하곤 했을 뿐이었다. 그런데 냉전이 끝나고 동북아시아에서 민족주의가 고조되자 이 같은 1930년대적 수정주의 역사관과 세계관이 좀 더 본격적으로 표출되기 시작했다. 2001~2007년 당시 한국과 일본, 중국과 일본은 고이즈미 총리의 야스쿠니 신사 참배와 과거사 문제를 놓고 심한 갈등을 빚었는데, 모두 여기에서 비롯된 것이었다.*

무엇보다도 우려스러운 것은 아베 정부의 출범 이래 이 같은 1930년대적 수정주의 역사관이 공공연하게 일본 정치권의 주류 입장으로 표출되고 있다는 점이다. 그에 따라 수정주의 역사관이 일본 국민들 사이에서도 확산되고 있고, 궁극적으로 일본의 대외 정책에 영향을 미치고 있다. 예를 들어 "침략에 대한 국제적인 또는 학술적인 정의가 없기 때문에 (…) 국가들 간에 일어난 사건들은 어느 쪽에서 보느냐에 따라 달라지는 것"이라는 아베 총리의 국회에서의 발언은 일본의 침략 행위 자체를 부정한다는 인상을 준다. 그뿐 아니라 이 발언은 1951년 샌프란시스코 강화조약과 그에 근거한 전후 국제질서의 기본 전제를 흔들 수 있는 내용이었다.[6] 이처럼 과거사 청산에 실패함으로써 일본은 동아시아에서 지도자 국가로 부상하는 데 필요한 도덕적 기반을 스스로 약화시켰다.

유럽에서 2차 세계대전 패전국이었던 독일은 전후에 과거사를 청산하고 주변국들에게 분명한 사죄의 모습을 보였다. 이러한 겸허한 자세는 역설적으로 독일로 하여금 유럽의 지도적 국가로 부상할 수 있는 도덕적 기반과 정당성을 마련해 주었고 프랑스와 손잡고 유럽 재건의 견인차 역할을 담당할 수 있게 만들어 주었다. 그러나 일본은 이러한 전후 청산 과정을 제대로 거치지 않았기 때문에 주변국으로부터 적대적 경계의 대상이 되어 버렸다. 일본은 지리적으로

• 야스쿠니 신사에는 2차 세계대전의 A급 전범 14명과 자살특공대인 가미카제 대원의 동상 등 전쟁 유물과 전범자 동상들이 전시되어 있다. 2001년 고이즈미 총리는 한국과 중국의 강력한 반발에도 불구하고 야스쿠니 신사 참배를 강행했으며 이는 2006년까지 이어졌다. 이로 인해 해당 기간에 두 나라와 일본 사이에는 끊임없이 마찰이 발생했고 중국과 일본 간에는 수뇌 교류가 중단되기도 했다.

아시아에 위치하면서도 역설적이게도 아시아에서 뿌리내리지 못하는 처지가 되어 버린 것이다.[7]

중국의 위협

이러한 이유로 일본은 인근 동아시아 국가들의 지지에 기반한 독자적인 국제적 리더십을 확보할 수 없었고 여전히 미국과의 동맹에 크게 의존하고 있다. 그리고 미일 동맹의 틀 안에서 일본의 목소리를 높이고 영향력을 확장하기 위해 노력해 왔다. 일본을 이러한 방향으로 나아가게 한 가장 큰 자극은 바로 '중국 위협론'이었다. 물론 1990년대 이후 '잃어버린 20년'의 장기 경제 침체나 1, 2차 북핵 위기와 대포동 미사일 발사 등 가시화되는 북한의 위협도 자극이 되었을 것이다.

그렇지만 다른 무엇보다 중국의 공세 외교, 특히 1995년 중국의 핵 실험과 이듬해 대만 사태, 센카쿠 열도 분쟁 등이 일본의 위기의식을 심화시켰다. 예를 들어 1996년 대만 사태 이후 '중국 위협론'이 비등하자 일본은 1996~1997년에 걸쳐 앞장서서 미일 동맹을 강화했고 방위지침을 새롭게 개정했다.[*] 또한 비록 중국과 미국의 반대에 부딪혀 실패하긴 했지만 1997년 동아시아 금융 위기 당시 일본은 아시아통화기금(AMF)의 설립과 같은 아이디어를 들고 나와 아시아 지역의 경제 협력을 주도하고자 했다. 2000년 이후에는 아세안을 비롯한 동남아시아 국가들과 경제 협력을 강화함으로써 이 지역 경제 통합의 주도권을 두고 중국과 경쟁을 벌이기도 했다. 그 외에도 일본은 국제 다자 기구인 유엔 평화유지군 활동과, 유엔의 개편을 통한 안전보장이사회 상임이사국 진출을 적극적으로 모색해 왔다.

특히 2010년 9월 동중국해에서 발생한 중국과의 영유권 분쟁이 일본에 결정적인 충격을 주었다. 9월 7일, 분쟁 지역인 센카쿠 열도 수역**에서 조업 중이던 중국 어선이 일본 해경의 순시선과 충돌했고 일본 해경은 해당 어선을 나포하고 선원들을 체포했다. 그런데 중국 정부가 이에 반발했다. 중국 정부는 사건 이후 9일 동안 다섯 차례나 주중 일본대사를 소환하고 여덟 차례 성명을 발표했으며, 일본과의 각료급 교류를 완전히 중단하는 등 전례 없이 강경한 태도를 보였다. 그뿐 아니라 중국 정부는 중국인들의 일본 관광을 자제시키고 급기야는 일본의 첨단 산업에 필수적인 희토류 수출을 중단하는 강력한 경제 제재 카드를 사용했다. 결국 일본 정부는 해당 선원들과 선장을 석방할 수밖에 없었다.[8] 이렇게 분쟁이 마무리되었지만 그 과정에서 중국이 보여준 고압적인 자세 때문에 일본 정부와 국민은 회복하기 힘든 심리적 상처를 입었다. 그 후 일본은 중국을 견제하는 국제적 연대를 더욱 본격적으로 추구하기 시작했다.

• 정식 명칭은 미일 방위협력지침(Guidelines for U.S.A-Japan Defense Cooperation)이다. 1978년 결정된 이 지침은 미일 안보 조약(신조약) 제5조가 규정하는 사태, 즉 일본의 영역에 대한 무력공격이 발생할 경우 양국이 어떻게 공동 방위에 나설 것인지를 다루고 있다. 대만 사태 이후인 1997년에는 이른바 '신지침'이라 불리는 개정이 이루어져 양국의 협력 범위가 '주변 지역에서의 유사 사태'로 확장되었다. 중국은 이를 대만 문제에 대한 미일 동맹의 개입과 견제로 보고 민감하게 반응하며 반대했다.

•• 15세기 명나라 이후 19세기에 이르기까지 중국의 역사서 및 지도는 센카쿠 열도(尖閣列島, 중국명 댜오위다오(釣魚島), 영어권에서는 Pinnacle Islands)를 중국의 영토라 서술해왔다. 그러나 1895년의 청일 전쟁 중 일본은 이 지역이 무주지(無主地)라고 주장하며 자국 영토로 편입시켰다. 2차 세계대전 이후 센카쿠열도는 잠시 미국이 지배했으나 1972년 오키나와와 함께 반환받아 이 지역에 등대를 설치하는 등 실효적 지배를 해왔다. 중국과 대만은 자국의 영유권을 주장하며 이에 강력히 반발하고 있다. 김용민,「조어군도와 센카쿠열도: 중국과 일본의 전략적 충돌이 가진 함의」,『국제지역연구』, 15권 3호(2011), 175~198쪽을 참조.

한때 일본도 미국과 관계가 벌어진 적이 있었다. 2009년 일본의 민주당은 54년 만에 정권 교체를 달성하였고 하토야마 유키오가 총리로 취임했다. 민주당 정권은 '대등한 미일 관계 구축'을 표방하면서, 요시다 독트린을 주도해 온 자민당 정권과 달리, 오키나와 후텐마(普天間) 미군기지 이전 문제 등을 놓고 미국과 부딪쳤다. 그러면서 상대적으로 중국에 접근하는 자세를 취했다. 그러나 일 년도 채 지나지 않은 2010년 6월, 하토야마 총리는 미국과의 갈등을 조율해 내지 못하고 기지 이전 공약의 철회를 선언하면서 결국 총리직을 사퇴했다. 그와 함께 미일 갈등도 진정 국면으로 돌아섰다.

아베 정권 시기의 일본

2012년 자민당이 재집권하면서 아베 신조가 총리에 취임했다. 그는 중국의 급부상이라는 도전에 직면하여 탈냉전 이후 점차적으로 진행되어 온 두 가지 추세, 즉 미일 동맹의 강화와 일본의 외교안보적 역할 확대를 더욱 본격적으로 추구하고 있다. 한편으로는 미국이 오랫동안 원해 왔던 일본의 군사적 역할 증대를 확실하게 실천해 줌으로써 미국의 강한 지지를 확보하고, 다른 한편으로는 일본 스스로 아시아 태평양 지역의 다른 나라들과 전략적 연대를 형성하면서 중국을 견제한다. 이제 일본은 '경제대국-외교안보 소국'을 지향했던 요시다 독트린의 틀을 과감히 벗어나기 시작한 것이다. 마침 미국이 경제적 어려움 때문에 동아시아에서 안보적 역할을 감당하는데 대해 부담을 느낄 때 일본은 적극적으로 군사대국의 역할을 자임함으로써 미국이 느끼는 일종의 심리적 공백을 메워주고 있다.

미국과의 튼튼한 연대 위에서 일본은 다각적으로 외교 지평을 확대하는 '대전략'을 추구하고 있다. 우선 일본은 호주와 합동군사 훈련을 실시하는 등 협력 관계를 심화했고, 남중국해 영유권을 놓고 중국과 대립하는 필리핀, 베트남과도 연대를 강화하려고 시도했다. 일본은 2013년 12월 필리핀 해안경비대에 10척의 경비정을 제공했고 유사한 지원을 베트남에 제안하기도 했다.[9] 또한 일본은 아베 총리와 각별한 사이인 모디가 집권한 인도와도 관계를 심화하고 있으며, 다른 한편으로는 우크라이나 사태로 다소 소강상태에 있지만 러시아와도 관계 개선에 나선 바 있다. 러시아는 유럽에서 천연가스 수입이 감소하면서 대체 시장을 동아시아에서 찾고 있었다. 일본은 원전 사고 이후 더 많은 가스가 필요했고 또 영토 분쟁 상태인 북방도서 문제의 진전을 기대하며 러시아에 접근했다. 두 나라의 이해가 어느 정도 맞아떨어진 것이다.[10] 더 나아가 일본은 중국과의 관계가 소원해진 북한에도 접근했다. 일본은 북한을 상대로 국내 정치의 중요 관심사인 납북자 문제의 진전과 경제 제재를 맞바꾸는 협상을 시도했다. 그러나 북한이 핵과 미사일 문제를 해결하지 않은 상태에서 두 나라의 협상에는 한계가 있을 수밖에 없을 것이다.

문제는 아베 총리가 추진하는 이 같은 대전략, 즉 미일 동맹의 강화와 외교안보 대국화 전략이 수정주의 역사관과 맞물려 함께 진행되고 있다는 점이다. 그런데 이 세 가지는 함께 가기 힘든 목표이다. 일본 정치 지도자들이 수정주의 역사관을 가지고 있는 한, 인근 국가들은 미일 동맹의 강화와 외교안보 대국화 전략의 진의를 의심할 수밖에 없기 때문이다. 이처럼 함께 가기 힘든 세 가지 목표를 동시에 추구하는 것이 아베 총리 시기 일본 외교의 구조적 딜레마이다. 만일 일본 정치 지도자들이 위안부 문제나 역사 문제에 대해 퇴행적인 수정주의 역사관을 고수한다면 일본 외교는 여러 어려움에 직면할 것이다. 우선 미국의 또 다른 동맹국인 한국과의 관계 악화를 피할 수 없을 것이고, 게다가 전후 동북아시아 안정의 초석이 되었던 샌프란시스코 강화조약 체제를 약화시킴으로써 의도치 않게 중국이 그들의 공세 외교를 정당화할 명분을 얻게 될 것이기 때문이다.

그러는 동안 일본은 국내적으로도 1990년대 이후 탈냉전이라는 새로운 시대 상황에 걸맞은 새로운 국정운영의 틀과 정치경제 모델을 개발하지 못해 혼미를 거듭했다. 1990년대와 2000년대에 일본이 장기 침체를 겪게 된 데에는 정부의 경제 정책에도 문제가 있었지만 무엇보다 구조적 요인이 컸다. 특히 인구의 노령화로 1990년 5월에서 2010년 5월 사이 노동인구가 8606만 명에서 8168만 명으로 감소하여 경제 발전에 악재로 작용했다. 또한 엔화의 강세로 수출 경쟁력이 하락하여 2011년 일본은 31년 만에 최초로 무역수지 적자를 기록하기도 했다. 이러한 요인들로 인해 2000년대 일본 경제는 연평균 0.7%의 저조한 성장률을 기록했다.[11] •

그렇지만 일본이 침체의 늪에 빠진 가장 핵심 원인은 시대의 변화에 조응하는 체제 개혁이나 경쟁력을 살리기 위한 과감한 개혁 조치가 이루어지지 못한 데에 있었다. 그리고 일본이 개혁에 실패한 이유는 일본 또한 미국의 경우와 마찬가지로 올슨이 지적한 '집단 행동의 딜레마'에 빠져 있었기 때문이다. 민주주의 국가인 일본에서도 오랫동안 성장과 안정을 계속하는 동안에 이익집단들이 강한 영

• 일본 노동 인구(15~64세)는 2015년 5월 현재 7715만 명으로 감소했다. 일본총무성통계국 2015년 발표자료. http://www.stat.go.jp/english/data/roudou/lngindex.htm

향력을 행사하게 되었다. 그들이 자신들의 기득권을 보호하고 더 많은 배분을 요구하며 맹위를 떨침에 따라서 결국 국가의 정치경제 체제가 경직성과 비효율성의 포로가 되고 말았던 것이다.[12] 예를 들어 2011년 3월 동일본 대지진의 여파로 후쿠시마 원전 사고가 발생했을 때, 이러한 이익집단들 간의 네트워크는 사고 처리 과정에서 감독 시스템이나 재난관리 시스템이 제대로 작동하지 못하는 원인을 제공했다. 또한 이러한 이익집단의 정치 때문에 경제적 활력을 되살리기 위한 개혁 방안들이 수포로 돌아갔다. 국내 산업을 과감하게 해외 시장에 개방하고, 이민을 더욱 적극적으로 받아들이고, 불황을 고려하여 연금 혜택을 줄이는 등 개혁이 필요했지만 일본 정부는 발목이 잡혀 움쭉달싹할 수 없었던 것이다.

2012년 민주당 정부의 국정 경험 부족과 미숙한 처리 능력에 실망한 일본 국민은 정권을 다시 자민당에 넘겨주었다. 그 후 아베 총리는 국내적으로는 통화 공급의 양적 완화를 기조로 엔화를 평가절하하여 경제 활성화를 도모했다. 이로 인해 아베 정권의 인기는 상승했고 2013년 7월 참의원 선거에서 압도적인 승리를 거두었다. 물론 일본 국민들은 아베의 경제 정책에 관심이 있을 뿐 그가 원하는 헌법 개정과 같은 문제에 대해서는 생각이 다르다는 견해도 있다.[13] 즉 일본 정치권과 국민 간에는 평화헌법 개정이나 수정주의 역사관에 대해 간극이 존재한다. 그러나 일본 경제가 회복되는 한 아베 정부가 추진하는 외교에 대한 지지도는 상승할 것이다.

결국 아베 총리의 적극적 대외 전략의 성공 여부는 그의 경제 활성화 정책이 얼마나 성공하느냐에 달려 있다. 그리고 중장기적으로는 이익집단의 담합 구조와 그 핵심에 있는 관료 세력을 어떻게 개혁하여 새로운 정치경제 모델을 만들어 갈 것인지도 관건이다. 만일 이러한 국내 개혁과 경제 부활이 가능해져서 일본이 과거와 달리 외교안보 대국으로 변신할 수 있다면 일본은 중국을 견제하는 아시아 연합 전선의 중심축 역할을 하게 될 것이다. 아베 총리가 이끄는 일본이 과연 얼마만큼 새로운 외교안보 대국으로 등장할 수 있을지, 또 과연 수정주의적 역사관을 버리고 진정으로 국제 평화에 기여할 수 있을지, 이것은 동아시아의 미래 국제 정치를 결정하는 중요한 변수 중 하나가 될 것이다.

러시아: 옛 소련 시절의 위상 회복

러시아는 18세기 러시아 제국(1721~1917년)이 대규모 영토 확장을 단행한 이후 지금까지 유라시아 대륙에 군림해 온 '대륙 세력'이다. 국제 정치의 역사를 대륙 세력과 해양 세력 사이의 충돌 과정으로 해석하는 지정학적 관점에서 볼 때, 유라시아 대륙*을 장악하고 있는 러시아는 불가피하게 해양 세력들과 부딪칠 수밖에 없었다. 예를 들어 19세기 내내 러시아는 부동항을 찾아 남하 정책을 펼쳤는데, 이를 도처에서 견제하는 해양 세력이자 패권국인 영국과 충돌해야만 했다. 그리고 20세기 후반 냉전기의 소련은 영국의 뒤를 이은 또 다른 해양 세력이자 패권국인 미국의 봉쇄 정책에 맞닥뜨렸다. 21세기 푸틴 치하의 러시아는 유럽과 중국 사이에서 강력한 대륙 세력으로 다

• 이는 영국 지정학의 거두인 맥킨더의 명제에서 비롯된 말이다. H. J. Mackinder, *Democratic Ideals and Reality: A Study in the Politics of Reconstruction* (London: Constable, 1919), 194쪽.

시 부활하기 위해 우크라이나 사태를 야기했고, 여기서도 해양 세력인 미국이 서방과 함께 강하게 대응하고 있다.

역사 속에서 러시아가 다른 거대 세력들과 벌인 대결들은 한반도의 운명에도 중대한 영향을 미쳤다. 예를 들어 한반도가 일본의 손에 넘어가게 된 결정적인 승부였던 러일 전쟁(1904~1905년)이 있다. 러시아는 1877~1878년 러시아-터키 전쟁 이후 흑해를 통해 지중해로 남하하려고 시도했으나 영국을 비롯한 국제 간섭으로 뜻을 이루지 못했다. 이에 러시아는 1890년대까지 아프가니스탄 등 중앙아시아 쪽으로 진출을 모색했고, 저 멀리 동아시아에서도 부동항을 찾아 남하를 시도했다. 그러나 동아시아에는 영국의 동맹이자 또 다른 신흥 해양 세력인 일본이 있었다. 러시아는 곧 일본과 충돌했고, 이 러일 전쟁에서 패배하고 말았다. 러일 전쟁이 일본의 승리로 끝나자 한반도가 일본의 손에 넘어가는 것으로 국제적인 대세가 결정되었다.

러일 전쟁 40년 후 2차 세계대전이 종결되는 과정에서 한반도가 분단된 것도 대륙 세력인 소련과 해양 세력인 미국이 벌인 세력 경쟁과 무관치 않다. 1950년 발발한 한국 전쟁 때도 소련은 남침을 실행한 김일성의 배후에서 후견인 역할을 했다.

소련 시절의 위상을 상실하다

러시아(구소련)는 이처럼 19세기와 20세기에 걸쳐 강력한 대륙 세력으로서 국제 정치의 중요한 축을 형성해 왔다. 그러나 2장에서 보았듯이 소련은 고르바초프 서기장이 몰고 온 개혁개방의 소용돌이 끝에 결국 붕괴했고, 러시아가 뒤를 이었다. 하지만 러시아는 구소련이 갖고 있던 강대국 대결의 핵심 축으로서의 위상을 상실했다.

소련이 해체되는 과정에서 옐친은 고르바초프를 밀어내고 1991년 러시아의 초대 대통령이 되었다. 고르바초프의 페레이스토이카를 비판했던 옐친은 집권 후 십 년 가까이 그것을 넘어선 본격적인 시장 자본주의 개혁을 추진했다. 그러나 그의 기대와 달리 사회주의 체제를 다른 체제로 전환하기란 쉽지 않았다. 경제적 빈곤과 만성적인 재정 적자 상황에서 사유화, 가격 자유화, 산업 구조조정, 금융 체제 구축, 자본주의적 법과 질서의 정착 등은 하나같이 달성이 어려운 목표들이었다. 결국 러시아 정치경제는 체제 전환 과정에서 정경유착을 통해 막대한 부를 축적한 신흥 재벌들인 올리가르히(oligarch) 세력에 의해 좌지우지되며 혼미한 상황으로 빠져들었다. 이러한 혼란은 러시아 국민들에게 엄청난 경제적 어려움을 주었고 뒷날 푸틴 대통령이 권위주의적 경제 발전 정책을 추진할 때 국민들이 이를 강력히 지지하는 이유가 되었다. 옐친 시기의 이 같은 국내적 혼란 속에 러시아의 외교적 위상은 크게 추락하였다. 그 결과 국제 정치의 틀은 미국 중심의 일극 체제로 짜여지게 되었다.

옐친이 건강상의 이유를 들어 사임한 이후 푸틴이 대통령직을 대행했다. 그리고 그는 2000년 대선을 통해 러시아의 두 번째 대통령으로 선출되었다. 집권 이후 푸틴 대통령은 그동안 개혁개방의 장애요인으로 간주되어 온 올리가르히 세력을 약화시키면서 이른바 푸티니즘(Putinism)이라고 불리는 권위주의적 국가주도 발전 방식을 추진해 나갔다. 특히 그는 중요 기간산업인 에너지 부문에 대해서는 이 분야를 시장 원리에 맡기기보다 국가의 강력한 통제하에 두고자 했다. 또 그는 정치적 반대 세력에 대해서도 통제를 강화했다.* 이후 마침 상승하는 국제 에너지 가격에 힘입어 러시아 경제는 호전되기 시작했다. 오일달러가 유입되어 경제 성장을 촉진했고 민생은 상당히 안정되었다. 비록 2008년 금융 위기의 발생, 2014년 우크라이나 사태로 인한 경제 제재와 유가 하락으로 러시아는 다시 힘든 시기를 맞았으나 1990년대의 어려움에 비할 바는 아니었다. 2012년 7월에는 18년간의 협상 끝에 세계무역기구에도 가입했다.

푸틴 정권 1기

푸틴 대통령은 대외 관계에 있어서 다른 무엇보다 1985년 개혁개방 이래 상실한, 옛 소련이 가졌던 초강대국의 위상을 회복하고자 했다. 그는 2005년 국정연설에서 "20세기 최대의 지정학적 재앙은 소련의 붕괴였다"라고 선언할 정도였다.[14] 사실 푸틴이 이러한 의도를 드러낸 최초의 사례는 훨씬 앞선 시기로, 2001년 9·11 테러 이후 러시아가 미국의 세계적 리더십을 인정하는 대신, 미국은 구소련 지역에서 러시아의 패권적 지위를 인정하는 일종의 거래를 미국에

• 유코스(Yukos)의 호도르콥스키 사건이 전형적인 사례이다. 러시아 최대의 민간 기업이었던 석유회사 유코스의 회장이자 대표적인 올리가르히였던 미하일 호도르콥스키는 정부의 석유 산업 지배권 강화에 반발해 2003년 선거에서 야블로코당, 우파연합(SPS) 등의 야당에 정치자금 지원을 선언하는 등 반(反)푸틴, 반(反)크렘린 행보를 걸었다. 푸틴 대통령은 정경유착과 부패를 염려하면서도 임기 초기에는 올리가르히와의 연계를 완전히 끊어내지 못했으나, 이 사건 이후 재벌과 권력의 분리를 선언하고 올리가르히 세력을 약화시키기 시작했다. 결국 호도르콥스키는 같은 해 10월에 사기 및 횡령, 조세 포탈 등 7개 혐의로 기소되었고, 유코스 사는 세금 체납을 이유로 천문학적 금액인 275억 달러를 추징당했다. 그 후 유코스 사는 2004년 11월 핵심 자회사를 강제 매각하며 사실상 파산했다. Jeremy Scott-Joynt, "Khodorkovsky: An Oligarch Undone," *BBC News* (May 31, 2005). http://news.bbc.co.uk/2/hi/business/4482203.stm; Neil Buckley, "Putin finds room for loyal oligarchs," *Financial Times* (February 7, 2007). http://www.ft.com/intl/cms/s/0/dedfac86-b6d9-11db-8bc2-0000779e2340.html

제안한 바 있었다.[15] 그러나 당시까지만 해도 러시아의 외교적 입지는 여전히 약했고 미국 정부는 이 거래를 거절했다. 미국의 입장에서는 소련 해체 이후 민주화의 길을 걸으며 서방에 접근해 오는 조지아나 우크라이나 등 구소련 국가들을 방치할 수 없다고 판단했을 것이다.

　　한편 푸틴은 이처럼 정치적 거래가 거절당하자 대신에 당시 미국의 이라크 침공에 반대하던 프랑스, 독일과의 연합을 시도했다. 이 서방 국가들과 함께 새로운 반미 전선을 형성함으로써 대외적 영향력을 행사할 수 있으리라는 계산이었다. 그러나 비록 대서양을 두고 떨어져 있지만 프랑스, 독일과 미국 간의 관계는 러시아가 생각했던 것 이상으로 깊었다.[16] 더구나 러시아가 원했던 것과는 정반대의 상황들이 전개되기 시작했다. 서유럽 중심의 나토가 점차 그 영향력을 동구권 쪽으로 확장하면서 밀고 들어왔고, 폴란드와 발트해 국가들이 유럽연합에 가입했으며, 설상가상으로 과거 소련 연방에 속했다가 독립한 후 체제 전환 과정에 있던 우크라이나, 조지아와 같은 국가들이 민주주의 진영에 가담한 것이다.

　　집권 1기(2000~2004년)가 끝나갈 즈음, 푸틴 대통령은 본격적으로 외교 정책의 전환을 시도했다. 서서히 경제가 안정을 되찾는 데 힘입어, 그는 이제 러시아가 풍부한 에너지 자원을 무기 삼아 구소련의 위상을 되찾아야 할 때가 되었다고 생각했다. 2005년에 접어들면서 푸틴은 미국 패권과 부시 행정부의 일방주의적 강성 외교를 정면으로 비판하면서, 다극 질서를 표방하며 공세 외교를 펼치기 시작했다. 그리고 러시아는 이 시기를 전후하여 권력이 최정점에 이른 것처럼 보이는 미국을 견제할 파트너를 찾기 위해 동아시아로 눈을 돌렸다. 동아시아에는 바로 중국이 있었다. 러시아는 2001년에 중국 및 중앙아시아 국가들과 함께 창설한 상하이협력기구를 통해 회원국들과 수차례의 합동 군사훈련을 진행하는 등 상하이협력기구의 군사협력체로서의 성격을 강화해 나가면서 미국 주도의 서방 세력에 맞섰다. 또한 러시아는 친서방 국가가 된 조지아로부터 압하지야(Abkhaziya)와 남오세티야(South Osetiya)의 분리 독립을 지원하기 위해 2008년 8월 조지아와 전쟁을 벌였다.

메드베데프 정권

푸틴에 이어 2008년 러시아의 세 번째 대통령으로 취임한 드미트리 메드베데프는 자신의 후견인이었던 푸틴을 총리로 임명하여 그와 함께 권력을 분점하면서 통치했다. 푸틴이 강국으로서 러시아의 위상 회복을 중시했던 것과 달리 메드베데프 대통령은 러시아 경제의 선진화에 치중하는 정책을 펼쳤다. 이 시기에 러시아는 푸틴 정부 때보다 서방과의 관계가 개선되었다. 무엇보다 메드베데프의 가장 큰 관심사는 지나치게 자원 의존형인 러시아 경제를 후기 산업형 경제로 전환하는 것이었다. 다른 산업들은 발전하지 못한 채로 에너지·자원 부문의 수입에만 지나치게 의존하는 불균형한 경제 구조 때문에 러시아 경제가 해외 경제 상황, 특히 유가 변동에 지나치게 취약했기 때문이다.

그러나 균형 발전과 경제 선진화는 결코 쉬운 일이 아니었다. 러시아의 국내 전문가들은 이러한 전환을 위해서는 최소한 3~5년의 장기 계획이 필요하다고 보았다. 그러나 그들에 따르면, 혼란한 국내 정치와 경제 상황 때문에 러시아에는 그럴 만한 여유가 없었다. 그뿐 아니라 정치가들은 다른 여러 가지 정치적 고려도 해야만 했을 것이다. 예를 들어 만약 메드베데프가 바라는 경제 균형 발전 전략이 성공하는 경우, 그 결과로 국민들이 더 많은 자유를 요구하고 나설 수 있었다. 러시아의 전문가들은 정치가들이 그런 상황을 우려했을 것이라고 말한다.[17] 러시아 국민들이 보다 많은 정치적 자유를 원하고 있음은 분명하다. 2012년 러시아 대선 직전에 수개월 동안 진행된 반정부 시위에서도 그런 열망을 읽을 수 있었다. 그러나 격렬한 반정부 시위에도 불구하고 푸틴은 높은 지지율로 다시 대통령에 당선되었다.

푸틴 정권 2기

푸틴 대통령의 재당선 이후 러시아의 외교 정책은 더욱 민족주의적이고 애국주의적이며 공세적인 방향으로 나아갔다. 이러한 정책이 극적으로 표출된 장면이 바로 2014년 봄 크림 반도를 무력으로 합병한 사건이었다. 이 사건은 2008년 조지아와의 전쟁과 유사한 점이 많다. 우선 우크라이나도 조지아처럼 2004년에 오렌지 혁명을 경험했다. 그 후 우크라이나는 어려운 경제 사정을 타개하기 위해 2013년 유럽연합과 경제협력협정을 체결하려 했으나 뜻대로 잘 되지 않았고, 결국 빅토르 야누코비치 대통령은 러시아와의 협력으로 선회했다. 그러나 2014년 2월 시민들이 이에 저항하는 민주 혁명을 일으켰고, 야누코비치 대통령이 축출되고 임시 정부가 수립되었다. 그리고 바로 이때 러시아가 크림 반도를 무력으로 합병했다.* 그 후 지금까지 러시아는 우크라이나 동부 지역의 친러 반군을 은밀히 지원하면서 우크라이나의 향배에 영향을 미치려고 하고 있다. 이에 미국을 위시한 서방 국제 사회는 제재 수위를 단계적으로 높이면서 러시아

그림 11. 2014년 3월 초 모스크바 외곽 노보 오가료보 별장에서 내각 회의를 주재 중인 푸틴 러시아 대통령.

를 압박하고 있고, 또 러시아는 러시아대로 그치지 않고 서방의 조치에 반발하고 있다. 현재 우크라이나를 둘러싼 러시아와 서방 간의 대립은 탈냉전 이후 국제 정치의 최대 현안 중 하나가 되어 버렸다.

러시아 전문가 마크 갈레오티는 2013년 시작된 푸틴 정부 2기는 근본적으로 1기 때와 다른 정책을 펼치고 있다고 주장한다. 그에 따르면, 푸틴 정부 1기는 국익에 부합한다고 생각되면 적절히 서방 세계와 타협하는 경향을 보였다. 또 조지아와 전쟁을 하긴 했지만 손익을 계산하면서 조심스럽게 행동하는 모습이었다. 그러나 크림 반도 병합을 놓고 볼 때, 푸틴 정부 2기는 러시아 문화의 정체성이 위협받고 있다고 생각되면 이를 지키기 위해 국익의 손실도 감수하는 예외주의(exceptionalism)와 러시아 제국주의를 추구하고 있다는 것이다. 즉 푸틴 정부 1기의 대외 정책이 실용주의적 색채를 띠었다면 2기의 대외 정책은 러시아 제국을 꿈꾸는 이데올로기적 성격으로 변했다고 갈레오티는 말한다.[18] 물론 이 주장이 얼마나 타당한지는 앞으로 러시아의 외교를 좀 더 지켜보아야만 알 수 있을 것이다.

중러 협력

어쨌든 푸틴 정부 2기에서 러시아의 핵심 대외 전략 기조는 아시아의 상승 세력 중국과 협력함으로써 미국을 견제하고 과거 소련 제국의 위상을 되찾는 것이다.** 러시아는 안보 영역뿐만 아니라 경제 영역에서도 러시아 제국의 형성을 꿈꾸고 있다. 2014년 5월에 러시아는 벨라루스, 카자흐스탄과 함께 유라시아경제연합(EEU)을 창설하는 조약을 체결했고, 아르메니아와 키르기스스탄도 2015년에 여기에 참여할 것으로 보인다. 또한 러시아는 경제 발전을 촉진하고 국제정치적 위상을 강화하기 위한 한 방편으로 역동적으로 성장하는 아시아와의 연계를 심화하려고 한다. 이를 위해 러시아는 극동 러시아의 개발을 중요한 국가목표로 내세우고 있다.

중국의 시진핑 주석도 러시아의 적극적인 접근 노력에 화답하고 있다. 그는 임기 시작 후 첫 해외 방문지로 모스크바를 선택했고, 그 자리에서 국가 주권과 안보, 경제 발전에 관한 상호 이해의 증진과 국제 문제에 있어서의 긴밀한 협조를 약속했다.[19] 두 나라는 국경 분쟁 문제를 해결했을 뿐만 아니라 무역 규모도 최근 확대되고 있고 국제 문제에 대해서도 보조를 맞추고 있다. 예를 들어 러시아와 중국은 시리아의 아사드 정권에 대한 유엔의 개입을 공동으로 거부했다. 두 나라는 공히 내정간섭 금지를 강조하고 있는데, 여기에는 미국이 겉으로는 인권 문제를 내세우면서 실제로는 반중국, 반러시아 전략을 펼치고 있다는 의심이 밑바닥에 깔려 있다. 2013년 7월에 중국은 외국군과의 합동 훈련으로는 최대 규모로 중러 합동 군사훈련을 동해상에서 실시하기도 했다.

아마도 중국과 러시아의 최근 협력에서 가장 획기적인 진전

• 영국 상원 EU위원회의 우크라이나 위기 분석 보고서는 당시 EU집행위원회가 우크라이나와의 경제협력협정 등 동유럽 접근 정책을 펼치면서 그에 대한 러시아의 반감을 크게 오판하여 위기 상황이 초래되었다고 지적한다. U.K. House of Lords, European Union Committee – Sixth Report: *The EU and Russia: before and beyond the crisis in Ukraine* (February 10, 2015). http://www.publications.parliament.uk/pa/ld201415/ldselect/ldeucom/115/11502.htm

•• 모스크바 소재 카네기모스크바센터(The Carnegie Moscow Centre) 소장인 드미트리 트레닌은 "그(푸틴 대통령)는 국제적 현상 유지 상태(status quo)를 파괴하려는 것이 아니라 그 현상 유지 상태가 너무 위험할 정도로 편향되어 있고 미국에 의해 약화되고 있다고 보고 있는 것이다"라고 주장한다. Charles Clover, "Putin plays to strengths on foreign policy," *Financial Times* (September 13, 2013), 4쪽.

은 2014년 5월 21일 앞선 10년간 지지부진하던 천연가스 협상을 타결한 일일 것이다. 러시아의 거대 에너지 기업 가스프롬(Gazprom)은 중국 최대의 석유회사인 중국국영석유회사에 2018년부터 향후 30년간 매년 380억 세제곱미터의 천연가스를 판매하기로 합의했다.[20] 당시 러시아는 우크라이나 사태 이후 서방 측의 경제 제재와 러시아산 천연가스에 대한 의존도를 낮추려는 움직임에 반발하며 한편으로 어려움을 겪고 있었다. 중국은 더 많은 육로 수송 에너지를 확보하려고 노력하고 있었고, 여기서 두 나라의 이해가 맞아떨어졌다. 이 협상의 타결은 반서방 연대로서의 중러 협력을 부각시킨 상징적인 국제정치적 사건이었다.

그러나 표면상으로 보이는 것과 달리, 중러 관계에도 그 이면에는 여러 복잡한 이해가 상충하고 있다. 예를 들어 동남아시아 지역의 남중국해 분쟁에 대해서 러시아는 중국의 입장에 동조하지 않고 있다. 오히려 러시아의 에너지 회사들은 중국이 영유권을 주장하는 남중국해 해역에서 베트남과 공동으로 프로젝트를 추진하며 석유와 가스 개발에 나서고 있고 심지어 중국의 분쟁 대상국인 베트남 해군에 신형 공격용 잠수함을 판매하기도 하였다.[21] 중앙아시아에서도 중국과 러시아는 서로 경제적 영향권을 확대하기 위해 경쟁하고 있다. 이러한 의미에서 두 나라의 협력 관계는 아직 전략적인 협력이라기보다는 전술적인 협력에 그친다고 볼 수 있다. 즉 두 나라의 관계는 미국 주도의 국제 질서에 대한 현상 변경이라는 목표에 있어서는 이해가 일치하지만, 이를 실제로 달성하기 위한 심도 있는 전략적 협력을 할 정도에는 이르지 못했다. 이는 미국이 앞으로 이들을 어떻게 다루느냐에 따라서 중러 관계가 더 가까워질 수도, 또는 더 멀어질 수도 있다는 의미이기도 하다.

인도: 비동맹의 리더에서 다동맹 대국으로

냉전 시기 대국의 시작

1947년 영국의 식민 지배에서 벗어난 인도는 독립과 동시에 어려운 국제 환경을 맞이했다. 이슬람교도가 중심이 된 파키스탄이 분리 독립하면서 적대 관계가 되었고, 중국에서는 공산당 정부가 들어섰으며, 국제적으로 냉전 대결이 시작되었다. 인도는 비록 영국 식민 지배의 유산인 민주주의 정치 체제를 물려받았지만, 냉전 대결의 와중에 공산 진영과 자유 진영 중 어느 한 편에 완전히 가담하기보다 비동맹과 평화주의를 주창하면서 제3세계 국가들을 한데 묶으려고 노력했다. 그러나 파키스탄이 비동맹 노선을 주창하면서도 친서방 노선을 추구했던 데 비해, 인도는 친소련 대외 정책을 펼치면서 경제적으로도 소련의 지원 아래 사회주의 경제 체제를 받아들였다.

냉전 시기 인도의 가장 중요한 외교안보 현안은 무엇보다도 파키스탄과의 적대 관계였다. 특히 카슈미르 지역의 영유권을 놓고 갈등이 심화되어 1965년과 1971년에 인도는 파키스탄과 전쟁을 치렀다. 1971년에는 전쟁의 결과로 동파키스탄이 방글라데시로 독립해 나갔다. 1999년에는 카길 지역에서 또다시 파키스탄과 전쟁을 치렀는데, 인도와 파키스탄의 관계는 세 차례의 전쟁에도 불구하고 아직도 긴장의 수위가 높다. 최근 수 년 동안에도 두 나라는 인도에서 벌어진 테러 공격을 둘러싸고 충돌 일보 직전까지 갔다. 두 나라의 대결 관계는 인도가 1974년 첫 번째 핵실험에 이어 1998년 두 번째 핵실험으로 실질적인 핵보유국이 되고 파키스탄도 1998년 핵실험을 통해 핵보유국이 되면서 더욱 국제 사회의 주목을 받게 되었다.

인도는 파키스탄뿐만 아니라 중국과도 티베트 남부 지역의 국경 문제로 1962년 전쟁을 치러 패배했다. 당시 문제가 되었던 악사이 친(Aksai Chin) 지역과 아루나찰 프라데시(Arunachal Pradesh) 지역은 아직도 인도와 중국의 분쟁 지역으로 남아 있다.

미국의 접근

한편 미국은 1971년 인도-파키스탄 전쟁에서 파키스탄을 지원하고 무기를 제공했다. 또한 1979년 소련이 아프가니스탄을 침공한 이후 미국은 파키스탄과 유대를 강화했는데, 이 때문에 인도와 미국 간에는 비우호적인 관계가 지속되었다. 특히 미국은 인도가 1974년 1차 핵실험을 한 이후 강력한 국제 핵비확산 체제를 수립했고, 1998년 2차 핵실험 이후 인도에 대해 제재를 실행했다. 그러나 1991년 소련의 붕괴와 냉전 질서의 해체는 인도가 대내외적으로 정책 및 전략을 바꾸는 중요한 분기점이 되었다. 그동안 긴밀한 관계를 유지했던 소련이 붕괴하고 국제 질서가 미국 주도의 일극 체제로 진입하자 인도도 새로운 상황에 적응하여 대외 관계를 조정할 수밖에 없었던 것이다.

인도는 먼저 '동방 정책(Look East)'을 표방하면서 동아시아 국가들의 경제 발전을 본받자는 모토를 내걸었다. 동시에 1991년 나라시마 라오 총리의 주도 아래 경제 개혁 프로그램을 실행하기 시작했다. 과거의 사회주의 계획경제 노선을 탈피하고 시장 메커니즘을 도입해 경제를 활성화하기 위한 것이었다. 당시 재무장관으로 경제 개혁 프로그램을 주도했던 사람이 바로 만모한 싱(2004년 5월~2014년 5

월 총리 재임)이었다. 이러한 시장 개혁 이후 인도는 지난 20년 동안 연평균 8%에 가까운 괄목할 만한 성장률을 보였다. 한 연구보고서에서는 인도 경제가 2050년에는 미국, 중국과 함께 3대 경제대국이 될 것이라고 예측한 바 있는데,[22] 이미 2011년에 인도 경제는 구매력 평가지수로 환산한 GDP 기준으로 세계 경제에서 3위를 차지했다.* 국제통화기금은 인도가 2014년 7.2% 성장에 이어 2015년에는 7.5% 성장할 것으로 예측했다.[23] 인도는 머지않아 중국의 경제 성장률을 추월할 것으로 보인다.

한편 미국은 이제 소련과 함께 냉전 질서가 무너져 버린 이상 인도를 더 이상 친소련 국가라는 관점에서 방치하고 있을 필요가 없어졌다. 인도가 냉전 이후 시장 개혁을 실시하고 있다는 점도 미국의 시각을 바꾸는 한 이유가 되었다. 그에 따라 2000년에 클린턴 대통령이 인도를 방문했고 2001년 미국은 인도에 대한 제재를 철회했다. 게다가 2001년 발생한 9·11 테러 사건으로 인도와의 협력이 더욱 중요해졌다. 부시 행정부는 대테러 전쟁, 미사일방어 체제의 확산, 중국 견제 등을 위해 남아시아의 중심 국가인 인도와 군사적으로 협력할 필요가 있었다. 결국 2005년 7월에 부시 대통령은 인도에 민간 핵에너지 개발에 관한 지원을 제안했고 이를 통해 극적인 관계 개선의 전기가 마련되었다. 2006년 3월에 미국은 비판적인 국제 여론을 무

---

* 2011년 미국 17.1%, 중국 14.9%에 이어 인도는 6.4%로 일본(4.8%)을 제치고 제 3위의 경제대국으로 등장했다. World Bank, International Comparison Program, "Main Results for the Largest Economies and Economies with Highest and Lowest GDP per capita," (April 29, 2014). http://www.worldbank.org/en/news/press-release/2014/04/29/2011-international-comparison-program-results-compare-real-size-world-economies

룹쓰고 인도를 사실상 핵보유국으로 인정하는 내용의 이례적인 핵 협력협정까지 체결했다.*

이러한 미국의 대(對)인도 정책은 마치 1970년대의 미국의 대 중국 포용 정책과도 비슷하다. 1970년대 미국의 닉슨 정부가 소련을 견제할 목적으로 중국을 끌어들였다면, 2000년대 부시 정부는 부상 하는 중국을 의식해 그 대항마로 인도를 선택한 것이다. 그러나 인 도가 미국 측의 이러한 전략 구상에 전적으로 동조하고 있는가 하면 그렇지는 않다.

무엇보다도 인도에는 아직도 비동맹과 평화주의의 유산이 상 당히 남아 있다. 특히 과거 인도를 식민 지배했던 영국에 대한 기억 과, 냉전 시기에 파키스탄을 지원하며 인도를 견제했고 한때 인도에 제재를 가했던 미국에 대한 기억이 남아 있다. 인도가 미국에 대한 불신을 완전히 떨치기란 쉽지 않을 것이다. 특히 인도는 중국에게 인 도가 미국과 손잡고 그들을 압박한다는 인상을 주지 않으려고 한다. 왜냐하면 미국과 중국의 관계가 상당히 복합적이고 아직 여러 가능 성이 열려 있기 때문에, 정작 위기 상황에서 미국이 인도를 위해 중 국에 대항하기보다 인도를 무시하고 중국과 타협할 우려가 있다고 생각하기 때문이다.[24]

---

* 당시 미국은 인도가 핵확산금지 조약(NPT) 미가입국이었는데도 인도의 평화용 핵시설 에 대한 연료 및 기술 제공, 군수용 핵시설에 대한 사찰 면제 및 비밀 보장을 약속했다. 이전까지 미국이 국내법에 의거해 핵확산금지 조약 미가입국에 대해서는 관련기술의 수출조차 엄격히 제한해왔다는 점에서 볼 때, 이는 매우 이례적인 조치였다. 특히 이러 한 미국의 결정이 북한과 이란 핵 문제를 악화시킬 수 있다는 강한 비판이 있었다.

두 가지 정체성

이 지점에서 서로 상반되는 듯 보이는 소극적 심리와 적극적 심리가 공존하며 인도의 행보에 영향을 미치고 있음을 알아둘 필요가 있다. 2014년 나렌드라 모디 총리가 등장하기 전까지, 만모한 싱정부는 국내 문제에 힘을 집중하는 모습이었고 대국으로서 기대되는 그런 모습이나 전략적 마인드가 부족했다.[25] 단적인 예로 12억 인구의 대국임에도 인도의 외교관 숫자는 겨우 500만 명의 인구를 가진 싱가포르와 같은 수준이다. 중국은 인도보다 8배나 많은 외교관을 가지고 있다. 또 인도가 대국으로 행세하기 위해서 가장 신경을 써야 할 국가는 중국이어야 마땅하겠지만, 사실 인도 군부나 안보 전문가들의 관심은 대체로 파키스탄과의 적대 관계에 쏠려 있었다. 최근 들어 인도와 파키스탄의 관계가 다소 개선되었지만 카슈미르 분쟁이 재연될 가능성은 여전하다. 무엇보다 중국은 인도를 의식해서 파키스탄과 긴밀한 관계를 유지하고 있고 특히 핵미사일 기술과 관련해서도 파키스탄을 지원해왔다.

이와 같은 소극적 심리와는 반대로 적극적 심리 차원에서 인도에는 쉽게 친서방 노선을 밟지 않으려는 정체성이 있다. 인도는 냉전 시기에 비동맹 외교 노선을 펼치면서 국제 사회에서 지도적 위상을 가졌던 데 대한 자부심을 가지고 있다. 즉 미국의 '주니어 파트너'로 동원되어 중국 견제에 나서기보다 인도 스스로 하나의 독립된 축이 됨으로써 미국, 중국과 대등한 위치에서 삼각 구도를 형성하고자 하는 적극적 심리가 있는 것이다.[26]

물론 2005년 미국과의 관계 개선 이후 인도의 외교 정책은 친서방으로 기우는 약간의 변화를 보였다. 예를 들어, 이란의 핵개발을 둘러싸고 미국이 주도하는 대(對)이란 제재에 협력해서 이란산 석유 수입을 줄인 것이라든지, 아프가니스탄 사태와 관련해서 나토와 협조한 것이라든지, 최근의 미얀마 개혁개방 문제에 있어 서방 세계에 힘을 보태는 모습이 그러하다.[27] 그럼에도 불구하고 큰 전략적 방향과 관련해서 인도는 아직 적극적으로 친서방 진영에 가담하고 있지는 않다. 여기에는 인도가 손쉽게 중국을 버리기 힘든 측면도 있는데, 인도가 기후 변화나 국제 경제 등 오늘날의 여러 이슈 영역에서 중국과 협력함으로써 얻을 이득이 적지 않기 때문이다.[28]

모디 총리의 다동맹 외교

그러나 2014년 5월 총선에서 인도인민당의 나렌드라 모디가 압도적인 차이로 총리에 당선된 후 인도의 외교 기조에 변화가 감지된다. 모디는 구자라트 주의 경제 성장을 이끌었던 성공적인 주지사 출신으로 힌두교 민족주의자들과 청년층의 지지를 받아 당선되었다. 모디 총리는 한때 만모한 싱 정부가 중국의 팽창에 대해 "제한적이고 소심하게 접근함으로써 스스로를 조롱거리로 만들었다"고 비판했는데,[29] 과연 그는 임기 초임에도 불구하고 인도의 국제적 위상을 높이기 위해 상당히 적극적인 외교 행보를 보이고 있다. 특히 그는 이데올로기보다는 실용주의에 입각한 대국 외교를 시도하고 있다.[30]

실용 외교의 전형적인 예는 2002년 반무슬림 폭동에 연루되었다고 비자를 거부했던 미국*에 대해 감정적 앙금을 떨쳐버리고 적극적으로 미국과의 관계 개선에 나선 점이다. 선거 승리 당시 오바마 대통령이 축하 전화를 걸어 미국 방문을 요청하자 모디 총리는 이를 수락했고, 2015년 1월 인도의 공화국의 날 기념식에 오바마 대통령

그림 12. 2014년 9월 30일 워싱턴 백악관 대통령 집무실에서 회동을 마친 뒤 악수를 나누는 인도의 모디 총리와 미국의 오바마 대통령.

을 주빈으로 초빙해 성공적인 정상회담을 가졌다. 그리하여 이제는 미국이 다른 어느 나라보다도 더 빈번한 인도의 합동 군사훈련 파트너가 되었고 러시아를 제치고 인도의 최대 무기 공급국이 되었다. 인도는 또한 서태평양에서 2013년 미일 합동 군사훈련에 참가했고, 2014년에는 인도양에서 일본도 참가하는 미국-인도 해군 합동 훈련을 실시했다.

그러나 모디 총리는 이처럼 서방 세력과 외교 관계를 강화하면서도 동시에 실용주의적 관점에서 중국과의 경제 협력도 심화하고 있다. 예를 들어 인도의 철도, 발전소, 공업 지대 건설과 같은 인프라 구축 사업에 인도는 중국의 직접투자를 장려하고 있다.

또한 모디 총리는 1990년대 초 동남아시아 국가들과의 관계에 초점을 두고 시작된 '동방 정책'의 범위를 더욱 확대하여 아시아 태평양 지역의 중요 국가들과도 관계를 강화하고 있다. 특히 일본과 베트남, 호주와 경제 협력을 심화하고 있다. 흥미로운 점은 2007년 아베 총리가 집권 1기 당시에 미국과 영국으로부터 비자 발급이 거부된 모디 총리를 초청하여 호의를 베푼 적이 있는데 그것이 현재 인도와 일본의 관계가 발전하는 토대가 되었다는 것이다. 인도가 아시아 태평양 지역의 국가들과 관계를 강화하는 배경에는 한편으로는 실용적 관점에서 이들과의 경제 협력이 중요하기 때문이기도 하

• 인도에서 힌두와 무슬림 간의 갈등은 긴 역사를 갖고 있으며 특히 1947년 이후 심화되었다. 2002년 구자라트 주에서 다수 힌두교도들의 반무슬림 폭동이 있었는데, 당시 구자라트 주지사였던 모디는 사태를 고의로 방관했을 뿐만 아니라 간접적으로 무슬림 탄압에 가담했다는 비판을 받았다. 이 사건으로 국제 사회는 모디를 강하게 비판했다. 미국은 모디의 비자를 파기했고 영국은 외교적 보이콧을 선언한 바 있다.

지만, 갈수록 인도양 진출을 강화하고 있는 전통적 라이벌인 중국에 대한 견제의 의도도 담겨 있다.[31]

이처럼 모디 총리는 과거의 비동맹 외교에서 벗어나 새로운 국제 정치 상황에서 다동맹 외교를 펼쳐 나가고 있다. 전략적 독자성을 유지하면서도 세계 주요 국가들과의 관계를 동시에 강화하여 다양한 상황에서 국가 이익을 추구할 수 있는 방향으로 나아가고 있는 것이다.[32] 예를 들어 인도는 미국과의 관계 개선에도 불구하고 미국이 주도하는 러시아에 대한 금융 제재에 참여하기를 거부하기도 했다.

인도는 어디로 움직일 것인가

수 년 전 영국의 『이코노미스트』지에 서방 측의 속내를 드러내는 논설이 하나 실렸다. 인도가 중국과 때로 부딪치고 친서방 진영에 가담하는 것이 단기적으로 보면 인도에 손해가 되는 것처럼 보일지도 모르지만, 세계 최대의 민주주의 국가이자 서방과의 상호 의존을 통해 이득을 보고 있는 나라로서 만약 인도가 중국을 서방 세계가 주도하는 기존의 국제 제도나 규범의 틀 안에 끌어들여 그것들을 더욱 잘 준수하도록 만들 수 있다면 그 길이 장기적으로 인도의 국익에 부합한다는 내용이었다.[33] 여기에는 인도를 서방 진영에 가담시켜 함께 중국에 대응함으로써 궁극적으로 인도뿐만 아니라 중국까지도 기존의 국제 제도와 규범의 틀 안에 끌어들이고자 하는 미국과 서구의 의도가 잘 반영되어 있다.

향후 인도의 태도는 중국이 어떻게 하느냐에 따라 상당히 좌우될 것이다. 즉, 중국이 공격적으로 움직여서 인도에 위협감을 주느냐 아니면 인도와 다른 관계를 형성할 수 있느냐에 달려 있다고 할 수 있다. 중국은 2011년 말 인도양의 군도 국가인 세이셸(Seychelles)에 해군기지 건설을 추진하는 등[34] 인도양 진출의 의지를 뚜렷이 내비치고 있는데 만약 중국의 이러한 공세적 진출, 특히 인도양에서의 해군 진출이 강화되면, 인도는 더 쉽게 서방 진영, 즉 미국 쪽으로 기울게 될 것이다. 이는 마치 미국이 중국과 러시아의 요구에 어떻게 대응하느냐에 따라 중러 관계가 더 심화될 수도, 그렇지 않을 수도 있는 것과 대비를 이루는 상황이라고 말할 수 있다. 어느 경우든 현재 우리는 인도를 두고 다음과 같이 말할 수 있다. 모디 총리로 대표되는 인도가 미국과 중국 사이에서 어떠한 외교를 펼쳐 나갈 것이냐가 21세기 국제 정치의 중요한 핵심 변수로 등장할 것이다.

유럽: 통합 속의 혼미

유럽연합의 시작

엄청난 인명 살상과 문명 파괴를 가져온 2차 세계대전은 유럽인들에게 커다란 충격이었다. 1차 세계대전과 2차 세계대전, 1870년의 프로이센-프랑스 전쟁까지 유럽은 한 세기도 채 안 되어 대전(大戰)을 세 차례나 겪었고, 유럽에서는 더 이상 극단적인 민족주의와 그로 인한 전쟁은 피해야 한다는 생각들이 확산되었다. 이러한 시대적 상황에서 나온 아이디어가 경제 통합을 통한 평화 구축이었다. 전쟁을 하는 데 가장 중요한 원자재라고 할 수 있는 석탄과 철강의 생산과 배분을 국제적으로 공동 관리하면 어떨까? 전쟁의 위험을 관리할 수 있지 않을까? 이 아이디어는 유럽 통합의 선구자라고 할 수 있는 장 모네에 의해 처음 주창되어 프랑스의 로베르 쉬망 외무장관에 의해 받아들여졌다. 그 결과 탄생한 것이 유럽석탄철강공동체(ECSC)였다.* 1952년 6개국으로 시작한 유럽석탄철강공동체는 그 후 63년이 지난 2015년 현재 28개국이 가입한 유럽연합으로 발전했다.

유럽 통합은 미국의 세계 냉전 전략의 큰 틀 안에서 미국의 후원 아래 본격적으로 시작되었다. 1940년대 후반 미국은 소련과의 관계가 틀어지고 냉전 대결이 시작되면서 새로운 대외 전략이 필요했다. 당시 국무부 정책기획실장 조지 케넌은 미국이 과거의 적국이었던 일본과 독일을 각각 아시아와 유럽에서 키우고 이들과 연대하여 해당 지역에 생긴 힘의 공백에 소련이 파고들지 못하도록 막아야 한다고 주장했다. 그는 이로써 미국의 전략적 부담을 줄이고 소련의 팽창을 막을 수 있다고 생각했다.[35]

결국 트루먼 행정부는 독일이 부흥해야 서유럽이 부흥하고 서유럽이 부흥해야 소련 공산주의의 팽창을 효과적으로 봉쇄할 수 있다는 아이디어를 신뢰하게 되었다. 그리고 이러한 전략을 효율적으로 추진하기 위해 만들어진 것이 유럽 부흥 계획, 바로 마셜플랜이었다. 미국은 마셜플랜을 통해 서유럽에 대규모 경제 원조를 제공하면서 서유럽의 통합을 조건으로 내세웠다.** 그리고 마셜플랜을 집행하기 위한 기구로 지금의 경제협력개발기구(OECD)의 전신인 유럽경제협력기구(OEEC)를 창설했다.

마셜플랜이 경제적 축을 담당했다면, 미국의 대유럽 전략의 또 다른 축은 안보 차원에서의 나토였다. 1, 2차 세계대전에서 독일과 대결하여 피해를 본 영국과 프랑스, 베네룩스 3국은 독일의 잠재적 위협에 대한 안전보장을 원했고 그런 목적에서 1948년 3월 브뤼셀 조약(Brussels Treaty)을 체결한 바 있었다. 그러나 이들은 독일 너

머에 있는 소련의 위협에도 대비할 수 있기를 원했고 미국이 유럽의 지역 안보에 적극적으로 참여해주기를 원했다. 그 결과 1949년 5월 북대서양조약기구, 즉 나토가 창설되었다. 나토는 미국을 유럽에 끌어들여 지역 바깥으로는 소련의 위협에 대처하고 안으로는 독일을 견제하는 이중 봉쇄(double containment)의 제도적 연결고리가 되었다. 그리고 이를 기점으로 미국은 유럽에서 평화를 촉진하는 역할(regional pacifier)을 담당하게 되었다.[36] 한때 프랑스의 드골 대통령은 이러한 '미국 주도의 유럽'에 도전하여 '프랑스 중심의 유럽'을 만들려고 했으나 성공하지 못했다.

통합에 이르기까지의 역사

유럽의 경제 통합은 시간이 가면서 서서히 심화되었고 참여하는 국가의 숫자도 늘어났다. 처음에는 가입국들 간에 상품의 자유로운 흐름과 역외 단일 관세에 역점을 둔 관세동맹(customs union)에서 시작해서 다음 단계에서는 자본과 노동이 자유롭게 이동하는 단일시장(single market)으로 발전했고, 그다음에는 통화연합(monetary

---

• 모네에 의해 준비되어 프랑스의 쉬망 외무장관이 서독의 콘라트 아데나워 총리의 동의를 받아 1950년 5월 9일에 공표한 선언문에는 "기초적인 생산을 공동관리(pooling)함으로써 그리고 프랑스와 독일 및 다른 가입국들을 구속할 결정을 내릴 새로운 고위급 권위체(High Authority)를 형성함으로써, 이 제안은 평화의 보존에 필수적인 유럽 연방을 향한 첫 번째의 구체적 기초를 실현하게 될 것이다"라고 밝히고 있다. "The Schuman Declaration – 9 May 1950," The official website of the European Union. http://europa.eu/basic-information/symbols/europe-day/schuman-declaration/index_en.htm

•• 그러나 이러한 연계 조건은 영국의 무관심 등의 이유로 느슨해졌다. 안병억, "미국과 유럽연합(EU)과의 관계: 안보공동체를 넘어", 안병억 외, 『미국과 유럽연합의 관계: 역사와 쟁점』 (서울대학교 출판부, 2014년).

union)을 구성하여 공동통화인 유로를 사용하며 가입국들 간에 정치 및 안보 협력까지 추구하는 방식으로 통합을 심화해 나갔다. 그 결과 오늘날 유럽은 더 이상 전쟁을 생각하기 힘든 평화 지대로 변하였다. 불과 반세기 전의 유럽과 비교하면 정말 놀라운 질적 변화가 일어난 것이다. 아직도 민족주의와 애국주의를 전면에 내걸고 상호 불신과 경쟁이 난무하는 동아시아 지역과는 너무도 대조적인 상황이다.

유럽 통합의 과정을 좀 더 구체적으로 살펴보자. 서유럽 국가들은 1957년 로마 조약(Treaty of Rome)을 통해 유럽석탄철강공동체 중심의 협력을 한 단계 더 확장해서 관세동맹을 형성하고 유럽경제공동체(EEC)를 만들었다. 1967년 7월에는 합병조약(Merger Treaty)을 체결해 세 개의 공동체, 즉 유럽석탄철강공동체, 유럽경제공동체, 그리고 유럽원자력에너지공동체(EAEC)를 유럽공동체(European Community)라는 하나의 틀 안에 통합했다. 1973년 영국, 아일랜드, 덴마크가 여기에 가입했고, 1981년에는 그리스가, 1986년에는 스페인과 포르투갈이 가입했다. 그리고 1985년 쉥겐합의(Schengen Agreement)와 1990년 쉥겐협약(Schengen Convention)을 통해 회원국 간 국경 통제가 해제되고 공동 비자 정책이 실시되어 인력의 이동이 자유로워졌다. 1986년에는 단일유럽조약(Single European Act)이 체결되어 상품뿐만 아니라 자본과 노동과 같은 생산 요소들이 자유롭게 이동할 수 있게 되었다.

유럽 통합 과정에서 가장 획기적인 진전은 냉전의 종결과 함께 찾아 왔다. 냉전이 끝나고 독일이 통일된 상황에서 유럽 통합의 가장 중요한 두 국가인 독일과 프랑스는 헬무트 콜 총리와 프랑수아 미테랑 대통령의 주도 아래 1992년 2월 7일 마스트리흐트 조약

(Maastricht Treaty, 정식 명칭은 유럽연합조합(Treaty on European Union))을 체결하였다. 이 조약은 1993년 11월 1일 발효되었으며 핵심 내용은 다음과 같다.

첫째, 이른바 '마스트리흐트 기준(Maastricht Criteria)'을 규정 했다. 유럽연합 회원국들이 경제통화동맹(Economic and Monetary Union)의 3차 단계에 진입해서 '유로(Euro)'라고 하는 유럽 단일 통화 를 채택하기 위해 필요한 기준들을 설정한 것이다.* 그 결과 2002년 최초로 유럽 단일 통화인 유로가 도입되었다. 2015년 현재 19개국이 유로를 사용하고 있다.

둘째, 유럽연합의 세 개의 축을 만들었다. 유럽공동체(EC), 공 동외교안보정책(CFSP), 공동사법내무정책(JHA)이 그것이다. 그중에 서도 가장 핵심적인 축은 초국가적 조직이라 할 수 있는 유럽공동 체이다. 유럽공동체에 속하는 집행위원회(Commission)와 유럽 의회 (European Parliament), 유럽사법재판소(European Court of Justice)가 3대 기관으로 유럽 통합을 강화하는 골격을 형성하게 되었다.

마스트리흐트 조약은 체결 후에도 유럽 내 정치 상황의 변화 에 따라 수정되고 보완되어 갔다. 예를 들어 암스테르담 조약(1997 년)은 유럽 의회의 권한을 강화하여 유럽 시민들의 민주적 권리를 확 대하기 위한 것이었고, 니스 조약(2001년)은 유럽연합의 가입국 확대 에 따른 제도 개편의 원칙과 방법을 규정한 것이었다. 리스본 조약

---

* 4가지 기준은 인플레이션, 정부 부채와 재정 적자, 환율 안정, 이자율에 대한 통제이다. 이러한 네 가지 기준을 만족시킴으로써 회원국들의 경제 정책 간의 수렴이 일어나도록 하고자 하는 조치이다.

(2007년)은 2005년 프랑스와 네덜란드가 국민투표로 유럽연합 헌법을 부결시켰기 때문에 그것을 새로운 '미니 헌법'으로 대체하는 조약이었다. 이를 통해 유럽연합 회원국이 순차적으로 돌아가면서 맡던 순회의장제를 임기 2년 6개월의 유럽연합 상임의장제로 대체했고, 또 외교장관에 해당하는 직제로 외교안보정책고위대표직을 신설했다. 또한 이사회의 의사 결정과 관련하여 만장일치제를 전체 회원국 숫자의 55% 이상, 유럽연합 전체 인구의 65% 이상 찬성 시 가결하는 이중 다수결 제도로 대체했다. 이를 통해 정치 공동체로서의 성격이 더욱 강화되었다.

유럽이 당면한 도전

그러나 이처럼 유럽 통합이 심화되는 과정에서 어려움도 있었다. 무엇보다 심각한 도전은 2010년 초부터 시작된 유럽의 경제 위기였다. 이 위기의 씨앗은 2002년 유로의 도입 초기에 뿌려졌다. 처음 유로가 도입되었을 때는 단일 통화를 통해 각 유럽 국가들의 경제가 상호 수렴할 것으로 기대했다. 하지만 시간이 가면서 오히려 반대 현상이 나타났다. 점차 북부 유럽과 남동부 유럽 간의 경제적 격차가 확대된 것이다. 유로가 도입되면서 북부 유럽의 투자가들은 새로 가입한 남동부 유럽을 투자에 유리한 지역으로 인식하게 되었다. 또 남동부 유럽 국가들은 북부 유럽에서 빌려온 자본으로 경제 성장을 위해 여러 프로젝트를 추진했는데, 그 과정에서 임금 상승이 생산성 증가를 앞질러 인플레이션이 유발되었다. 특히 과다한 정부 지출에다 추가로 민간 분야 투자 프로젝트들의 부실이 은행 부실로 연결되고, 이들을 구제해 주는 과정에서 정부의 재정 적자가 확대되어 결국 위기가 발생했다. 즉 독일과 같은 부국을 중심으로 한 북부 유럽 국가들이 경상수지 흑자로 쌓인 자본을 남동부 지역으로 환류시키고, 남동부 유럽은 그 자본으로 경상수지 적자를 보전하는 거시 경제 차원의 불균형 상태에서 위기가 발생했던 것이다. 마치 2008년 세계 금융 위기가 발생하기 이전에 미국과 중국 간의 거시 경제 불균형이 컸던 것과 유사한 상황이 유럽 대륙 안에서 진행된 것이다.

남동부 국가들의 입장에서 예전에는 경상수지 적자가 누적될 때 통화를 절하하거나, 국내 경기가 과열되었을 때 이자율을 높여서 문제를 해결할 수 있었다. 그러나 이제 통화 정책이 통합되고 단일 통화인 유로를 사용하는 상황에서는 그러한 정책 옵션을 사용할 수 없었다. 이처럼 경상수지 적자와 재정 적자가 누적되고 있던 상황에서 2008년 미국에서 시작된 금융 위기가 유럽 경제에 큰 충격을 주었다.

그리고 결국 2010년 초부터 유럽 경제 위기가 시작되었다. 2010년 초에는 그리스가 위기를 맞았는데 분석가들은 그리스 정부의 과도한 재정 지출, 과세 수입 부족, 경쟁력 저하, 구조적 경직성 등을 위기의 원인으로 꼽았다.[37] 2010년 5월에 유로존 국가들, 유럽 중앙은행, 그리고 국제통화기금이 1100억 유로의 구제금융을 그리스에 제공하고 긴축 정책을 조건부로 달았지만 그리스 국민들이 개혁에 강하게 저항했고 위기는 1년 후 재발되었다. 무엇보다 경제 위기가 여기서 그치지 않고 아일랜드(2010년 12월), 포르투갈(2011년 5월), 스페인(2012년 5월), 키프로스(2013년 3월), 그리고 다시 그리스(2015년 초)로 꼬리를 물고 계속되었고, 특히 그리스는 2015년 7월 디폴트 위기로까지 치달았다.

이 같은 경제 위기의 결과 한편에서는 유로존도 지탱하기 힘들어지는 것이 아니냐는 전망이 나왔다. 그러나 독일의 앙겔라 메르켈 총리를 비롯한 유럽의 지도층 인사들은 유로의 지속에 대해 강한 애착을 가지고 있다. 그리고 오히려 이러한 위기 상황에서 벗어날 길은 유로존의 해체가 아니라 한 발짝 더 나아가 재정 및 정치적 연합을 통해 유로존을 완성하는 것이라는 공감대가 형성되었다. 통화동맹을 유지하려면 더욱더 공동체를 강화하는 방향으로 나가야 한다는 것이다.[38]

이는 유럽 경제 위기의 핵심이 재정 통합 없이 통화 통합을 추구한 데 있었다는 반성에서 비롯된다. 각 회원국들이 유로 사용을 통해 통화 정책의 통합을 이루어냈는데 그것을 뒷받침하기 위해 필요한 재정 정책의 통합은 달성하지 못했던 것이 문제였다. 재정 정책의 통합이란 정부가 주도하는 국가의 살림, 즉 그동안 주권 사항으로 간주되어 온 영역까지 이제 완전히 규제를 받아야 한다는 것이기 때문에 이는 유럽 국가들 간의 정치적 연합을 더욱 강화해야 함을 의미한다. 유럽 통합이 진행되어 오는 과정에서 끊임없이 제기되었던 문제, 즉 초국가 기구에 주권을 얼마나 위임하느냐 하는 본질적인 문제에 또다시 봉착하게 된 것이다.

그러나 과연 이러한 방향으로 유럽 국가들이 단합된 모습으로 나아갈 수 있을지는 예측하기 힘들다. 즉 경제 논리에 따라 통합의 심화는 필요한데 그에 필요한 정치적 협력이 쉽지 않다는 점이 근본 문제이다.[39] 예를 들어 독일, 핀란드, 네덜란드와 같은 채권국 내부에서는 자국의 세금을 타국의 구제에 사용하는 것에 대해 납세자들의 반발이 거셌다. 반면 그리스, 스페인 같은 남동부 채무국들에서는 채권국들이 너무 긴축 정책(austerity)만을 요구하여 고통을 심화시키고 있다고 불만이 컸다. 예를 들어 2015년 초 그리스에서 긴축 정책 철폐를 주장하는 좌파 정권이 탄생한 것도 그러한 배경에서였다. 그러나 독일의 메르켈 총리는 위기국가들의 방만한 재정 운용에 대해 문제를 제기하면서 금융 지원의 조건으로 구조 개혁과 긴축 정책을 강조했는데 이에 대해 남동부 위기국가의 국민들은 "새로운 형태의 독일 제국주의"라고 비난했다.

또 다른 한편에서는 유럽연합 탈퇴 문제를 국민투표에 부치겠다는 국가들도 나왔다. 영국의 데이비드 캐머런 총리는 자신이 재선되는 경우 영국의 유럽연합 탈퇴 문제를 2017년 이전에 국민투표에 붙이겠다고 공언했고 영국 정계의 유력 인사들도 유럽연합 탈퇴를 주장했다. 이는 영국이 노동자의 자유로운 이동을 허락한 유럽연합에 가입했기 때문에 외국 이민자들이 많이 들어왔고, 그 때문에 영국 내의 고용 사정이나 복지 상황 등이 더욱 나빠졌다는 인식에서 비롯된 것이었다. 상품과 자본의 자유로운 흐름은 좋지만 노동의 자유로운 흐름은 반대한다는 논리인데 영국 경제가 전반적으로 안 좋은 상황에서 유럽연합을 향해 정치적 불만을 표출한 셈이다.

또한 유로존의 위기를 해결해 나가는 과정에서 가장 중요한 경제대국 독일에 대한 반감이 남동부 유럽 국가들의 국민 사이에 팽배해 있다. 이러한 전반적인 상황에서 유럽연합의 정치 지도자들이 과연 재정 통합과 정치 통합이라는 지난한 과제를 제대로 이끌어낼 수 있을지 의문이다.

최근 유럽의 경제대국인 독일이 유럽과 세계의 문제 해결에 좀 더 적극적인 리더십을 행사해야 한다는 논의가 나오고 있다. 독일은 2008년 세계 금융 위기, 2010년부터 시작된 유럽 경제 위기의 와중에서도 경제적 타격을 받지 않고 경상수지 흑자를 거두고 있다. 사실 독일은 통일 이후 1990년대에는 유럽의 병자라고 불릴 정도로 경제적 침체를 겪었다. 하지만 지난 2003~2004년 당시 게르하르트 슈뢰더 총리 주도로 노동 시장 및 복지 시스템의 과감한 개혁을 실시하여 실질 임금을 낮추고 경쟁력을 강화시킨 결과 지금과 같은 상대적 호황을 누릴 수 있게 되었다.[40] 현재 독일은 유럽 경제의 미래를 쥐고 있다. 향후 유럽 경제는 독일과 같은 흑자 국가가 수요 흡수자로서 국내 소비를 얼마나 증진시킬 수 있는지, 다시 말해 독일이 주변 적자국들의 상품을 얼마나 사들일 수 있을지에 따라 많은 영향을 받게 될 것이다.

이 같은 독일 경제의 위상을 고려할 때 독일에 적극적인 리더십 행사를 기대하고 그러한 압력을 불어넣는 것은 어찌 보면 당연한 것이라고 말할 수 있다.[41] 그러나 독일 국민들은 이러한 무언의 압력에 부담을 느끼고 있다. 무엇보다 2차 세계대전을 비롯한 과거 독일의 부정적 역사의 기억이 아직도 강하게 머릿속에 남아 있기 때문이다. 한편으로 독일 국민들은 독일 혼자서는 리더십을 행사할 수 없으며 유럽연합 속의 독일로서만 세계 정치 차원의 리더십 행사가 가능하다는 것을 잘 알고 있다. 유럽연합이 제대로 작동하지 않으면 독일의 리더십 행사도 힘들다는 것이다. 그런데 유럽연합이 제대로 작동하기 위해서는 독일이 재정적 차원뿐만 아니라 여러 측면에서 상당한 기여를 해야 한다는 것을 알고 있기에 부담스러워하는 측면도 있다. 하지만 어느 경우든 독일은 앞으로 보다 적극적인 국제적 리더십을 행사하게 될 것이고, 경제 및 기타 영역에서뿐만 아니라 군사안보

영역에서의 리더십도 조심스럽게 행사해 나갈 것으로 예측된다.[*]

미국과의 단합

이처럼 유럽은 내부적인 문제 해결에 몰두하고 있고 정치적으로 한 목소리를 내기에는 너무나 의사 결정 과정이 복잡하고 정치적 통합도 이루어져 있지 않다. 그 때문에 유럽이 국제무대에서 적극적인 역할을 하기는 힘든 상황이다. 게다가 2011년 이후 미국이 아시아 중시 정책을 펼쳐 나가자 우려감이 더하고 있다. 미국이 유럽에서 아시아로 관심과 자원을 돌릴 경우, 유럽이 감당해야 할 도전들은 아직도 심각한데 유럽 스스로 동원할 수 있는 자원과 정치적 능력에는 한계가 있어 걱정하고 있는 것이다.

유럽이 처한 이러한 딜레마 상황에서 하나의 탈출구로 등장한 것이 있는데, 바로 미국과 유럽 간의 자유무역지대 협상인 범대서양무역투자파트너십(Trans-Atlantic Trade and Investment Partnership, TTIP) 구상이다. 미국과 유럽연합은 2013년 7월 워싱턴 DC에서 첫 라운드 협상을 시작하여 2014년 3월에 브뤼셀에서 4차 협상을 끝냈다. 만일 이 협상이 조만간 타결되면 세계 경제 생산의 절반을 차지하는 역사상 최대 규모의 자유무역협정이 될 것이다. 이들은 특히 무관세를 실현하고 복잡한 규제 조항들을 상호 조화시킴으로써 침체된 서방 경제의 상호 연결을 강화하여 활력을 되살리려고 하고 있다.

---

[*] 독일은 영국 및 프랑스에 비해 이제까지는 군사안보적 리더십 행사에 소극적인 모습을 보여주고 있다. 예를 들어 영국이 미국의 이라크전에 적극 참여했던 경우나 영국과 프랑스가 리비아 사태 당시 적극 개입했던 것에 비해 독일은 반대하거나 소극적인 자세를 견지해 왔다. 2013년 7월 11일, 한스 마울(Hanns Maull) 교수와의 대화에서 참조.

글로벌 전략 차원에서 볼 때, 이는 비록 미국이 경제력의 상대적 쇠퇴에도 불구하고 대서양에서의 범대서양무역투자파트너십과 태평양에서의 환태평양경제동반자협정(TPP)을 통해 세계 정치경제의 주도권을 추구하고 있음을 보여준다. 미국은 2015년 10월 5일 환태평양경제동반자협정의 협상 타결을 이끌어냈다.

물론 미국을 중심으로 한 이러한 세계 경제 네트워크를 형성하려는 노력은 다분히 상승하는 중국을 의식한 결과이기도 하다.[42] 특히 유럽연합은 2013년 봄 중국과의 무역 분쟁에서 중국의 고자세에 자극을 받은 바 있었다.[43] 즉 유럽의 입장에서도 범대서양무역투자파트너십의 체결 시도는 국제무대에서 무력한 존재로 전락하지 않기 위해서 미국과 전략적으로 제휴해야 한다는 필요성을 절감한 결과이기도 하다.

이제 유럽과 미국은 어떻게 중국과 러시아를 기존 국제 사회의 규범적 틀 안에 포용해낼 것인가와 관련하여 공동의 목표를 갖게 되었다. 범대서양무역투자파트너십은 국가의 역할을 강조하는 중국과 러시아의 국가자본주의에 대항하여 미국이 주도하는 자유주의 경제 질서를 옹호하는 서방 세계의 단합 시도라고 볼 수 있다.[44] 더구나 안보 차원에서 유럽은 2014년 봄 러시아의 크림 반도 병합과 우크라이나 개입에 큰 충격을 받았고 지정학적으로 미국과의 연대를 강화하고 있다. 유럽과 미국이 이러한 공동의 목표를 놓고 얼마나 긴밀하게 협력할 것이냐가 향후 국제 정치 질서의 골격에 영향을 미치는 중요한 변수 중 하나가 될 것이다.[45]

제6장

미국과 중국이 선도하는
다극 체제

5장에서 살펴본 것처럼 일본, 러시아, 인도, 유럽은 각기 직면한 독특한 국제 정치 상황에서 나름대로의 국가목표를 추구해 왔다. 그러나 이 국가(지역)들은 각각 처한 한계 때문에 글로벌 차원의 국제 정치에서 주도적 리더십을 행사하기 어려운 상황에 있다. 과거 냉전 시기에 패권국 미국은 유럽과 일본을 양 날개로 삼아 소련과 중국 등 유라시아 대륙의 공산 세력을 봉쇄했다. 냉전 이후에도 이러한 미국과 일본, 미국과 유럽 두 협력의 축은 유지되고 있다. 그러나 그동안에 양 날개에 해당하는 일본과 유럽의 권력은 상대적으로 약화되었다. 현재 일본은 중국의 상승에 불안감을 느끼면서 한편으로 20여 년의 장기 경제 침체와 정치적 무기력에서 벗어나려고 안간힘을 쓰고 있다. 그러면서 일본은 대외적으로 미국과의 연대를 강화하면서 외교적, 안보적 역할을 증대하려고 노력하고 있다. 유럽은 2010년 시작된 경제 위기의 여파 속에서 재정 및 정치 통합을 강화할 필요를 느끼고 있지만, 내부적으로 회원국들 간에 입장 차이가 클 뿐만 아니라 정치적 리더십과 동력이 부족해 어려움을 겪고 있다.

중요한 것은, 미국과 일본, 미국과 유럽 양 축이 기존 국제 질서의 현상 유지를 원하는 반면 러시아와 중국은 현상 변경을 추구하고 있다는 점이다. 예를 들어 러시아의 푸틴 정부는 냉전 시기 구소련 제국이 누렸던 국제적 위상의 회복을 꿈꾸고 있다. 이를 위해 러시아는 상승 대국인 중국과 연대하면서, 미국의 글로벌 리더십의 약화로 생겨나는 공백에 적극적으로 파고드는 모습이다. 그러나 중국과 러시아의 연대는 아직 전략적이라기보다는 전술적 차원에 그치고 있으며, 러시아 경제는 자원 의존형 산업 구조로서 취약성을 드러내고 있다. 인도는 경제가 빠르게 성장하는 잠재적 대국이지만 최근까지 국내 문제에 집중하며 소극적 외교를 펼쳐왔다. 그러나 모디 총리의 집권 이후 인도는 미국과 중국 사이에서 전략적 독자성을 유지하면서 중요 국가들과 연대를 강화하는 대국 외교의 시동을 걸었다. 향후 인도와 대국들과의 관계가 미래 국제 정치의 중요한 변수가 될 것이다.

이러한 상황을 고려할 때 앞으로 다가올 국제 정치 질서의 틀은 기존 패권국 미국과 상승국 중국이 1차 중심 변수가 되고 다른 네 국가(지역)가 2차 중심 변수가 되어, 미국과 중국을 중심으로 다른 국가들이 어느 한 편에 연합하거나 중립을 유지하면서 글로벌 세력 균형의 향배에 영향을 미치는 그림이 될 것이다. 이러한 맥락에서 우리는 2008년 세계 금융 위기 이후 국제 정치의 발전 방향을 '미중이 선도하는 다극 체제'로 규정할 수 있다.

미중이 선도하는 다극 체제

이것은 두 가지 의미를 지닌다. 첫째, 미국과 중국 간의 협력과 경쟁이 어떻게 이루어지느냐가 미래 국제 정치의 방향을 이끌어 가는 중요한 핵심 변수가 될 것이다. 그러나 그렇다고 해서 미래 국제 정치를 'G2 시대'라고 부르는 것은 지나친 단순화일 뿐만 아니라 일본과 러시아, 인도, 유럽과 같은 국가들의 역할을 과소평가하는 것이다. 예를 들어 인도가 앞서 설명한 것처럼 미국과 중국 사이에서 독자적인 축을 형성하기로 작정하고 나아간다면 미래 국제 질서는 단순히 G2 시대라고 부르기 어려운 모습이 될 것이다. 또 유럽이 경제 위기를 해결하고 한 단계 더 진전된 재정 및 정치적 통합을 이루어낸다면 대외적으로 상당한 영향력을 발휘하게 될 것이다.

한국인들은 최근 10여 년간 별 생각 없이 현재의 국제 질서를 'G2 시대'라고 부르기를 좋아했다.[*] 이는 심지어 미국과 중국을 포함하여 어느 외국에도 없는 독특한 현상으로 다음과 같은 이유에서 재고할 필요가 있다. 무엇보다 G2 담론은 글로벌 리더십의 측면에서 중국의 의지와 능력을 과대평가하는 것이다. 2000년대 들어 중국의 영향력이 지속적으로 상승하고 있음을 고려하여, 미국 국무부의 로버트 졸릭 부장관은 2005년 중국에 '책임지는 이해당사국(responsible stakeholder)'이 되어 달라고 주문하면서 미중 간의 적극적인 협조 체제를 모색했다.[1] 그럼에도 불구하고 중국 정부는 이 'G2'라는 개념

---

[*] 인도의 어느 전직 고위 외교관은 한국인들이 G2라는 말을 자주 사용하는 것에 대해 "한국인들은 아시아의 다극 체제가 아니라 양극 체제를 받아들이겠다는 것이냐"라는 질문과 함께 거부감을 표시했다. 이러한 거부감은 국제 회의장에서 일본인들에 의해서도 종종 표출된다.

을 거부했다. 이는 중국이 국내에 산적한 수많은 문제들을 해결하기도 바쁜 상황에서 국제적 리더 역할을 수행하는 데 필요한 부담까지 짊어질 여유가 없다는 이유 때문이었다.[2] 예를 들어 환경 문제를 비롯한 다양한 글로벌 이슈에 대해 중국 정부는 오랫동안 글로벌 차원에서 문제 해결을 주도하는 리더십을 행사하기보다 자국의 국익을 우선적으로 앞세워 왔다. 따라서 현재와 앞으로 다가올 국제 질서를 G2 체제라고 부르는 것은 정확한 표현이 아니다.

둘째, 현 질서가 '다극 체제' 방향으로 나아가고 있다는 점이다. 앞으로 세계 질서의 모습을 예측하는 데에 좋은 시사점을 주는 사건으로 2009년 12월에 코펜하겐에서 열린 기후변화당사국회의(COP-15)를 들 수 있다. 이 코펜하겐 회의는 2012년 만료되는 교토의정서를 대체할 새로운 국제 협약을 만들기 위해 소집된 자리였다.* 그러나 회의 막판까지 협상은 진통을 겪었는데, 특히 온실가스 감축량 배분을 놓고 벌어진 선진국과 개도국 사이의 갈등이 주요 원인이었다. 개도국 중에서도 규모가 큰 국가들이 선진국들에 크게 반발했다. 회의 초반에 덴마크, 영국, 일본, 미국 등은 개도국을 배제한 채 작업을 진행한 후 이른바 '덴마크 문건(Danish Text)'을 제시했다. 그러나 중국을 비롯한 개도국의 반대로 문건이 폐기되었고 회의는 난항을 겪었다. 이러한 상황에서 최종적으로 수습에 나선 미국

---

* 회의의 핵심 안건은 지구의 평균 기온상승을 섭씨 2도 내로 제한하는 것과 이를 달성하기 위한 온실가스 감축안(2050년까지 연간 온실가스 배출량을 당시의 절반 수준인 200억 톤 이하로 낮추는 것)에 각국이 합의하는 것, 그리고 이를 위한 감축 로드맵을 작성하는 것이었다. Robin Pagnamenta, "Ten things you need to know about the Copenhagen summit," *The Times Online* (December 06, 2009). http://www.thetimes.co.uk/tto/environment/article2144850.ece

의 오바마 대통령은 미국, 중국, 인도, 브라질, 남아프리카공화국으로 구성된 5개국 회의를 개최함으로써 잠정 합의안인 '코펜하겐 합의 (Copenhagen Accord)'를 이끌어 냈다.

과거의 회의들과 비교해 볼 때, 코펜하겐 회의의 가장 큰 특징은 최종 합의의 주요 협상국 가운데 유럽과 일본이 빠졌다는 점이었다. 냉전 시기 및 이후의 국제 정치는 사실상 미국-유럽과 미국-일본의 양대 축에 의해 주도되어 왔다고 할 수 있는데, 코펜하겐 회의는 더 이상 이 '양대 축'만으로 국제 정치의 중요 의사를 결정할 수 없는 상황이 왔음을 보여준다.

이처럼 오늘날 세계에서 가장 중요한 현안 중의 하나인 기후변화협약 문제는 미국을 비롯한 일부 선진국의 책임 회피, 그리고 거대 개도국인 중국과 인도, 브라질의 거부로 인해 상당한 어려움을 겪었다. 2014년 11월 미중 간에 기후변화협약 관련 타협이 이루어지면서 숨통이 트이긴 했지만 그전까지 오랫동안 중국은 '제1의 훼방꾼(spoiler)'으로 지목받으면서[3] 아프리카나 남미 국가들의 지원을 받으며 개도국들을 대변했다. 또한 아프리카 국가들은 중국과의 연대를 바탕으로 거부권을 행사하며 선진국을 압박해 더 많은 지원을 요구했다. 과거 '환경 선진국'으로 앞장서 나가던 유럽연합은 코펜하겐 회의에서 강력한 배출량 감축안을 제출해 미국과 중국을 압박할 생각이었으나 오바마 대통령이 그 제안을 거부함에 따라 최종 협상에는 참여조차 할 수 없었다.

코펜하겐 회의의 결과를 두고 많은 사람들은 드디어 다극 질서가 도래했다는 해석을 내놓았다. 한 예로 스웨덴의 전 외무장관 칼 빌트는 새로이 다극 시대가 도래함에 따라 "소련 붕괴 이후 (미국 중심의) 단극 시대는 이미 지나갔고, G2(미국-유럽 또는 미국-중국)를 축으로 세계 질서가 전개된다는 아이디어도 이제 더 이상 타당하지 않게 되었다"고 주장했다.[4] 2000년대 중반에도 국제 정치의 추세를 분석해 다극 질서의 도래를 예견한 이들이 적지 않았다. 유럽외교관계이사회(ECFR)의 공동 창시자인 마크 레너드는 2007년에 작성한 보고서 「분할된 세계(Divided World)」를 통해 미국의 상대적 침체와 중국의 상대적 부상 추세가 지속될 경우 2020년 무렵에는 전 세계 GDP 가운데 미국과 중국, 그리고 유럽연합이 각각 약 20%씩을, 인도가 약 10%를, 일본이 약 5%를 차지하는 다극 질서가 도래할 것이라고 예측했다.[5] 미국 국가정보위원회(NIC)가 발간한 한 보고서도 브릭스(BRICs)의 부상과 미국의 상대적 쇠퇴 추세가 이어질 경우 30년 이내에 다극 질서가 비교적 확실히 자리매김할 것이라고 예측했다.[6]

그러나 동시에 미중 관계의 향배에 따라서는, 특히 미국과 중국 두 나라의 관계가 협력보다 갈등으로 치닫고 여기에 다른 주요 국가들이 합종연횡하는 경우, 국제 체제는 두 개의 진영으로 서서히 나뉘어 갈 수도 있다. 마치 1890년대 이후 패권국 영국과 상승국 독일의 관계가 갈등의 방향으로 나아가면서 국제 질서가 두 나라를 중심으로 양극화되고 두 진영 간의 긴장이 고조되었던 것과 마찬가지의 결과가 나타날 수 있는 것이다. 이는 당사국인 미국과 중국은 물론이고 글로벌 차원에서나 한국의 입장에서도 바람직하지 않은 피해야 할 시나리오이다.

1890년대 이후 유럽과 오늘날의 미중 관계

그러나 2008년 세계 금융 위기 이후 미국과 중국 간의 대립이 심화되어 온 최근의 국제 정치 양상을 보면 그와 같은 바람직하지 않은 한 세기 전의 역사가 반복되지 말라는 보장이 없다. 그렇다면 어떻게 하면 오늘날의 국제 정치가 1차 세계대전 직전과 유사한 방향으로 전개되는 것을 막을 수 있을까?

먼저 당시 유럽의 상황을 살펴보자. 1871년, 독일은 비스마르크의 능란한 외교를 통해 통일을 달성했다. 오랫동안 수많은 공국들로 쪼개진 채 다른 주변 국가들에 뒤처졌던 독일의 경제는 통일 이후 급속도로 발전했고, 주변국은 날로 성장하는 독일을 경계하기 시작했다. 이러한 상황에서 비스마르크는 주변국들이 혹시나 독일을 두려워해 적대적인 연합을 결성하지 않을까 염려했다. 그는 그러한 가능성을 차단하기 위해 주변국들을 안심시키려고 매우 노력했다. 비스마르크의 지도 아래 독일은 주변 강대국들을 자극하지 않기 위해 당시 한창이던 식민지 쟁탈전에 끼어드는 것을 자제했고, 패권국 영국을 적당히 경계하면서도 숙적인 프랑스를 국제무대에서 고립시키기 위해 기민한 외교를 펼쳐 나갔다. 독일은 오스트리아, 러시아와의 삼제 협상, 오스트리아에 이탈리아를 끌어들인 삼국 동맹 등 이중, 삼중의 동맹 네트워크를 주도적으로 짜 나갔고 이른바 '비스마르크 체제'를 형성했다. 그리하여 독일은 자국의 번영과 유럽 대륙의 평화라는 두 마리 토끼를 다 잡을 수 있었다.

그러나 비스마르크의 이러한 정교한 동맹 네트워크는 그리 오래 유지되지 못했다. 1888년 새로 부임한 젊은 황제 빌헬름 2세는 비스마르크의 외교 체제를 유지해 나갈 만한 안목과 능력을 갖추지 못했고, 그는 잦은 의견 충돌 끝에 결국 1890년 비스마르크를 해임했다. 이후 독일은 힘을 과시하는 공세 외교로 방향을 틀었다. 빌헬름 2세는 기존의 동맹 네트워크에서 중요한 한 축을 담당하던 러시아가 1890년 재보장 조약의 갱신을 요청했을 때 이를 거절하는 등 기존의 비스마르크 체제를 서서히 붕괴시켰다. 결국 비스마르크가 최초에 두려워했던 사태가 초래되었다. 그가 애써 안심시켰던 주변 국들이 독일을 두려워하면서 서로 뭉치게 된 것이다.

한편 당시 패권국인 영국은 '영광의 고립(Splendid Isolation)' 정책을 고수하며 유럽 대륙의 국가들과 동맹을 체결하지 않고 일정한 거리를 유지한 채 유럽 대륙의 세력 균형을 도모하고 있었다. 영국은 통일 이후 부상하는 독일에 대해 현상 유지를 원하는 국가로 인식하여 견제하지 않았고 오히려 독일이 프랑스를 견제하는 것이 유럽의 세력균형에 긍정적이라고 판단했다. 그런데 빌헬름 2세는 그러한 영국에게 전통적인 고립주의 노선을 깨고 독일과 동맹을 맺자고 강력하게 요구하고 나섰다. 심지어 그는 영국을 압박하기 위해 독일의 해군력을 증강하기 시작했다. 그러나 영국은 바다를 장악하여 패권을 유지해 나가는 국가였다. 영국은 독일의 해군력 증강을 자국의 지위를 위협하는 결정적인 도전으로 간주하였다. 이에 따라 영국은 독일의 품에 안기는 것이 아니라, 오히려 한 세기 이상 라이벌 관계였던 러시아와 손을 잡으며 도전국 독일을 포위하는 선택을 하였다.

이후 유럽 대륙은 영국, 프랑스, 러시아 대 독일, 오스트리아, 이탈리아의 두 진영으로 갈라졌다. 그리고 두 진영 사이에서 긴장이 점차 팽팽히 고조되기 시작했다. 그러던 차에 1914년 6월 사라예보에서 오스트리아 황태자가 세르비아 청년에 의해 암실되면서 1차 세계대전의 도화선이 당겨졌다. 결과적으로 이 시기는 기존 패권국과 상승 도전국 사이에서 포용이 실패함에 따라 파국이 도래한 대표적인 사례였다.

그렇다면 미국과 중국의 갈등이 점증하고 있는 오늘날의 상황은 과연 어떠한가? 1980년대 이후 중국은 '도광양회'라는 슬로건 아래 경제 성장을 최우선하며 기존 서구 중심의 국제 질서에 순응하는 모습을 보였다. 그러던 중국이 2008년 세계 금융 위기를 계기로 태도를 바꾸어 본격적인 도전에서 나서고 있는 게 아닌가 하는 의혹이 일고 있다. 특히 중국의 주변국인 일본이나 한국, 동남아시아 국가들은 과거와는 달리 공세적으로 나오는 중국을 불안한 눈으로 바라보며 미국과의 관계 강화를 추진하고 있다. 과연 오늘날 중국의 지도자들이 19세기 말 빌헬름 2세가 걸었던 길로 나아가고자 하는 것은 아닌지 의혹과 불안의 눈길이 이어지고 있는 것이다.

결국 현재 국제 정치의 핵심 질문은 두 가지로 좁혀진다. 과연 이러한 상황에서 미국은 중국을 포용해낼 수 있을 것인가? 그리고 한 세기 전 영국과 독일이 빚었던 대립과 충돌의 역사를 피하기 위해서는 무엇을 해야 할 것인가? 키신저 전 미국 국무장관은 그동안 미국과 중국의 협력 가능성에 대해 낙관적인 전망을 내놓았던 대표적인 인사이다. 그런데 키신저조차 몇 년 전에 다소 비관적인 속내를 드러냈다. 그는 지금의 중국을 기존 국제 체제에 통합해내는 일은 1백 년 전 영국이 독일을 통합해내는 일보다 훨씬 어려울 수 있다고 주장했다. 그에 따르면, 19세기 당시 영국이 독일을 통합해내는 문제는 민족 국가 수준의 상대적으로 작은 국가들 간의 일이었는데, 지금은 거대 세력으로서 미국과 중국 간의 일이기에 문제가 한층 더 어려울 수 있다는 것이다. 그뿐 아니라 키신저는 도전국의 부상 과정에 있어서 19세기 말 독일은 통일 이후 상대적으로 정치적 안정을 회복했던 반면, 지금의 중국은 발전과 동시에 거대한 사회경제적 변화와 내부 혼란을 겪고 있기 때문에 오늘날의 문제가 더 복잡하다고 말한다. 나아가 그는 거대한 대륙 세력인 미국과 중국 모두 자신과 대등한 권력을 지닌 국가와 협력을 해 본 경험이 없다고 지적한다. 그렇기 때문에 두 나라의 지도자들이 단호하게 대응하지 않는다면 한 세기 전 영국과 독일의 관계가 우호 관계에서 대결 관계로 변해 갔던 것처럼 미국과 중국의 관계 역시 대결 관계로 흘러갈 수 있다는 것이다.[7]

중국의 신형대국관계 제안

중국 지도자들로서도 이러한 19세기 말의 경험, 즉 상승 대국과 기존 대국 간의 갈등이 파국으로 이어진 역사에 비추어 볼 때, 안정적인 미중 관계의 수립과 그에 기반한 국제 평화가 바람직하다. 그렇다면 중국은 무엇을 해야 할 것인가? 이에 대한 방책으로 중국 지도자들이 미국 측에 제안한 것이 이른바 '신형대국관계(新型大國關系)'이다. 말 그대로 미국과 중국 두 대국이 새로운 형태의 관계를 형성하자는 것이었다.

　　2012년 2월 15일 시진핑 당시 부주석은 미국을 방문하여 "두 나라가 상이한 정치 체제, 역사 및 문화적 배경, 경제 발전 수준에 있는 국가들에게 건설적이고 협력적인 국가 대 국가 관계의 본보기, 과거의 선례가 없고 미래 세대에게 영감을 주는 좋은 본보기를 세우자"고 제안했다. 그는 연설에서 미국과 중국 두 나라가 첫째, 상호 이해와 전략적 신뢰를 증진하고, 둘째, 상대국의 "핵심 이익과 중요 관심사"를 존중해 주고, 셋째, 상호 이익이 되는 협력을 심화하고 국제 관계에서 그리고 지구적 이슈들에 대해서 협력과 조정을 강화하자고 주장했다.[8] 2012년 5월 후진타오 주석도 베이징에서 열린 미중 전략경제대화에서 행한 기조연설에서 '신형대국관계' 형성의 중요성을 강조했다. 그리고 2013년 6월 캘리포니아에서 열린 오바마 대통령과 시진핑 주석 간의 정상회담에서도 이 문제가 논의되었다.[9]

미국과 중국의 이 같은 논의에는 중요한 의미가 있다. 두 대국이 그때그때의 현안에 매몰되어 큰 그림을 보지 못하고 충돌의 길로 나아가는 것을 막기 위해 양국 관계를 안정적으로 관리하는 틀을 만들어 보려는 노력으로 이해할 수 있기 때문이다. 그러나 '신형대국관계'는 아직 내용이 없는 정치적 수사에 그치고 있는 느낌이다. 무엇보다 미국은 이 개념의 뒤에 깔린 중국의 의도를 의심하고 있다. 중국 측이 상승하는 국력에 힘입어 미국보다 자신들이 더 많은 레버리지를 갖게 되었다는 자신감을 얻었으며, 그런 판단 아래 중국 스스로는 별로 양보할 생각이 없으면서 미국에게서만 중요한 양보를 얻어내려고 이 개념을 들고 나온 게 아니냐 하는 것이다.

예를 들어 2012년 7월 중국 외교부차관 추이톈카이(崔天凱)와 팡한자오(龐含兆)는 미중 관계의 발전을 위해서 미국은 대만에 대한 무기 판매를 중지하고, 중국과 이웃 국가들 간의 영토 분쟁, 또 중국 내부의 티베트, 신장 문제와 민주주의 같은 이슈에 개입하지 말아야 한다고 공개적으로 비판했다. 또한 이들은 미국이 중국을 동등한 파트너로 취급해주지 않을 뿐만 아니라 무역 분쟁 등에서 미국 스스로도 긍정적인 파트너로서의 행동을 보여주지 않았다고 주장하며 미국이 태도를 바꿔야 한다고 말했다. 즉 중국은 미국의 핵심 이익이나 주요 관심사를 해치는 행동을 하지 않았는데, 미국은 중국의 핵심 이

익이나 주요 관심사와 관련하여 불만족스럽게 행동해 왔다는 것이다.[10]

미중 대타협을 어떻게 추진할 것인가

하지만 미국 측은 바로 이러한 주장들이 중국 스스로는 양보하지 않으면서 미국으로부터 중국의 핵심 이익, 예를 들어 남중국해 이슈 등에서 양보를 얻어 내려는 의도라고 본다.[11] 이에 중국 전문가 샴보우는 '신형대국관계'라는 미사여구나 달성하기 힘든 개념들에 빠지기보다, 미국과 중국 두 나라가 서로 경쟁 관계에 들어섰다는 것을 솔직하게 인정하고 그러한 경쟁 관계를 관리하고 통제할 장치를 만들기 위해 노력하는 게 낫다고 주장했다.[12] 최근에도 미중 간에 민간 차원의 저명인사들이 모여 국제적, 지역적, 양자적 차원에서 어떻게 '신형대국관계' 건설을 위해 노력할 것인가에 관한 보고서를 공동으로 작성하기도 했다. 그러나 양국 정부가 그러한 방향으로 협력해 나갈 가능성은 크지 않다.[13]

무엇보다 두 나라의 경제적 상호의존이 높은 수준임에도 불구하고 안보 차원의 신뢰 수준이 낮다는 점이 문제이다. 중국은 미국이 자신을 동등한 파트너로 여기지 않고 있다는 점이 불만이고, 미국은 중국이 현상 변경을 시도한다는 점을 불안해한다. 그렇다면 미중간에 어떤 형태로든 타협을 가능하게 하려면 어떻게 해야 할 것인가? 이를 위해서는 두 나라가 냉철한 현실 인식 아래 최소한 두 가지 전제를 충족해야 한다.

첫째, 미국은 중국의 경제력 상승을 고려하여 중국을 좀 더 동등한 파트너로 간주하고 먼저 국제 경제 기구에서부터 중국의 지분

외교의 시대

과 발언권을 높여주는 노력을 해야 한다. 둘째, 그 대신 중국은 아직도 압도적인 미국의 군사적 우위를 고려하여 안보 분야에서 급격한 현상 변경을 시도하지 말아야 한다. 다시 말해 미국은 중국을 좀 더 평등한 파트너로 인정해 주고, 중국은 미국이 주도해온 국제 체제에서 도전자가 아니라 적극적 참여자가 되어야 한다. 이러한 기본 원칙을 공유한 다음, 두 나라는 각자 중요하게 생각하는 국익이 걸린 문제들에서 타협을 모색해야 할 것이다.[14]

좀 더 구체적으로 타협이 가능한 부분을 살펴보기로 하자. 무엇보다도 미국은 상승국 중국을 미국 자신이 주도해서 만든 국제 제도와 레짐에 대한 도전자가 아니라 적극적인 참여자, 즉 '책임지는 이해당사국(responsible stakeholder)'으로 만들기 위해 그에 상응하는 인센티브를 제공할 의지가 있어야 한다.

19세기의 패권국 영국은 미국을 기존 국제 체제에 대한 도전자가 아니라 참여자로 만들기 위해 인센티브를 제공했다. 특히 서로 간의 신뢰를 구축하기 위해 노력했다. 사람들은 흔히 영국과 미국의 관계가 문화적, 정치 체제적 유사성 때문에 처음부터 좋았을 거라고 생각하는데 결코 그렇지 않았다. 미국 입장에서 영국은 독립 전쟁 때 적국이었고, 1812년에는 미국의 백악관과 의회에 불을 지른 나라였으며, 남북 전쟁 때는 중립을 내세우면서 뒤로는 남부군에 무기를 판 나라였다. 미국과 영국의 사이가 좋을 리 없었다. 1895년에는 베네수엘라와 영국 간의 영토 분쟁에 미국이 개입하면서 영미 간에 전쟁까지 거론될 정도였다.[15] 그러나 영국은 당시 상승 세력인 미국을 영국이 주도해온 국제 체제의 도전자가 아니라 참여자로 만들기 위해 베네수엘라와의 국경 분쟁 문제에서 미국을 배려했다. 그 후에도 영국은 미국을 끌어들이기 위해 적지 않은 노력을 기울였다.

마찬가지로 중국에 인센티브를 제공하는 것은 미국의 입장에서도 의미 있는 전략적 선택일 것이다. 국제 체제 차원에서 다양한 도전을 동시에 받는 기존 패권국의 불리함을 고려하면 더욱 그러하다. 역사적으로 기존 패권국은 상승 대국 한 나라뿐만 아니라 지구상의 도처에서 도전을 받는 경향이 있어 왔고 그 때문에 정치적 관심과 대응 능력이 분산되었다. 예를 들어 1890년대 이후 영국은 전통적 라이벌인 러시아의 도전과 현상 변경 세력이 된 독일의 도전에 동시에 직면했다. 그래서 영국은 사실 가장 강력한 잠재적 도전국인 미국과 손잡을 필요가 있었다.[16] 지금의 패권국 미국도 아시아의 중국뿐 아니라 유럽에서 푸틴 치하의 러시아, 중동에서 이란이나 이슬람국가(ISIL 또는 IS)라는 더 시급한 도전 세력에 대응해야만 하는 어려운 상황에 처해 있다. 따라서 국제적으로 대결 전선을 너무 넓게 펼치는 것은 미국에게 불리하다. 그러므로 한 세기 전 영국이 미국을 포용하기 위해 노력했던 것처럼 지금의 미국도 중국과의 협력과 포용에 더욱 힘을 기울이는 것이 미국 자신을 위해 더 유리할 것이다.

대신 중국은 미국이 민감한 군사안보 영역에서 현상 유지를 깨는 양보를 하기 힘들다는 것을 인식할 필요가 있다. 미중 간의 군사력 격차가 엄연한 것이 현실이고 미국이 오랫동안 동아시아에 개입해온 역사를 생각하면 더욱 그러하다. 특히 미일 동맹의 깊이와 한미 동맹의 역사를 고려할 때, 동아시아와 서태평양 지역에 대한 미국의 군사적 개입은 상당 기간 지속될 것이다. 반면 미국은 중국이 가장 민감하게 생각하고 핵심 이익 지역으로 간주하는 대만 문제에 대해서 중국의 불만을 해소시켜주는 노력을 진지하게 기울일 필요가 있다. 무엇보다 현재 중국과 대만의 관계는 천수이볜(陳水扁) 대만 총통 시대에 비해 상당히 개선되었다. 미국은 기존의 미-대만 협력 관계를 유지하면서도 한편으로는 양안 관계의 개선 정도와 연계해 대만에 대한 무기 판매를 어느 정도 줄이는 것이 좋을 것이다.

미국은 또한 비군사 영역, 특히 국제 경제 무대에서 중국이 발언권과 역할을 늘릴 수 있도록 적극적으로 나설 필요가 있다. 예를 들어, 국제통화기금, 세계은행 등 국제 경제 기구에서 중국 경제력의 상승에 걸맞은 발언권을 확보해주는 데 적극 협력하는 것이 바람직하다. 그러면서 중국에 합당한 책임을 지도록 촉구해야 한다. 무엇보다 중국이 협조하지 않으면 미국이 주도해 만든 글로벌 차원의 국제기구들은 갈수록 정당성과 대표성이 약화될 것이다. 특히 중국은 지금 아시아인프라투자은행(AIIB), 브릭스 개발은행(BRICS Development Bank), 브릭스긴급자금지원협정(BRICS Contingency Reserve Arrangement) 등 독자적인 국제 금융 기관들을 만들어 가겠다고 공언하고 있다. 여기에는 중국이 세계 2위의 경제대국으로 성장했음에도 불구하고 그 비중에 걸맞은 대접을 기존의 국제 경제 기구에서 받지 못하고 있다는 불만이 상당히 작용하고 있다. 중국이 세계에서 차지하는 GDP 비중은 2013년 현재 12.34%인데, 국제통화기금에서 중국의 지분율은 4.0%에 지나지 않는다.[17] • 게다가 국제통화기

• 중국의 GDP 비중은 2013년 세계은행 데이터 기준. IMF는 2010년 12월 IMF의 자본금을 2배로 늘리고 브릭스 국가들의 지분율을 늘리는 개혁안을 채택했다. 그 결과 중국의 지분은 현재의 4.0%에서 6.39%까지 올라가게 되어 있다. 그러나 대부분의 다른 나라들이 개혁안을 통과시켰지만 4년이 지난 2015년 초 현재 미국 의회는 이 개혁안을 통과시키지 않고 있다.

금의 수장은 유럽인이, 세계은행의 수장은 미국인이, 그리고 아시아 개발은행의 수장은 일본인이 맡고 있다.

미국은 지금 추진하고 있는 환태평양경제동반자협정(TPP)에도 중장기적으로 중국을 포함하는 것이 바람직하다. 중국이 빠진 채 미국이 주도하는 환태평양경제동반자협정과 미국이 빠진 채 중국이 주도하는 아세안+3(ASEAN+3) 중심의 역내포괄적경제동반자협정(RCEP)*으로 아시아 태평양 지역의 경제 질서가 양분되는 것은 미국과 중국 두 나라뿐만 아니라 글로벌 차원에서도 바람직하지 않다. 아시아 태평양 지역의 경제 질서가 이렇게 미국권과 중국권으로 양분되는 경우, 이는 두 나라가 경제적 상호의존을 통해 군사안보 분야의 경쟁과 대립을 완화하는 것이 아니라 반대로 갈등을 더 증폭시킬 가능성이 높기 때문이다.

또한 미국은 중국의 상승하는 경제력과 위상을 인정하고 중국을 실질적인 '동등한 파트너(equal partner)'로 인정해주면서, 미국 스스로가 국제제도의 원칙과 투명성을 지키도록 노력해야 한다. 중국에게는 기존 국제 사회의 규범을 투명하게 지키기를 희망하면서, 정작 미국 자신은 지키지 않는 사례들이 종종 있어 왔기 때문이다. 이 때문에 중국은 미국이 타국에는 국제 규범의 굴레를 요구하면서 스스로에게는 그것을 씌우지 않는 이중적인 '미국 중심적' 사고에 젖어 있다고 비판했다. 예를 들어 2005년 중국계 회사인 중국해양석유 총공사(CNOOC)가 미국의 석유회사 유노칼(Unocal)을 사들이려고 하

• 동남아시아국가연합 10개국과 한국, 중국, 일본, 그리고 호주, 인도, 뉴질랜드 등 16개국의 역내 무역자유화를 위한 협정.

외교의 시대

자 미국 정부가 그것을 저지한 사례가 있었다. 그 외에도 핵확산금지 조약이라는 국제적 규범을 무시하고 인도와 핵 거래를 한 사례, 유엔의 승인 없이 1990년대에 발칸 반도에서, 그리고 2003년 이라크에서 전쟁을 한 사례들이 그러하다.[18] 물론 미국이 19세기 이래 다른 어느 대국들보다 국제적 규범을 훨씬 잘 지켜온 것이 사실이다. 그럼에도 불구하고 중요 국익이 걸려 있다고 판단되면 미국이 그 규범을 무시하는 경향이 있음을 부정할 수는 없다.[19]

미국이 중국이나 러시아의 타당한 주장에 대해서 더욱 신경 쓰고 경청하려고 노력하지 않으면 두 나라는 미국에 반발하면서 더욱 서로 밀착될 것이다.[20] 예를 들어 중국이나 러시아는 미국이 인권 문제를 거론할 때마다 미국이 순수하게 인권 개선에 뜻이 있어서가 아니라 인권을 빌미로 자국의 국익을 추구하는 것이라고 생각한다. 이런 식으로 중국과 러시아는 미국이 이중 잣대를 적용하고 있다고 해석하고, 내정 불간섭의 원칙을 전면에 내세우면서 서로 손잡고 있는 것이다. 따라서 이러한 불신의 소지를 없애기 위해 미국도 외교 정책의 일관성을 지켜나가는 노력이 필요하다.

그렇다면 미국의 노력에 대응해서 중국은 무엇을 해야 하는가? 무엇보다 중국이 2008년 세계 금융 위기를 미국 국력의 돌이킬 수 없는 결정적 쇠퇴로 파악하고 있다면, 그리고 그런 전제하에 2010년 이래 공세적인 대미 외교 정책을 펼쳤다면 중국은 그것이 성급한 판단일 수 있음을 인식해야 한다. 그리고 중국은 그러한 새로운 인식 전환에 기초하여 대외 정책을 펼치는 것이 바람직하다. 앞서 3장에서 설명한 대로 향후 미국 국력의 쇠퇴나 중국 국력의 지속적 상승은 아직 그 어느 것도 확실치 않다. 예를 들어 2013~2015년에는 미국 경제가 회복세를 보인 반면, 중국 경제는 둔화가 가시화되었다.

2010년 이후 공세적 외교로 중국은 얻은 것보다 잃은 것이 더 많았다. 무엇보다도 중국 정부는 10여 년 동안 차분히 쌓아온 주변국들의 신뢰를 하루아침에 잃었고 그들로 하여금 상승하는 중국을 두려워하게 만들었다. 더 나아가 중국의 주변국들이 더욱더 미국을 아시아 태평양 지역에 끌어들이고 미국과의 관계를 강화하는 결과를 낳았다. 동중국해 분쟁 후에는 일본이 그러했고, 남중국해 분쟁 후에는 필리핀이나 베트남이 그러했다. 일본 아베 정부의 군사적 역할 강화나 미국의 '재균형' 정책도 사실 2010년 중국의 공세 외교가 촉발했다고 볼 수 있다. 2009년 오바마 대통령이 처음 중국을 방문했을 때만 해도 그는 중국과의 협력 가능성에 큰 기대를 걸었다. 그러나 그 후 비협조적인 중국 정부의 태도를 보고서 강경한 대중국 정책으로 전환했던 것이다. 이는 1890년대 이후 독일의 빌헬름 2세가 자국의 국력 성장에 대한 확신에 차서 공세적 외교를 추구한 결과, 영국과 러시아, 프랑스 등 주변 국가들을 두려워하게 만들고 결국 이들이 서로 연합하게 된 상황과 비슷한 측면이 있다.

중국의 내부 상황을 고려할 때, 중국은 아직은 '화평발전(和平發展)' 전략에 충실하면서 기존의 국제 규범을 존중하고 주변국의 입장을 고려하는 방향으로 나아가는 것이 바람직하다. 무엇보다 대외적 공세 외교에 힘을 쏟기보다는 국내의 빈곤 문제, 빈부 격차, 부패, 환경 오염, 의료 및 사회복지 문제 등을 개선하기 위해 노력할 때이다. 중국은 말만이 아닌 진정한 '화평발전' 노선에 집중하면서 지속적인 경제 성장과 개혁, 그리고 국내 안정에 전력을 기울여야 한다. 특히 군사력 면에서 미국에 훨씬 뒤져 있는 상황에서 세계 군사 지도를 급격하게 바꾸려고 할 경우, 그 부정적 여파는 상당할 것이다. 그 경우 일본은 미국과의 협력을 한층 강화하며 평화헌법 개정 등 재무장 및 극단적인 경우에는 실질적인 핵무장의 길로 나아갈 것이다. 또 미국, 일본, 한국, 인도, 호주, 동남아시아 국가들 간의 연대가 심화될 가능성이 높다. 특히 인도가 중국의 공세적 군사안보 전략에 자극받아 미국과의 연대를 심화하는 경우 태평양과 인도양에 걸쳐 실질적인 대중국 포위망이 형성될 수 있다. 이러한 적대적 대외 환경은 중국이 지속적인 경제 성장과 국내 개혁에 집중하는 것을 어렵게 만들 것이다.

그런 맥락에서 중국은 남중국해 등 분쟁 수역에 대해 보다 전향적인 정책 전환을 할 필요가 있다. 일방적으로 행동하기보다는 관련 당사국들과 합의하여 이 해역의 평화적 관리와 자원의 공동 개발, 항행의 자유 보장을 위해 다자적 규범을 만들고 지키는 것이 중국의 중장기적 국익에도 합치한다. 이 수역에는 국제적 항로로서 수많은 동아시아 국가들의 긴요한 경제안보 이해가 걸려 있기 때문이다. 동중국해와 남중국해의 자원도 당사국들과의 합의를 통해 공동 개발을 모색하는 것이 바람직하다. 동중국해와 관련해서 중국과 일본은 한때 자원 공동 개발을 합의한 적이 있다. 또한 중국 정부는 2013년 7월 아세안-중국 외교부장관 회담에서 '남중국해 행동강령(Code of Conduct)' 제정에 협력하기로 합의한 바 있다. 중국은 이러한 합의를 잘 살리기 위해 더욱 노력해야 할 것이다.

시진핑 주석이 2012년 부주석 당시 한 연설에서 중국이 '절대적 안보'를 추구하지 않을 것이며 주변국과 윈-윈 관계를 모색하겠다고 밝힌 것도 바람직한 전략적 판단이었다.[21] 이와 정반대 방향으로 나갔던 것이, 즉 '절대적 안보'를 추구함으로써 주변국을 불안하게 하여 적대국으로 만들고 결국 파국의 길로 나아갔던 것이 빌헬름 2세였기 때문이다. 그러나 문제는 시진핑 주석이 이것을 어떻게 실제로 실행해 갈 것이냐이다. 이를 위해서는 무엇보다 중국인들의 지나친 민족주의나 애국주의에 호소하는 정치를 지양하는 것이 중요하다. 그리고 국민들을 설득해야 한다. 어떻게 중국이 지난 30여 년간 서방과의 협력 및 국제 체제의 틀 안에서 경제 발전을 이루어 왔는지, 그리고 앞으로도 기존 국제 체제에 대한 도전자가 아니라 참여자가 되어 어떤 이득을 볼 수 있을지를 국민들에게 알리고, 나아가 미국을 적이 아닌 파트너로 파악하도록 설득해야 한다.

이와 관련하여 양국 정부 지도자들은 각자의 국내 정치에서 군부의 영향력을 적절히 통제하기 위해 노력할 필요가 있다. 미국의 경우 군산복합체의 영향력을 어떻게 적절히 통제할 것이냐가 중요한 과제이다. 예를 들어 대만에 대한 무기 판매 문제도 미국 내 군산복합체의 정치적 영향력과 관련이 있다. 중국의 경우도 마찬가지다. 군부의 영향력 확대는 국방예산의 증대로 이어지고 이는 의료, 복지, 환경, 교육 등 시급한 국내 문제 해결에 쓸 수 있을 재원이 군사비로 이전됨을 의미한다. 군부의 영향력이 커지면 커질수록 두 나라의 관계는 대결적인 방향으로 흘러갈 가능성이 높다.

또한 미중은 군사안보 분야의 양자 대화와 협력을 강화함으로써 서로 신뢰를 구축해 나가야 한다.* 미국은 다자 군사안보 질서의 영역에서도 중국이 참여할 수 있도록 다양한 기회를 배려해야 한다. 예를 들어 중국 군사과학원의 야오윈주(姚云竹) 장군은 "국제 군사 질서는 나토와 아시아에서의 양자 동맹이라는 미국 주도의 질서로서, 세계무역기구에 중국이 참여했던 것과는 달리 여기에는 중국이 참여할 여지가 없다"라고 말했다.[22] 즉, 서방 측이 중국에 국제 질서 유지에 더 큰 책임을 지라고 하면서도 중국의 군사력 증강에 대해 경계하며 국제 군사 질서에도 참여시키지 않는 모순적인 태도를 보이고 있다는 것이다. 따라서 중국을 나토의 회원국으로 참여시키는 것도 하나의 방법이 될 수 있다. 뒤에서 다시 설명하겠지만, 동북아시아에서 군사안보에 관한 다자 협력 메커니즘을 만드는 것도 미국과 중국이 군사안보 분야에서 신뢰를 구축할 수 있는 하나의 방안이다.

좋지 않은 시나리오

이러한 모든 노력은 미국의 대중국 포용 외교의 기조 위에서 이루어져야 할 것이다. 미국이 군부나 강경파의 영향을 받아 지나치게 중국에 대해 대결적인 외교를 펼치는 경우, 이것은 두 나라 사이에서 상승 작용을 일으켜 관계가 더욱 악화되고 동시에 동아시아 국제 정치가 미국과 중국 중심의 양 진영으로 나뉠 가능성이 높아진다. 마치 19세기 말 영국과 독일의 관계가 악화되자 이전까지 다극 체제였던 유럽 질서가 영국과 독일을 중심으로 양극화되었던 것처럼 말이다. 이는 결코 바람직하지 않기에 적극적으로 노력을 기울여 막아야 한다.

　만일 미국과 중국의 관계가 너무 나빠지게 되는 경우, 일본도 중국에 대해서 더욱 강경 노선으로 나아갈 가능성이 높다. 그렇게 되

• 중국 정부는 미중 간의 갈등이 있을 때 종종 군사(military-to-military) 대화를 중단하고는 했는데 이는 가급적 지양해야 할 것이다.

면 동아시아의 국제 관계 또한 더 불안정해질 것이다. 이는 1890년 대 이래 독일과 러시아의 관계 악화가 의도치 않게 독일의 오스트리아에 대한 통제력 약화로 이어졌던 상황과 비슷하다. 독일에게서 러시아가 떨어져 나가자 오스트리아는 무슨 일이 있어도 독일이 동맹국인 자국을 도울 수밖에 없으리라는 것을 알고, 1914년 오스트리아 황태자 저격 사건 직후 세르비아를 거칠게 다루었다. 세르비아는 러시아의 후원을 받고 있었고, 러시아는 오스트리아의 적대국이었다. 결국 세르비아와 오스트리아 간의 대결은 곧 동맹의 연쇄 반응에 의해 1차 세계대전으로까지 확대되었다. 그리고 오늘날 미국과 일본, 중국 사이에서도 이 같은 위험이 존재할 수 있다.[23] * 그러므로 미국은 동맹국 일본의 대중국 불안 심리를 잠재워주는 노력을 기울이면서 다른 한편으로 일본이 대외 정책에 있어 스스로 균형을 잡을 수 있도록 조정하는 능숙한 외교를 펼쳐야 한다.

이러한 노력들이 이루어지고 미중 간의 대타협을 통한 협력적 관계의 패턴이 심화되며 그로 인해 국제 질서의 안정이 이루어질 수 있을지는 무엇보다도 미국과 중국의 최고지도자의 정치적 리더십에 달려 있다. 미국의 오바마 대통령과 그를 승계할 다음 대통령,** 그리고 향후 7년 남짓 중국을 이끌어갈 시진핑 주석의 리더십이 중요하다. 이들이 현재 전환기적 국제 질서 속에 잠재된 불안 요인을 얼마나 잘 인식하고 양국 관계와 세계 정치의 안정을 위해 협력할 수 있을 것인가? 그리고 이를 위해서 얼마만큼 국민과 국내 정치 세력들을 설득하고 이끌어 나갈 수 있을 것인가? 이것은 향후 국제 정치의 관건이 아닐 수 없다.

만약 미중 간의 대타협이 실패하는 경우 국제 사회는 어떤 위험에 당면하게 될까? 우선 글로벌 리더십의 공백으로 혼란 상태가 야기될 것이다. 지금은 어찌 보면 1차 세계대전과 2차 세계대전 사이의 20년 전간기와 비슷한 측면이 있다. 저명한 경제사가 찰스 P. 킨들버거 교수는 1930년대 대공황이 그토록 심각하고 오래 갔던 이유는 국제적 리더십의 공백 때문이었다고 진단했다. 당시 떠오르는 상승국 미국은 리더십을 행사할 능력은 있었지만 의지가 없었고 하강국 영국은 리더십을 행사할 의지는 있었지만 능력이 없었기에 국제 경제를 안정시키는 데 필요한 공공재(公共財)가 충분히 생산되지 못했다는 것이다.[24] 만일 미중 간에 대타협이 실패하여 협력적 관계가 형성되지 않으면 국제 사회는 그때와 비슷한 글로벌 리더십의 공백에 부딪치게 될 것이다. 그 경우 안보 위기의 가능성은 높아지고, 국경을 초월해서 공동으로 대처해야만 하는 경제 위기, 환경, 테러, 빈곤과 같은 문제들이 해결되지 못한 채 표류할 것이다. 그리고 국제 사회는 더욱더 큰 혼란 속으로 빠져들 것이다.

• 물론 핵무기 시대에 양국 간의 전면전 가능성은 상당히 줄어들었다. 대신 그에 상응하는 다른 형태의 심각한 갈등과 혼란은 가능할 것이다.

•• 오바마 행정부 2기에 들어서서 오바마 대통령이 신고립주의(neo-isolationism) 정책을 추구하고 있다는 우려가 등장했다. 오바마 대통령은 미국이 모든 새로운 위기 때마다 달려 나가기보다 "값비싼 실수들(costly mistakes)"을 피하는 것이 낫다고 발언해 왔다. 2014년 5월 28일 오바마 대통령의 웨스트포인트 육군사관학교 졸업식 연설 참조. http://www.whitehouse.gov/photos-and-video/video/2014/05/28/president-obama-speaks-west-point-graduates#transcript 오바마 행정부는 또한 리비아의 카다피가 양민을 학살하고 시리아의 바샤르 알 아사드 정권이 화학무기를 사용했을 때에도 개입하지 않았다. 이 같은 신고립주의 외교가 미국 대외 정책의 신뢰도를 약화시키고 도전국들의 도발을 유도했을 수 있다는 우려도 나왔다. 그러나 러시아의 우크라이나 공격과 시리아의 ISIL 사태 이후 오바마 행정부는 과거보다 좀 더 적극적으로 대응하지 않을 수 없게 되었다.

동아시아 다자 안보협력의 틀을 만들어야

이처럼 미국과 중국은 양자 차원에서 대타협의 길로 나아가면서 동시에 동아시아 지역 차원에서 지역 국제 질서를 안정화하는 방향으로 질적 변화를 시도해야 할 것이다. 국제 정치에서는 상호 간의 오해와 의사소통의 부족으로 발생하는 이른바 '안보 딜레마(security dilemma)'의 문제가 존재한다. 어느 한 국가가 이웃 국가에 대해 공격적인 의도 없이 방어적인 의도를 가지고 군비를 증강하거나 군사 조치를 취하더라도, 상대 국가는 그것을 공격적인 의도로 해석하고 거기에 상응하는 조치를 취하기 위해 군비를 증강하게 된다. 스스로 알아서 안보를 챙겨야 하는 냉엄한 국제 관계에서 상대 국가의 선의를 믿을 수 없고 만약의 경우를 대비해야 하기 때문이다. 이렇듯 국가들이 의도하지 않았음에도 군사적 긴장이 고조되는 현상이 바로 안보 딜레마의 문제이다.

지구상에서, 특히 동아시아에서 이러한 안보 딜레마의 문제가 심각하다. 동아시아 국가들이 서로 상대국에 대해 공격적 의도를 갖고 있지 않다고 하더라도 의심과 오해에 따른 충돌의 위험이 완전히 사라지지는 않는다. 이 때문에 이 지역의 국제 관계를 더욱 신뢰에 기반할 수 있도록 안정화하고 제도화하는 장치가 필요한데, 만약 다자 안보협력 기구가 만들어지면 그런 목적을 달성하는 데 많은 도움이 될 것이다.

바로 유럽이 이에 해당하는 성공적인 사례이다. 유럽에서는 2차 세계대전을 포함하여 수차례에 걸쳐 대단히 참담한 전쟁들을 겪었고 이에 대한 반성으로 서로 소통과 협력을 추진하는 유럽안보협력기구와 같은 다자 안보협력 기구를 만들어 나갔다. 그 결과 오늘날 유럽 국가들은 이러한 다자 협력 기구들의 기본 원칙과 규범들을 지키면서 서로 간에 예측 가능한 범위에서 행동하고 있다. 국가들 간에 상당한 신뢰가 구축되었고 상호 불신이나 의심의 소지도 훨씬 줄어들었다. 지금의 유럽은 이른바 '평화 지대(zone of peace)'라고 불릴 정도로 아시아에 비해 안정적이다. 그러나 동북아시아에서는 경제적 상호의존의 심화에도 불구하고 유럽과는 반대로 강한 민족주의 감정이 국제 관계를 지배하며 국가들 간의 불신과 갈등이 고조되고 있다.[25] 최근 몇 년 동안 격화된 영토 및 과거사 분쟁이 그 사례이다.

지금까지 미국은 주로 아프가니스탄, 이라크, 이란, 이스라엘-팔레스타인 등 중동과 러시아 문제를 푸는 데 급급했고 반면 동아시아 지역의 평화 정착을 위한 장기적인 전략 구상을 내놓은 적이 없다. 이제 미국은 동아시아에서—기존의 미국 중심의 양자 동맹 네트워크와 별도로—다자 안보협력 기구의 창설이라는 보다 장기적인 전략 비전을 제시하고 추진하는 것이 바람직하다. 유럽안보협력기구와 같은 다자 안보협력 기구를 동아시아, 특히 동북아시아에서부터 만들어 나가자는 것이다.*

2차 세계대전 이후 미국은 유럽에서 나토라는 다자 동맹과 유럽안보협력기구를 병존시키는 다자 안보협력 질서를 구축했다. 그런데, 동아시아에서 미국은—역외 국가인 미국 자신이 중심이 되어—

---

* 동아시아를 동북아시아와 동남아시아로 구분할 때 동남아시아에는 이미 아세안지역포럼(ARF)이 있다. 그러나 동북아시아에는 높은 긴장 수준에도 불구하고 그러한 다자 안보협력 기구가 없다. 따라서 우선 동북아시아에서부터 이러한 기구의 창설을 위해 노력할 필요가 있다. 예를 들어 북한 비핵화 관련 6자 회담국들(한, 미, 중, 일, 러, 북한)은 2005년 9·19 합의문에 이러한 동북아 다자 안보협력 질서 추구 의지를 간접적으로 담아낸 바 있다.

각각의 동맹국들(한국, 일본, 대만, 태국, 필리핀, 호주)과 양자 동맹을 맺는 방식으로 부챗살 모양(hub-and-spoke)의 안보 질서만을 구축했다.* 그러다 보니 같은 미국의 동맹국들 간에도 전혀 제도적인 협력 채널이 존재하지 않았고 따라서 관계의 질적인 발전도 불가능했다. 예를 들어 미국의 동맹국인 한국과 일본 간에는 민감한 현안 문제들을 풀어 나갈 어떤 효율적인 제도적 협력틀도 없다. 그 결과 이 지역 국가들은 각국에서 민족주의 감정이 고조되고 긴장이 높아질 때 이를 제어해줄 제도적 장치가 없어 그냥 바라만 보고 있는 상황이다. 한 서방 학자는 1991년 냉전 종식 이후 동아시아에서 19세기 유럽의 세력균형 질서와 유사한 상황이 도래할 것이라고 주장하면서 "유럽의 과거가 아시아의 미래가 될 것"이라는 비관적 전망까지 내놓았다.[26]

만약 동아시아에서 미국 중심의 부챗살 모양의 양자 동맹 체제에 곁들여 다자 안보협력 기구가 만들어진다면, 한국, 일본, 중국, 러시아, 미국 등 지역 국가들 상호 간에 소통과 신뢰의 채널이 강화될 것이다. 또한 분쟁 당사국들은 다자 안보협력 기구가 정한 국제적 규범의 틀 안에서 분쟁의 해결을 모색할 수 있을 것이다. 그리하여 이와 같은 관행이 서서히 정착되면 장기적으로 이 지역의 국제 질서도 유럽처럼 안정화되는 방향으로 발전할 수 있을 것이다.

이는 각 국가별 국익의 관점에서 볼 때에도 긍정적이다. 미국은 한국, 일본과의 동맹을 유지해 나가면서 동시에 중국을 좀 더 협력적 안보 질서의 틀 안에 끌어들일 수 있다. 또 미국은 재정적으로 어려운 상황에서 이 지역의 평화를 적은 비용으로 효과적으로 달성할 수 있고 자국의 동아시아 정책의 정당성도 높일 수 있다. 중국의 입장에서도 이러한 다자적 틀을 통해 일본, 한국 등 주변국의 중국에 대한 불안감을 잠재우고 미국과도 군사안보 차원에서 신뢰를 한층 더 크게 구축할 수 있다. 그렇다면 일본에 대해서는 어떨까? 브레진스키는 이러한 다자 협조가 국제적으로 반일 감정을 약화시키고 그로 인해 일본이 영향력을 증대하는 데 도움이 될 것이므로 일본에도 유리하다고 지적했다.[27] 러시아는 과거 상당한 기간 동안 동아시아의 다자 안보협력 기구 구축에 대해 적극적인 자세로 임해 왔다. 물론 이 모든 것이 가능하려면 이 지역의 구성국들, 특히 대국들이 권력 정치(power politics)적 사고의 타성에서 벗어나 국제적 규범에 스스로를 구속하고 공동 번영을 추구해 나갈 의지가 있어야만 한다.**

    동북아시아에서 다자 안보협력 기구가 탄생한다면 특히 한국의 입장에서는 환영할 일이다. 한반도의 항구적인 평화 통일을 달성하기 위한 전략을 고민할 때, 중국이나 일본과 달리 대국이 아닌 한국에게 현재 동북아시아 질서는 그렇게 바람직한 것이 아니다. 유럽과 달리 한반도 주변국들은 서로 간에 경쟁 심리와 의심이 강하게 작

• 빅터 차 교수는 미국이 유럽과는 달리 동아시아에서 다자 안보가 아니라 양자 동맹 체제로 나아간 이유에 대해 설명한다. 그는 당시 미국이 공산권 확장을 막기 위해 동아시아 국가들과 동맹 관계를 유지하기는 했지만 여전히 독재 정권하에 있는 등의 문제를 보이는 동아시아 국가들이 미국과의 양자 관계를 넘어서서 서로 동맹을 형성해 지역안보체를 결성하도록 하는 데까지는 신뢰하지 못했기 때문이라고 설명한다. Victor Cha, "Power Play: Origins of the U.S. Alliance System in Asia," *International Security*, Vol. 34, No. 3 (Winter 2009/2010), 158~196쪽.

•• 펨펠은 아시아 지역 전체가 경제적으로나 제도적으로 상호 연결되어 가는 시점에서 미국이나 일본이 양국 간의 쌍무적 관계와 군사력 행사 차원을 넘어서는 미래 전략을 제시하지 못했다고 조지 W. 부시 행정부의 아시아 정책을 비판했다. T. J. Pempel, *Beyond Bilateralism: U.S.–Japan Relations in the New Asia-Pacific* (Stanford: Stanford University, 2004), 190쪽.

동하는 지역 질서 속에 있고, 분단된 한반도의 미래를 두고 서로 의심하면서 알게 모르게 치열한 경쟁을 벌일 것이다. 그리고 만약 그들 간에 세력균형이 유지된다면 그들은 한반도의 통일보다 분단된 상태 그대로 현상 유지를 원할 것이다. 만약 어찌하여 통일이 달성되는 경우에도 그들은 의심과 경쟁의 눈초리로 통일 한국의 외교가 어느 방향으로 기울 것인지 촉각을 곤두세울 것이다. 이는 한반도 평화 통일을 위해 우리가 고려해야 할 방정식이 몹시 복잡할 것임을 의미한다.

반면 다자 협력 기구가 존재한다면 그것이 일종의 완충 기제 역할을 해줄 수 있다. 주변국들이 다자 협력 기구의 원칙, 규범, 규칙 등에 따라 행동하는 경우, 서로에 대한 의심과 경쟁이 약화될 것이기 때문이다. 독일의 통일 당시 주변국들은 유럽연합과 유럽안보협력기구와 같은 다자 기구가 있었기에 독일이 유럽의 충실한 구성원이 되겠다고 서약했을 때 통일 독일을 환영할 수 있었다. 유럽다자협력기구가 독일이 통일을 이룰 수 있게끔 비빌 언덕을 제공해준 셈이었다.

이처럼 동아시아에서도 유럽처럼 기존의 동맹 체제에 덧붙여 다자 안보협력 기구를 만들 수 있을 것이다. 여기서 이 말의 의미를 정확히 새길 필요가 있다. 한국의 입장에서 무작정 미국과의 양자 동맹을 버리고 다자 협력 기구를 추진해야 한다는 것이 아니기 때문이다. 특히 한국이 처한 분단 상황에서, 그리고 북한의 정세가 갈수록 불확실한 상황에서 이는 결코 신중하지 못한 이상주의적 접근이 되어버릴 수 있다. 섣불리 미국과의 동맹을 포기하는 선택을 할 경우 한국은 적나라한 국제 권력 정치의 흐름 속에서 미아가 되어버릴 수 있다. 새집이 지어지기도 전에 헌집을 부숴버리는 우를 범해서는 안 될 것이다.

한국의 장

제7장

주변 4대국과 한반도

이제까지 주로 탈냉전 이후 국제 정치의 흐름을 짚어 보았다. 그렇다면 그 흐름 속에서 한국은 어디쯤에 위치해 있는 것일까? 국제 정치는 지금껏 어떻게 한반도에 투영되었고 또 현재 영향을 미치고 있는 것일까? 남은 장들에서는 이러한 질문에 초점을 맞춰 논의를 진전시켜 보려고 한다. 한반도는 독특한 지정학적 위치 때문에 국제 정치, 더 구체적으로는 주변 4대국의 영향을 크게 받아 왔다. 특히 한반도가 중국 중심의 유교 국제 질서를 벗어나 서구 중심의 근대 국가 질서에 흡수되기 시작한 19세기 말 이래, 한반도 상황은 국제 권력 구도가 변화하는 고비마다 요동쳤다.

문제는 19세기 조선이 명분보다 무력이 앞서는 서구적 근대 국가 질서에 적응하기에 불리한 소국이었고 지정학적으로도 해양 세력과 대륙 세력이 맞부딪치는 접점에 위치하여 대국들에 둘러싸여 있었다는 점이다. 그뿐 아니라 국제 질서가 대전환을 맞는 위태한 상황에서 국내 지도자들은 새롭게 전개되는 게임의 판을 읽어내는 데 실패했고, 국력을 결집해 대응할 능력도 없었다.

국제 정치와 한반도

먼저 제국주의 일본에 의해 조선왕조가 몰락하고 한반도가 일제 치하에 들어가기까지의 과정을 살펴보자. 우선 무엇보다 우리의 국권 상실은 동아시아 지역에서 일본과 제국주의 열강 사이에 일어난 대결과 담합의 결과였다. 19세기 말부터 20세기 초에 이르기까지 일본과 중국, 러시아는 한반도를 놓고 격돌했다. 청일 전쟁(1894~1895년)과 러일 전쟁(1904~1905년)이 바로 그것이었다. 두 전쟁의 승자는 일본이었고 그에 따라 한반도에 대한 일본의 배타적 지배권이 기정사실화되었다. 당시 아시아에 진출해 있던 제국주의 열강인 영국과 미국은 일본과 담합했다. 영국은 1차 영일 동맹(1902년)에 이어 2차 영일 동맹(1905년)을 체결했고 미국은 가쓰라-태프트 밀약(Taft Katsura Memorandum)을 맺음으로써 일본의 한반도 지배에 손을 들어주었다. 이러한 국제적 담합 절차가 끝나자 일본은 1905년 11월 17일 을사늑약을 체결하여 한반도를 사실상 일본의 식민지로 전락시켰다.

광복을 맞은 1945년, 한반도는 기쁨을 채 누리기도 전에 다시 국제 정치의 파랑에 휩쓸렸다. 2차 세계대전 후 전후 처리 과정에서 한반도가 미국과 소련의 세력 경쟁의 장이 되어 결국 분단의 길로 접어들었던 것이다. 2차 세계대전 와중에 소련은 얄타 회담에서 태평양 전선에 참전하기로 결정한 바 있었으나 미국의 거듭된 참전 요구에도 불구하고 종전이 임박할 때까지 응하지 않고 있었다. 그러다가 미국의 원자폭탄 투하로 일본의 패색이 짙어지자 그제야 소련은 부랴부랴 태평양 전선으로 병력을 투입했다. 만주를 거쳐 한반도를 향해 소련군은 물밀듯이 쾌속으로 남하했다. 미국은 이에 대항하기 위해 소련에 북위 38도선을 경계로 각각 진주하여 일본군을 무장해제하자고 제안했다. 이 제안이 합의됨으로써 '삼팔선'은 미군과 소련군 간의 경계선으로 설정되었다. 열강의 세력 경쟁이 낳은 이 삼팔선—한국 전쟁 이후에는 휴전선—은 결국 남북 간의 분단을 항구화하는 준(準)국경선이 되어버렸다.

1950년에 발발한 한국전쟁 또한 국제 정치의 흐름과 깊숙이 연계되어 있다. 2차 세계대전 종식 이후 세계는 미국 중심의 자유민주주의 진영과 소련 중심의 사회주의 진영으로 갈려 점차 냉전 갈등이 심화되고 있었다. 그 흐름 속에서 북한의 김일성은 소련과 중국의 승낙을 받았고 남침을 감행했다. 이것이 곧 한국 전쟁의 시작이었다. 한편으로는 전쟁 발발 수개월 전인 1950년 1월 미국의 딘 애치슨 국무장관이 연설에서 한국을 미국의 방어선에서 제외하는 등 한반도의 안보에 관해 애매한 입장을 표명했는데, 이 또한 한국전쟁의 한 배경이었다.

1972년 세계적으로 큰 반향을 불러왔던 미국과 중국의 화해도 한국에는 큰 충격이었다. 냉전 대결의 와중에 한국의 안보를 지켜주던 미국이 한국 정부와는 단 한마디 상의도 없이 한국전쟁의 적국이었던 중국과 관계 개선을 시도했던 것이다. 한국과 대척점에 있던 북한에도 충격은 마찬가지였다. 이 충격 때문에 남북한은 분단 이후 처음으로 서로 접근하여 통일에 관해 논의하였다. 그 결과가 바로 1972년 7·4 남북공동성명이었다. 미국과 중국의 화해를 비롯한 국제

그림 13. 한국 전쟁 당시 부서진 다리 위로 대동강을 건너는 피난민 행렬.

정치상의 데탕트는 또한 한국에서 유신 체제가 추진되는 빌미가 되었다. 박정희 정부는 당초 남북한 사이의 긴장을 완화해 국력을 기를 시간을 벌고 그 과정에서 집권 체제를 확고히 한다는 명분을 내세워 남북공동성명을 발표했었으나 불과 3개월 후인 10월, 유신 헌법을 선포하고 초헌법적 비상조치를 취했다.

1970년대 초반에 일시적으로 조성된 남북한 간 화해 국면은 '통일 3원칙'에 대한 합의만 남기고 별다른 성과 없이 마무리되었다. 장기 집권 체제를 구축한 박정희 정부와 달리, 북한은 베트남 전쟁의 확대, 중국과의 갈등, 한미일 삼각 협력으로 인해 고조된 안보 불안과 군비 과다 지출의 문제를 해결하지 못했다. 그 와중에 1975년 베트남 전쟁(1960~1975년)이 종결되자 김일성은 한반도 무력 통일을 다시 한 번 추진할 절호의 기회가 왔다고 판단했다. 그는 한국전쟁을 일으켰던 때와 마찬가지로 중국과 소련의 지도자들을 설득해 지원을 얻어내려고 했다. 그러나 중국과 소련은 미국과 데탕트를 추구하고 있었고 한반도의 긴장 상태를 원하지 않았다. 두 나라는 김일성의 요청을 거절했다. 김일성은 1975년 4월 중국을 방문하여 중국 지도부에게 남한을 해방시키는 것이 "식은 죽 먹기"라고 말하며 설득을 시도했으나 저우언라이 총리 등 중국 지도부는 무력통일 방안에 반대했다. 소련 정부도 김일성에게 "한반도 문제의 평화적 해결에 대해서만 지원해줄 수 있다"는 의사를 분명히 했다.[1] 그리하여 이 시기 한반도는 전쟁 재발의 악몽을 피할 수 있었다.

1990년 말 독일의 통일과 1991년 소련의 붕괴로 인한 냉전의 종결도 한반도에 큰 영향을 미쳤다. 1991년 7월 미국과 소련이 전략무기감축협정(START)을 체결한 데 이어서, 같은 해 9월 미국의 부시 행정부는 서방과의 협력을 추진하는 소련과의 관계 개선을 위해 전 세계에 배치된 미군의 핵탄두를 철수하기로 결정했다. 이때 남한에는 북한의 핵 개발에 대응하기 위해 약 100기 정도의 핵탄두가 주한미군의 관리 아래 남아 있었다. 부시 행정부의 방침에 따라 주한미군의 핵탄두 역시 철수되었다. 그런데 바로 이 조치로 남북 관계가 개선되는 또 하나의 직접적인 계기가 마련되었다. 1991년 남한과 북한 사이에 남북기본합의서가 체결되고 비핵화공동선언이 합의된 것이다. 이 역시 큰 그림에서 위와 같은 국제정세의 변화에서 비롯되었다.

적극적 주도자로서의 한반도

이처럼 19세기 말 한번 잘못 꿰어진 역사의 단추가 꼬리에 꼬리를 물고 왜곡을 낳았고 지금까지도 우리는 분단의 질곡을 벗어나지 못하고 있다. 그리고 매번 바깥으로 국제 정치의 상황이 변하면 그 변화를 수동적으로 받아들이기만 하는 수용자(taker) 역할에 급급했다. 그러나 최소한 한반도 문제에 관한 한 이제 우리는 우리가 원하는 상황을 스스로 만드는 적극적 주도자(maker) 역할을 해나가야 한다. 그리하여 한반도에서 평화를 정착시키고 분단을 극복하며 통일을 이루고, 정상적인 근대 국가로 거듭나 지구촌 사회의 떳떳한 구성원이 되어야 한다. 이를 위해서는 다른 무엇보다 과거 한 세기 남짓 진행되어온, 그리고 현재 진행되고 있는 국제 권력 정치의 판을 정확히 읽어내고 현명하게 대응해야 한다.

다행히도 한 세기 전이나 50년 전에 비해 우리의 물리적 역량은 급성장했고 우리를 둘러싼 국제 환경도 유리해졌다. 상대적 국력은 아직도 주변국에 비해 작지만 한국은 이제 세계 13위의 경제대국이고 외교적 위상도 높아졌다. 즉 분단 해결이라는 도전은 70년 전과 다름없이 여전히 무겁지만 이를 다루어 나갈 우리의 물리적 능력과 기반은 그때보다 훨씬 커졌다. 국제 환경도 이제는 과거 제국주의 시대와는 달리 우리에게 유리해진 측면이 있다. 물리적 권력이 아직도 중요하긴 하지만 경제적 상호의존, 국제기구 및 규범의 강화, 세계화 현상 등으로 대국이 소국을 상대로 한 경우일지라도 권력을 막무가내로 행사하기 힘들어졌다. 오히려 상호의존이 심화되는 새로운 국제 환경 속에서 소국이 대국과의 협상에서 승리한 경우도 종종 있었다.*

과거 한 세기 전 또는 70년 전과 달라진 이와 같은 상황을 더욱 유리하게 이끌고 역사의 숙제를 풀기 위해서 우리는 주인 의식을 가지고 미래 목표를 설정해야 하며 이를 위한 전략을 수립하고 그것을 집행해 나가려는 강한 의지가 있어야 한다. 그렇다면 대국처럼 국제 정치의 판을 주도적으로 짜나가지는 못할지라도, 최소한 국제 정치의 구조에 균열과 변화가 생겼을 때 그 기회를 포착하여 민족의 숙원을 달성할 수 있을 것이다. 서독은 냉전의 종결을 주도한 대국은 아니었지만 권력 판도가 대전환을 겪는 짧은 순간에 분명한 주인 의식을 가지고 기민한 외교로 통일이란 목표를 달성했다. 그들과 달리 만약 우리가 '고래 싸움에 등 터지는 새우'라는 체념론과 소극주의에 사로잡히고 만다면, 또 그런 채로 국제 정치의 판을 읽으려는 의지도, 방향 감각도 없이 표류만 계속한다면 우리에게 희망은 없다. 안타깝게도 우리는 지금 그러한 상태에 머물러 있는 것으로 보인다.

그런데 4장에서 상세히 보았듯이 기존 패권국 미국과 상승 대국 중국의 경쟁이 남중국해를 포함한 서태평양 지역에서뿐만 아니

• 예를 들어 1970년대 중엽 파나마와 미국 간의 파나마운하 반환 협상과 1970년대 초 몰타와 영국 간의 기지사용료 협상이 이에 해당한다. William Mark Habeeb, *Power and Tactics in International Negotiation* (Baltimore: Johns Hopkins University Press, 1988)를 참조.

라 한반도에서도 더욱 치열해지고 있다. 중국은 글로벌 차원에서 미국의 지도력에 정면 도전하는 것이 아직은 무리임을 알고 있다. 그 대신에 중국은 지역 차원, 즉 자신이 위치한 동아시아에서만은 지배적 영향력을 확보하고자 다양한 경제적, 군사적 노력을 경주하고 있다. 또 앞서 보았듯이 미국은 미국 나름대로 재균형 전략의 기조 아래 중국에 강하게 대응하며 동아시아에서 영향력을 유지하기 위해 노력하고 있다. 아래에서는 이와 같은 미중 경쟁이 한반도에서 치열하게 전개되고 있음을 염두에 두면서, 한반도 주변 4국의 한반도 및 통일에 대한 의도와 정책, 그리고 이들이 각각 한반도와 어떤 양자 관계의 현실 속에 있는지 살펴보기로 하자. 이를 제대로 이해하는 것이 적절한 외교 전략과 대북 전략, 통일 전략을 마련하는 데 있어서 기초가 될 것이기 때문이다.

미국과 한반도

미국은 1950년 한국 전쟁이 발발한 이후에야 한반도의 전략적 중요성을 분명하게 인식하게 되었다. 특히 미국은 냉전 시대에 중국과 소련을 배후 세력으로 둔 북한을 억제함으로써 한국의 안보를 보장할 뿐만 아니라 이를 통해 동아시아 전략의 중요한 축인 일본을 보호하고자 했다. 그러나 사실 미국은 한국 전쟁 전까지만 해도 한반도에 별다른 전략적 가치를 부여하지 않았다. 예를 들어 미국은 1882년 서방의 열강 세력 중 최초로 조선과 조미수호통상조약을 체결했지만 1905년까지 조선 문제에 대해서 무관심으로 일관했다.[2] 고종 황제는 조선을 사이에 두고 일본과 중국, 러시아의 경쟁이 점차 심화되면서 위기 상황에 봉착하게 되자 미국을 끌어들여 일본 등 열강 세력들을 견제하고자 했다. 그래서 고종은 1905년 러일 전쟁의 전후 처리가 논의될 즈음에는 중재국인 미국에 밀사를 파견해 대한제국의 독립을 위해 협력해줄 것을 부탁했다. 그러나 미국은 냉담한 태도를 보였다. 그뿐 아니라 오히려 가쓰라-태프트 밀약을 통해 일본의 한국 지배를 승인해주기까지 했다. 당시 미국의 입장에서 볼 때 조선은 국익에 별로 중요한 나라가 아니었던 것이다.

미국의 세계전략 틀 속의 한국

1945년 해방 이후 남한에 진주한 미군정 지도자들 역시 한국에 대해 무지했으며 그들이 한국에 부여한 전략적 가치는 소련 세력의 남하를 견제하는 일종의 교두보 정도에 지나지 않았다. 한반도를 미국의 방위선에서 삭제해버린 1950년 1월의 애치슨 라인(Acheson line) 선언은 미국의 이러한 소극적 인식에서 비롯된 것이었다. 그리고 이는 북한의 김일성과 소련의 스탈린에게 남침을 하더라도 미국이 개입하지 않을 것이라는 오판의 빌미를 제공했다.[*]

미국의 정치 지도자들은 1950년 6월 25일 북한군의 남침 소

---

[*] 존 개디스, 『냉전의 역사: 거래, 스파이, 거짓말, 그리고 진실』(서울: 에코리브르, 2010), 66쪽; Kathryn Weathersby, "Stalin and the Korean War," in Leffler and Painter (eds.), *Origins of the Cold War* (NY: Routledge, 1994), 274~275쪽. 미국의 애매한 자세에 대해 스탈린과 마오쩌둥의 오판 여부 및 전쟁 지원 동기에 관해서는 이견도 존재한다. 스탈린은 태평양 쪽의 출구인 창춘 철도와 부동항인 뤼순 항을 중국에 돌려주기로 한 이후, 한국 전쟁으로 한반도가 장악되면 소련의 아시아 쪽 출구를 보장받을 수 있으리라는 것과 중국에 대한 지속적 영향력 행사를 위해 전쟁을 승인했으며, 마오쩌둥도 동북 지방의 불안정을 완화하기 위한 국내 정치적 고려 때문에 참전 결정을 내렸다는 분석도 있다. 션즈화, 『조선전쟁의 재탐구: 중국 소련 조선의 협력과 갈등』, 3~4장; James Matray(2002) "Dean Acheson's National Press Club Speech Reexamined," *Journal of Conflict Studies*, 22(1), 28~55쪽을 참조.

식을 듣고 나서야 한반도 문제의 심각성을 인식하게 되었다. 이들은 그제야 북한의 남침을 단순한 국지적 사건이 아닌 세계 전략적 차원의 사건으로 이해하기 시작했다. 이들은 만일 북한의 남침에 단호하게 대응하지 않을 경우 자유 진영에 대한 공산권의 도전이 확산되는 것을 억제할 수 없으리라고 생각했다. 이들은 히틀러에 대해 유화 정책을 펼침으로써 초기에 그의 야심을 단호하게 꺾는 데 실패하여 결국 2차 세계대전을 맞은 영국 체임벌린 수상의 실수를 반복해선 안 된다고 생각했다. 미국은 신속하게 참전을 결정하고 적극적인 응징에 나섰다. 1953년 휴전 이후 한미 동맹의 체결도 냉전 대결 상황에서 한반도의 전략적 가치에 대한 미국의 인식이 적극적으로 바뀌었기 때문에 가능했다.

이후 한반도에 대한 미국의 개입(commitment)은 냉전이 끝나고 국제 정치 상황이 변화한 현재까지 지속되고 있다. 무엇보다 국지적으로 남북한 간에 냉전이 여전히 해소되지 않은 채 북한이 제기하는 안보 위협이 상존하고 있기 때문이다. 그러나 한국에 대한 미국의 개입에는 사실 그 이상의 세계 전략적 의미가 담겨 있다. 설령 냉전 이데올로기 대립이 끝났다고 하더라도 지정학적 차원에서 미국은 여전히 한반도에 대한 전략적 이해를 가지고 있기 때문이다.

키신저의 말을 빌리면, 아시아가 미국에 배타적인 블록으로 존재하는 상황은 미국의 국익에 배치된다. 그렇기 때문에 미국은 아시아에 대한 개입을 지속해야 하며, 아시아가 어느 특정 국가의 지배적 영향 아래 들어가 미국에 비우호적인 블록으로 변하는 것을 막는 것이 미국 전략의 핵심이어야 한다. 즉 키신저는 미국의 아시아 정책은 영국이 유럽 대륙에 대해 4세기 동안 취했던 세력균형 정책과 같아야 한다고 주장했다.[3] 그리고 바로 이 지점에서 한미 동맹은 미일 동맹과 함께 미국이 아시아에 대한 개입 전략을 추진하는 데 있어서 중요한 고리 역할을 하고 있다.

그래서 미국인들은 한미 동맹과 미일 동맹이 대(對)아시아 전략의 두 축으로서 서로 긴밀히 연결되어 있다고 평가한다. 예를 들면 만약 남북 간의 긴장이 극적으로 완화되거나 통일이 이루어질 경우 한국에서는 어떤 성향의 인물이 대통령이 되든지 간에 국내적으로 주한미군의 존치 여부를 두고 논란이 제기될 가능성이 있다. 그런데 만약 이러저러한 논란 끝에 주한미군이 철수하게 되었다고 가정해 보자. 그러면 주일미군의 미래 또한 불투명해질 수 있다. 주한미군이 철수하는 상황에서 일본인들 또한 미군의 자국 내 주둔을 그리 원하지 않을 것이기 때문이다.[4] 주일미군의 명분은 한반도 유사시 미국의 개입과 대북 억제를 통해서 일본 방위에 기여하는 것이기 때문에 만약 주한미군이 한국에서 철수하면 주일미군의 명분도 사라지게 된다. 이처럼 주한미군의 철수는 주일미군의 종식이란 결과로 이어질 수 있고 이런 차원에서 한미 동맹과 미일 동맹은 사실상 서로 긴밀히 연결되어 있다.[5]

통일 문제에 대한 미국의 시각

미국은 이와 같은 큰 전략적 틀 안에서 한반도 문제에 접근하고 있다. 사실 미국을 포함한 주변 4국은 한반도 통일을 지지한다는 이들 정부의 공식 입장에도 불구하고 내심으로는 분단이 오래 지속되기를, 즉 현상 유지를 원할 수도 있다. 한반도 분단으로 인한 여러 문제가 있는 것이 사실이지만 한편으로 분단의 지속은 주변 4국 간의 안정적인 세력균형 상태가 유지됨을 의미하기 때문이다. 다시 말해 주변국들은 통일된 한반도의 외교 행보가 어찌될 것인지 확신할 수 없기에 불안을 느낄 것이고 미국도 여기서 예외는 아닐 것이다.

그럼에도 불구하고 남북 분단이라는 현상 유지가 더 이상 불가능해져서 통일이 현실로 다가온다면, 주변 4국 중 한반도 통일을 가장 적극적으로 지원할 국가는 아마도 미국일 것이다. 현재 남북한의 국력 격차를 볼 때 통일은 북한이 아닌 동맹국인 한국의 주도로 진행될 가능성이 크고, 또한 북한 핵을 비롯한 대량 살상 무기나 인권, 경제난 등의 문제 역시 사라지게 될 것이기 때문이다.

그러나 동시에 미국은 한국이 통일될 경우 이로 인해 동아시아에 심각한 전략적 딜레마가 제기될 것이라는 점에 대해서도 인식하고 있다. 만일 통일 이후에도 미군이 한국에 계속 주둔하게 되면, 중국은 주한미군이 곧 자신들을 겨냥하는 것이라고 해석할 수 있다. 그래서 적지 않은 전문가들은 통일 이후 미군이 휴전선 이북으로 북상하는 것에 대해서는 중국의 우려가 심할 것이기 때문에 바람직하지 않다고 지적한다.[6]

또한 미국은 통일 한국에 미군이 주둔하지 않을 경우에도 적지 않은 문제가 발생할 것이라고 본다. 만약 통일된 한반도에 미군이 부재할 경우 한국이 초기에는 중국과 일본 사이에서 중립을 지키다가 반일 감정의 영향으로 서서히 중국의 영향권 아래로 들어갈 가능성이 크다고 보기 때문이다. 그렇게 되면 일본에 대해서도 마찬가지 우려가 생긴다. 일본마저도 극동에서 미국의 유일한 아시아 기지 역할을 더 이상 수행하리라는 보장이 없어질지 모르기 때문이다. 이로 인해 극동에서 미군의 작전범위가 축소될 경우 미국은 유라시아 대류에 대한 세력균형 정책을 유지하기 힘들어질 것이다.[7] 그래서 미국과 일본은 한반도의 현상 유지를 중요하게 생각하며, 만약 현상 유지가 힘들어져서 한국의 통일이 이루어지는 경우에는 미군이 계속해서 한국에 주둔하는 것을 선호한다.

다시 말해 미국은 통일 이후에도 한국과의 동맹을 유지하고 동시에 한국과 일본 두 동맹국의 관계가 강화되기를 희망할 것이다. 특히 후자의 경우, 만일 한국과 일본 간에 진정한 화해가 이루어지고 관계가 깊어지면, 삼국은 한반도의 통일 이후 일어날 수많은 복잡한 사안들을 서로 협력하여 해결해 나갈 수 있을 것이고 미국은 일본을 통해 통일된 한국과의 연결고리를 보다 쉽게 심화해 나갈 수 있기 때문이다. 이처럼 미국은 한국과 일본의 파트너십이 지역 안정에 기여할 뿐만 아니라 통일 이후 극동에 대한 미국의 개입과 그 지속을 한결 쉽게 만들어줄 것이라고 믿고 있다.[8]

미국의 북한 문제 접근법

한반도에 대한 미국의 이러한 전략적 의도는 냉전 상황에서 북한의 도발을 막아내고 안보와 한반도 평화를 우선순위로 하는 냉전기 한국의 전략목표와 부합했다. 그러나 1990년대 냉전 종결 이후 북한 문제를 어떻게 다루느냐를 놓고 한국 정부와 미국 정부 사이에 미묘한 차이가 존재해왔다. 예를 들어 한국의 김대중 정부가 대북한 포용 정책을 추진하는 것에 대해 클린턴 행정부는 대체로 포용 정책의 철학을 인정하고 이에 협력했다. 그러나 2001년 출범한 조지 W. 부시 정부는 한국 정부와 상당한 견해차를 드러냈다. 한국 정부가 포용과 협상을 통해 북핵 문제를 해결하기를 원했던 반면, 부시 정부는 2006년 말까지 도덕주의적 관점에서 북한과의 실질적 협상을 거부하고 힘으로 북한을 압박하는 외교를 펼쳤다. 결국 2006년 북한의 1차 핵실험 이후에야 미국은 북한과의 실질적 협상에 진지하게 임하기 시작했고 2007년 초 이후 2년 가까이 본격적인 협상이 진행되었다.

물론 9·11 테러 공격 이후 북한의 핵개발에 대한 미국의 민감한 태도는 충분히 이해할 만하다. 그러나 북한 문제는 단순히 핵개발이라는 군사 차원만의 문제가 아니다. 북한의 외교적 고립과 경제난 등 여러 문제들이 한데 복잡하게 얽혀 있다. 그렇기 때문에 북한 문제를 푸는 데는 보다 근본적이고 포괄적인 접근이 필요하다. 그렇지만 미국 정부는 그동안 북핵 개발이라는 군사안보 측면에만 집중하고 그 문제를 봉합하는 데 힘을 쏟았을 뿐 핵 문제와 연계된 북한의 외교적 고립이나 경제난 등의 문제들까지 함께 아우르는 근본적인 해결책을 강구하지는 못했다.[9] 미국 정부는 북한이 핵 문제를 해결한 이후에야 그에 대한 보상으로 경제적, 외교적 도움을 제공할 수 있다는 입장을 고수해왔다. 그러나 극심한 체제 안보의 불안 속에 미국을 불신해온 북한은 이에 응하지 않았고, 결국 미국이 20년 넘게 외교적 노력을 쏟았음에도 불구하고 북한 핵 문제는 오히려 악화되었다.

어쨌든 민주당과 공화당을 막론하고 북한 문제에 대한 미국 정부의 태도는 대체로 그때그때 불거져 나온 군사안보 현안에 대해서 임기응변으로 봉합하는 것에 가까웠다. 전 세계를 상대로 그때그때 수많은 외교 현안을 다뤄야 하는 미국은 시간과 인내를 필요로 하는 북한 문제에 대해 근본 해법이 나오기까지 정치적 자산을 투자할 의지나 여유가 없었던 것이다. 설령 미국의 어느 특정 행정부가 근본적인 해결책을 모색하려고 했더라도 미국 내 정파 간의 의견 차이 때문에 그러한 근본 해결책의 도출이나 실제 이행은 힘들었을 것이다.

　　문제는 북한이 핵실험과 미사일 발사 시험을 반복하면서 소형화된 핵탄두를 장거리미사일에 탑재할 수 있는 기술 능력을 거의 완성 단계까지 끌어올렸다는 점이다. 윌리엄 고트니 미군 북부사령관은 2015년 4월 7일 국방부 브리핑에서 "북한은 KN-08(이동식 대륙간탄도미사일)에 핵을 탑재해서 미국 본토를 공격할 능력이 있는 것으로 평가"된다고 발언했다.[10] 여기에 북한이 목표물에 대한 정확한 타격 기술을 완성한다면, 즉 미국이 그러한 실체적 위험에 직면하게 되면, 미국 정부는 무언가 강력한 새로운 대북 정책을 채택할 수밖에 없는 상황으로 몰리게 될 것이다. 물론 한반도의 긴장 수위 또한 더욱 높아질 것이다.

한미 동맹의 다원화와 전작권 문제

　　이러한 안보 상황의 어려움 속에서도 한미 동맹의 성격은 다원화되어 왔다. 무엇보다 한미 동맹은 군사 동맹의 성격을 넘어서서 한미 FTA의 체결로 경제 동맹의 성격을 더하였고, 2010년대에 들어서는 지구촌 문제를 해결하기 위해 서로 협력하는 글로벌 동맹으로서의 측면도 양국 합의에 의해 추가되었다. 먼저 군사 동맹의 측면을 살펴보자.

　　한미 동맹은 수립 이후 지금까지 기본 틀을 유지해오고 있지만 한미 간 군사 협력 관계의 내용은 지속적으로 변해왔다. 냉전 시대에는 한국이 일방적으로 미국에 의존했으나, 냉전 시대를 지나 한국의 경제력 및 군사력이 성장하면서 한국은 미국과의 조율을 통해 방위에 기여하는 한국 자신의 몫을 점차 늘려왔다. 한반도 유사시 작전 수행에 있어서도 한국군이 주도적 역할을 담당하고 미군이 보조적 역할을 담당하는 방향으로 양국군의 역할 변화가 진행되어 왔다. 게다가 이라크 전쟁 및 아프가니스탄 전쟁의 후유증으로 현재 미국 정부는 지상군의 해외 개입을 대단히 꺼리고 있다. 이러한 최근 추세를 고려할 때, 작전계획5027(OPLAN5027)*에 규정된 대로 전쟁 발발 시 수십만 명의 미군이 증원 전략에 따라 한반도에 배치될 것이라고 기대하기는 사실상 힘들다.

이처럼 현재의 상황은 1950년 한국 전쟁 발발 후 한국 정부가 맥아더 사령관에게 작전권을 이양했던 때와는 전혀 다르다. 이미 20~30년 전에 비슷한 문제의식 아래, 노태우 대통령은 1987년 대선 공약을 통해 민족 자존과 통일의 시대를 열기 위해 평시와 전시를 구분하지 않고 작전권 모두를 환수해 오겠다고 약속했었다. 이전 정부들의 이러한 희망을 이어받아 노무현 정부는 전시작전통제권 전환을 추진하였고 그 결과 양국 간에 2015년 전환을 이행하기로 합의가 이루어져 상당 기간 이를 위한 준비 작업을 했다.

그러나 이명박 정부가 전시작전통제권 전환을 연기한 데 이어 박근혜 정부는 재연기를 결정했고 2014년 10월 23일 워싱턴 DC에서 열린 제46차 한미 안보협의회의(Security Consultative Meeting, SCM)를 통해 미국과 이를 합의했다. 합의문의 일부를 인용하면 "대한민국

• 작전계획5027은 다른 작전계획과 함께 2015년에 새로운 작전계획5015로 통합되었음이 최근 언론에 보도되었다.

외교의 시대

과 동맹이 핵심 군사 능력을 구비하고 한반도 및 역내 안보 환경이 안정적인 전작권 전환에 부합할 때 전작권이 대한민국으로 전환되는 것을 보장"한다고 되어 있다.[11] 여기서 '핵심 군사 능력의 구비'와 '한반도 및 역내 안보 환경의 안정'이라는 조건이 언제 만족될 것인지는 애매모호하다고밖에 볼 수 없고, 따라서 적지 않은 사람들이 이를 사실상 무기한 전환 연기가 아닌지 의심하고 있다. 그러나 전시작전권 전환 연기는 다음과 같은 문제점들을 안고 있다.

첫째, 평시작전권과 전시작전권의 개념을 분리하는 것 자체에 문제가 있다. 평시와 전시 구분은 문서상으로는 가능할지 몰라도 실제 전쟁이 발발하는 급박한 위기 상황에서는 대단히 판단하기 힘든 문제이다. 또한 이 같은 구분은 아무리 평소에 한미 간에 연합 훈련이나 공조를 통해 잘 대비되어 있다고 하더라도 실제 전쟁으로의 빠른 상황 전개 속에서 혼선을 일으킬 가능성이 높다. 예를 들어 전시작전권이 한국으로 전환되기 전에 전쟁이 발발했다고 가정하자. 그 경우 평시가 전시로 바뀌어 한국에서 미국으로 작전권이 이양되는 순간이 있을 수밖에 없는데, 그 순간에 전략적 상황 판단의 연속성이 단절되고 작전 수행에 차질을 빚을 가능성이 크다. 이는 치명적인 결과를 낳을 수 있다. 그래서 세계 어디를 보아도 한국처럼 작전권을 평시와 전시로 나누어 두 나라가 분담해 가지고 있는 경우는 찾아보기 힘들다. 즉 이러한 구분 자체가 원래부터 군사 전략의 효율적 수행이라는 목표에 충실하기 위한 것이 아니라 정치적 고려가 깔린 편의주의적 발상에서 비롯된 것이다.

둘째, 앞서 언급한 대로 한국군의 전력이 과거와 달리 성장한 상황에서 그리고 대규모 미국의 증원군 파견도 기대하기 힘든 상황에서는 한국이 전쟁 수행의 주도적 역할을 맡을 수밖에 없다. 물론 유사시 희생의 대부분도 한국 측이 감수할 수밖에 없을 것이다. 그렇다면 수많은 인명과 재산의 희생을 한국 측이 감수하면서 그러한 희생을 좌우할 작전 수행 권한을 스스로 포기하겠다는 것은 누가 보아도 이상한 일이다. 무엇을 위해서 우리 스스로가 그러한 부당함을 감당하겠다는 것인지 이해하기 힘들다.

셋째, 더 나아가 만일 동북아시아의 역내 불안정이 지속되고 북한이 핵을 포기하지 않아 전시작전권이 미국에 있는 상태에서 통일을 맞게 된다면 과연 우리가 통일을 주도할 수 있을지 의문이다. 예를 들어 북한의 남침으로 전쟁이 발발하는 경우를 가정해보자. 한국은 그 기회에 통일을 달성하기를 원하는데 만약 미국이 중국과의 대결 가능성을 피하기 위해 북한군을 군사분계선 이북으로 격퇴한 뒤 분단을 유지하는 방향으로 전시작전권을 행사한다면, 한국은 그대로 따라갈 것인가? 통일을 할 것인지 말 것인지를 기본적으로 미국의 손에 맡기는 상황이 벌어지는 셈인데 이는 통일을 앞장세우는 현 정부의 입장과 정면으로 모순되는 결과를 초래할 것이다.

마지막으로, 전시작전권 전환 연기는 한국의 외교 역량이나 국내 민주 정치의 관점에서도 바람직하지 않다. 한국의 외교 역량 관점에서 보면 사실 그동안 북한은 군사안보 문제에 관한 한 한국을 진지한 대화 파트너로 인정하지 않고 직접 미국 정부하고만 상대하려고 해왔다. 작전권을 갖고 있는 미국과 대화할 테니 한국 정부는 뒤로 빠지라는 식이었다. 더욱이 이는 단순히 북한에만 해당되는 것이 아니다. 겉으로 표현하지는 않지만 중국, 러시아 등 주변국 정부들이 주권 국가로서의 한국을 대하는 속마음도 마찬가지일 것이다.

외교의 시대

또한 냉전 시대 권위주의 정부 시기라면 몰라도, 지금 우리가 필요로 하는 한미 협력의 방식은 다르다. 개방적인 민주주의 시대의 한국 국민들이 원하는 것은 미국과의 수평적인 동맹 관계에서의 긴밀한 협력이지 일방적인 군사적 종속 관계가 아닐 것이다. 그런데 현 정부는 전임 정부의 연기 때와도 달리 향후 전환 준비를 위한 대강의 기본 계획이나 일정도 발표하지 않았다. 이것은 전시작전권 전환 자체에 대한 의지 부족으로 해석된다.

한편 한미 동맹은 한미 FTA의 체결을 통해 경제 동맹의 성격을 추가했다. 미국은 경제적인 관점에서 한미 FTA가 미국 상품과 서비스의 한국 진출을 증대시켜 주고 미국 내 고용 창출 효과를 가져올 것이라 보았다. 더 나아가 미국은 한국-EU FTA 체결을 통해 유럽이 누리게 된 혜택을 미국 또한 동등하게 누릴 수 있게 되기를 기대했다. 그런데 미국의 입장에서 한미 FTA는 전략적으로도 중요하다. 한미 FTA는 한국을 통해 동아시아에 대한 개입(engagement)을 심화하고자 하는 미국의 의지를 보여주는 하나의 중요한 상징이기도 하다. 특히 일부 전문가들은 한미 FTA에 대해서 미국이 최근 심화되는 한국의 대중국 경제 의존이 너무 지나치게 되는 것을 막으려는 의미도 담겨 있다고 주장했다.[12]

이명박 정부에 들어서 한미 동맹은 북한을 염두에 둔 단순한 군사 동맹 차원을 넘어서서 지구적 차원에서 협력을 다져가는 글로벌 파트너십을 지향하게 되었다. 이는 박근혜 정부에 들어서도 지속되어 한미 간에 포괄적 전략 동맹이 추진되고 있다. 이는 무엇보다도 한미 동맹의 목적이 중국과 같은 특정한 주변 국가를 견제하는 데 있는 것이 아니라 한국의 국력 성장과 국제적 위상 상승에 걸맞게 지구 사회의 공동 이슈를 함께 해결해 나가는 데 초점을 두겠다는 의도일 것이다.

한미 동맹의 발전을 위한 세 가지 핵심 이슈

마지막으로, 현재 시점에서 한미 간에는 한미 동맹의 발전을 위해서 긴밀한 대화를 통해 서로 공감대를 형성해야 할 세 가지 핵심 이슈가 존재한다. 첫째, 한반도 문제에 관한 동맹의 목표와 관련하여 두 나라의 정책 우선순위를 조정하는 문제이다. 이제까지 한미 동맹은 북한의 도발 억제를 통한 한반도 안정이라는 소극적 목표에 그쳤다. 그러나 우리 입장에서 가장 중요하게 생각해야 할 목표는 역시 한반도의 탈냉전과 평화 통일이기 때문에 한미 동맹의 목표도 좀 더 적극적인 방향으로 재조정되어야 한다. 즉 탈냉전 세계 질서 속에서 유일하게 한반도에서만 냉전 대결 상태가 지속되고 있는데, 한국과 미국은 이를 더 이상 당연한 것으로 여기지 말고 적극적으로 해소하는 한편 나아가 평화 통일의 달성을 목표로 삼아야 한다.

그런데 앞서 살펴본 대로 이제까지 미국 행정부는 북한 문제의 근본적 해결보다는 핵과 미사일 문제에만 집착하는 경향을 보여 왔다. 더구나 2016년 말에 임기가 끝나는 오바마 행정부는 외교 업적으로 미얀마, 쿠바와의 관계 개선, 이란과의 핵협상 등을 남기고자 매진했는데, 반면 북핵 문제에 대해서는 적극 나서서 해결하려는 의지가 없다. 8장에서 좀 더 자세히 설명하겠지만, 오바마 행정부는 출범 이후 최소한 세 번이나 북한에 당했다고 생각하고 있을 것이기 때문이다.

이처럼 어려운 상황 속에서 한국은 어떻게 한미 간 정책 우선

외교의 시대

순위의 미묘한 차이를 극복하고 미국으로 하여금 북한 문제의 근본적인 해결과 한반도 평화 통일을 위해 나서도록 할 수 있을 것인가? 다시 말해 한국과 미국 사이에 국내 정치 상황의 차이, 시각의 차이, 그로 인한 정책 우선순위의 차이가 존재하는 것은 분명한 사실이지만 그럼에도 불구하고 우리는 어떻게 이를 넘어서서, 양국의 대북 정책을 조율해내고 궁극적으로 한반도의 탈냉전과 항구적인 평화 정책을 달성할 수 있을 것인가? 이는 앞으로 우리 외교의 관건이 아닐 수 없다. 그리고 바로 한국 정부가 중장기 비전을 가지고 이러한 양국 협력 및 조율 과정을 주도해 나가야 한다. 여기서 등장하는 핵심 문제가 8장에서 살펴볼 북핵 문제이다.

둘째, 한미 간의 한반도 정책 조율과 관련한 중요한 주제로 한중 관계가 있다. 한국은 중국이 전략적 관점에서 한반도에 대해 가지고 있는 우려 사항과, 그럼에도 불구하고 북한 문제를 풀어가기 위해 중국과 협력해야 함을 미국에 이해시킬 필요가 있다. 중국은 역사적으로 한반도가 해양 세력과 연합하여 자국을 포위하는 것에 대한 우려가 깊다. 이러한 우려를 해소해주지 않는 한 우리는 북한 문제를 해결하고 통일을 달성하는 과정에서 중국의 협력을 확보하기 힘들다. 그러나 이런 미묘하고 복잡한 한중 관계에 대한 미국 측의 이해는 우리만큼 깊거나 절박하지 않다. 이것은 때로 미국 내에서 한국의 '중국경사론(中國傾斜論)'이 거론되는 원인이기도 하다. 따라서 우리는 미국과의 동맹을 강화해가면서도 이처럼 전략적으로 미묘한 한국의 입지를 미국에 적극 이해시킬 필요가 있다.

셋째, 한국 정부는 미국 정부에게 한일 관계에 대한 우리의 입장을 분명하게 전달할 필요가 있다. 미국은 최근 악화된 한일 관계에 대해 심각하게 우려하고 있다. 이 지점에서 우선 한국 정부는 북한의 위협이 상존하는 상황에서 한일 협력 관계가 중요하다는 점을 분명히 인식할 필요가 있다. 그리고 미국에게 한일 관계의 회복을 위해 노력할 것임을 밝힐 필요가 있다. 그러나 동시에 미국에게 아베 총리의 역사 수정주의가 비단 한국만의 문제에 그치는 것이 아니라 샌프란시스코 조약 이후 성립한 동아시아 평화 체제의 기본 전제를 흔드는 것이라는 점, 그렇기에 이 문제는 바로 미국 자신의 문제이기도 하다는 것을 설명해야 한다.

일본과 한반도

일본의 대외 전략 관점에서 본 한국

5장에서 설명한 것처럼 냉전기 일본이 요시다 독트린을 추구하며 비무장 상태에서 고속 경제 성장을 달성할 수 있었던 가장 중요한 이유는 미일 동맹을 통해 미국이 안보 우산을 제공했기 때문이다. 그러나 이에 못지않게 중요한 또 하나의 이유는 바로 한국의 존재였다. 한국이 한미 동맹과 주한미군의 주둔을 통해 비무장한 일본의 안보를 지켜주는 방패 역할을 해주었던 것이다. 바꿔 말하면 일본 정부가 미군의 일본 주둔을 허락했던 것은 한국이 공산 진영에 의해 무너지게 되면 일본도 안보 위기에 빠져들 수 있다는 판단에서 비롯되었다.* 이 때문에 냉전 시기 미국과 일본은 정상회담의 공동 성명을 통해 한국의 안보가 일본의 안보에 긴요하다는 내용의 소위 '한국 조항'을 지속적으로 발표해왔다.[13]

탈냉전 이후 변해버린 국제 정치 상황 속에서도 일본은 기본적으로 한국이 새로운 위협인 상승국 중국을 견제하는 방패막이 역할에 충실해주기를 원한다. 특히 지난 20여 년간 일본이 경제 침체를 겪는 동안에 중국의 국력은 빠른 속도로 성장했고 2010년 이후 중국이 공세 외교를 펼치자 이에 대한 불안감이 증폭되었다. 따라서 일본은 미일 동맹을 한층 강화하면서 동시에 한국이 미국, 일본과 함께 중국에 대처하는 3자 연대에 참여해주기를 원했다. 이를 위해 일본은 한때 외교적으로 한국을 끌어안기 위해 노력했다.

예를 들어 2009년 등장한 민주당 정부는 한국과 중국을 전략적으로 차별화하려고 했다. 일본 민주당 정부는 중국을 위협 세력으로 본 반면 한국에 대해서는 전략적 협력 대상으로 파악했다. 2011년 한국에 조선왕실의궤를 선뜻 반납한 것도 전례 없는 일이었고 이후 아베 정부(2012년 12월~)가 출범하기 전까지 일본 정부는 한일 FTA 협상에 대해 과거보다 적극적인 자세를 취했다.[**] 2012년 7월 한일 군사정보보호협정 체결에 대해 일본 측이 적극적이었던 것도 한미일 군사 협력을 강화하기 위한 것이었다. 특히 일본에서는 자국이 추진하는 '가치 외교의 네트워크'에서 인도나 호주와는 협력이 잘되는데 정작 지리적으로 가장 가까운 국가이자 민주주의 국가인 한국이 적극적이지 않아서 안타깝다는 분위기였다.

[•] 1959년 12월, 미일안보조약 개정 과정에서 양국은 한반도 유사시 주일미군이 한미연합군의 증원 전력으로서 신속하게 한반도의 작전 지역에 투입되고, 일본이 주일미군을 포함한 미 증원 전력의 군사 행동을 후방에서 지원하는 것과 관련된 '한반도 유사시 미군의 전투작전행동에 관한 의사록'을 체결하였다. 이를 통해 당시 후지야마 외상은 "한반도 유사시 주일미군이 즉각(immediately) 취할 필요가 있는 전투작전행동을 위해 일본의 시설 및 구역을 사용할 수 있다는 것이 일본 정부의 입장"임을 밝혔다. 이동준, 「1960년 미일 '한국 밀약'의 성립과 전개」, 『외교안보연구』, 제6권 제2호 (2010. 12), 147~152쪽.

[••] 그러나 한국 정부는 과거 한일 FTA 협상 당시와 같이 농업 개방 문제 등에 대해 일본 측의 개선된 입장이 보이지 않는 상황에서 협상 재개는 의미가 없다는 입장을 표명했다.

아베의 등장과 한일 관계 악화의 딜레마

그런데 아베 정부의 등장 이후 상황이 상당히 달라졌다. 아베 정부는 5장에서 설명했듯이 미국과의 동맹 강화의 기반 위에서 호주, 인도, 필리핀 등과 양자 관계를 심화하며 동아시아에서 반중 연대를 구축하고 있다. 그런데 일본은 이와 같은 글로벌 외교의 성과와 동아시아에서 자국의 위상 강화에 힘입어 한국과 중국을 상대로 과거사에 대한 수정주의적 입장을 굽히지 않고 있다. 오히려 세(勢)로 밀어붙이겠다는 형국이다. 예를 들어 일본 정부는 2014년 하반기부터 조성되어 오던 한일 관계 개선의 흐름을 깨고 정부 지침에 따라 독도가 자국의 영토라는 내용을 실은 중학교 교과서를 2015년 4월 검정 승인한 데 이어서 2015년판 외교청서에서도 독도가 일본 영토라는 주장을 발표했다. 위안부 문제에 대해서도 국가의 법적 책임을 인정하지 않고 있으며 사과와 함께 성의 있는 자세를 보이기보다 '전시에 어디에서나 있었던 일반적인 일'로 치부하는 속내를 드러내고 있다. 아베 이전의 일본 정부는 기본적으로 민감한 과거사 문제는 뒤로 미루고 미래를 위한 한일 협력은 따로 분리해서 동시에 추진해 나가자는 입장이었다. 그러나 아베 정부 이후 이러한 목소리는 줄어들고 아예 한국은 제쳐두고 가겠다는 식의 일방적 태도마저 엿보였다. 이것이 2015년 6월 이후 양국 관계가 개선의 움직임을 보이기 전까지의 상황이었다.

이 같은 과거사 문제와 영토 문제 외에도 한일 관계를 멀어지게 만드는 또 다른 이유가 있다. 그것은 양국의 대외 전략적 입장의 차이이다. 일본은 중국을 타깃으로 이른바 민주주의 국가들 간의 연합 및 가치 외교를 주장해왔다. 그러나 한국의 입장에서 주요 타깃은

그림 14. 2005년 8월 15일 야스쿠니 신사를 방문한 아베 신조(가운데) 당시 자민당 간사
장대리.

북한이다. 중국은 오히려 북한 문제를 풀어나가기 위해 협력을 끌어내야 할 잠재적 협조국이다. 그러한 중국을 타깃으로 삼아 대놓고 적대할 대상으로 삼는 것은 한국 입장에서는 현명한 선택이 아닐 것이다. 하지만 일본, 심지어는 미국 측 일부 인사들마저도 이러한 한국 측의 고뇌에 대해 깊이 이해하거나 공감하려고 하지 않는다.

한국과 일본은 이런 편차에도 불구하고 서로 간에 안보 협력을 할 필요가 있다. 이것이 두 나라의 딜레마이다. 이는 아직도 미국이 북한의 위협으로부터 일본을 지켜주는 데 있어서 한국이 최전선이고, 또 북한으로부터 한국이 공격받을 때 이를 저지하기 위한 후방 병참기지가 일본이라는 점에서 그러하다. 만일 북한이 도발하면 미일 동맹에 따라 오키나와 기지에 주둔한 미군 전투기가 한국의 방위를 위해 출격하게 되어 있다. 즉 북한 위협에 대한 안전 보장이라는 측면에서 한국과 일본은 서로 협력해야만 하는 파트너인 것이다. 바로 이러한 이유 때문에 미국은 21세기 세계 사회의 보편 정신에 어긋나는 아베 정부의 역사 수정주의에 대해서 "한일 양국이 서로 자제하라"는 식의 양비론적 입장에 머무르기보다 적극적으로 일본에 시정을 요청하고 이로써 한일 관계가 회복될 수 있도록 힘써야 한다. 전략적 협력의 필요성에도 불구하고 한국과 일본 두 나라가 충돌하는 현 상황을 벗어나기 위해서는 한국과 일본뿐만 아니라 미국의 적극적 노력이 긴요하다.

과거에는 미래 지향적인 방향으로 한일 관계를 주도했던 정치 지도자들이 있었다. 1998년 김대중-오부치 공동선언은 한일 관계의 분수령적 사건이었다. 한국이 민주화와 경제 성장에 자신감을 갖게 된 상황에서 김대중 대통령은 그동안 한일 양국의 엘리트층에 한정되어 있던 교류와 문화 접촉을 두 나라의 대중들에게 전면 개방하는 합의를 이끌어냈다.[14] 당시 한국이 일본 문화에 지배당할 것이라는 우려가 팽배했지만 실제로는 그와 반대로 오히려 한류가 일본에 상륙하여 일본인들의 한국에 대한 이미지를 크게 개선시켰다. 1993년 고노 요헤이 관방장관, 그리고 1998년 오부치 게이조 총리도 과거사 문제에 대해 일본의 잘못을 진정성 있게 반성, 사과하고 한일 관계를 미래 지향적인 방향으로 주도한 정치가들이었다. 한일 양국의 이러한 정치가들의 노력 덕분에, 지난 10여 년 동안 독도 문제와 야스쿠니 신사 참배, 과거사 문제 등으로 한일 양국 간의 갈등이 심했음에도 불구하고 양국 간의 인적, 물적, 문화적 교류는 꾸준히 유지되었다. 그러나 아베 총리 이후 양국의 정치 관계가 더욱 악화되면서 이제 그것을 떠받치는 하부구조마저 흔들리고 있다.

일본 문제: 어떻게 접근할 것인가

이처럼 쉽지 않은 일본 문제를 어떻게 대응해야 할 것인가? 첫째, 한국 정부는 시야를 한일 양자 관계에 국한하지 말고 아시아 태평양 지역과 국제 정치 전반의 차원에서 일본 문제를 조망하고 대응하는 자세로 나가야 한다. 우리가 한일 양자 관계에 주로 몰두하고 있을 때 일본은 나름대로 글로벌 외교를 펼치면서 아시아 태평양 국가들을 대상으로 외교 네트워크를 형성했다. 그리고 이제 그것을 과거사와 영토 문제에 대해 한국을 압박하는 세(勢)로써 활용하려는 움직임까지 보이고 있다. 따라서 한국도 이에 버금가는 적극적 글로벌 외교를 펼쳐나가야 한다. 특히 한국은 일본에 비해 국력은 작을지 몰라도 지구촌 사회의 보편적 가치에 부합하는 명분을 가지고 있다. 한국은 이러한 유리한 점을 살려 국제 사회의 여론에 호소하는 치밀한 공공외교를 펼쳐나가야 할 것이다.

둘째, 일본은 다원적인 민주 사회이다. 따라서 다양한 생각을 가진 민간 단체, 비정부 기구, 이익집단들이 있고 양심적인 지식인 사회도 존재한다. 일본을 하나의 단일체로 보아선 안 된다. 우리는 이러한 일본 내 다양한 사회 세력들에게 직접 미시적으로 접근해서 우리의 입장을 전달하고 우군을 만드는 공공외교를 해야 한다. 지금까지 한국 정부는 대일본 외교에서 너무 정부 중심적이었고 그만큼 입체적인 접근을 하지 못한 측면이 있다. 동시에 한국 정부는 원칙을 유지하되 일본에 대해 너무 대결적으로 나가는 것을 지양해야 한다. 그보다는 유연한 자세로 협력 관계를 회복하기 위해 노력하는 것이 바람직하다. 그것이 한국의 전략적 이익에 부합하기 때문이다.

셋째, 이러한 단기적 대처 외에 일본에 대한 중장기 전략이 필요하다. 통일과 북한 문제에 대한 한국의 입장을 일본이 받아들이도록 한다는 전제하에, 한국과 일본 두 나라는 중장기적으로 중국에 대한 전략적 공통분모를 모색하는 것이 바람직하다. 즉 한일 양국은 미국과의 동맹에 충실하면서도, 한편으로 서로 연대하고 협력하여 동아시아에서 미중 갈등을 완화하는 방향으로 힘을 모으고 역내 평화를 창출해내야 한다. 한일 양국은 그런 역할을 함께할 수 있다. 그리고 이러한 목표를 달성하기 위해 가장 적합한 제도적 장치가 이미 존재한다. 바로 1999년 아세안+3 회의에서 한중일 정상이 만들어낸 한중일 삼국 협력의 틀이다. 여러 관점에서 볼 때, 이 틀을 가장 적극적으로 활용하고 주도해가야 할 국가는 한중일 삼국 중에서도 한국이다. 2013년 이래 2년여 동안 이 한중일 삼국 협력의 틀을 방치해둔

것은 아쉬운 일이었다. 이를 하루 속히 활성화해 동북아시아에서 평화를 조성하고 한일 간의 전략적 협력도 유지해 나가야 할 것이다.

북일 관계

한편 북일 관계와 관련하여 과거 일본은 북한의 핵 개발뿐만 아니라 1998년 대포동미사일 발사 및 2006년 이후 수차례의 미사일 발사로 심각한 안보 위기를 느꼈다. 지금도 북한 핵과 미사일 문제는 일본에게 가장 중요한 안보 위협 중 하나이다. 그럼에도 불구하고 일본은 2002년 고이즈미 총리의 방북과 2년 후의 재방북으로 북한과 관계 개선의 가능성을 모색했다. 그러나 북한 김정일 위원장이 일본인 납치를 자인한 후 1970~1980년대에 북한으로 납치된 일본인의 신원 확인과 귀국 조치 문제가 해결되지 않았다. 이후 일본인 납치 문제는 일본 내에서 대단히 민감한 정치 문제로 비화되었다.

아베 총리는 집권 후 2013년 5월 북한에 고위급 관리를 파견하여 북일 접촉을 가졌다. 2014년에도 미묘한 동아시아 국제 정치 상황 속에서 북한에 접근했다. 그 결과 2014년 5월 북한과 일본은 스톡홀름 회의에서 북한이 본격적으로 납치자 문제에 대해서 협력하는 대신 일본은 순차적으로 대북 제재를 해제해주기로 합의했다.[*] 북한은 관계가 멀어진 중국과 한국에 대해서, 그리고 일본은 한국과 중국에 대해서 '우리는 이러한 외교적 카드도 있다'는 것을 과시하는 듯한 미묘한 상황이었다. 그러나 북일 간의 접근은 결국 한계에 부딪

---

* 이에 대해 한미 양국은 한미일 간에 구축된 대북 공조의 와해 가능성에 대해 우려를 표명했고 미국 정부는 아베 총리의 북한 방문 가능성에 대해서도 미리 쐐기를 박았다.

칠 것이다. 북한은 핵과 미사일 문제에 대해 일본의 우려를 해소해줄
수 없고, 일본은 미국과의 관계를 무시하고 일방적으로 북한에 경제
지원을 해줄 수는 없을 것이기 때문이다.

한반도 통일을 보는 일본의 시각

일본은 한반도의 미래, 특히 통일에 대해서 깊은 관심을 가지
고 있고 중요한 역할을 수행하고 싶어 한다. 그러나 동시에 일본의
정치 지도자들은 과거 식민지배 역사에 대한 한국인들의 민족 감정
때문에 일본이 한반도의 미래와 관련해 주도적인 역할을 수행하기
힘들 것이라는 점 또한 인식하고 있다. 따라서 일본은 한반도 문제에
대해 주도하려고 하기보다 반응하는 식의 수용적(adaptive) 태도로
조심스럽게 접근하는 모습을 보여왔다.[15]

일본이 한국의 미래에 대해 갖고 있는 기본적인 희망사항은
한반도가 평화롭게 그리고 비핵화된 상태에서 현상 유지되는 것이
다. 특히 일본은 한반도에서의 급작스러운 현상 변경이 동북아시아
지역에 초래할 수 있는 불안정을 우려하고 있기 때문에 한반도의 통
일이 서둘러 진행되는 것보다는 가능한 한 현 상태가 유지되기를 바
랄 것이다. 즉 일본은 지금과 같이 미국의 대북 억제를 통해 평화를
유지하면서 한국과는 우호적인 관계를 지속하는 상황을 원한다. 이
런 점에서 일본과 미국은 한반도에 대해 이익의 측면에서 서로 합치
되는 부분이 있고 그러한 공통의 이익을 추구하는 과정에서 일종의
역할 분담의 모습도 보인다. 미국은 한반도에 대한 대전략을 주도하
며 일본에 전략의 이행을 위한 지원을 요구하고, 일본은 미국이 한반
도 방위의 책임을 다하도록 유도하면서 미국의 지원 요청에 대해서

는 최대한 유연하게 대응하고자 하는 것이다.[16]

만일 불가피하게 통일이 오는 경우 일본은 그것이 일본에 불리한 방향으로 전개될 가능성을 우려할 것이다. 무엇보다도 일본은 중국을 의식하고 미중일이라는 대국 관계의 틀 속에서 통일 문제를 바라본다. 예를 들어 일본은 통일이 되는 경우 통일 한국이 미국과 동맹을 지속하고 주한미군이 한국에 주둔하기를 원할 것이다. 또 일본은 상승하는 중국에 대응하기 위한 일종의 안전핀으로 일본 본토에서 미군이 계속해서 주둔해주기를 원한다. 그런데 앞서 설명한 대로 만약 통일 한국에서 미군이 철수하면 일본 정부는 일본에서 미군이 주둔해야 할 명분을 국민들에게 설명하기 힘들어질 수도 있다.

통일 한국이 미국과의 동맹 관계를 끊고 중립국이 된다거나 대륙 세력인 중국에 가까워지는 것을 일본이 두려워하는 또 다른 이유는 과거사 문제로 통일 한국에서 민족 감정이 일어나 통일 한국이 중국과 연대하여 일본을 적대할 가능성을 생각하기 때문이다. 그 경우 일본은 미일 동맹을 더욱 강화할 뿐만 아니라 자체적인 군사력 증대에 나설 것이다. 1970년대 초 중국을 방문한 자리에서 키신저는 중국 지도부에게 한미 동맹은 북한의 위협을 억제하는 효과뿐만 아니라 일본의 무장을 억제하는 효과도 있음을 말한 바 있다. 그리고 이것은 한반도가 통일된 경우에도 유효하다. 중국은 통일 한국과 미국의 동맹이 일본의 핵 보유 의지를 포함하여 군사력 증대를 억제하는 긍정적 효과가 있음을 인식할 필요가 있다.

또한 일본은 만약 통일된 한국이 핵무장을 하게 되면 그것은 대단히 바람직하지 못하다고 생각할 것이다. 한국의 통일 자체에 대해서도 유보적일 수 있는데 거기에다가 통일 후 핵까지 가진다면 아마 일본은 그 상황을 결코 원치 않는 시나리오로 간주할 것이다. 그 외에 일본은 기본적으로 통일 한국이 민주주의 국가로 국제 의무를 준수하고 개방경제를 계속해서 추구하기를 원할 것이고, 통일 이후 북한 경제의 개발 과정에 일본 자신도 적극 참여할 수 있기를 원할 것이다.

중국과 한반도

미국이 그러하듯이 중국도 한반도 문제를 철저하게 세계 전략 차원에서 접근해왔다. 한반도 문제를 한중 관계 그 자체로만 보는 것이 아니라 대미 전략 차원에서, 다시 말해 미국 또는 미국의 동맹인 일본과의 관계라는 시각에서 보아왔다는 것이다. 무엇보다 중국은 한반도가 해양 세력이 중국을 침략하는 다리가 되거나 연합 세력이 중국을 포위하는 하나의 고리가 되지 못하도록 막고자 하는 전략적 목표를 가져 왔다. 이러한 목표를 달성하기 위해 중국은 한반도에 대한 영향력을 확대하려고 노력해왔는데 냉전기에는 방어적인 형태로, 1992년 한중 수교 이후에는 보다 적극적인 형태로, 그리고 미중 경쟁이 심화된 2010년 이후에는 공세적인 형태로 추진해왔다. 중국의 이 같은 한반도 전략은 앞으로도 상당 기간 계속될 것이다. 그리고 중국이 북한 문제나 한반도 통일을 바라보는 시각도 이러한 큰 전략적 틀을 벗어나지 않을 것이다. 이를 좀 더 자세히 살펴보도록 하자.

한중 수교 이전 대한반도 전략

1949년 대륙에서 중화인민공화국이 세워진 이후 중국 대외 전략의 핵심은 서방 세계, 특히 미국에 의해 포위당하는 상황을 막는 것이었다. 당시 미국은 일본 및 한국과의 동맹을 통해 동쪽으로부터 중국을 견제하고 있었고 남쪽에서도 동남아시아 국가들과 손잡고서 중국을 압박하고 있었다. 그렇기에 마오쩌둥의 가장 중요한 관심사는 이러한 대중국 포위망에 과연 어떻게 대응해야 할 것인가였다. 건국 이후 1년밖에 지나지 않은 1950년 10월 중국이 정치적, 경제적으로 사정이 대단히 어려웠음에도 불구하고 한국 전쟁에 참전한 것은 이 때문이었다. 그는 만약 북한이 패전하여 한반도가 남한 중심으로 통일될 경우 한반도 북쪽 국경지대에서 미국과 직접 맞닥뜨리게 될 상황을 우려했다.[17] 이 때문에 마오쩌둥은 대만 통일의 기회마저 잃었다.

그렇지만 마오쩌둥의 결정에는 전략적인 이유가 있었다. 역사적으로 한반도는 해양 세력이 중국 대륙을 향해 침략해 들어오는 길목으로 활용되어 왔기 때문이다. 멀리는 임진왜란 때 일본의 도요토미 히데요시가 명나라를 공격하기 위해 조선에 길을 내달라고(征明假道) 요구한 데서부터 시작된다. 19세기 말에도 중국은 조선의 동학 혁명에서 비롯된 청일 전쟁(1894~1895년)에서 패해 일본에게 대만을 할양해주고 다롄(大連)과 뤼순(旅順)을 포함한 만주의 랴오둥 반도를 일본에 넘겨주는 수모를 경험했다.* 이러한 역사적 사례들은 중국으로 하여금 한반도가 특정 적대 세력의 영향하에 통일될 경우 자국을 위협할 가능성에 대해 강한 경계심을 갖도록 만들었다.

---

* 물론 랴오둥 반도는 그 후 러시아 주도로 프랑스 독일과의 삼국간섭을 통해 일본으로부터 돌려받을 수 있었다. 그러나 그 대신 중국은 러시아에게 시베리아횡단철도의 연장 건설을 허락해주었고, 그 결과 러시아가 만주에서 영향력을 지배적으로 확장하게 되는, 뼈아픈 대가를 치러야만 했다.

한편 1978년 이래 덩샤오핑은 마오쩌둥 시기의 반제국주의적 대외 정책을 뒤로 하고 개혁개방에 매진하는 실용주의 노선을 채택했다. 덩샤오핑은 중국의 경제 발전을 최우선 순위에 두고 이를 달성하기 위한 평화로운 대외 환경의 구축을 가장 중요한 외교 목표로 삼았다.* 이에 따라 중국은 제국주의 국가들과 대결이 아니라 공존하는 시대로 진입하게 되었고, 중국의 한반도 정책도 더욱 적극성을 띠기 시작했다. 냉전기 중국의 한반도 정책이 한미 동맹에 대항해 북한을 지켜내는 방어적 성격이었다면, 서방 세계와의 국교 수립을 통해 외교적 고립에서 벗어난 1980년대 개혁개방기에는 한국에 대한 영향력을 강화시켜 나가는 적극적 성격으로 바뀐 것이다.

한중 수교 이후 적극적 한반도 전략

　　1992년의 한중 수교도 사실 이러한 적극적인 한반도 정책의 일환이었다. 한중 수교 과정에서 중국 내부에는 적지 않은 반대 의견이 존재했다. 이들은 중국이 한중 수교를 하는 경우 사실상 '두 개의 한국'을 지지하는 것이 되고 그것이 다시 '두 개의 중국'—대륙의 중화인민공화국과 타이완의 중화민국—을 정당화해줄 수 있다고 우려했다.[18] 결국 덩샤오핑이 직접 개입해 한중 수교를 결정했다. 한중 수교를 통해 한미 동맹과 미군의 한국 주둔이 가진 잠재적 위협을 상쇄하고 한반도에서 일본의 입지가 강화되는 것을 막으면서 중국의 영향력을 키우고자 했던 것이다.** 한편, 일부에서 우려했던 '두 개의 중국'에 관한 문제에 대해 중국인들은 1991년 남북한이 유엔에 동시 가입함에 따라 이 문제가 해소되었다고 인식했다. 한국 문제와 '하나의 중국'을 추구하는 중국 문제는 성격이 다름을 보여주었다는

것이다.[19]

한반도에 대한 중국의 적극적 전략은 성공적이었다. 무엇보다도 한중 수교 이후 한반도에서 중국의 영향력이 급증했기 때문이다. 사회주의 통제 체제를 고수한 북한은 국제 사회로부터 고립된 채 여전히 중국의 지원에 전폭적으로 의존했다. 또한 한국의 경우도 2000년 한중 마늘 분규 사례가 잘 보여주듯이[20] 한중 수교 이후 대중국 경제의존도가 급격히 증가했고 그로 인해 중국은 한국에 영향력을 행사할 수 있게 되었다. 2014년 한국의 대중 교역량은 대미 및 대일 교역량의 합계보다 클 정도였다.

비록 1992년 한중 수교 이후 가까워졌지만 한중 관계에도 굴곡은 있었다. 2000년대 초반까지는 경제 교류가 확대되었고 정치적 관계 역시 우호적으로 유지되었다. 김대중 정부(1998~2002년)는 주변

• 이러한 덩샤오핑의 외교전략은 그가 1989년 외교부 관리들에게 제시한 대외 관계 지도방침에도 잘 드러나 있다: "국제적으로 복잡한 정세에 직면하여, 덩샤오핑은 냉정히 관찰하고(冷靜觀察), 발판을 튼튼히 하며(穩住陣脚), 침착하게 대처하고(沈着應付), 재능을 감추고 숨어서 때를 기다리며(韜光養晦), 우직하게 지키고(善於守拙), 절대로 우두머리가 되지 않으며(絶不當頭), 해야 할 일은 나서서 이룬다(有所作為)라는 대외 관계 지도방침을 제시했다(面對國際上的復雜情況, 鄧小平同志及時提出了冷靜觀察, 穩住陣脚, 沈着應付, 韜光養晦, 善於守拙, 決不當頭, 有所作為等對外關系指導方針)." "冷靜觀察, 沉着應付, 韜光養晦, 決不當頭, 有所作為", 『人民网』(2012. 10. 28). http://theory.people.com.cn/BIG5/n/2012/1028/c350803-19412863.html.

•• David Shambaugh, "China Engages Asia: Reshaping the Regional Order," *International Security*, Vol. 29 No. 3 (winter, 2004/05), 79쪽. 한편 중국이 이러한 전략적 계산에 따라 한중 관계 개선의 필요성을 느끼고 있었음에도 불구하고 한국은 수교의 데드라인까지 정해가며 서둘러 수교 협상을 진행하려고만 하는 모습을 보였다. 이로 인해 중국의 한국 전쟁 참전에 대한 유감 표명 등 한국의 입장을 충분히 반영하지 못한 상태로 서둘러 협상이 마무리 된 점은 못내 아쉬운 부분이다. 이처럼 당시 한국 측이 협상을 서둘렀던 점에 대한 비판으로는 정재호, 『중국의 부상과 한반도의 미래』(서울: 서울대학교출판문화원, 2011), 168~182쪽.

국 외교를 무리 없이 관리했고 대북 포용 정책을 통해 남북 관계를 개선했다. 노무현 정부(2003~2008년)의 경우, 대북 포용 정책을 계승했는데 외교 정책에 있어서 미국과의 관계는 순탄치 못했지만 한중 관계는 대체로 우호적이었다. 특히 2005년 제기된 한국 정부의 '동북아 균형자론'은 비록 실제로 정책화되지는 않았지만 한반도에 대한 영향력 증대를 목표로 하는 중국의 의도에 잘 들어맞는 발상이었다. 한국이 미국과 중국 사이에서의 균형자 역할을 하겠다는 아이디어에서 출발한 '동북아 균형자론'은 곧 미국과 어느 정도 거리를 유지하고 중국을 가까이하겠다는 의도를 담고 있었기 때문이다.*

그러나 한미 동맹의 복원을 강조한 이명박 정부가 출범한 이후부터 중국 정부는 한국에 상대적으로 냉담한 자세를 견지했다. 물론 표면적으로는 한중 관계가 기존의 '전면적 협력동반자 관계'에서 2008년 '전략적 협력동반자 관계'로 격상되었지만, 실제로는 전략적 협력을 가능케 할 긴밀한 대화채널이 마련되지 못했다. 중국의 전, 현직 고위관리들은 비공식적으로 이명박 정부의 대북 정책에 대해서 불만을 표출하곤 했다. 쉽게 말해 "왜 같은 민족끼리 잘 지내지 못하고서 무슨 일만 생기면 중국에게 이런저런 대북 압력을 넣어 달라

---

* 2005년 4월 이른바 '동북아 균형자론'이 발표된 이후 미국 측으로부터 이를 우려하는 심각한 반응이 나타나자 한국 정부는 '균형'이란 미중 간의 균형이 아닌 중일 간의 균형을 의미하는 것이라고 못 박았다. 그러나 일본이 미국의 동맹국이라는 점을 감안하면 실질적으로 둘 사이에는 큰 차이가 없는 것으로 미국 측은 인식하였다. 관련 문헌으로는 "동북아균형자론은 미국 아닌 중국·일본 겨냥", 『국정브리핑』(2005. 5. 31), http://www2.korea.kr/newsWeb/pages/brief/categoryNews2/view.do?newsDataId=75084498&category_id=p_mini_news&section_id=&metaId=main_news

고 부탁해 오는가" 하는 내용들이었다. 여기에는 경제적으로 성공한 한국이 좀 더 자신감을 갖고 북한을 포용하기를 원한다는 의미 또한 담겨 있었다.

2010년 이후 공세적 전략

지난 2010년 천안함, 연평도 사태에서 중국이 취한 태도를 통해서도 중국이 냉정한 전략적 계산에 따라 한반도 외교를 수행하고 있음을 확인할 수 있었다. 한국 정부와 국민들은 한중 수교 이후 20년 가까이 심화되어온 양국 관계를 감안할 때 중국 정부가 최소한 객관적인 자세로 북한의 도발을 비판해주기를 원했다. 그러나 중국 정부는 그러한 한국인들의 희망을 저버렸고 오히려 한국 측의 책임을 거론하고 나섰다. 특히 천안함 사건 이후 유엔 안전보장이사회에서도 중국은 외교적으로 철저하게 북한의 입장을 대변했고, 그리하여 최종적으로 도출된 결의문 문안을 두고 북한 대표는 "위대한 외교적 승리"를 거두었다고 주장할 정도였다.[21]

한국에서 박근혜 정부가 들어서고 중국에서 시진핑 정부가 들어선 2013년 이래 두 나라의 관계는 이명박 정부 때에 비해 가까워졌다. 여기에는 일본 아베 정부의 과거사에 대한 입장으로 인한 한일, 중일 간 갈등이 일조했다. 그러나 무엇보다도 중국 정부가 세계 전략적 고려 아래 진행하고 있는 공세적 외교가 중요한 요인이었다. 즉 중국은 글로벌 차원에서는 아닐지라도 최소한 지역 차원에서 동아시아를 자국의 지배적인 영향력 아래 두고자 주변국 외교를 중요시하기 시작했다. 예를 들어 시진핑 주석은 2013년 10월 23~24일 주변외교공작좌담회를 주재하면서 "주변국들과 이익의 공통점을 찾아 나누며 원칙을 갖고 도의와 정의(情誼)를 이야기할 수 있는 정확한 의리관(義利觀)을 정립"해야 하고 "주변 국가에 (중국과) 운명 공동체라는 의식이 뿌리내리고 확산될 수 있도록 해야 한다"고 강조했다.[22] 이러한 주변국 외교의 핵심 대상이 한국이다. 중국은 미국의 동맹인 한국을 미국, 일본, 호주, 필리핀 등으로 연결되는 대중국 연합 전선에서 이탈시키고자 하고 있다.

예를 들어 시진핑 주석은 북한 방문이나 북한 김정은 제1위원장의 방중에 앞서 2014년 7월 3~4일 한국을 먼저 방문했다. 이는 상당히 이례적인 사건이었다. 그가 방한하여 일본 아베 정부의 집단자위권 행사와 관련하여 한국 정부의 우려 표명을 끌어냈던 것, 서울대 연설에서 양국 간 경제 협력의 심화, 문화적 유대와 지리적 근접성을 강조하고 임진왜란 때 항일 공동 전선을 펼쳤던 점까지 언급하면서 한중 협력의 역사를 강조한 것도 다 중국의 대미, 대일 전략 차원의 고려가 깔린 것이다.

한중 FTA 체결도 중국의 적극적 외교 공세의 일환이다. 한미 FTA의 체결 및 발효를 목격한 중국 정부는 그 효과에 대응하기 위한 전략으로 한중 FTA의 체결을 적극 추진했다. 중국은 한중 FTA가 체결되면 일본이 중국 시장에서 한국에 비해 불리한 위치에 놓일 수밖에 없다는 점도 고려했을 것이다. 그 경우 일본이 선택할 수 있는 대응책 중 하나는 일본도 중국과 FTA를 체결하는 것일 텐데 그렇게 되면 한국 및 일본과의 동맹을 통해 동아시아에서 우위를 점해왔던 미국의 영향력이 상대적으로 감소한다는 의미가 될 수 있다.[23] 그러나 최근 중일 관계가 영토 분쟁과 과거사 문제로 악화된 상황에서, 일본은 미국이 주도하는 환태평양경제동반자협정(TPP) 참여로 대응하고 있다.

중국의 대북 전략

중국의 북한에 대한 전략은 한국과 그 동맹국인 미국의 영향력이 북상하는 것을 막는 전략적 완충 지대로 북한을 유지하는 것이다. 이를 위해 중국은 정치, 안보, 그리고 경제 측면에서 북한을 완전히 자국의 영향권 안에 위치시키는 전략을 펼쳐 왔다. 특히 최근 중국은 정치 및 안보 차원에서 북한의 유일한 후원국으로 그치지 않고 북한에 대한 경제적 영향력을 증대하려는 노력을 꾸준히 지속해 왔다. 이는 동남아시아 국가들에 대한 전략과 비슷한 지역 경제 통합 전략의 맥락에서 전개되었다. 중국 정부는 창춘, 지린, 투먼 지역을 집중 개발하는 창지투 개발 계획을 적극적으로 추진하고 있다. 그와 동시에 이 지역에서 생산된 제품들을 해로로 수송하기 위해 북한 나선항의 접안 시설을 장기 임대했고 중국 훈춘과 나선이 하나의 경제권으로 엮이고 있다. 그동안 북한 당국은 나선항 임대에 대해 내키지 않아 했으나 남북 경협과 미국의 지원이 장기간 중단된 상황에서 결국 중국과의 경협에 의존할 수밖에 없었다. 이처럼 창지투 지역과 나선항이 연결되면 중국은 나선항을 통해 동북3성의 곡창 지역에서 생산되는 농산물 등 물산을 동해와 동중국해, 남중국해를 거쳐 중국 동남부 항구들로 저렴한 비용에 수송할 수 있게 된다.

이러한 변화는 단순히 경제적 차원의 문제로만 그치지 않을 것이다. 중국은 자국의 물류 수송로를 보호한다는 명목 아래 동해에서 더욱 빈번하게 해군 작전 활동을 수행할 것이다. 만약 그렇게 되면 한반도가 군사전략적 의미에서 점차 중국의 내해 안에 존재하는 섬처럼 될 수 있다. 일본과 러시아 정부는 이미 이러한 가능성에 대해 신경을 곤두세우고 있다. 특히 러시아 정부는 위와 같은 중국의 적극적인 한반도 전략에 자극을 받아서인지 이명박 정부 말기에 남북한을 연결하는 천연가스 파이프라인 건설 프로젝트에 적극적으로 나선 바 있다.*

특히 중국은 이명박 정부 이래 남북 관계가 악화된 상황에서 북한에 대한 무역과 투자, 그중에서도 북한의 천연자원에 대한 투자를 늘려 왔다. 실제로 2006년까지 50% 내외의 수치를 보였던 북한의 대중국 경제의존도는 2007년 67.1%를 기록한 이후 급격히 증가하여 2010년에는 83%, 2011년에는 90%에 육박했다.[24] 이 같은 중국의 북한에 대한 투자와 북한의 대중국 경제의존도 심화는, 앞으로 북한이 어떠한 정치적인 변화를 겪거나 어떤 체제가 들어서든지 간에, 특히 통일이 되는 경우에라도 중국이 영향력과 기득권을 구조적으로 확보할 수 있는 기반이 되어줄 것이다. 그런 의미에서 이는 한반도 미래에 대한 중국의 전략적 장기 투자인 셈이다.

북한과 중국 간의 정치적 관계를 살펴볼 때 중국 정부는 한반도의 평화 안정이라는 명분하에 북한 체제를 지원하는 현상 유지 정책을 펼쳐왔다. 북한 체제의 존속을 통해 북한이 한국과 그 동맹국 미국의 세력이 북상하는 것을 막는 완충 지대 또는 방파제 역할을 지속해주기를 원했던 것이다. 이는 2차 북핵 위기 이후 북핵 문제에 대한 후진타오 정부의 태도에서도 잘 드러났다. 2002년 10월 평양

---

* 그러나 실제로 가스 파이프라인 건설 프로젝트는 진전이 없고 성과를 내고 있는 사업은 나진-하산 간 철도 개건 사업과 나진항 3호 부두 현대화 사업이다.

에서의 북미 회담 결과로 북한이 우라늄 농축 프로그램을 작동한 사실이 드러나 북핵 위기가 재발했을 때, 중국은 1차 북핵 위기 때와는 달리 적극적인 중재 외교를 펼쳤다. 중국은 미국이나 다른 서방 국가들과 마찬가지로 북한의 핵개발을 원치 않았고, 따라서 북한이 핵실험을 할 때마다 유엔이 주도하는 경제 제재에 동참했다.

그러나 중국은 한국이나 미국과는 달리 북한의 비핵화보다도 북한의 체제 유지를 지원하는 것을 더 중요한 우선순위로 삼았다. 바로 그 때문에 중국은 국제적으로 대북 제재가 진행되는 와중에서도 북한과의 경제 협력을 심화시켜 온 것이다. 또한 후진타오 시기까지의 중국은 북핵 문제를 다루는 데 있어 자신의 역할을 당사자가 아닌 미국과 북한 사이의 중재자 역할로 제한해왔다. 이에 더해 중국 정부는 북한이 2차 핵실험을 강행한 후 3개월이 지난 2009년 8월 내부 고위급 회의를 통해 북핵 문제와 북중 관계를 서로 분리한다는 방침을 채택했다. 북핵 문제가 북중 관계에 부정적 영향을 미치지 않도록 투트랙(two-track) 정책을 추구한 것이다.[25]

그러나 문제는 북한이 이러한 중국의 비핵화에 대한 소극적 정책을 오히려 역이용하는 태도를 보였다는 점이다. 북한은 중국의 반대에도 아랑곳하지 않고 핵실험과 미사일 개발을 계속했다. 이때 후진타오 정부는 북한에 끌려가는 양상이었고 서방의 관측자들은 북중 관계를 '꼬리가 몸통을 뒤흔드는 것'으로 비유하기도 했다. 주목할 점은 시진핑 정부는 후진타오 정부와는 달리 이러한 패턴을 방관하지 않겠다는 자세로 나오고 있다는 것이다. 당당한 세계 대국으로서의 중국을 추구하는 시진핑 입장에서는 중국이 후원하는 북한이 중국의 입장을 곤란하게 하고 국익에 반하는 행동을 하는 것을 용납하지 않겠다는 것이다. 예를 들어 북한이 핵과 미사일 개발, 천안함 및 연평도 사태에서와 같은 대남 도발 등 호전적 정책을 계속하는 경우 그것은 중국이 지향하는 주변 지역에서의 평화 추구와 대국으로서의 국제적 위상 확보라는 목표에 걸림돌이 된다. 과연 이 딜레마를 어떻게 다루어야 할 것인지가 중국 정치 지도자들에게는 큰 고민거리였던 것이다.[26] 2013년 봄에 북한이 3차 핵실험과 미사일 발사를 하고 대단히 위협적인 언사로 한국과 미국을 비난했을 때, 새로 취임한 시진핑 주석은 이례적으로 북한을 공개 비판했다.*

이와 동시에 중국 내에서는 북한과의 관계를 특수 혈맹 관계가 아닌 보통의 국가 관계로 보아야 한다는 주장이 점차 나오고 있다.** 특히 과거 한국 전쟁 참전을 직접적으로 경험한 중국의 1세대(마오쩌둥), 2세대(덩샤오핑)와는 달리 3세대(장쩌민), 4세대(후진타오)로 내려갈수록 중국 지도부 내에서도 북한을 특수 혈맹 관계로 보려는 시각이 약화되고 있다. 심지어는 시진핑 정부가 2014년 초부터 5개월간 대북 석유 공급을 중단했다는 설도 있다. 중국의 주펑(朱鋒) 교수는 중국이 과거의 '경제는 한국, 정치는 북한'을 중시하는 이른바

---

* 2013년 6월 한국을 방문한 전 국무위원 탕자쉬엔(唐家璇)은 중국 정부가 한반도 안정 유지, 대화를 통한 문제 해결, 한반도 비핵화라는 한반도 정책 3원칙 중 한반도 비핵화를 가장 우선시하고 있다고 발언했다. 이제 중국의 우선순위가 한반도의 안정이 아니라 비핵화라는 것이다. 김기정, 김성훈 기자, "中, 잇단 北 공개비판… 對北정책 1순위 '안정→비핵화'", 『매일경제』(2013. 6. 27), A4.

** 대표적인 인물로 난징대학교의 주펑 교수가 있다. 북중 관계를 보통의 국가 관계로 간주해야 한다는 그의 주장이 담긴 글로는, 주펑, 「중북관계에서의 동맹요소: 변화와 조정」, 국가안보전략연구소, 『북중우호협조 및 상호원조조약과 한미동맹 자료집』(2011. 9. 1), 33~41쪽. http://www.inss.re.kr/app/dn_file_log.act;jsessionid=937732A177865075A7CC303EE66DF96E?id=4721&hash=2b25d5c50a45d310a1765201ce49ad041be1e1bc&menuId=265

외교의 시대

그림 15. 2015년 9월 3일 전승 70주년 기념 열병식에서 군대를 사열 중인 중국의 시진핑 주석.

남북 간 균형 정책을 파기했다는 주장까지 펼쳤다.[27]

그러나 중국이 이처럼 한국에 대해 적극적으로 접근했다고 해서 그동안 전략적 '완충 국가(buffer state)'로* 삼아온 북한을 포기하고 한국을 선택했다고 보는 것은 아직 시기상조다. 아마도 최근 중국의 행보는 북한이 일방적인 일탈 행동으로 중국의 국익을 해치는 것을 앞으로는 묵과하지 않겠다는 강한 의지를 전달하고 있는 정도로 해석하는 것이 적절할 것이다.

통일 문제에 대한 중국의 입장

이처럼 중국은 한반도에 대한 영향력 증대 노력을 시간이 갈수록 강화해왔다. 그러한 전략적 틀 안에서 중국은 한국의 통일 문제에 대해서도 깊은 관심을 가지고 있다. 중국은 공식적으로 평화적이고 자주적인 한반도 통일을 지지해왔다. 중요한 점은 중국이 한국의 통일이 외세의 개입 없이 남북한 주민들에 의해 자주적으로 이루어지기를 희망한다는 것인데 물론 여기에는 중국의 대외 전략이 담겨 있다. 즉 중국은 통일 과정과 통일 이후 한반도 상황이 중국, 미국, 일본 간의 역학 관계 속에서 중국에 불리하게 정해지는 것을 원치 않는다는 것이다.

첫째, 중국은 자국에 대해서는 '하나의 중국' 원칙을 일관되게 지켜왔기 때문에 한 나라이지만, 한국은 '하나의 한국'을 주장하는

• '완충 국가'란 적대적인 강국들이 세력균형을 유지하기 위해, 혹은 강국들 사이에 직접적인 군사 접촉이나 이로 인한 무력 충돌 및 분쟁의 발생 소지를 감소, 회피하기 위해 지리적으로 강대국들 사이에 위치한 소국의 독립이나 중립을 보장하는 경우를 가리킨다.

외교의 시대

대신 유엔에 동시 가입했기 때문에 한반도에는 실질적으로 두 개의 주권 국가가 존재한다고 주장한다. 따라서 중국은 한국이 북한의 주권을 존중해야 한다고 강조한다. 이는 기본적으로 한반도 통일에 대한 중국의 부정적 입장 또는 소극적 입장을 합리화하는 명분으로 사용되고 있다. 그러나 중국 측은 민족 자결의 원칙에 따른 통일이라는 현상 변경의 문제가 국제법의 범위를 초월하는 고도의 정치적 행위라는 점을 인식할 필요가 있다.

둘째, 한국이 불가피하게 통일이 되는 경우에도 중국은 자국의 영향력 증대를 추구할 것이다. 통일 과정에서 한국과 미국이 자신들과 상의 없이 일방적으로 행동하는 것, 특히 군사적 행동을 취하는 것을 원하지 않을 것이다. 따라서 최대한 중국과 사전 논의를 하는 게 중요하다. 무엇보다도 상호 간에 불필요한 오해와 의심을 제거하기 위해서 상황이 발생하기 훨씬 전부터, 가능하다면 중요한 사항들에 대해 한중 간에, 그리고 한미중 삼국 간에 인식을 공유해가는 것이 중요하다.

또한 중국은 남북 통합 및 통일 과정에서 정치적, 경제적으로 영향력을 행사하려고 할 것이다. 중국은 만약에 정치적으로 가능하다면 유엔 안전보장이사회와 같은 국제기구의 감독하에 한반도의 통일 과정이 진행되기를 원할 수 있다. 왜냐하면 중국은 유엔 안전보장이사회의 상임이사국으로 통일 과정에서 미국이나 한국 정부의 영향력을 적절하게 통제하면서 자국의 영향력을 행사할 수 있다고 믿을 것이기 때문이다. 물론 국제기구에 주도권을 주는 그러한 형식은 1945년 해방 직후 신탁통치 논의의 기억을 되살려 한국 국민들의 큰 저항을 불러올 것이다. 통일 한국의 형성 과정은 1990년 독일 통일의 경우가 그러했듯이 민족 자결의 원칙에 따라 철저히 한국인들의 주도로, 그러나 국제적 협력을 받아서 이루어져야 한다.

그리고 중국은 통일에 이르는 과정에서 통일 한국과 중국 간에 문제가 될 수 있는 영토 문제에 대해 사전에 양측 간의 분명한 입장 정리를 희망할 가능성이 높다. 즉 중국은 통일에 협력하는 대신 한국 정부에게 북중 간의 영토 획정에 대한 기존의 합의를 존중해 달라고 요구할 수 있다. 중국은 경제적으로도 그동안 북한에 투자한 중국 기업들의 재산과 권리를 보장받기를 원할 뿐만 아니라 북한 지역의 재건 과정에 적극적으로 참여하기를 원할 것이다. 통일 협상 과정에서 이러한 문제들이 자세히 논의되어야 할 것이다.

셋째, 통일 이후 한국의 정치적 위상과 관련한 문제이다. 중국은 장기적으로는 통일 한국이 한미 동맹이 종료된 상태의 비핵 국가이자 비동맹 완충 지역이 되기를 희망할 것이다. 우선 한반도의 비핵화는 오랫동안 중국의 정책이었고 한반도 주변 4국 모두가 원하는 그림이다. 또한 중국은 통일 한국이 미국과 일본에 의해 중국을 압박하는 수단이 되는 것을 우려해왔기에 단기적으로는 힘들더라도 장기적으로는 비동맹 완충 지역이 되기를 원할 것이다. 또 통일 한국과 미국 간에 동맹이 유지되는 경우에라도 앞서 말했듯이 미군이 과거 북한 지역으로 북상해서 주둔하는 데 대해서는 강하게 반대할 것이다. 사실 중국은 더 나아가 통일 이후 한국 내의 반일 감정이 고조되어 한국이 중국과 가까워지고 중국의 영향권 안으로 들어오게 되기를 희망할 가능성이 높다.[28]

중국은 1970년대 미중 화해 이후 미일 동맹이나 한미 동맹이 동북아시아 국제 정치에서 안정자(stabilizer) 역할을 수행한다는 것을 어느 정도 수긍해왔다. 미일 동맹이 일본으로 하여금 미국의 품을 떠나 독자 노선을 취하고 재무장하여 중국과 대결하는 방향으로 나아가지 못하도록 억제하는 측면이 있음을 인정했던 것이다. 또한 한미 동맹에 대해서도 그것이 한국 정부가 무리하게 북한에 대해 공격적 조치를 취하지 못하게 억제하는 역할도 함으로써 동북아시아 국제 정치를 안정시켜 주는 긍정적 측면이 있다고 내심 믿어 왔다. 냉전 종결 이후 미중 관계가 좋았을 때만 하더라도 이러한 인식은 지속되었다. 하지만 2000년대 후반 들어서 특히 미중 경쟁이 심해지고 군사안보 차원에서 상호 불신이 커지면서 중국이 한미 동맹이나 미일 동맹을 '냉전의 유산'이라고 비판하는 빈도가 높아졌다. 이는 한반도 문제가 앞의 장들에서 설명한 국제적 차원의 권력 이동과 미중 경쟁의 심화라는 상황 변화에 직접적으로 영향을 받고 있음을 보여준다. 미중 경쟁과 갈등이 심해질수록 우리의 자율적 외교 공간이 좁아지는 것이다.

넷째, 중국은 다수 민족으로 구성된 국가이고 소수 민족이 살고 있는 땅이 전 국토의 대략 3분의 2에 해당한다.[29] 따라서 국가의 통합과 안정을 유지하는 것을 대단히 중요하게 생각한다. 그러한 맥락에서 중국은 한반도 통일이 동북 3성에 거주하는 조선족에게 미칠 영향을 우려할 것이다.[30] 만약 통일이 현실화될 경우, 중국은 이로부터 민족 감정을 자극받은 동북3성 조선족들의 충성심이 베이징보다 서울로 향할 가능성에 대해 경계하는 것이다. 중국은 소수 민족의 독립을 막고 이들을 중화민족으로 통합해내는 것을 최우선의 정치 목표로 설정하고 있고, 특히 소련이 1991년 경제 개혁의 와중에 해체되는 것을 목도했기 때문에 중국으로서는 한반도 통일과 그에 따른 조선족 문제가 민감한 사안일 수밖에 없다.

　　마지막으로, 중국은 한반도의 통일이 대만 문제에 대해 던지는 함의에 대해 깊이 고려할 것이다. 대만 문제는 중국이 주장하는 핵심 이익에 속한다. 건국 이후 중국은 '하나의 중국' 정책을 추구하면서 대만과의 통일을 최종 목표로 삼아왔으나, 미국은 줄곧 무력에 의한 대만 통일을 반대해왔다. 대만 문제는 앞으로도 미중 간의 최대 현안으로 남게 될 가능성이 높다. 2008년 양안(兩岸) 안정론을 내세운 국민당의 마잉주(馬英九)가 대만에서 집권한 이후 중국과 대만 사이에는 화해 협력의 기조가 안정적으로 유지되어 왔다. 또한 중국 정부의 공식적인 입장은 대만 통일과 한반도 통일을 별개의 문제로 보며 서로 연계시키지 않는 것이다. 지난 2011년 미국을 방문한 후진타오 주석은 한반도 문제에 대한 미중의 협력 필요성에 대해 언급하면서도 대만 문제에 대해서는 "중국의 영토 통합과 관련된 것이자 핵심 이익과 직결된 문제"라고 못 박은 바 있다.[31] 그럼에도 불구하고 중국의 일부 학자들은 중국이 한반도 통일을 대만 통일 문제와 연결시켜 해석하고 있다고 주장한다. 중국 푸단대학교의 션딩리(沈丁立) 교수는 한국의 통일이 중국의 통일에 유리한 결과를 가져올 것인가 아니면 불리한 결과를 가져올 것인가를 중국 정책결정자들은 고려하지 않을 수 없을 것이며 대체로 불리할 것이라고 판단하기 때문에 한반도의 통일에 우호적이지 않다고 주장했다.[32] 사실 또 다른 역사적 선례도 있었다. 1949년 6월 미군이 남한에서 철수한 이후 김일성이 무력 공격을 통한 한반도 통일을 상의해 왔을 때 마오쩌둥은 한반도 통일은 중국이 대만을 통일한 이후로 미뤄야 한다고 생각했었다.[33]

중국의 전술적 특성

지금까지 중국의 한반도에 대한 전략적 의도와 정책에 대해 살펴보았다. 중국이 이러한 전략적 목표를 달성해나가는 데 있어서 동원하는 전술적 측면에 대해서도 우리는 주목할 필요가 있다. 첫째, 중국은 심리전에 대단히 능하다. 수십 년간 중국 문제를 다뤄온 키신저에 의하면 마오쩌둥은 레닌주의보다도 손자병법에 더 많은 영향을 받은 인물이었다. 손자병법의 핵심은 군사적 요소에 앞서 심리적, 정치적 요소를 더욱 강조하는 데 있다. 서구의 전략가들이 전투에서의 승리에 집착한 반면 손자는 싸우지 않고도 이기는 것, 즉 심리적, 정치적으로 상대를 압도하는 것을 중요하게 여겼다.[34] 이러한 전술적 사고는 오늘날의 중국 외교에서 중시되고 있다.

예를 들어 2008년 이명박 대통령의 중국 방문 당시 중국 외교부 대변인 친강(秦剛)은 "한미 동맹은 냉전의 유산"이라는 발언을 했는데 이를 두고 국내에서 '외교적 결례'라는 비판이 일어났다.[35] 한국인들에게 이 발언은 "냉전이 끝났으니 미국과의 동맹도 이제 정리하라"는 식의 메시지로 받아들여졌기 때문이다. 한미 동맹은 어디까지나 한국 국민들의 선택에 의해 결정된 주권 사항이라는 점에서 이는 분명한 외교적 결례였다. 그런데 이 발언 자체가 중국의 심리 전술이라고 할 수 있다. 한국인들에게 심리적 부담을 주며 한국과 미국의 거리를 벌리는 효과를 낼 수 있기 때문이다. 또 다른 예로 2010년 6월 말 중국의 『환구시보』에 실린 사설을 들 수 있다. 일반적으로 중국 공산당의 속내를 드러내는 매체로 알려져 있는 『환구시보』는 한 사설에서 "한국과 일본은 경제적으로는 중국의 급행열차에 올라타려고 하고, 군사적으로는 미국에 의존해 중국을 견제하려고 하는 '전략 분열증'을 보이고 있다"고 비판했다.[36] 이러한 사설도 한국이나 일본의 국민들을 심리적으로 압박하려는 심리전의 성격이 강하다. 사실 사설의 논리대로라면 미국으로부터 매년 막대한 무역수지 흑자를 거두는 중국은 미국에 정치적으로 적극 협력해주어야 마땅하기 때문이다.

둘째, 중국은 상대방에 대한 탐색 작전(probing strategy)에 능하다. 예를 들어 중국은 미국의 힘이 하강하고 있다고 판단한 시점에서 미국과의 본격적인 정면 대결은 피하면서 미국과 가까운 동맹국이나 우방인 국가들을 밀어붙임으로써 상대방의 의도를 떠보는 경우가 자주 있었다.[37] 그 같은 상황에서 만약 미국이나 당사국이 약하게 대응해오는 경우 자국의 주장을 기정사실화하고, 이들이 강하게 반발하는 경우에는 뒤로 물러서서 원상복귀한다. 일종의 '치고 빠지기'로 중국으로서는 사실상 잃을 것이 없는 전술이다. 이러한 탐색 작전은 한반도 문제에서도 적용되었다고 보인다. 예를 들어 2010년 천안함 사태 후 미국 정부가 한미 합동 훈련을 위해 서해상에 항공모함 조지워싱턴호를 파견할 것이라고 발표하자 중국 해군의 양이(楊毅) 제독은 "그 결정에 대해 값비싼 대가를 치르게 될 것"이라며 강하게 발언한 바 있었다.[38] 한미 양국의 의도를 떠보는 일종의 탐색전이었다. 최근 남중국해에 대한 지배권을 굳혀나가는 과정에서도 중국은 전면적 충돌은 피하고서 하나씩 하나씩 점진적인 공세적 조치들을 취하면서 미국과 분쟁 당사국들의 대응을 살펴보는 전술로 나가고 있다.

한국 정부는 중국과의 현안을 다루어 나가는 데 있어서 특히 이러한 전술적 측면을 잘 감안하며 협상에 임할 필요가 있다. 이에 대해서는 상대방도 타당하다고 생각할 수밖에 없는 분명한 원칙과 명분을 가지고 임해야 할 것이며 끝까지 지켜내야 할 것은 지켜내겠다는 강한 의지를 보여줄 필요가 있다. 그렇지 않을 경우, 한국의 입지는 좁아지고 계속 밀릴 수 있는 위험이 존재한다.

러시아와 한반도

시베리아 개발 전략과 한국

러시아에게 있어서 시베리아 개발과 동아시아 진출은 일종의 뉴프런티어다. 지리적으로 러시아는 유라시아 대륙 전역에 걸쳐 위치하고 있는데 유럽과 마주한 서쪽에서는 나토의 확장으로 압박을 받고 있다. 또한 중앙아시아를 마주한 남쪽에서는 9·11 테러 공격 이후 반테러 전쟁을 이유로 이 지역에 진출한 미국과 점증하는 중국의 영향력에 부딪치고 있다. 그 외에도 중앙아시아의 인근 국가들에서 확산되는 민주화 혁명의 여파 또한 러시아 입장에서는 우려스러운 상황이다. 그런데 극동 시베리아의 자원은 아직도 개발되지 않은 상태이고 때마침 세계 경제의 중심이 점차 동아시아로 이동하고 있다. 이러한 이유로 러시아는 동아시아가 점점 더 자국에도 중요해지고 있음을 인식하고 있다.[39]

이에 따라 러시아 정부는 그동안 시베리아 개발과 동아시아 진출을 국가 전략으로 설정해왔으며, 동시에 아시아 태평양 국가로서의 정치적 위상을 높일 수 있기를 희망해 왔다. 그러나 러시아가 당면했던 사회주의 체제의 전환은 그 자체만으로도 결코 쉽지 않은 과제였고, 이 때문에 러시아는 그동안 '뉴프런티어'를 본격적으로 추진할 만한 여력이 없었다. 물론 러시아는 지금도 우크라이나 분쟁에 발목을 잡혀 여유가 없는 상태지만, 푸틴 행정부는 세계 대국으로서의 국제적 위상 회복을 강하게 원하고 있고 따라서 중장기적으로 볼 때 러시아는 시베리아 개발과 동아시아 진출에 더욱 힘쓸 것이다.

그럼에도 불구하고 러시아가 동아시아 국가들과 협력을 달성하기에는 적지 않은 장애물이 있다. 먼저 글로벌 차원에서 러시아는 미국의 패권 정치에 반대하며 중국과 연대하고 있다. 그러나 지역적 차원에서 러시아는 13억 인구를 가진 중국의 영향력이 시베리아 지역에서 확대되는 것에 대해 내심 우려하고 있다. 극동 시베리아 지역의 러시아 인구가 아주 적은 데다 갈수록 감소하고 있어서 만약 중국인들이 진출해 밀려들기 시작하면 시베리아가 실질적으로는 중국화되어 버릴 가능성도 배제할 수 없기 때문이다.* 한편 일본도 기술과 자본력을 가지고 사할린 지역의 에너지 개발에 참여해왔다. 하지만 쿠릴 열도를 둘러싼 영토 분쟁 때문에 두 나라는 협력을 심화하는 데 어려움을 겪고 있다.

한국의 경우는 이들 국가와 다르다. 러시아에게 있어서 한국은 중국이나 일본처럼 위협적인 대국이 아니면서도 상당한 기술과 자본력, 인적 자원을 보유한 국가이다. 다시 말해 러시아에게 한국은 협력을 심화해도 큰 위협이 되지 않고 안심할 수 있는 적절한 협력 대상이다.** 그러나 이러한 협력 가능성은 러시아가 서방이 주도하는 현 국제 체제에 대해 현상 변경 전략을 추구하여 미러 관계가 악화되는 한 제대로 현실화되기 힘들 것이다. 예를 들어 러시아의 크림 반도 점령으로 야기된 서방 세계와 러시아의 대결은 한러 관계에도 적지 않은 파장을 미치고 있다. 이러한 구조적 장애요인을 어떻게 극복할 수 있을 것인가가 한러 관계의 핵심 이슈 중 하나로 등장했다.

한소 수교: 기대와 실망

소련 정부는 이미 1960년대부터 한반도의 남북한과 정상적인 관계를 재정립할 필요성을 고려하기 시작했다. 그리고 그 후로 한국과 러시아 사이에는 비공식적 접촉이 간간이 진행되었다. 이러한 접촉의 결과로 양국 간의 간접적 상거래는 점차 증가했고, 그 와중에 1988년 고르바초프 공산당 서기장에 의해 가장 본격적인 형태의 관계 개선이 시도되었다. 1988년 9월 고르바초프는 한소 간의 경제 관계 발전의 필요성에 대해 의견을 발표했고, 곧 이어 양국은 상호 간에 영사 기능을 수행할 수 있는 영사처를 개설하기로 합의했다. 이후로도 두 나라 정치인들의 접촉은 계속되었고, 마침내 1990년 9월 30일 한국과 소련 사이에 외교 관계가 수립되었다.

그러나 두 나라가 상대국에 대해 큰 기대를 가지고 외교 관계를 개설했던 것에 비해 수교 후 양국 관계는 그렇게 순탄하게 진행되지 못했다. 한 러시아 학자는 이와 관련해 "한러 관계의 발전을 좀더 구체적으로 3단계로 나누었으니, 이는 '희망과 기대의 시기', '실

• 시베리아 교도소에서 복역했다가 풀려난 미하일 호도르콥스키는 다음과 같은 말로 이를 표현한 바 있다. "자연자원이 무척 풍부하고 인구가 별로 없는 광활한 시베리아에 관심을 갖고 있는 중국으로부터 러시아는 대단히 강한 압박감을 느끼고 있다. 러시아의 아시아 쪽은 이미 빠른 속도로 중국화가 되고 있으며 이는 러시아안보에 대한 전략적 위협으로 등장하고 있다." Mikhail Khodorkovsky, "Letter from Siberia," *The Economist: The World In 2007*, 90쪽.

•• 시베리아 개발에 있어서 한러 간의 협력을 강조한 주장으로는 블라디미르 수린의 이른바 「코리아 선언(Корейский манифест)」을 참조. '코리아 선언'은 러시아의 유명 논평지 『폴리트클라스(Политический Класс)』 2005년 11호에 게재되었다. 번역 전문으로는, 박병환(당시 주우즈벡 공사), 「코리아 선언에 담긴 러시아의 고민과 우리의 대응」, 『법학논고』, 제33집 (2010)의 부록(183~198쪽)을 참고. 그러나 이는 소수 의견으로 현 러시아 정책결정권자들에게 큰 영향력을 미치지 못하고 있다.

망과 냉각의 시기', '객관적 현실에 적응하는 시기'"라고 설명한 바 있다.[40] 희망과 기대에 따른 한소 수교 이후 양국 간에 실망과 냉각의 시기가 불가피하게 찾아올 수밖에 없었던 데에는 몇 가지 이유가 있었다. 먼저 가장 큰 요인은 수교 이후 양국 간에 존재했던 상대국에 대한 과잉 기대였는데 그것이 전혀 만족되지 못했다는 점이다. 러시아 측은 한국과의 수교로 북한과의 관계가 멀어졌고 그로 인한 정치적, 경제적 손실에 대해 제대로 된 보상을 받지 못했다는 점에 실망했다.* 한국 측 또한 한소 수교를 통해 나름대로 기대했던 정치경제적 효과를 거두지 못했다고 판단하여 실망했다. 특히 한국 정부는 수교 과정에서 제공한 30억 달러의 차관을 되돌려받아야 한다는 조바심으로 인해 러시아 당국에 상환을 독촉했고, 이는 러시아 정부의 자존심을 건드려 양국 관계를 소원하게 만들었다.

또한 두 나라의 상대방에 대한 접근법에도 서로 차이가 있었다. 한국의 경우는, 러시아의 체제 전환 과정상의 어려움과 기업 투자에 적합한 제도적, 물적 인프라가 구축되어 있지 않은 것 때문에 애초에 기대했던 경제적 이득을 달성할 수 없음을 인식하게 되었다. 정치 영역에서도 한국은 주로 한반도 안보 정세의 안정과 평화 통일을 염두에 두고 러시아에게 단지 '후원자'의 역할만 해주기를 원했던 반면, 러시아는 미국이나 중국과 같은 대국들을 상대로 하는 글로벌 정치를 염두에 두고 자국이 미국과 중국에 걸맞은 역할을 수행할 수

---

* 백동인, "한러관계 17년: 불균형 대칭외교", 서울대 세미나(2008년 1월)에서 재인용. 구체적으로 러시아는 대러 투자 확대, 러시아산 첨단무기 구매, 경협 차관 상환 탕감 등의 보상을 요구했다.

있도록 한국 측이 러시아에 그러한 위상을 인정해주기를 원했다.[41]

2001년 한미러 삼국 사이에서 탄도요격미사일제한(ABM) 조약과 관련해 발생한 외교 갈등은 당시 김대중 정부가 이러한 한러 상호 간의 기대치의 간격과 사안의 국제정치적 심각성을 인식하지 못한 채 안이하게 접근하다가 발생한 해프닝이었다. 당시 러시아와 미국은 각각 탄도요격미사일제한 조약과 미사일방어 체제를 내세우며 갈등을 벌이고 있었다. 그러던 와중인 2001년 2월, 푸틴 대통령 방한 시 작성된 공동선언문에는 한국이 러시아와 함께 러시아가 밀고 있는 탄도요격미사일제한(ABM) 조약을 보존, 강화해 나갈 것을 합의했다는 문구가 포함되어 세계의 이목을 끌었다. 러시아의 제안에 담긴 의도를 제대로 파악하지 못한 관료들에 의해 포함된 이 문구는 곧 한국이 동맹국인 미국이 아닌 러시아의 입장을 지지하겠다는 의사를 내비친 것으로 이해되었다. 이로 인해 한국 정부는 부시 행정부로부터 강력한 항의를 받았고, 결국 대통령이 미국 정부에 해명하는 공식 성명을 발표하기에 이르렀다.

푸틴의 한반도 전략

한편 한반도 문제에서 러시아는 당초 한국이 기대했던 후원자 역할을 수행하지 않아서 한국의 실망을 샀다. 1990년대 옐친 정부는 한국을 중시하는 외교를 펼쳐 북러 관계가 급속히 소원해졌는데, 당시 러시아 내부에서는 이러한 상황이 곧 한반도 문제에 대한 러시아의 영향력을 떨어뜨리는 결과로 이어질 수 있다는 우려의 목소리들이 커졌다. 2000년대 푸틴 정부는 이러한 비판에 직접적으로 반응하는 모습을 보였다. 푸틴 대통령은 2000년 1기 취임 직후 남북한 모두와 등거리 관계를 유지하는 데 집중할 것임을 천명했으며, 최고지도자로서는 최초로 직접 평양을 방문해 김정일 위원장과 회담을 가짐으로써 북한과의 외교 관계를 복원했다.

이후 푸틴의 등거리 외교는 북한에 대해서는 북러 간의 정치적 유대를 더욱 강화하면서, 남한에 대해서는 경제 협력을 추진하는 방향으로 나아갔다. 즉 푸틴은 북한이라는 카드를 한국에 대해 사용함으로써 한반도 문제에서 자신의 영향력을 높여나가는 한편, 이와 동시에 시베리아 개발 등을 통한 한국과의 경제 협력에서 경제적, 정치적 이득을 얻고자 하는 정책을 추구했던 것이다. 2010년 천안함 사건 직후에도 러시아 정부는 남북한 사이에서 일정한 거리를 유지한 채 한국과 미국 정부에 대해 협조적인 입장을 취하지 않았다. 또한 2014년 초 우크라이나 사태로 미러 관계가 악화되고 북중 관계가 어려워진 상황에서 러시아는 북한에 호의를 베풀며 양국 관계를 개선하고 있다. 이는 러시아도 다른 주변국과 마찬가지로 북한 및 한반도 문제를 세계전략 측면에서 바라보고 있음을 보여준다.[42]

2012년 출범한 푸틴 정부 2기에서도 한반도에 대한 등거리 외교의 원칙은 이어지고 있다. 동시에 최근 러시아는 앞에서 언급한 바 있는 이미 90%에 도달한 북한의 대중국 경제의존도와 이에 따르는 파급효과에 주목하고 있다.* 러시아가 이에 주목하는 것은 북한에 대한 중국의 영향력 심화가 한반도 내에서 자국의 상대적 입지 약화로 연결될 것이라고 보는 인식 때문일 것이다.

이러한 맥락에서 러시아의 대응책으로 간주될 수 있는 것이 남북러 삼자 간의 협력 사업이라고 말할 수 있다. 러시아는 그동안 러시아로부터 북한을 거쳐 한국으로 연결되는 가스 파이프라인, 철도, 전력망 건설에 깊은 관심을 가져왔다. 예를 들어 2001년 한러 정상회담에서 합의된 이후 한국과 러시아 사이에서 간간히 논의되어온 남북러 가스관 연결 프로젝트(남북러 가스관 사업)가 2011년부터 다시 활발하게 논의되었다. 2011년 8월 24일 울란우데(Ulan-Ude)에서 열린 북러 정상회담에서 김정일 국방위원장은 남북러 가스관 연결 사업에 동의했다고 한다.** 그러나 2011년 12월 김정일 국방위원장의 사망 이후 이 문제는 다시 수면 아래로 잠겨버렸다. 가스관 연결 사업에 있어서 먼저 한러 간 비용 문제를 둘러싸고 이견이 있었고, 또한 만일의 경우에 발생 가능한 '북한에 의한 가스수송 차단'이라는 리스크 제거 문제가 있었다. 즉 이 프로젝트의 성공을 위해서는 참여국, 특히 남북 간의 정치적 신뢰 관계의 형성이 중요한 전제라고 말할 수 있다. 결국 한러 양국은 이 프로젝트 대신 앞에서 언급한 것처럼 나진-하산 간 철도 연결과 나진항 3호 부두 개보수를 통한 현대화 사업에 합의하여 진척을 보이고 있다.

북한 문제, 특히 핵개발 문제에 대해 러시아는 적극적인 반대 입장을 고수해왔다. 러시아는 기본적으로 핵 비확산의 국제적 원칙

• 한국의 한 고위급 인사의 말에 따르면, 그가 직접 만난 러시아의 최고위급 관계자는 북중 경제 관계의 심화 현상과 더불어 한러 간의 에너지 협력 가능성 등에 대해 깊은 관심을 표명했다고 한다. 2011년 1월 27일, 고위급 인사와 저자와의 면담.

•• 이는 북한이 그동안 협조하지 않았던 것인데 태도를 바꾼 결과였고 한국의 김성환 외교부 장관은 2011년 8월초 모스크바를 방문해서 3국 간 가스 파이프라인 연결 사업에 대한 한국정부의 동의 입장을 공식 전달했었다. 한러는 2008년 한국이 2015년부터 러시아산 천연가스를 매년 750만 톤씩 수입하기로 양해각서에 서명한 바 있다. 주승호, "Putin's Russia and the Korean Peninsula: Nuclear Proliferation, Power Succession, and Trilateral Economic Cooperation," 동북아공동체연구회 제15회 전문가정책포럼 발표논문 (2012. 6. 30), 11쪽.

을 철저히 준수한다는 입장이며, 이를 위해 북핵 문제 해결을 위한 6자 회담에서도 주요 당사국으로서 적극적으로 활동해왔다.* 6자 회담에서 러시아는 대체로 중국의 입장에 동조하면서도 한편으로는 비핵화를 위한 자기 나름대로의 역할을 모색하고자 노력했다. 적지 않은 러시아 측 인사들은 북한의 비핵화에 대한 분명한 입장을 제시하면서도 북핵 문제의 근본 원인은 북한의 외교적 고립과 그로 인한 안보 불안감 때문이라는 시각을 가지고 있다. 따라서 북한 문제의 해결을 위해서는 무엇보다도 미국이 먼저 손을 내미는 것이 중요하다고 주장한다.[43]

한반도 통일에 대한 러시아의 시각

한반도의 통일 문제에 대해서 러시아는 중국의 경우와는 달리 깊은 우려감을 가지고 있지는 않은 것으로 판단된다. 인접 국가인 중국과 일본이 한반도 통일에 대해 불안감을 느끼는 것과는 달리 러시아는 이 문제에 대해 한 걸음 뒤에서 여유를 갖고 바라보고 있다. 예를 들어 러시아는 설령 한반도가 통일이 된다고 할지라도 그것이 러시아의 이익에 결정적 손실을 끼칠 것이라고 크게 우려하지 않는다. 러시아는 한국을 군사안보적으로 중요한 핵심 이해관계가 걸린 상대라기보다는 러시아의 시베리아 극동 지역의 경제 개발과 동아시아 지역으로의 진출에 있어서 협력 가능성을 가진 국가로 파악하고 있을 것이다.[44]

물론 러시아도 국경을 마주하고 있는 북한 문제에 대해 지분을 갖고 싶어 하며, 스스로가 한반도 문제의 이해당사자라고 생각한다. 북한에서 비상사태가 발생할 경우 북한에서 러시아로 난민이 유입될 것이고 러시아가 이를 우려하고 있는 것도 사실이다. 실제로 한때 러시아는 극동 지역에 북한 난민캠프를 설치할 것을 검토한 적도 있었다.** 그럼에도 불구하고 2011년 러시아 최고 권위의 국제 정치 연구소인 세계경제및국제관계연구소(IMEMO)가 내놓은 『글로벌 전망 2030』에서 드러난 것처럼, 러시아는 한반도의 통일이 러시아의 국가 이익에 합치할 수 있다는 인식하에 한반도 통일과 관련해 중국보다는 적극적인 자세를 취하고 있다.[45] 물론 러시아는 한반도가 중국이나 미국 등 어느 특정 국가의 일방적인 영향력 아래 통일되는 것을 원하지 않는다. 남북한 주민들 간의 합의에 의한 한국인 주도의 통일이 되어야 한다는 것이다. 세계경제및국제관계연구소는 이와 관련해 향후 북한이 내부 주도권 다툼으로 인해 통제력을 상실하게 될 것이라고 예측했으며 늦어도 2020년경에는 한반도가 한국 주도의 통일 과정에 진입할 것이라고 전망했다.[46]

또한 러시아는 아시아 태평양 지역의 안보 협력과 관련해서도 1980년대 말부터 양자 단계를 넘어선 다자 협력 메커니즘의 필요성을 주장해왔다. 이러한 입장은 2005년 6자 회담 합의로 구성된 실무작업그룹 중 러시아가 다자 협력에 대한 '동북아평화안보체제

• 그러나 러시아는 북핵 실험에 대한 유엔 제재 결의에는 매번 찬성했으면서도 적극적으로 제재에 동참하지는 않았다. 이에 대해 주승호 교수는 러시아가 미국이 주도하는 압박 위주의 비핵화 정책을 따라가기보다는 차라리 핵무장한 북한과 공존하는 것을 원하기 때문이라고 해석한다. 주승호, 앞의 글, 17쪽.

•• 신범식, 2009년 8월 5일 대화. 한편 세계경제및국제관계연구소는 이와 관련해 통일 과정에서 북한 내 1백만 명 정도의 구체제 지지자들이 북한을 떠날 것으로 전망하였는데, 이들이 주로 중국으로 이동하고 일부만이 러시아로 넘어갈 가능성이 있다고 예측했다. 알렉산드르 딘킨 편, 『글로벌 전망 2030: 러시아의 전략적 시각』, 김현택, 이상준 옮김 (서울: 한국외국어대학교출판부, 2012), 394쪽.

(NEAPSM)' 실무작업그룹 의장국이 된 것에서도 잘 드러난다. 이러한 점에서 러시아와 한국의 입장에는 유사한 점이 있다. 한국 정부도 기존의 한미 동맹을 유지, 발전시키는 동시에 병행적으로 동북아시아 다자 안보협력 메커니즘을 주장한 바 있기 때문이다.

　　이처럼 한러 관계는 상호 협력의 잠재력을 가지고 있다. 러시아의 시베리아 개발 및 아시아 태평양 지역 진출 목표가 한국의 외교 목표와 연결되는 측면이 있기 때문이다. 그러나 앞서 언급한 대로 우크라이나 사태로 러시아가 서방 세계의 제재를 받고 있는 상황에서 그러한 양국 관계 발전의 잠재력은 현실화되지 못하고 있다. 더 나아가 러시아가 미국이 주도하는 현 국제 질서에 도전을 강화하고 여기에 미국 등 서방 세계가 강하게 대응하여 미러 관계가 계속 악화된다면, 미국의 동맹인 한국의 주도로 이루어질 한반도의 통일을 바라보는 러시아의 시각도 비우호적으로 바뀔 수 있을 것이다.

제8장

북한 문제의 딜레마

지금 우리가 경험하고 있는 북한 문제, 즉 북한 핵 개발, 무력 도발, 경제난, 인권 탄압 등 여러 문제들의 핵심 원인은 무엇일까? 그것은 한마디로 냉전이 끝난 후 북한이 새롭게 전개되는 국제 정치 상황에서 제대로 적응하지 못해 생긴 결과이다. 1980년대 후반 동유럽에서 사회주의 체제가 무너지기 시작했고, 1991년 마침내 소련이 붕괴되면서 냉전이 종결되었다. 그 과정에서 중국과 동유럽 국가들은 사회주의 계획경제를 버리고 자본주의 시장경제로 이행했고, 북한은 그 모든 역사를 생생하게 지켜보았다. 하지만 북한은 새로운 세계사적 변화에 적응하는 데 실패했다. 대대적인 체제 개혁이 필요했지만 북한 당국은 이를 거부했다. 북한 문제는 이렇듯 체제의 모순과 비효율이 해소되지 않고 누적되는 가운데 터져 나온 것이었다.

북한 문제의 뿌리

외교적 충격과 경제적 충격

냉전 말부터 본격화된 동유럽 공산 국가들의 붕괴와 소련의 해체는 북한의 지도부에게 엄청난 충격을 주었다. 북한에서는 체제 위기감이 고조되었다. 우선 북한은 외교적 측면에서 커다란 충격을 받았다. 동구권이 몰락하는 전례 없는 광경 속에서 특히 북한의 오랜 동맹국이자 후견국인 소련과 중국이 한국과 외교 관계를 수립했고 북한은 두 나라에 큰 배신감을 느꼈다. 1990년 9월 소련의 셰바르드나제 외무장관은 한소 수교를 앞두고 북한을 설득하러 평양을 방문했는데 북한 당국은 소련의 결정에 강력히 반발했다. 심지어 김영남 외교부장은 소련이 한국을 외교적으로 승인할 경우 북한은 핵무기를 개발할 것이라고 위협했고 셰바르드나제 외무장관은 그러한 행동을 취하지 말아달라고 요구했다.[1]

한국과 중국이 외교 관계를 수립하기로 완전히 합의한 직후 중국에서는 첸치천(錢其琛) 외교부장이 북한을 방문하여 이를 알렸다. 이때에도 북한은 겉으로는 담담하게 받아들였지만 내심 크게 반발했다.

한소 수교와 한중 수교로 남한과 북한 간에 외교적 불균형이 야기되자 북한을 이를 만회하기 위해 나름대로 미국과 일본 두 나라와 외교 관계를 수립하기 위해 노력했다. 예를 들어 1992년 1월 21일 최초의 고위급 북미 회담이 뉴욕에서 열렸다. 북한의 김용순 국제부장은 미 국무부 정무차관 아놀드 캔터와 만나 북미 관계 개선을 모색했으나 실패했다. 당시의 분위기를 보면, 한국 정부는 미국에게 북한과의 직접 대화를 단 한 차례만 할 것을 요구했고, 대화에 임했던 미국 국무부 관리들도 "미국과의 관계를 '정상화'할 수 있다는 표현은 절대로 입에 담아서는 안 된다"는 구체적인 상부 지시를 받았다고 한다.[2]

이처럼 수 년 만에 한국과 북한의 외교적 처지는 급변했다. 한국은 과거의 적성국인 소련, 중국과 수교하는 데 성공했으나 북한은 미국, 일본과 수교하는 데 실패했고 외교적 고립 상태에 빠졌다. 동유럽의 몰락과 독일의 통일을 목도하며 심리적 공황 상태를 경험하고 있었을 북한 지도부에게 이러한 외교적 불균형은 더욱 극심한 체제 위기감을 안겨주었을 것이다.

냉전 종결이 북한에 가져온 또 하나의 충격은 경제적 충격이었다. 무엇보다 사회주의 경제 체제를 버리고 시장경제 체제로 이행하기 시작한 러시아가 구소련 시절 이래 북한에 대해 물자를 싸게 지원하던 관행을 철회했다. 그동안 러시아(소련)는 '사회주의 형제 국가'라는 명분으로 북한과의 에너지와 생산원료 무역에 있어 낮은 가격의 현물 거래를 용인했는데, 이제 기존의 우호가격보다 4배 이상 높은 시장 가격을 요구하는 한편 현물 결제가 아닌 경화 결제를 요구하고 나섰다.* 이로 인해 북한은 상품 수입량을 크게 줄일 수밖에 없었고, 이는 곧 극심한 경제난으로 이어졌다. 예를 들어, 에너지 분야에서 러시아가 이러한 조치를 단행한 이후 1991년 말까지 북한의 원유 수입량은 90%가량이나 감소했다. 원유 수입량이 감소하자 당

---

* 우호가격(사회주의 우호가격)은 사회주의 진영 내에서 국제 시세보다 훨씬 저렴한 가격으로 상품을 공급해주던 관행을 의미한다. 경화 결제란 미국의 달러와 같이 언제든지 금 또는 그에 상응하는 다른 외국 통화로 교환할 수 있는 통화인 경화(hard currency)로 무역대금을 지불하는 것을 의미한다.

연히도 공장 가동률이 급격하게 떨어졌고,[3] 트랙터 등 농기계 운용과 비료 공급에도 문제가 발생하여 농업 부문도 큰 타격을 받았다. 여기에다 북한식 주체농법의 비효율성과 자연재해까지 겹쳐 1994~1995년 대기근이 발생했고 무려 300만 명에 달하는 북한 주민이 아사하는 비극이 벌어졌다.

더구나 원유 공급이 대폭 줄고 그로 인해 경제난이 심각해지자 북한의 재래식 전투력도 상대적으로 약화되었다. 연료가 없으니 전투기나 탱크 같은 재래식 무기를 작동하거나 군사 훈련을 하는 것이 대단히 힘들어졌기 때문이다.

핵 개발

결국 냉전 종결이라는 역사적 전환기가 도래했을 때, 북한은 그에 상응하는 근본적인 변화를 만들어내지 못하였고, 오히려 그러한 시도를 회피하며 다른 돌파구를 마련하기 시작했다. 북한 당국이 추구한 대응책은 두 가지였다. 바로 핵 개발과 선군 정치(先軍政治)였다.

먼저 북한 당국은 대외적 위협에 대처하여 체제를 보장받을 수 있는 수단으로 핵무기에 집착하게 되었다. 물론 북한은 핵 개발에 대해 그 전부터 관심을 가지고 있었다. 그러나 탈냉전 이후 초래된 새로운 위기 상황이 북한을 더욱 핵 개발에 집착하도록 만들었다. 만약 핵무기를 보유할 수만 있다면, 그것은 체제 및 정권의 안전보장책이 되어줄 뿐만 아니라 약화된 재래식 전투력을 보완해줄 것으로 믿었다. 더구나 시간이 지나면서 핵 프로그램은 그 자체로도 상당한 위력을 발휘했다. 북한은 핵 프로그램을 외교적 협상수단으로 활용해 미국 등 서방으로부터 물질적 지원을 받아내기도 했던 것이다.

물론 문제의 근본 해결책은 핵무기 개발이 아니라 북한이 다른 옛 사회주의 국가들처럼 시장경제로 전환하면서 경제 발전을 달성하는 길이었다. 그러나 북한 지도부는 아마도 시장경제로의 변화가 북한 주민들에 대한 정치적 통제와 1인 지배 체제의 유지를 힘들게 만들 것이라고 생각했을 것이다. 따라서 북한은 당장의 안보 위기와 정권 위기로부터 핵무기만이 스스로를 보호해줄 수 있다고 확신하고 더욱 핵 개발에 집착하게 되었다. 한 예로 북한의 김정일 국방위원장은 2002년 9월 평양에서 열린 북일 정상회담에서 고이즈미 일본 총리에게 "북한이 이라크처럼 될까 두렵다"고 말했다고 한다.[4]

　　하지만 북한의 핵 개발 시도는 곧 국제 문제로 비화했다. 플루토늄 추출을 통한 핵 개발 시도가 발각되어 이른바 1차 북핵 위기(1992~1994년)가 일어났고, 2000년대에는 우라늄 농축을 통한 핵 개발 시도가 드러나 2차 북핵 위기(2002~2015년 현재)가 야기되었다.

　　북한이 직면한 국내적 위기를 타개하기 위해 꺼내든 두 번째 대응책은 이른바 '선군 정치'였다. '선군(先軍)'이란 개념은 김일성 시기에도 존재했으나 이 개념이 국가 통치의 절대적인 이념이자 정책으로 격상된 것은 1994년 김일성 사망 이후 김정일 체제가 공식 출범하고 나서부터였다. 이 개념은 김일성이 국정 운영의 가이드라인으로 '주체' 사상을 내세웠던 것에 대비된다.

　　김정일이 최고지도자로 등장하던 시기에 북한 당국은 주민들에게 배급할 물자도 재원도 없었다. 그러므로 북한 당국으로서는 별다른 대책도 없이 주민들이 먹고살기 위해 하는 최소한의 시장 활동마저 막을 수는 없었다.* 그런데 한편으로 시장 메커니즘이 주민들 사이에서 확산되는 것을 방관만 하자니 사상적 이완 현상이 생기고 체제 유지에 부정적인 영향을 끼치는 게 문제였다. 이처럼 이러지도 저러지도 못하는 딜레마 속에서 김정일 체제가 본격적으로 들고 나온 것이 선군 정치였다. 선군 정치는 군을 정권의 핵심적인 지지 기반으로 삼고서 이들의 충성심을 강화하여 경제난과 외교적 고립 속에서 주민들에 대한 통치력을 강화하겠다는 것이었다.

이중의 악순환의 고리

이처럼 냉전 종결 이후 닥쳐온 심각한 경제적 어려움에 대해 김정은 이전의 북한 당국은 20년 가까이 핵 개발과 선군 정치라는 대응책으로 일관해왔다. 그런데 여기에는 상호 충돌하는 모순이 내재되어 있었다. 북한이 경제 위기와 외교적 고립에 대응해 핵 개발에 집착하게 되었다는 게 지금까지의 이야기인데, 역설적으로 북한의 핵 개발은 북한 경제를 더욱 곤궁한 상황에 빠뜨렸고 외교적으로도 더욱 고립된 처지로 몰아갔다.

설령 북한이 경제를 살리기 위해 경제 제도나 운용 방식을 시장 원리에 맞게 개혁한다고 하더라도 국제 사회의 대규모 경제 지원이 없다면 북한의 노력은 실패할 수밖에 없다. 그런데 외부로부터의 대규모 경제 지원은 북한에 걸려 있는 국제적인 경제 제재가 풀려야만 가능하다. 문제는 북한이 핵 개발을 포기하지 않는 한 경제 제재가 풀릴 가능성은 거의 없다는 점이다. 미국 의회는 북한에 대한 본

• 여기서 시장경제란 물자와 서비스의 배분이 상대가격, 즉 수요공급의 원칙에 따라 결정되는 경제 체제를 의미한다. 국가가 모든 물자의 생산과 배분을 계획하고 결정하는 사회주의 경제 체제와 달리 이러한 시장경제에서는 가격이라는 '보이지 않는 손'에 의해 경제 행위가 주도된다.

격적 경제 지원이나 북한의 국제 금융 기구 가입에 대한 선결 조건으로 핵 문제의 해결을 내세우고 있다. 그리하여 북한의 핵 문제, 경제 문제, 외교 문제 간에 심각한 악순환의 고리가 성립한다.

또한 북한이 선군 정치를 지속하는 한 경제의 본격적 개혁개방은 더욱더 멀어질 수밖에 없었다. 군을 중요시하고 권력 유지의 핵심 세력으로 삼다 보니 그들이 선호하는 정책, 예를 들어 핵 개발이나 미사일 개발 등에 더 많은 재원을 쏟아부어야 했다. 그렇게 되면 그나마 부족한 재원 중 산업 및 경제 부문에 투자할 재원은 더욱 줄어든다. 또한 개혁개방을 본격적으로 하려면 경제 및 기술 관료들의 발언권이 강화되어야 하는데 그들은 오히려 군부의 영향력 아래 묻혀버렸다. 결국 북한은 개혁개방을 하지 않은 채로 외부의 지원에 기대어 그럭저럭 살아갈 수밖에 없게 되었고, 임기응변적 방책이 거의 전부가 되었다. 핵 협상을 통해 얻어낸 서방 세계의 지원이나 미사일 등을 판매한 대금, 그리고 불법 자금의 조성 같은 것이 그 예이다.

이처럼 북한 내부의 정치경제는 이중의 악순환의 고리로 연결되어 있다. 김정은의 등장 이후인 2013년 3월 북한 당국은 핵 무력 건설과 경제 건설을 동시에 추진하겠다는 이른바 '병진 전략'을 채택했다. 이러한 최근의 전술 변화에도 불구하고 핵 개발을 우선시하는 정책은 본격적인 개혁개방의 추진을 어렵게 하여 경제난과 외교 고립을 심화시켜 왔다. 북한의 인권 문제도 이러한 악순환의 고리 속에서 정치적으로 유일 지배 체제를 강압적으로 유지하려다 보니 야기되는 문제였다.

그런데 이러한 북한 내부의 악순환의 고리는 단순히 북한만의 문제로 그치지 않고 국제 문제로 비화했다. 한국, 동북아시아, 국제 사회라는 세 차원 모두에서 심각한 안보 문제를 낳았기 때문이다. 한국에 대해서는 핵 보유에 따른 자신감에 힘입어서 천안함 격침 및 연평도 포격과 같은 과감한 도발을 일으켰다. 또한 북한의 핵 보유는 전에 없던 새로운 위협의 등장이란 점에서 동북아시아 지역의 안보 불안정성을 증대시켰고, 국제 사회 차원에서도 북한의 핵 보유를 어떻게 저지하느냐 하는 문제와 함께 북한의 핵 물질이 다른 국가나 집단에 이전될지도 모른다는 우려를 낳았다. 기존의 핵 비확산 체제에 대한 중대한 도전이기도 했던 것이다.

아쉬운 역사의 장면들

그런데 북한이 이러한 대내외적 모순 구조 속에서 핵 개발과 빈곤의 악순환에 빠지지 않도록 할 수 있는 가능성이 1990년대 초 상황에서 과연 없었을까? 1990년대 초 냉전이 종결되고 전 세계가 새로운 세계 질서로 진입한 지 어느덧 25년이 지났다. 당시에는 예측하지 못했겠지만 지금 시점에서 그동안 벌어진 일들을 되돌아보면 아쉬운 점이 없지 않다.

1991년은 냉전 종식이 한반도에도 긍정적인 파장을 미쳐 잠시나마 한국과 북한 사이에 긴장 완화를 불러온 해였다. 앞서 7장에서 본 것처럼 1991년 9월 미국은 전 세계에 배치된 전술 핵무기를 일방 철수하기로 발표했는데, 그에 따라 한국에 배치된 핵무기도 일방적으로 철수되었다. 그 영향을 받아 1991년 겨울에 남북 관계는 급속도로 개선되었고 12월 12일에는 남북기본합의서가 채택되었다. 이것은 상대방의 제도를 인정하고 내부 문제 간섭과 비방, 중상, 파괴, 전복 행위, 그리고 무력 사용을 일체 중단하고 정전 상태를 평화

상태로 전환하기 위해 노력하자는 획기적인 합의였다. 그리고 12월 31일에는 비핵화공동선언도 합의되었다. 남북 간 협상이 진행되는 동안에 한국 정부는 1992년에 실시하기로 되어 있던 한미 팀스피리트 훈련을 취소하는 결정을 내릴 정도로 분위기는 좋았다.

　미국과 북한 사이에서도 대화가 시작되었다. 1991년 12월 미국은 만약 북한이 핵사찰 의무를 지킬 경우 북미 고위급 회담이 가능할 것이라고 통보했다. 그 결과 1992년 1월 21일 최초로 미국 국무부 정무차관 아놀드 캔터와 북한의 김용순 국제부장이 뉴욕 소재 유엔의 미국대표부에서 만나 고위급 회담을 가졌다. 여기서 미국은 북한에 국제원자력기구(IAEA)의 사찰을 받고 또 핵무기 개발을 포기하라고 요구했다. 그러나 미국 측 협상 팀은 북한에 대한 불신 때문에 상부로부터 무엇으로 보상할 것인가에 대해서는 언급하지 말라는 지시를 받았다. 특히 미국과의 관계 정상화를 할 수 있다는 표현은 절대로 삼가라는 지시가 있었다.[5] 북한은 후속 회담의 재개에 대한 합의 내지 성명 발표를 강력하게 요구했으나 미국은 거절했다. 이러한 미국의 냉랭한 자세는 북미 관계가 남북 관계에 앞서 너무 빨리 진전되는 것을 우려한 한국 정부를 배려하는 차원이기도 했다. 한국 정부는 미국 정부에 북한과 단 한 번만 회담하라고 요구했던 것이다.

　이 시기는 핵 개발을 비롯한 북한 문제가 악화되지 않도록 예방할 수 있었던 좋은 기회였다. 즉 한국이 북방 정책을 통해 소련 및 중국과 수교를 맺은 것처럼 거시적 차원에서 북한도 미국 및 일본과 수교할 수 있도록 하여,* 북한의 외교적 고립감과 체제 위기 불안감을 해소시켜 주고, 동시에 북한으로 하여금 경제를 개혁개방하도록 지원하고 유도하여 탈출구를 마련해 주면서 핵 무장이 없는 체제 생존의 길로 이끌어 갈 수 있었을 것이다. 그랬다면 1990년대 중반 북한의 경제난과 대기근, 핵과 미사일 개발, 그리고 세 번에 걸친 핵실험도 불가피한 역사가 되지는 않았을 것이다. 이때는 아직도 북한 문제가 그리 꼬이지 않아 비교적 단순했고 위에서 설명한 구조적 악순환의 고리도 아직은 고착되지 않았기 때문이다. 그러나 안타깝게도 당시 한국이나 미국의 정치 지도자들은 정치적 결단을 내리는 데까지 이르지 못했다. 냉전 질서의 해체라는 거대한 시대적 변화를 거시적 관점에서 통찰하고 전향적인 조치를 취하지 못한 것이다. 한국 정부는 미국 정부가 너무 북한과 가까워지는 것을 두려워했고, 미국 정부는 한국과 보조를 맞추는 데 무게를 두고서 북한과의 관계 개선 가능성을 피해 갔다.

1994년 5~6월에 도래한 위기 상황이 얼마나 심각했는지를 떠올리면 이러한 선택을 하지 못한 것이 더욱 아쉽게 느껴진다. 1994년 5월 북한은 5메가와트 원자로에서 사용후 핵 연료봉을 국제 감시 없이 제거했는데, 국제원자력기구는 이에 대해 유엔 안전보장이사회에 응분의 조치를 취해줄 것을 요구했다. 그리고 북한은 유엔의 대북 제재를 선전포고로 간주하겠다고 선언했다. 5월 18일 미국 국방부에서는 한 회의가 소집되었다. 페리 국방장관과 샬리캐슈빌리 합참

• 한중 수교 당시 협상을 담당했던 권병현 아주국 심의관은 한중 수교를 중국 측이 북한 측에 통보했을 때 북한이 중국에 2~3년 정도 수교 시점을 연기해 달라는 부탁을 해왔으며, 이는 북한이 남북한 교차 승인을 추진할 의도가 있었기 때문이 아닌가라고 추정했다. 권병현, "[한중수교 비망록] 〈21〉제1차 예비회담 결과 보고와 2차 회담 대책", 『한국일보』 (2007. 8. 20). http://news.naver.com/main/read.nhn?mode=LSD&mid=sec&sid1=102&oid=038&aid=0000395210

의장이 해외주둔 사령관들 일부를 포함한 미 군부 내 모든 현역 사성장군과 해군 제독을 국방부 회의실로 불러 모았다. 그리고 한국에서 전쟁이 일어나는 경우에 대비한 병력, 물자, 병참 측면의 협력 방안을 논의했다. 당시 회의에 참석한 로버트 플래니건 해군 대장은 그 회의에 참석한 모든 장성들이 그 회의가 단순한 도상(圖上) 훈련이 아니라 "실전 회의"라는 점을 분명히 인식했으며 "극도의 긴장 속에서 회의가 진행"되었다고 말했다.[6]

한국 정부는 그해 5월 13일에 수 년 만에 처음으로 전시 동원에 대비한 최대 규모의 민방위 훈련을 발표했다. 서울의 증권 시세는 이틀 만에 25% 하락했고 국민들이 쌀과 라면, 양초 등을 사재기하는 진풍경이 벌어졌다. 이즈음 페리 국방장관은 영변 핵 시설에 대한 국지적 공격에 대해 세부적인 사전 검토를 지시했고, 곧 미국 공군은 그에게 방사능을 널리 유출시키지 않고도 핵 시설을 신속하고 효과적으로 제거할 수 있다고 보고했다.

미국 측 협상대표였던 갈루치 차관보가 볼 때 당시 한반도 상황은 1차 세계대전 직전의 상황과 아주 닮아 있었다. 당사국들의 엇갈린 목표와 오해, 그리고 우연적 요소들이 서로 얽힌 채로 도화선에 불이 붙기만을 기다리는 듯한 형국이었던 것이다. 영변 핵 시설에 대한 타격을 군사적 옵션으로 고려했던 페리 국방장관 자신도 "작금의 사태가 실질적인 전쟁 위험" 단계에 진입했다고 결론을 내린 상태였다.[7]

이 같은 위태로운 상황은 앞선 1991~1992년 시기에 북한을 국제적 고립에서 끌어내고 그들의 전략 방향을 다른 쪽으로 틀 수 있도록 유도하지 못했기 때문에 발생한 것이었다. 그때의 실책이

2~3년이 지나 치러야 할 비용으로 돌아온 것이다. 막다른 골목에 직면한 상대에게 아무런 출구를 마련해 주지 않은 채 밀어붙인 결과 야기된 사태였다. 역사상 이와 유사한 사례가 있었다. 1차 세계대전에서 전승국들은 패배한 독일을 혹독한 조건에 몰아넣고 아무런 탈출구를 마련해주지 않았다. 전승국들은 베르사유 조약을 통해 독일에 막대한 전쟁배상금을 부과했고, 군사적으로 무장 해제를 시켰으며, 외교적으로 압박했다. 그들은 그렇게 하면 독일이 꼼짝 못하고 다시는 전쟁을 일으키지 못할 것이라 믿었다. 그런데 오히려 반대의 결과가 나왔다. 히틀러가 독일에서 정권을 장악하기에 이르렀고 그가 벼랑 끝 외교로 유럽 국가들, 특히 프랑스와 영국 등 전승국들을 밀어붙이며 전쟁의 길로 나아갔던 것이다. 빠져나갈 구멍이 없이 몰린 쥐가 고양이를 무는 격이었다.

북한의 경우도 이와 흡사한 측면이 있었다. 냉전 이후 북한에 외교적 불균형의 족쇄를 채워 놓은 것이 과연 바람직했을까? 체제 안보에 관하여 심각한 위기의식에 몰린 북한에 대해 외교적으로 풀어주면서 서방과의 연결고리를 단단히 만들어놓고, 그다음 문제의 핵 개발에 대해서는 강하게 압박하는 방법을 택했다면 북한의 핵무장을 막을 수 있지 않았을까? 한국을 비롯한 국제 사회는 그렇게 하지 않았고 경제적으로나 안보적으로나 취약할 대로 취약해진 북한을 외교적으로 고립시킨 채 밀어붙였다. 하지만 이는 결국 북한에게 핵 개발을 통한 현상 타파의 동기만 강하게 만들어준 것이 아니었을까?

북핵 위기와 미국

결국 북한은 이러한 대외적, 대내적 모순 구조 속에서 핵 개발을 계속했다. 그리고 주변 관련국들은 북핵 문제를 해결하기 위하여 상당한 외교적 노력을 기울였다. 그러나 1990년대 초에 북핵 문제가 불거진 이후 사반세기가 지났건만 상황은 더욱 악화되었고 그 해결은 더 요원해졌다. 20여 년 전과 달리 이제 북한은 세 번의 핵실험을 거쳐 실질적 핵보유국 행세를 하고 있기 때문이다.

클린턴 행정부 시기

1992년을 전후하여 시작된 1차 북핵 위기에 대해서 미국의 클린턴 행정부는 북한을 직접 상대하는 양자 외교를 통해 문제를 풀어가고자 했다. 북한과의 실질적 협상을 통해 타협을 보려는 실용주의적 자세였다. 물론 이 접근법이 쉽게 효과를 본 것은 아니었다. 앞서 보았듯이 1994년에 한반도는 일촉즉발의 상황까지 갔다. 그러나 지미 카터 전 미국 대통령의 개입으로 다행히 1994년 10월 북미 간에 제네바 합의(Geneva Agreed Framework)가 이루어졌다. 북한은 영변 핵 시설을 동결하고 대신 미국은 북한에 경수로 2기를 제공하며 매년 50만 톤의 중유를 공급한다는 내용의 타협안이었다. 여기서 남북 관계와 북미 관계도 개선하기로 합의되었다.

제네바 합의 이후 핵 문제는 소강상태로 진입했다. 경수로 제공이 예정보다 지체되고 중유 공급도 일정대로 이루어지지 않았으며 정치적 관계 개선도 없었지만, 어쨌든 두 나라는 합의의 큰 틀을 준수했다. 2002년 12월 제네바 합의가 무너지기 전까지 미국은 최소한 북한의 핵 개발을 연기시킬 수 있었다. 클린턴 행정부의 북핵 외교는—비록 미국 공화당 보수파의 비판을 받았지만—바로 이 점에서 긍정적이었다. 물론 그동안에도 북한과 갈등이 없는 것은 아니었다. 대표적인 사건이 1998년 8월 북한의 대포동 미사일 발사였다. 그렇지만 당시 큰 파장을 일으켰던 이 사안도 결국 북미 간의 미사일 협상 끝에 동결하기로 결정되었고 제네바 합의의 기본 틀도 계속해서 유지되었다.

클린턴 행정부의 마지막 시기에 이르러서는 북한과 미국 사이에 정치적 접근도 이루어졌다. 1998년 북한의 대포동 미사일 발사 후에 페리 전 국방장관은 클린턴 행정부의 요청에 따라 대북 정책을 전면적으로 재검토하기 위해 특사 자격으로 1999년 5월 평양을 방문했다. 이때 그는 북한의 부정적 반응으로 별 진전을 보지 못했으나 그 후 정부 간 협의가 이어졌고 9월에 북한은 미사일 발사 중단을 선언했다. 이듬해인 2000년 6월에는 최초의 남북 정상회담이 열렸다. 미국 정부도 그러한 분위기에 발맞춰 적성국교역법에 입각한 대북 제재를 해제했다. 2000년 10월 9일에는 조명록 차수가 워싱턴을 방문하여 10월 12일 북미 간에 적대적 의도를 종식시키겠다는 공동커뮤니케를 발표했다. 이에 미국 정부는 매들린 올브라이트 국무장관을 평양에 답방 형식으로 파견했고, 나아가 클린턴 대통령의 방북까지 고려하게 되었다. 북미 간의 외교 관계 개설이 눈앞에 다가온 듯한 순간이었다.

부시 행정부 시기

그러나 북미 관계의 대전환을 추진하기에는 시간이 너무 촉박했다. 클린턴 행정부는 임기가 곧 끝나가는 상황에서 대북 정책에 중대한 변화를 주는 것이 부적절하다고 판단했고 그래서 클린턴 대통령의 방북은 이루어지지 못했다. 북미 간 항구적 외교 관계를 개설

외교의 시대

할 기회를 놓친 것이다. 그리고 새로 들어선 부시 행정부는 전혀 다른 철학과 방법론을 가지고 북한을 대하기 시작했다. 여기서 북한이 왜 페리 국방장관의 방북 이후 답방을 서두르지 않고 1년 4개월이라는 아까운 시간을 허비했는지 의문이 남는다. 만일 이 시간을 허비하지 않고 6개월만이라도 더 일찍 서둘렀다면 북미 관계의 항구적인 개선이 이루어졌을지도 모르기 때문이다. 이는 결국 북한 측의 실책이었다고 볼 수밖에 없다.[•]

2001년부터 시작된 부시 행정부는 기본적으로 클린턴 행정부의 대북 정책을 불신했다. 부시 행정부는 제네바 합의가 북한에 휘둘린 클린턴 행정부의 순진한 정책의 결과라고 믿었고, 이러한 불신은 그의 임기 초인 2001년 2월 김대중 대통령과의 정상회담에서 파열음으로 표출되었다. 부시 행정부가 들어선 후 김대중 정부와 클린턴 정부가 구축해둔 대북 정책 공조의 틀이 무너지기 시작했고 2000년에 이루어진 북미 간 합의도 무시되어 버렸다.

이렇게 상황이 변한 가운데 2002년 10월 4~5일 평양을 방문한 제임스 켈리 차관보는 북한이 비밀리에 고농축 우라늄을 통한 핵 개발 프로그램을 추진하고 있다고 언급하면서 북한에 해명을 요구했다. 북한 측은 첫날 회담에서는 고농축 우라늄 프로그램의 존재 자체를 부정하다가 다음 날 강석주 부부장이 그 사실을 인정하는 것으로 해석되는 발언을 하였다. 이로써 2차 북핵 위기의 도화선이 당겨졌다.

• 일부 전문가는 아마도 2000년 6·15 남북 정상회담 준비 때문에 인력이 부족한 북한 정부가 좀 더 일찍 대미 접근외교를 시도하지 못했을 것이라고 말한다.

미국 정부는 북한이 1994년 제네바 합의를 위반했기 때문에 이에 대한 응징으로 제네바 합의에서 약속한 중유 공급을 중단할 것이라고 한국과 일본 정부에 통보했다. 한국의 김대중 정부와 일본 정부는 이에 대해 반대했으나 미국 정부의 입장은 강경했다.

결국 이러한 미국의 결정이 2002년 11월 발표되자 북한은 10월에 제기했던 자신들의 제안을 반복했다. 즉 미국이 북한의 주권을 존중하고 불가침에 대한 구속력 있는 약속을 할 것, 북한의 경제 발전을 방해하지 않는다고 선언할 것, 그리고 이러한 조건하에 모든 핵문제의 해결을 걸고서 협상을 하자고 제안했다. 그러나 이러한 제안은 미국 측에 의해 무시당했다. 그러자 북한은 중유 공급 중단으로 유일하게 남은 제네바 합의의 이행사항이 폐기되었으니 제네바 합의 자체가 완전히 붕괴되었다고 선언했다. 그러니 북한 자신도 이제 그 합의를 지킬 필요가 없게 되었다고 말하면서 2002년 12월 12일 연료 부족을 이유로, 제네바 합의 이후 동결해온 핵 시설을 재가동하겠다고 선언했다. 12월 27일에는 국제원자력기구 사찰관을 추방했다.

돌아보면, 미국 정부의 중유 공급 중단은 큰 실책이었다. 북한이 설령 우라늄 농축 프로그램을 가동하기 시작했다고 하더라도 제네바 합의의 틀은 유지하면서, 즉 영변 핵 시설은 계속 동결시키면서 우라늄 농축 프로그램을 협상 테이블 위로 끌고 오려고 노력했어야 했다. 당시 북한의 기술 수준으로 볼 때 우라늄 농축 프로그램을 통해 핵무기를 생산하기 위해서는 최소한 5~6년 이상이 걸릴 것으로 전문가늘은 판단했다. 반면 플루토늄 추출을 통한 핵무기 생산은 이미 매년 최소 1개 정도씩 만들 수 있는 상황으로 판단되었고 그만큼 더 위험하고 다급했다. 결과적으로 아직 개발을 완료하기까지 시간이 걸리는 덜 시급한 새 프로그램을 막겠다고 북한으로 하여금 더 위험하고 더 시급한 옛 프로그램을 즉각 가동시킬 구실을 줘버린 셈이었다. 실제로 북한은 그 후 핵시설을 재가동해서 핵물질을 생산하여 비축해나갔고 결국 2006년 10월에 1차 핵실험을 실시하기에 이르렀다. 미국 측 전문가들도 부시 행정부의 중유 공급 중단 조치에 대해 비판적 견해를 공유했다.[8] 클린턴 행정부에서 일했던 한 핵심 고위관리는 필자와 나눈 대화에서 당시 공화당 정부 요로 인사에게 어떤 일이 있어도 북한에게 제네바 합의를 깰 명분을 주지 말 것을 조용히 권고했지만 받아들여지지 않았다고 말한 바 있다.[9]

　　부시 행정부가 이러한 결정을 내리게 된 것은 이들의 지나친 신보수주의적 이념에 입각한 외교 정책 때문이었다. 그리고 부시 행정부의 결정은 외교를 실용적인 관점이 아니라 지나치게 이념적인 관점 또는 도덕적 선악관에 입각해서 접근할 때 얼마나 큰 부작용이 생기는지 보여주는 선례가 되어버렸다. 이러한 결정을 주도한 사람들은 북한의 행동 패턴을 이해하는 북한 전문가들이 아니라 주로 비확산 담당자들과 네오콘으로 분류되는 정책결정자들이었고 이들은 북한이 곧 무릎을 꿇고 들어올 것으로 예측했다. 그리고 미국의 이러한 정책 기조는 네오콘들이 정책 결정 과정에서 주도적 영향력을 행사했던 2006년 말까지 지속되었다.

　　부시 행정부는 클린턴 행정부와 달리 북핵 문제에 대해 다자적인 접근법을 시도했다. 핵 문제는 미국만의 문제가 아니고 주변 당사국들도 공유하는 문제이기에 책임을 나누어 가져야 한다는 것이었다. 미국 혼자가 아닌 주변 당사국들과 함께 북한에 대해 압력을 가할 수 있고 타협 단계에서 오는 부담도 분담할 수 있기 때문이었다. 그 결과 만들어진 것이 6자 회담이었다. 한국은 가장 중요한 북핵 문제 당사국이면서도 정작 1994년 제네바 협상에 직접 참여하지 못하고 미국 측이 전해주는 브리핑을 통해 간접적으로 협상 상황을 파악해야 했었다. 그에 비추어볼 때 6자 회담은 한국의 입장에서도 환영할 만한 것이었다. 이때 미국과 북한 사이에서 중개자 역할을 했던 것이 중국이었다. 1차 북핵 위기 때와는 달리 중국 정부는 적극적으로 북핵 문제에 임하기 시작했다. 여기에는 미국 부시 대통령의 종용[10]도 작용했지만 중국 정부 스스로도 동북아시아에서 안보 문제와 관련하여 좀 더 적극적인 역할을 하고자 하는 의도가 있었다.

그러나 6자 회담은 2015년 현재까지도 다자 협상을 통한 북핵 문제의 타결이라는 목표를 달성하지 못하고 있다. 물론 탈냉전의 상황에서 경제 개혁이라는 순리를 거스르고 대신 핵 개발에 집착함으로써 근본 원인을 제공한 북한의 책임이 가장 크다. 그러나 클린턴 행정부와 북한과의 2000년 북미 합의를 무시하고 정반대 방향으로 달린 부시 행정부에도 문제가 있었다. 특히 부시 행정부의 중유 공급 중단에 대해 북한이 강경 대응으로 맞섬으로써 북핵 외교의 첫 번째 단추부터 잘못 꿰었고, 그 후 북핵 협상의 구도는 상호 간에 엇갈리는 평행선 구도가 되어버렸다.

북한이 영변 핵 시설을 재가동하기 시작하자 미국은 이른바 '맞춤형 봉쇄(tailored containment)' 전략으로 대응했다. 북한 체제를 정치경제적으로 압박하면서 어떤 종류의 직접 협상도 피하는 전략으로 나온 것이다. 예를 들어 다자 간 협력을 통해 대량 파괴 무기의 거래와 관련한 북한 선박을 공해상에서 검색하는 조치(proliferation security initiative, PSI)를 시작한 것이라든지 북한의 모든 불법 거래 행위에 대해 단속을 강화하는 조치들이 그것이었다.[11] 이러한 맞춤형 봉쇄 정책의 이면에 깔린 논리는 2002년 12월 26일 당시 도널드 럼스펠드 국방장관이 부시 행정부 내 핵심 정책결정자들에게 돌린 메모에서 잘 드러난다. 그는 "협상 테이블에 앉는 것 자체가 바로 평양이 원하는 것이다. 북한의 최근 핵 관련 도발에 대해 우리가 협상으로 대응한다면 그것은 평양의 약한 입장을 더 강화해주게 될 것이고 결국 그들의 잘못된 행동이 보상을 받는다는 것을 입증해주는 꼴이 될 것이다"라고 말했다.[12]

이러한 생각이 지배적이었기 때문에 이 시기 부시 행정부는 6자 회담의 틀을 만들기는 했지만 이를 북한과의 실질적 협상을 하는 데 사용하기보다 북한을 제외한 5개국 연합의 형태로 북한을 압박하는 데 중점을 두었다. 예를 들어 2003년도 초기 상황에서 미국 정부는 북한 측과 일대일 접촉 자체를 기피했다. 당시 외교통상부장관으로 대통령의 방미를 수행했던 필자는 워싱턴에서 리처드 아미티지 국무부 부장관을 만나 다가오는 1차 6자 회담의 준비를 놓고 논의했다. 당시 콜린 파월 국무장관은 해외 출장으로 부재중이었다. 이 회담에서 필자는 6자 회담이라는 다자 회담의 틀 내에서 미국과 북한 간의 양자 접촉이 얼마나 중요한지 설명하며 미국 측에 이를 진지하게 고려할 것을 요청했다. 그러나 미국 측의 입장은 단호했다. 북한과의 접촉 자체가 나쁜 행위를 한 북한에게 보상을 주는 것과 마찬가지이며 북한과의 일대일 접촉은 미국의 정책이 아니라는 것이었다.

도덕적으로 문제가 있는 상대라는 이유로 협상을 하지 않고 그로 인해 사태가 악화되도록 방치하는 것보다 그들과 협상을 해서 문제를 푸는 것이 더 도덕적인 결과를 낳을 수도 있다. 그럼에도 불구하고 부시 행정부의 정책은 단호했다. 소련에 대해서 악의 제국이라고 비판하면서도 소련과의 핵무기 감축 협상에 적극적으로 나섰고 실제로 핵 감축을 실현하여 미국의 국익은 물론 세계 평화에도 기여한 레이건 대통령의 실용주의적 자세를 참고해달라고 필자가 설득했지만 소용이 없었다. 북한은 영변 핵 시설을 가동해 핵 물질을 추출하여 이를 무기화하고 있을 터였고 그렇게 시간이 흘러갈수록 북한에는 유리하고 미국이나 한국에 불리해질 것이 뻔했다. 여러모로 이 시기는 협상을 유리하게 주도할 수 있는 시간을 허비했다는 점에서 안타까운 시기였다.

예를 들어 미국 측은 1차 6자 회담(2003년 8월 27~29일)과 2차 6자 회담(2004년 2월 25~28일)에서 북한에 대한 요구사항만 들고 나왔고 아무런 구체적인 협상안을 가지고 나오지 않았다. 3차 회담(2004년 6월 23~26일)에 이르러서야 한국 측의 강한 설득과 한미 간 문안 조율 과정을 거쳐 미국 측 안이 제시되었다.* 결국 아까운 시간이 흘러가면서 협상 기회를 놓쳤고 북한은 핵실험까지 감행해버렸다.

부시 대통령은 북한이 2006년 10월 핵실험을 한 후 3개월이 지난 2007년 1월, 그제야 정책을 바꿔 최초로 북한과의 양자 협상을 허락했다. 미국의 크리스토퍼 힐 차관보와 북한의 김계관 외교부 부부장 간의 베를린 회담이 이루어진 것이다. 만약 북핵 협상에 대한 미국 측의 이러한 실용주의적 방향으로의 전환이 2003년에서 2005

---

* 켈리 미국 측 대표는 3차 6자 회담 마무리 기자회견에서 미국 안이 한국 측의 상상력과 기여로 성안되었음을 언급했다.

외교의 시대

년 사이에만 이루어졌더라도 북한의 핵무기 보유는 미리 막거나 아니면 최소한 상당 기간 지연시킬 수 있었을 것이다. 이처럼 부시 행정부는 북한과의 실질적인 협상을 기피함으로써 북한이 1차 핵실험을 할 때까지의 귀중한 4년 가까운 세월을 낭비했다.

물론 부시 행정부가 이 같은 강경한 정책 방향을 고수하는 동안, 만약 6자 회담의 중요한 참여국, 특히 중국이 적극 동조해서 북한에 대한 압박에 동참했다면 상황은 달라졌을 것이다. 그러나 중국은 앞서 본 것처럼 미국과는 입장이 달랐다. 물론 중국도 북한의 핵 보유를 반대했다. 그러나 중국은 북핵 문제를 세계 전략, 특히 대미 전략의 틀에서 접근했다. 즉 중국 입장에서 북한의 비핵화보다 더 중요한 우선순위는 북한 체제의 안정에 있었다. 반면 미국의 가장 중요한 우선순위는 북한의 비핵화였고 북한의 체제 안정 여부는 부차적인 문제였다. 따라서 북한에 가장 큰 영향력을 행사할 수 있는 나라였음에도 중국은 미국의 대북 압박 정책에 동조하지 않았고, 이 때문에 부시 행정부의 압박 정책은 효과를 거둘 수 없었다.

이와 같은 중국 정부의 북핵 문제 접근법은 북한이 2006년 1차 핵실험, 2009년 2차 핵실험을 실시하고 나서 유엔 주도 아래 경제 제재가 시행되는 시점에도 유지되었다. 물론 두 번에 걸친 대북 제재 결의안이 유엔 안전보장이사회에서 결의되는 과정에서 중국이 주도적인 역할을 한 것은 사실이다. 그러나 정작 그러한 제재의 실행 과정에서 중국은 자국이 보유한 북한에 대한 영향력을 충분히 사용하지 않았다. 2009년 가을 북한이 2차 핵실험을 한 직후 열린 중국 측의 한 내부 회의에서는 아예 북중 관계와 북핵 문제를 분리시켜 접근하는 결정을 내리기까지 했다. 즉, 북중 관계가 북핵 문제 때문에 부정적인 영향을 받지 않도록 피해갔던 것이다. 이러한 과정에서 북한의 대중국 의존도는 정치적인 면에서나 경제적인 면에서 더욱 깊어졌고, 그만큼 중국의 영향력은 증대되어 갔다.

부시 행정부의 뒤늦은 정책 전환

물론 한국과 미국의 대북 정책 간의 차이도 공조 부재의 한 원인이 되었다. 한국은 2000년 남북 정상회담 이후 북한에 대해 포용 정책을 추진하고 있었다. 앞서 언급한 대로 2001년 초 김대중 대통령과 부시 대통령 간의 정상회담에서 한미 간에 입장 차이가 표출된 이후 노무현 대통령과 부시 대통령 사이에서도 그러한 차이는 지속되었다. 한반도의 분단 극복과 남북 화해를 밀고 나가던 한국의 김대중, 노무현 두 진보 정부와 힘의 논리에 기반하여 강경 보수 외교를 밀고 나가던 부시 행정부 간의 부조화는 어찌 보면 남북 정상회담이나 9·11 테러 사건 직후라고 하는 시대적 상황을 반영하는 측면도 있었다. 북핵 문제의 가장 중요한 당사자인 한국, 미국, 중국 간에 빚어진 이러한 정책 공조의 어려움은 바로 6자 회담 체제가 안고 있는 근본적인 문제점이기도 했다.

결국 북핵 문제가 본격적인 협상 국면으로 진입하기 시작한 것은 부시 대통령이 2006년 말경 북한과의 양자 접촉을 실시하기로 결정한 이후부터였다. 무엇보다도 2006년 10월 북한이 핵실험을 해 버렸다는 것이 미국 입장에서 큰 딜레마였다. 핵실험을 했는데도 과거와 동일한 정책을 지속하는 경우 그것은 실질적으로 북한을 핵보유국으로 인정하는 셈이 되어버릴 것이기 때문이었다. 더욱이 부시 행정부는 점차 국내외적으로 입지가 좁아지고 있었다. 2006년 중간

선거에서 공화당이 패배함으로써 상하 양원이 민주당에 의해 장악되었다. 이라크 상황은 더 악화되어 갔고 이란 등 세계 다른 지역의 현안들도 해결되지 못했다. 그런 상황에서 2008년 대선이 다가오고 있었다. 부시 행정부로서는 세계 분쟁 지역 중 어느 한 곳에서라도 문제가 개선되는 곳이 필요했고, 미국 정부는 그곳을 북한으로 정한 듯했다. 이러한 배경 아래 부시 대통령은 그간의 방침을 바꿔 2007년 1월 베를린 북미 양자 회담을 허락했다. 그리고 이 회담에서 미국은 북한에 금융 제재를 해제해주기로 약속했고, 북한은 6자 회담에 복귀하였다. 그렇게 이루어진 6자 회담에서 2007년 2월 2·13 합의가 이루어졌다.

사실 2·13 합의 1년 반 전인 2005년 9월에도 최초의 6자 회담 합의가 이루어졌는데 바로 9·19 공동성명이었다. 9·19 공동성명은 핵 문제의 타결과 관련하여 가장 포괄적인 합의문이었다. 북한의 비핵화 조치에 대응해 주변국들이 어떻게 보상할 것이며 어떻게 한반도 평화를 정착시켜 나갈 것인가에 대한 최초의 중요한 합의문이었다. 그러나 9·19 합의는 당시 아직 영향력이 컸던 부시 행정부 내 강경파들의 반발, 경수로 제공 문제에 대한 미국과 북한의 해석 차이, 그리고 무엇보다 9·19 협상과 거의 동시에 진행된 방코델타아시아(BDA) 은행에 대한 대북 금융 제재로 인해 무용지물이 되어 버렸다. 결국 1년 5개월의 시간이 흐른 2007년 2월에야 부시 대통령의 정책 전환으로 9·19 합의의 이행에 관한 구체적 로드맵이 만들어졌는데, 그것이 바로 2·13 합의였다.

2·13 합의에서는 비핵화를 3단계로 나누어 시행하기로 했다. 1단계는 북한의 핵 시설을 불능화하는 것이었다. 즉 핵 시설의 핵심

적인 장치를 해체하여 이로써 단기간 내 재가동을 어렵게 만들려는 조치였다. 2단계는 북한이 핵 시설과 핵물질을 신고하고 그에 대한 검증을 받는 것이었다. 3단계는 마지막으로 북한의 핵 시설을 완전 해체하는 것이었다. 미국과 다른 6자 회담 참여국들은 이에 상응하는 조치를 취하기로 했다. 5개국이 분담하여 북한에 중유를 제공하기로 했고 미국은 북한에 대한 경제 제재를 해제해주기로 했다. 특히 6개국은 북한이 3단계 조치를 완료하는 시점에서 미국과 일본이 북한과 외교 관계를 개설하기로 합의했고 또 한반도 평화 정착 문제를 별도의 실무그룹을 통해 논의하기로 했다.

1단계에서 정한 핵 시설 불능화는 예정대로 진행되었다. 북한은 영변 핵 시설의 가동을 중단하고 불능화 작업을 시행했다. 문제는 2단계의 신고와 검증이었다. 우선 '신고'에 있어서 북한이 과거에 행한 핵 기술 이전 문제가 불거졌다. 미국과 이스라엘 정보 당국은 북한이 시리아에 핵 기술을 제공했음을 밝혀냈고 미국 측은 이 문제에 대해 북한의 해명을 요구했다. 북한은 부인으로 일관했다. 그런데 싱가포르에서 크리스토퍼 힐과 김계관은 북한의 신고 대상과 방식에 대해 논의했는데, 이때 미국 측은 플루토늄 프로그램, 우라늄 농축 프로그램, 그리고 북한의 핵 관련 과거 행적 세 가지 쟁점 중에서 플루토늄 프로그램에만 한정해서 논의하기로 합의를 해주었다. 이러한 미국 측 협상 태도를 보면서 부시 행정부 초기의 강경 노선도 문제였지만 180도 뒤바뀐 너무 유화적인 노선을 취하는 것도 문제였다는 비판이 나왔다.[13]

결국 북한과 미국은 검증 문제를 놓고 교착상태에 빠져 들었다. 미국과 국제원자력기구 측은 북한의 문제 시설을 방문하고, 샘플을 채취하고, 북한 핵과학자들을 면담하는 방식의 철저한 검증을 요구했으나 북한은 이를 거부하고 나섰다. 그런 가운데 2008년 말 미국 대선이 가까워지면서 북핵 협상은 더 이상 진전을 보지 못했다. 북한이 미국 대선을 앞두고 시간 끌기 작전으로 나간 것이다.

오바마 행정부의 대북 정책

오바마의 대통령 당선은 부시 대통령의 일방주의적 이념 외교에 염증을 느낀 세계 도처의 시민과 정치 지도자들에게 희망을 주었다. 그는 대선 캠페인 과정에서부터 대화와 타협의 외교를 강조했고 이로써 그는 세계 도처에서 일고 있던 반미 감정을 잠재우고 추락한 미국의 영향력을 회복하고자 했다. 그는 만약 자신이 대통령에 취임하면 그동안 미국과의 관계가 어려웠던 러시아, 이란, 북한의 지도자들과 직접 대화할 용의가 있다고 밝혀 왔었다. 따라서 적지 않은 사람들이 북핵 문제도 협상을 통해 풀릴 수 있지 않을까 기대했다.

그러나 이번에는 북한이 선수를 쳤다. 미국 국무부의 핵심 직책에 새 사람들이 다 채워지기도 전인 2009년 4월 북한 당국은 유엔 제재 1718호를 위반하면서 로켓을 발사했고 곧이어 장거리 및 단거리 미사일을 발사했다. 그리고 5월에는 2차 핵실험을 감행했다. 미국 오바마 행정부가 자신들의 대북 정책 구상을 채 펼치기도 전에 북한 당국은 핵 보유 의지를 확고하게 과시한 것이다. 국제 사회는 대단히 놀랐다. 곧 미국 정부의 주도 아래 유엔 안전보장이사회의 결의 1874호가 채택되었다. 그리고 유엔 결의에 따라 북한에 대한 경제 제재가 추가로 실시되었다. 북한이 무리한 강수를 두는 바람에 상황이 더욱 대결적이고 복잡하게 악화되기 시작한 것이다.

이런 상황 속에 한국과 미국, 일본은 북한에 대한 제재를 지속하되 대화의 문을 열어놓는다는 정책을 취했다. 중국도 대북 제재에 참여하겠다고 밝혔으나 2009년 10월 원자바오 총리는 북한을 방문하여 상당한 수준의 경제 지원을 약속하는 행보를 보였다. 경제 제재가 시행된 직후 북한은 다시 태도를 바꾸어 유화적인 자세로 미국과 한국에 대응했다. 예를 들어 미국에 대해서는 국경을 넘어 불법 입국한 두 명의 미국인 기자들을 석방했고 그 과정에서 클린턴 전 대통령의 방북을 요청하기도 했다. 한국에 대해서도 억류된 개성공단 근로자를 풀어주었다. 그렇지만 미국과 한국은 제재와 대화의 병행이라는 원칙을 지켜나갔다.

그러던 차에 2010년 3월에 천안함 격침 사건이, 그리고 11월에 연평도 포격 사건이 터졌다. 두 사건은 기본적으로 북한 당국이 실질적인 핵 보유 이후 생긴 자신감을 표출한 사건으로 판단된다. 이제 핵을 가졌으니 그 정도의 도발을 해도 자신들을 감히 어떻게 하겠느냐는 '핵보유 신드롬'의 결과였다. 어찌 되었든 이로 인해 한반도 상황은 극도로 악화되었다. 12월 한국 측의 해상 훈련을 즈음해서 서해상에서 남북 간 긴장이 상당히 고조되었고 미국은 한국에, 중국은 북한에 강한 어조로 자제를 요청했다. 또 북한의 도발에 대응하여 2010년 7월 한미 합동 군사훈련이 개최되었을 때에도 중국이 이에 대해 강하게 항의했는데, 이처럼 남북 대결이 미중 대결로 비화되는 양상을 보였다.

친안함 및 연평도 공격 사건이 소상상태로 접어들자 북한은 무조건적인 6자 회담의 재개를 주장하고 중국이 이러한 북측 입장을 지지하고 나섰다. 그럼에도 불구하고 한국과 미국 두 나라는 6자 회담 재개에 부정적이었다. 한미 양국의 입장에서 볼 때 북한이 비핵화와 관련하여 성의 있는 조치를 취하지 않는 이상 6자 회담을 개최해 보았자 성과가 없을 것이 분명했기 때문이다. 미국과 한국이 이른바 '전략적 인내(strategic patience)' 정책을 추구하게 된 것이다.

그러나 2011년에도 남북한 사이에 긴장 상태가 유지되자 한국 정부 입장에서도 한반도 안정을 위해 무언가 돌파구를 마련할 필요가 생겼다. 그래서 한국 정부는 미국에 대해 먼저 남한과 북한이, 그다음에 미국과 북한 순으로 대화 재개에 나서자고 제안했다. 이에 미국이 동의하여 7월 인도네시아 발리에서 1차 남북 비핵화 회담이 열렸고 이어서 뉴욕에서 1차 북미 비핵화 회담이 진행되었다. 2011년 9월에는 베이징에서 2차 남북 비핵화 회담이 있었고 이어서 10월에는 제네바에서 2차 북미 비핵화 회담이 열렸다. 그리고 2012년 2월 베이징에서 열린 3차 북미 비핵화 회담에서 2·29 합의가 도출되었다. 2·29 합의는 북한이 장거리 미사일 발사, 핵 실험 및 우라늄 농축 활동을 포함한 영변에서의 핵 활동을 임시 중단(moratorium)하는 한편, 그 이행과 5메가와트 원자로 및 관련 시설의 불능화를 감시하기 위한 국제원자력기구 사찰단을 복귀시키고, 그 대신에 미국은 북한에 24만 톤의 영양식을 제공하기로 하는 내용이었다.[14] 이처럼 오랜만에 대화의 물꼬가 트이자 일각에서는 6자 회담 재개 전망까지 나오게 되었다.

그러나 합의가 발표된 지 2주일 남짓인 3월 16일 북한 당국은 '인공위성'을 발사하겠다고 발표했다. 이는 회복 기미가 보이던 북미 관계에 다시 찬물을 끼얹었다. 인공위성은 사실 장거리 미사일 기술을 활용하는 것이기에 유엔 안전보장이사회 결의에서 이것을 금지했기 때문이다. 결국 북한은 2012년 4월 13일 '은하 3호' 장거리 로켓을 발사했다. 아마도 이는 김정일 국방위원장의 사망 이전에 계획된 이른바 유훈통치의 틀 안에서 이루어졌을 것이다. 물론 미국의 협상팀은 북한에게 장거리 로켓 발사를 해서는 안 된다고 분명히 선을 그었지만 북한은 제 갈 길을 갔다. 이로써 워싱턴 내부의 분위기는 2009년 봄 북한의 2차 핵실험 발사 직후와 비슷한 격앙된 분위기와 배신감에 휩싸였다.

2013년 봄, 북한은 4년 전 오바마 행정부 출범 직후와 유사한 행태의 그러나 그보다 훨씬 더 위협적인 도발을 시도했다. 미국의 뉴욕 맨해튼 남부가 불바다가 되는 애니메이션 영상을 발표한 것이다. 이는 2012년 12월 북한이 또다시 장거리 로켓을 발사한 데 대해 유엔 제재가 가해지자 그에 반발하는 차원에서 나온 것이었다. 더 나아가 북한은 2013년 2월 12일에는 3차 핵실험을 실시했고 이에 유엔은 북한의 은행, 무역, 여행 등과 관련한 추가 제재를 실시했다. 그 후 북한은 남한에 대해 공격적 언사를 퍼부으며 1953년 휴전 협정이 무효임을 선언했고 4월 8일에는 5만 3천 명의 북한 노동자를 개성공단에서 철수시켰다.

결국 이런 무리한 행보는 북한에 자충수가 되었다. 중국의 새 지도자 시진핑은 과거 후진타오와는 달리 북한을 공개적으로 비판하며 압박을 가했다. 그는 북한이 국제 사회의 규범에 어긋나는 도발적인 행동을 계속할 경우 중국이 북한과의 전략적 이해관계까지 재고할 수 있음을 내비치며 비핵화의 추진을 요구했다. 가장 든든한 후원자인 중국의 이와 같은 태도 변화는 아마도 북한 당국에 충격이었을 것이다. 입지가 약화된 북한은 그 후 미국과 한국에 다시 대화를 제의했고, 한국과는 개성공단의 재개를 합의하는 등 유화적인 자세를 취했다.

　돌아보면, 김정일 국방위원장은 2011년 12월 사망하기까지 핵 개발만이 살길이라고 생각했을 것이다. 그러면서 핵무기 개발을 미국과의 관계 개선에 있어서 긴요한 카드로도 활용할 수 있으리라고 믿으며 특유의 벼랑 끝 외교를 펼쳤을 것이다. 그리고 그러한 전략을 후계자 김정은에게 물려주었을 것이다. 즉 미국이 처음에는 북한의 핵 보유를 반대할지 몰라도, 시간이 지나고 상황이 바뀌면 그리고 북한이 적절한 조건을 내걸기만 한다면, 인도나 파키스탄에 대해서 그랬던 것처럼 미국이 북한의 핵 보유를 인정해줄 것이라고 말이다. 예를 들어 정치적 여건이 무르익어 '미국이 북한의 핵 보유를 인정해주면 북한은 미국 본토를 타깃으로 하는 대포동 미사일 개발을 포기하고 핵 기술이나 핵물질을 외부로 이전하지 않겠다' 정도의 적당한 제안을 통해 미국과의 정치적 타협이 가능할 것이라고 믿었을 수도 있다. 그리하여 만약 북미 관계가 개선되면 이는 곧 일본과의 관계 개선으로 이어질 것이고 그러면 막대한 자금이 일본으로부터 유입되어 본격적인 개혁 없이도 경제를 소생시킬 수 있다고 믿었을지도 모른다. 그러한 수순으로 가기 위해서 그는 새로 시작하는 오바마 행정부에게 절대로 북한이 핵을 포기하는 일은 없을 것임을 미리 분명히 밝히면서 기선을 제압할 필요가 있다고 생각했을 것이다. 그래서 2009년 봄 오바마 정부가 들어서자마자 2차 핵실험과 장거리 미사일 발사를 시도했을 것이다. 그러나 그의 계산은 철저히 빗나갔다. 무엇보다 북한은 인도나 파키스탄이 아니었고, 북한의 의도를 간파한 한국과 미국 두 나라가 단호한 자세로 비핵화에 대해 임했기 때문이다.

2013년 봄의 대결 국면이 소강상태로 바뀌면서 6자 회담의 재개 문제가 논의되었다. 북한과 중국은 무조건적인 재개를 주장했지만, 한국과 미국은 북한의 성의 있는 선행 조치를 요구했다. 그리고 지금까지 6자 회담은 재개되지 못했다. 그러나 6자 회담이 재개된다고 하더라도 이를 통한 북핵 문제의 해결 가능성에 대해서는 많은 사람들이 비관적이다. 이 시점에 이르러 북한이 쉽게 핵을 포기하리라고는 예측하기 힘들기 때문이다. 북한 당국은 국제 사회의 비핵화 요구에 대해서 미국이 먼저 대북 적대시 정책을 철회하라고 요구하고 있다. 핵 문제는 미국의 적대시 정책에 대응하는 자위적 차원에서 시작된 것이니 미국이 먼저 적대시 정책을 폐기하라는 것이다.[15] 그런데 문제는 북한이 내걸고 있는 대북 적대시 정책 폐기의 구체적 내용이다. 북한은 미국이 한국에 제공하는 핵우산의 폐기, 한미 동맹의 해체, 주한미군의 철수를 요구하고 있다. 북한은 이 조치들이 선행되고 나서야 비핵화를 실시하겠다는 것이다. 이는 현실적으로 한국이나 미국이 받아들이기 힘든 조건이다. 북핵 문제는 이처럼 풀기 어려운 교착상태에 빠져 있다.

북한 경제의 변화

소련의 붕괴와 그에 따른 원유 공급 감소가 북한 경제에 미친 타격은 단순히 공업 부문에만 그치지 않았다. 북한의 농업 부문은 이른바 주체농법으로 이미 구조적 모순을 내재하고 있었는데 여기에 원유 수입 감소로 심각한 타격을 받았다. 비료나 농기구 생산에 차질이 빚어지고 트랙터 등 기존 농기구의 운용 또한 힘들어지면서 농업은 더욱 피폐해졌다. 게다가 자연재해까지 겹쳤다. 그로 인해 수확이 대폭 감소했고 대규모 식량 부족 사태가 초래되었다. 결국 1994~1998년 간 300만 명 이상이 사망한 대기근이 발생했다.[*]

농업 부문의 피폐는 북한의 경제 체제를 마비 상태로 몰고 갔다. 정부가 주민들에게 배분해줄 식량이 부족해서 식량배급 체제가 거의 무너졌다. 주민들은 생존을 위해 돈이 될 만한 물건이라면 무엇이든 들고 나가 팔아서 식량을 구했다. 이렇게 물물교환으로부터 자생적으로 시작된 시장경제가 시간이 흐르면서 더욱 활발해지고 그 범위가 확산되어 갔다. 북한 당국도 대기근 이후 제한된 범위에서나마 점진적인 개혁을 시도했다. 예를 들어 1998년 새로 개정된 헌법은 좀 더 넓은 범위에서 사적인 경제 활동을 허락했고(24조), 좀 더 많은 경제적 인센티브를 제공했으며(33조), 해외 무역과 투자를 증대시키고자 했다. 그리고 내각에 경제 관리에 대한 권한을 더 많이 부여해 정상적인 역할을 회복시켜 주고자 했다(119조).

1998년에서 2002년까지의 시기는 비교적 조심스럽게 개혁을 시도하는 시기였는데,[16] 2002년 7월 1일 '경제관리개선조치'의 공식적인 발표로 이어졌다. 북한 당국도 어쩔 수 없이 부분적으로나마 시장 기제를 공식적으로 인정할 수밖에 없었던 것이다. 경제관리개선

---

[*] "황장엽 '북한 기근으로 3백만이상 사망〈佛紙〉", 『연합뉴스』 (1999. 3. 14). http://news. naver.com/main/read.nhn?mode=LSD&mid=sec&sid1=104&oid=001&aid= 0004531696 우리민족서로돕기 불교운동본부, 『북한 식량난의 실태보고서』 (1999. 5), 26쪽. 황장엽 씨 증언, 1998년 북한 국가안전보위부 요원의 증언에 따르면 북한에서 노동당원 교육 중 "지난 고난의 행군 동안 우리는 인적 손실이 250만 명 정도였다"는 보고를 들었다고 한다. 김병로, "경제조치이후 북한의 사회적 변화", 윤영관, 양운철 엮음, 『7·1 경제관리개선조치 이후 북한경제와 사회: 계획에서 시장으로?』 (파주: 한울, 2009), 288쪽.

조치의 내용은 배급제를 폐지하고 가격과 임금을 인상함으로써 북한 경제가 화폐를 매개로 재화와 용역을 거래하는 방향으로 나아가게 하는 것이었다. 또한 기업의 독립채산제*를 강화하고 급여를 차등 지급하여 인센티브를 제공하고자 했다. 농업 분야의 분조관리제**를 개선하여 주민들의 노동 의욕 고취와 생산 증가를 도모했다. 그리고 환율을 현실화하고 외화 환전표를 폐지해서 해외 시장 가격이 국내 시장에 반영될 수 있도록 연계를 강화했다.[17]

이러한 조치들은 개인적 차원의 인센티브 제도를 고친 것들로 미시적인 생산 활동을 자극하는 효과가 있었다. 특히 2003년 3월 이후 종합시장이 공식적으로 도입되었고, 그 후 전국에 걸쳐 그 숫자도 크게 증가했다. 그러나 경제 성장에 가장 중요한 국가적 차원에서 자원 배분을 어떻게 할 것이냐 하는 문제, 즉 거시 경제 차원의 제도와 정책에서 근본적인 변화가 없었고 따라서 개선조치의 효과는 미미할 수밖에 없었다.[18]

그럼에도 불구하고 시장 기능이 확산되면서 당연히 주민들의 생각도 바뀌어 갔다. 특히 2002년 경제관리개선조치 이후 주민들이 더욱 사상적으로 이완되고 물질주의적 성향이 강화되는 경향이 나타났다. 시장의 점진적 확대로 인해 주민들이 돈을 최고의 가치로 추구하게 되자 이들에 대한 중앙 권력의 통제가 힘들어지고 부패가 만연하게 되었다. 북한 당국은 주민들의 이러한 사상적 이완과 물질주의 사고방식 심화가 김정일 체제의 유지에 부정적으로 작용할 것이라고 우려하게 되었다.

그에 따라 2007년부터 시장에 대한 단속과 통제가 다방면에서 진행되었다. 예를 들어 종합시장에서 물건을 파는 상인을 대상으로 상행위를 할 수 있는 연령, 시간과 장소, 품목 등에 대해 제한 조치를 지속적으로 취했다. 2009년에는 종합시장의 물리적 폐쇄를 시도했고, 무엇보다 11월 말 화폐 개혁을 전격적으로 단행했다. 화폐 개혁은 현금을 많이 보유하고 있던 부유층이나 상인들로부터 현금을 환수해서 이들의 상행위와 시장경제 활동의 재정적 기반을 대폭 축소하고자 하는 시도였다.[19] 북한 당국의 입장을 반영하는 매체인 조선신보는 화폐 개혁의 목표가 시장을 억제하고 계획경제를 복원하는 것임을 분명히 했다.***

물론 이러한 반(反)시장적인 조치는 완전한 실패로 끝났다. 북한 당국은 화폐 개혁에 반발하는 주민들의 분노를 달래기 위해 개혁을 실시한 지 며칠 만에 화폐 교환의 한도를 확대했다. 그리고 내각 총리 김영일이 평양시 인민반장들을 모아놓고 공식 사과를 하는 유례없는 일이 벌어졌으며, 또 화폐 개혁 실패의 책임을 물어 북한 당국이 당시 당 계획재정부장 박남기를 평양 시내에서 공개 처형했다는 보도가 나왔다.[20] 얼마만큼 주민들의 반발과 분노가 컸는지 짐작하게 해주는 사건들이었다. 2009년의 화폐 개혁은 결과적으로 시장 메커니즘이 확대되는 경우 그것은 돌이킬 수 없다는 것, 즉 불가역

• 사회주의 경제에서 독립채산제란 기업이 계획경제의 틀을 크게 벗어나지 않는 한도에서 일정한 자주성을 가지고 경영을 할 수 있도록 하는 경영 관리 제도이다.

•• 분조관리제란 협동농장의 땅을 분조별로 나누어 경작하고 관리하게 하여 생산 의욕을 고취하고 생산성을 높이고자 하는 제도이다.

••• 조선중앙은행 조성현 책임부원은 "앞으로의 경제 활동의 많은 몫이 시장이 아니라 계획적인 공급 유통 체계에 따라 운영되게 되며, 이렇게 되면 계획경제 관리 질서를 더욱 강화할 수 있는 것으로 예견하고 있다"고 말했다. 『조선신보』(2009. 12. 4), 김병연·양문수, 『북한경제에서의 시장과 정부』, 113쪽에서 재인용.

표 3. 북한의 대중국 교역 비중

연도	2000	2001	2002	2003	2004	2005	2006	2007	2008	2009	2010	2011	2012	2013
비중 (%)	24.7	32.5	32.6	42.8	48.5	52.6	56.7	67.1	73	78.5	83	88.6	88.3	89.1

출처: 통계청, 북한통계 '주요국별 교역비중 변화추이' 항목, http://kosis.kr/bukhan/statisticsList/statisticsList_01List.jsp#SubCont

적이라는 사실을 다시 한 번 입증해주었다. 그리고 이는 북한 정부와 강력하게 커져 버린 시장 세력 간의 첫 번째 대결에서 시장 세력이 승리했음을 보여주는 사건이기도 했다.

한편 2008년 이명박 정부, 그리고 2009년 오바마 정부의 출범 이래 북한과 한국, 북한과 미국의 경제 거래는 대폭 축소되기 시작했다. 이러한 경제 거래의 축소에는 물론 북한의 핵실험에 대한 두 차례의 경제 제재의 영향도 있었다. 그러나 무엇보다도 과거 김대중, 노무현 정부의 햇볕 정책을 폐기하고 북한과의 관계에서 원칙을 강조하고 나선 이명박 정부의 대북 정책의 영향이 컸다. 북한은 한국 및 서방과의 거래 감소를 중국과의 거래에서 보충하고자 했다.

물론 여기에는 중국의 적극적인 의지도 작용했다. 중국 정부는 중앙 정부 차원뿐만 아니라 지방 정부 차원에서도 북한 경제를 중국의 동북3성 경제권에 통합시키는 데 대단히 적극적이다.[21] 특히 창춘에서 북한의 국경지대까지 닿는 창지투(창춘-지린-투먼) 개발지대와 북한 경제를 연결하려는 노력을 해왔다. 예를 들어 2009년 10월에 원자바오 총리는 북한에 압록강을 건너는 새 교량을 건설해주기로 제안했다. 그뿐 아니라 380만 달러를 투자하여 나선항의 제1부두를 개축하고 10년간 임대하는 프로젝트, 나선항을 중국 지린 성의

외교의 시대

투먼 시와 연결하는 고속도로 건설 프로젝트 등이 중국의 주도로 추진되었다. 2012년 8월 13일에는 당시 북한의 실세 장성택 국방위 부위원장 겸 당 행정부장이 이례적으로 50명의 고위급 대표단을 이끌고 나선 및 황금평 개발 사업을 협의하기 위해 베이징을 방문했다.

김정은 체제의 출발

아마도 2011년 말 집권한 김정은 노동당 제1비서는 북한이 핵무기 개발로 실질적인 핵보유국이 되었기에 강한 군사력을 달성했고 이제는 경제 재건에 몰두해야 할 때라고 판단했을 것이다. 이러한 생각을 드러내는 징후가 적지 않다. 예를 들어 그는 2012년 4월 15일 공개 연설에서 "인민이 다시는 허리띠를 조이지 않게 하겠다"고 선언했고 『노동신문』 담화에서 '인민들의 먹는 문제, 식량 문제 해결'을 우선적인 과제로 제시했다.[22] 또한 그는 2012년 8월 초 중국 공산당의 대외연락부장 왕자루이(王家瑞)를 만난 자리에서도 "경제를 발전시키고 민생을 개선해 인민들이 행복과 문명적 생활을 누리게 하는 것은 조선노동당이 분투하는 목적"이라고 말했다.[23]

병진 노선의 정체

무엇보다 우리의 관심을 끄는 것은 김정은이 2012년 6월 28일 '우리식의 새로운 경제 관리 체제 확립에 대하여'라는 제목의 경제 방침을 내놓고 그에 따르는 후속조치를 제시했다는 점이다. 예를 들어 국가가 공장이나 기업소의 생산 계획이나 생산량, 가격, 그리고 판매 방법을 정해주는 것이 아니라 해당 주체들이 자율적으로 결정하도록 권한을 이양했으며, 농업 부문에 있어서도 생산물의 70%만

을 국가가 소유하고 나머지 30%는 농민들이 자체적으로 처분하도록
했다. 한국의 국가정보원도 7월 26일 국회 보고에서 북한이 당과 군
의 경제 사업을 내각으로 이관하고 협동농장의 분조(分組) 인원을 축
소했으며 기업의 경영자율권을 확대하고 근로자의 임금 인상을 추
진하는 움직임이 있다고 밝혔다.[24] 2013년 북한의 신년사를 분석한
한 북한 전문가는 "'선군'에 대한 언급도 현저히 감소해 인민 생활의
희생하에 선군 정치를 추구하던 김정일 식 정치에서 탈피하고자 하
는 김정은의 의도가 나타나고 있다"고 평가했다.[25]

　　이는 김정은 체제가 명목상의 군사와 경제의 '병진 발전' 노선
이라는 구호와 관계없이 실제로는 '선경 노선(先經路線)'으로 들어섰
음을 의미할 수 있다. 한 북한 전문가는 2012년 4월을 기점으로 북
한은 군 중심의 선군 정치 시대에서 당중앙위원회 중심의 수령 유일
영도 체제로 전환했으며, 과거 선군의 영향으로부터 벗어나려고 하
는 것이 김정은 시대의 가장 큰 특징이라고 지적했다.[26] 김일성의 '주
체', 김정일의 '선군'에 이어 김정은은 스스로의 정치적 지도이념으
로 '병진 노선'이라는 이름을 내걸었고 그 아래에서 선경 노선을 밀
고 나갈 수 있는 것이다. 그리고 이것은 아마도 김정은에게 있어서는
불가피한 선택일지 모른다. 경험과 연륜은 물론 카리스마가 부족한
김정은의 입장에서는 주민들에게 먹는 문제를 해결해줌으로써 스스
로의 정당성을 확립할 수 있다고 생각할 수 있다. 그는 부친인 김정
일이 직접 천거한 군부의 핵심 리영호 총참모장을 제거했는데, 이는
선경 노신을 추진하는 데 장애가 되는 군부 강경파의 실권을 약화시
키고 앞으로 당과 내각을 중시하는 방향으로 나아갈 것이라는 신호
탄으로 해석할 수 있다. 더구나 2013년 봄의 도발과 중국의 강한 경

고로 자신의 국제적 입지가 약화된 상황에서 김정은은 하나의 돌파구로서 경제 쪽에 국가 전략의 초점을 모을 가능성이 상당히 높다.

최근 북한 당국이 보여준 행태도 이를 뒷받침하듯 상당히 적극적이다. 이제까지 북한 당국은 경제 개혁이 북한 사회 내부에 미치는 부정적인 정치적 파급효과를 줄이기 위해 개성공단, 금강산, 황금평, 나선 지구와 같은 중앙에서 가능하면 멀리 떨어져있는 주변에 특구를 만드는 방식을 추구해왔다. 그런데 최근에 북한 당국은 보다 과감하게 나아가고 있다. 예를 들어 2013년 11월에 13개 지방급 경제개발구를 지정한 데 이어 2014년 7월에는 중앙 지역인 평양과 평안남북도 일대에 특구 6곳을 추가로 설치할 것이라고 발표했다.[27] 김정은 정권이 부정적 효과를 우려하기보다 오히려 노동력 공급과 사회기반 시설이 유리한 평양 지역을 택할 정도로 적극적으로 나아가고 있는 것이다. 물론 이러한 경제특구 방식의 성공 여부는 외자 유치가 얼마나 되느냐가 관건인데, 이는 앞서 보았던 핵 개발 등 정치적 이슈가 연계되어 있어 쉽지 않을 것이다.

또한 북한은 또 다른 획기적 개혁조치인 530조치*를 취한 것으로 보도되고 있다. 이에 의하면, 집단농장의 운영과 관련하여 12명의 분조를 가족 단위 규모로 축소했고 이들이 목표 생산량의 60%까지 소유할 수 있도록 했으며, 개인농가 1가구당 허락된 텃밭도 100평방미터에서 3300평방미터까지 확대되었다. 또 국유 기업에 있어

---

* 공장, 기업, 농업 부문의 생산 및 분배에서 독립채산제를 확대하여 능률을 향상시키고 실적을 늘리기 위한 조치이다. 530조치에 대해서는 2014년 11월경에 알려졌지만 조치의 이름인 530으로 미루어 같은 해 5월 30일에 하달된 지시인 것으로 판단된다.

서도 공장 감독관이 목표 수입을 국가에 납부하는 경우 그가 임금을 정하고 작업자를 선발하며 시장에서 원재료를 구매하고 생산물을 판매하는 모든 권리를 가질 수 있게 되었다고 알려졌다.[28]

소련 해체의 교훈

1980년대 후반 고르바초프 시대에 소련과 동구권 국가들은 사회주의 체제의 비효율성과 모순에 직면해서 체제의 기본 틀을 흔들지 않는 한도 안에서 분산적 사회주의(decentralized socialism)를 추진했다. 분산적 사회주의 개혁은 소유권의 형태에 대해서는 국가 소유로 그대로 두어 사회주의의 틀을 유지하되, 중앙의 권력에 대해서는 그것을 아래로 이양해서 분산시키고 인센티브를 제공해서 경제의 생산성을 높이고자 하는 방식이었다. 그러나 고르바초프 시기의 소련이나 동구권의 이러한 제한적인 개혁은 시간이 지나면서 한계에 부딪쳤고 결국 제2단계의 개혁이 불가피했다.

제2단계의 개혁에서 핵심은 소유권의 개혁이었다. 국가 소유의 생산수단, 즉 기업이나 농장을 사유화하는 본격적인 개혁인데, 이는 사회주의 체제를 자본주의 시장경제 체제로 바꾸는 것을 의미한다. 그러나 분산적 사회주의 시기에 해당 국가들은 다른 무엇보다 국유 기업의 경영자들이 단기적 수익을 올리는 데만 관심을 기울이고 기업의 생산 능력과 가치를 향상하는 데 필요한 장기적 투자를 하지 않는 어려움에 직면했다. 경영자들의 입장에서는 기업이 어치피 국가의 것이니 손실이 나도 국가가 도와줄 수밖에 없다는 심리가 작용하여 수익률을 높이기 위해 철저한 경영을 해야 할 인센티브가 없었다. 즉 연성예산제약(soft budget constraints)의 한계에 부딪친 것이다.

러시아나 동구권 국가들은 시장가격이 자유롭게 작동하는 시장 자유화에 머물지 않고 더 적극적으로 사유화의 과정을 거친 후에야 그러한 문제점을 극복하고 경제를 되살릴 수 있었다. 중국의 경우에는 사유화 문제를 점진적으로 해결했지만 농업 부문에 있어서는 농장을 해체하고 농민들에게 경작권을 부여하는 획기적인 조치에서부터 개혁을 시작했다. 물론 모든 사회주의 국가들은 시장 자유화와 사유화에 더하여 주식시장 등 금융 시스템을 만들고, 직업 재훈련과 교육 과정을 설립하며, 자본주의적 법률 시스템과 제도적 인프라를 구축하는 등 추가적인 과제를 달성해야만 했다.

이런 맥락에서 볼 때 북한은 1단계의 분산적 사회주의와 2단계의 소유권 개혁의 중간 단계 어디쯤에 와 있는 것으로 판단된다. 이제 북한은 2009년 11월의 화폐 개혁 시도 때처럼 시장 메커니즘을 억눌러 과거로 되돌아가려는 시도가 불가능하다는 것도 인식하고 있는 듯하다. 그리고 김정은 제1비서의 생각도 시장을 억누르기보다는 오히려 활성화시켜 어떻게든 경제를 살리겠다는 생각이 강한 것으로 보인다. 북한 주민들의 비공식 소득이 총소득 중 차지하는 비중은 1996~2001년 평균 69.7%에서 2005~2009년 평균 84.1%까지 상승했다.[29] 물론 비공식 소득의 대부분은 시장 활동으로 얻은 소득일 것이다. 그만큼 북한 경제는 이미 시장경제에 깊숙이 의존하게 된 것이다. 우리가 폐쇄 경제로 알고 있던 북한 경제는 이미 무역의존도(수출과 수입이 국민소득에서 차지하는 비중)가 72.8%로 OECD의 평균인 40% 수준의 거의 두 배에 가깝다. 그만큼 북한 경제가 대외의존 경제로 바뀐 것이다.[30] 2009년 11월 화폐 개혁의 실패 이후 북한 당국이 주민들의 불만을 무마하기 위해 취했던 조치들이 보여주듯이 이미 북한 당국의 통제력은 시장 세력의 힘에 서서히 밀리고 있다. 그리고 이 경향은 앞으로도 더욱 심화될 것이다.

대북 정책, 어떻게 할 것인가

이처럼 북한 문제는 다차원적이고 복합적이다. 북한의 핵, 경제, 정치, 인권, 국제 안보 문제들은 따로 노는 별개의 문제들이 아니라 이리저리 얽히고설켜 있다. 어느 한 문제만 따로 떼어내서 그것만을 해결할 수가 없다. 예를 들어, 북한 문제를 주로 안보 문제로만 보고 안보 관련 협상만 해서는 문제가 풀리지 않는다. 그 사례가 1994년 10월의 제네바 합의였다. 제네바 합의는 1차 북핵 위기를 동결시킨 합의였으나 핵이라는 안보 차원 이외의 다른 영역에서, 특히 북미 간 정치 관계에서 질적 개선이 없었기 때문에 유지될 수 없었다. 결국 미국과 북한 간에 불신이 쌓이고 2002년 2차 위기가 재발한 것이다.

다시 말해 북한 핵에만 집중하는—경제 제재를 곁들인—북핵 협상은 북한이 앓고 있는 병의 겉으로 드러난 증세만 치료하는 대증 요법이자 국부 치료에 집중하는 양방 요법이라고 말할 수 있다. 그런데 지난 20여 년간 그러한 양방 요법이 전혀 듣지 않았고 계속 증상이 재발할 뿐 아니라 오히려 악화된 상태이다. 그렇다면 이제는 양방 처방에 추가해서 환자의 체질을 근본적으로 변화시키는 한방 처방을 동시에 시도할 수밖에 없지 않을까?

한방 처방의 본질은 비군사안보 영역에서 남북 간 협력을 추진하는 것이다. 이는 두 가지 분명한 목표를 가지고 추진해야 한다. 첫째, 북한 주민들의 삶을 개선시킨다는 목표이다. 이제까지 대북 정책은 주로 북한 정부만을 상대로 해왔다. 그러나 대한민국이 딛고 서

있는 인간 존중의 기본 가치를 고려할 때 대북 정책의 기본 정신은 평화 유지와 함께 북한 주민의 인간적 삶의 개선이어야 한다. 안보 분야에서 비핵화와 평화 유지를 위해 여러 수단을 강구하되, 안보 이외의 분야에서 북한 주민의 삶을 개선하는 방향으로 상호 협력 분야를 넓혀가자는 것이다. 이제까지는 대북 정책을 둘러싸고 이념 논쟁이 앞서고 정작 가장 본질적인 목표인 북한 주민의 삶은 뒤로 밀려 본말이 전도되는 양상이 전개되어 왔다. 그런 점에서 대북 정책에서 북한 주민, 즉 '사람'에 초점을 맞추어야 하고 그렇게 하는 경우에만 남남 갈등의 해소도 가능할 것이다.●

둘째, 북한과 한국, 그리고 북한과 국제 사회의 접촉면이 넓어지고 연계 채널이 많아지도록 하는 지경학적 대북 정책이 필요하다. 북한이 국제 사회의 네트워크에 진입하여 그 안에서 얽히면 얽힐수록 서서히 북한의 정치경제 체질도 국제화되어 갈 것이다. 경제적 상호의존이 심화되면 심화될수록 점차 국제적 행동기준과 규범을 지킬 수밖에 없기 때문이다. 이는 북핵 문제 해결과 관련해서도 중요한 의미를 가진다. 지난 20여 년간 미국의 북핵 외교의 핵심은 경제 제재였다. 문제는 그러한 경제 제재의 효과가 크지 않다는 점이다. 경제 제재의 핵심은 이미 존재하는 쌍방 간의 경제적 상호의존의 연결고리를 끊어 상대방이 그 혜택을 보지 못하게끔 피해를 주고, 그로써

● 한국 정부가 북한 주민의 삶의 질을 높이려는 노력을 해도 북한 당국자들은 북한의 엘리트들에게 득이 되는 것만 관심이 있기 때문에 힘들었던 측면이 있었다는 주장이 있다. 그러나 앞에서 지적한 대로 김정은 시대의 선경 노선에 우리 정부가 적극적으로 응하고 나서고 남북 당국 간의 신뢰 관계가 형성될 수 있다면 그러한 목표를 달성하기 위한 우리 측의 협상력 발휘도 훨씬 용이해질 것이다.

바람직하지 못한 어떤 정책을 바꾸도록 압박하는 것이다. 그런데 북한은 이미 철저하게 고립되어 왔기 때문에, 즉 서방과의 상호의존의 연결고리 자체가 거의 없었기 때문에 제재의 효과가 미약했다. 이것이 리비아의 핵 포기나 최근 이란의 핵 협상의 경우와 북한 사례가 다른 근본 이유이다. 리비아는 석유 수출로 대외 경제와 관계가 깊었고 이 때문에 카다피는 제재로 인한 비용이 핵 개발로 인한 이득보다 커졌다고 판단하여 2003년에 핵 개발을 포기했다. 이란도 마찬가지다. 이란도 석유 수출 등 대외 경제 관계가 넓고 깊어 경제 제재로 인한 타격이 컸고 그래서 온건파인 하산 로우하니는 2013년 대통령에 선출된 뒤 미국을 비롯한 서방과의 핵 협상에 나섰다. 그리하여 결국 비핵화 협상이 2015년 4월 타결되었다. 이란의 입장에서는 경제 제재를 푸는 것 외에는 특별한 경제적 보상이 필요 없을 정도로 대외적 상호의존의 정도가 깊었고 이것이 협상 타결의 구조적 원인이었던 것이다. 그나마 북한과 경제적 상호의존 관계가 깊었던 중국은 앞서 보았던 대로 대북 경제 제재에 미온적이었다.

이제부터라도 한국과 국제 사회는 북한과 경제 교류를 확대하여 상호의존의 연결고리를 심화해 나가야 한다. 그렇게 함으로써 비핵화를 위한 대북 협상 레버리지를 강화해야 한다. 과거와 달리 최근 진행되어온 북한 내부의 변화, 특히 '병진 노선'이라는 이름 아래 김정은 지도부가 추진하는 선경 노선은 이러한 지경학적 접근의 가능성을 높여주고 있다. 여러 번의 남북 간 안보 위기 속에서도 북한이 개성공단 프로젝트를 절대로 놓지 않는 것 자체가 지경학적 접근의 가능성을 엿볼 수 있게 해준다. 더구나 북한 경제는 이미 앞서 지적한 대로 상당한 대외 의존형 경제로 변했다. 무역이 없으면 북한

외교의 시대

기업의 활동도 힘들고 그러면 정부의 재정 수입이 줄어 북한의 체제 유지까지 힘들어지는 상황에 와 있다. 북한 경제 전문가에 의하면 북한은 이미 "시장이 주민의 생명줄이요, 무역은 북한 정권의 생명줄"인 상태에까지 온 것이다.[31] 그러한 사정 때문에 과거 김정일 국방위원장도 "발은 튼튼히 땅 위에 디디되 눈은 세계를 향해야 한다"고 말했을 것이다. 북한 사회 내부의 이러한 시장화, 개방화의 동력을 더욱 키워주고 가속화시키는 방향, 그리하여 북한이 바깥세계와 경제적 상호의존의 네트워크 안에 깊이 엮이도록 하는 것이 대북 정책의 방향이어야 한다. 북한을 둘러싼 상호의존의 네트워크가 강화되면 강화될수록 어느 순간에는 북한이 국제 사회가 요구하는 규범을 지키지 않을 수 없는 상황, 바꿔 말해 리비아식 해법도 가능한 상황이 올 것이기 때문이다.

이러한 맥락에서 대북 정책의 큰 그림을 그릴 필요가 있다. 그러한 대북 정책은 원칙과 포용 협력이 병존하며 조화를 이루는 대북 정책이라고 요약할 수 있다. 좀 더 구체적으로 북한 당국이 시장경제 원리를 경제 제도와 관행에 더욱 반영한다는 전제 아래 북한과의 경제 협력을 심화하는 것이다. 예를 들어 북한 당국이 협조한다는 전제 아래 우리는 북한이 시장 관행에 스스로를 더욱 맞출 수 있도록 개성공단과 유사한 프로젝트를 확대 추진하고 북한이 발표한 경제특구에 투자할 필요가 있다. 그러한 취지 아래 필요하다면 우리는 중국이나 러시아와도 협력하여 북한에 대한 공동 경제 프로젝트를 추진할 수 있을 것이다. 또한 북한 당국이 모니터링에 협력한다는 전제 아래 식량 지원 등 인도주의적 지원을 확대할 필요가 있다. 비정치적이고 기술적이지만 중장기적으로 중요한 환경 분야에서의 협력도 적극 추진해야 하고, 북한 주민의 질병 구제를 위한 보건의료 분야의 대대적인 협력도 정부 차원에서 추진할 필요가 있다.

　　노무현 정부의 경우 포용 협력의 측면을 강조했지만 그 포용의 기본 정신과 원칙이 무엇인지에 관해서 문제가 제기되었다. 대북 지원의 목표가 과연 북한 주민의 삶을 개선하기 위한 것인지 아니면 북한 정권과의 우호적 관계 조성에 초점이 모아진 것인지 불분명했다. 2008년 이후 이명박 정부의 경우에는 그와 정반대의 문제가 있었다. 대북 정책과 관련해서 원칙을 강조하는 대신 포용 협력의 채널 자체가 끊어져버린 것이다. 원칙을 강조하는 것은 물론 중요하지만 그것을 어떤 방식으로 강조하느냐 또한 중요한데 이 점에서 이명박 정부는 북한을 세련되게 다루는 데 성공하지 못했다. 예를 들어 2008년 정권 초기에 이명박 정부가 과거 노무현 정부의 북한과의 합의를 전면 부정하기보다는 신중하게 재검토하면서 할 수 있는 것은 하겠다는 자세로 유연성을 보였더라면 아마도 원칙과 포용의 병행이 가능했을 것이다. 또한 이명박 정부는 핵 문제에 '올인'하는 양상, 즉 북한 문제의 원인에 직접 접근하는 원인 요법이 필요했지만 이를 소홀히하고 겉으로 나타난 증상에 반응하는 대증 요법에 치중하는 모습을 보여주었다. 그 결과 비안보 분야의 덜 민감한 영역, 예를 들면 환경 분야나 북한 주민의 삶의 개선을 위한 의료보건 분야에서마저 협력의 문이 닫혀버렸다. 물론 한국의 이러한 '양약 처방' 위주의 정책은 미국과는 보조가 맞았다. 그러나 북한 문제의 일차적 당사국으로서 한국은 원인 요법도 동시에 충실하게 시도했어야 했다.

　　오랫동안 미국 정부는 기본적으로 북한 문제를 핵 문제, 즉 안보 문제로만 국한시키려는 경향이 강했다. 특히 미국 정계 내의 보수파 의원들의 경우가 그랬는데 그러한 접근법으로는 근본적인 해결이 어렵다. 따라서 대북 정책의 핵심 중 하나는 어떻게 그동안 양방 처방에 집중해온 미국과 주변국들로 하여금 한방 처방까지 추가하도록 설득할 수 있느냐이다. 즉 이제까지처럼 북핵 문제를 미국이 주도하도록 맡겨놓고 한국이 뒤따라가는 방식이어서는 안 된다. 한국이 주도해서 대북 정책의 큰 방향을 설정하고 이것을 미국과 중국과 협의하면서 시행해나가야 한다. 그리고 그렇게 해나갈 수 있을 만큼 한국 정부의 국내적, 외교적 입지가 2013년 이래 상당히 강화되었다.

무엇보다 국민들은 김대중, 노무현 정부의 진보적 대북 정책과 이명박 정부의 보수적 대북 정책을 경험한 이후 이제 균형 잡힌 대북 정책을 원한다. 즉 국민들의 여론 자체가 과거보다 균형을 찾고 중도 실용주의적 방향으로 수렴하게 된 것이다. 따라서 보수적 색채를 띤 박근혜 정부의 경우 앞서 설명한 대북 정책의 기조를 유지하면서 그에 더하여 핵 문제와 한반도 평화 정착에 관한 미래 지향적인 비전을 제시한다면 국민들의 높은 지지를 받을 수 있을 것이다. 이것이 한국 정부의 국내 정치적 입지가 강화되었다고 말한 이유이다. 또한 외교적 측면에서도 상황이 유리해졌다. 미국의 오바마 행정부 입장에서는 그간의 북한의 행태에 지쳐 있을 뿐만 아니라 공화당 보수파들 때문에 과거 클린턴 정부에서처럼 전향적인 대북 정책을 과감하게 주도하기가 힘든 상황이다. 중국 정부는 애초부터 한국인이 주도하는 남북한 간의 협력을 촉구해왔기 때문에 한국 정부가 주도적으로 나설 경우 환영할 가능성이 높다. 그런데 박근혜 정부는 이러한 기회를 활용할 2년 반이라는 귀중한 시간을 허비해버렸다. 늦었지만 이제라도 박근혜 정부는 다음과 같은 방향으로 주도적으로 상황 돌파를 시도해야 할 것이다.

현 정부는 다음과 같은 3단계의 구체적인 정책을 추진할 필요가 있다. 첫째, 박근혜 정부가 스스로 내세웠던 '신뢰 외교'의 맥락에서 남북 대화를 위한 국내적 조치들을 취할 필요가 있다. 예를 들어 그동안 현 정부의 대북 정책과 관련하여 상당한 혼란을 야기했던 통일 방안에 있어서는 새로운 접근을 시도해야 한다. '통일 대박론'의 가장 큰 문제점은 그것을 '어떤 대북 정책'으로 추진할 것이냐 하는 구체적인 그림을 제시하지 못하고 있다는 점이다. 즉 현 시점에서 통일 시점까지의 중간 과정을 어떻게 채워 나갈 것이냐가 빠져 있다. 이와 관련해서 박근혜 정부는 평화적이고 점진적인 남북 교류 협력으로 통일을 추구하는, 좀 더 구체적인 로드맵을 국민들에게 보여주었어야 했다.

이제라도 박근혜 정부는 과감하게 '흡수 통일'이 우리 정부가 추구하는 목표가 아니라는 점을 분명히 선언할 필요가 있다. 흡수 통일을 포기한다는 선언을 유보함으로써 얻을 수 있는 전술적 효용성은 이미 사라졌다고 보아야 할 것이다.[32] 한편으로 흡수 통일을 암묵적으로 인정하는 듯한 인상을 대외적으로 비치면서 다른 한편으로 북한과 신뢰 프로세스를 하자고 하는 정책으로는 아무것도 이루어낼 수 없다. 이 문제에 대한 대통령의 결단이 필요하다.

또한 남북 간의 긴장을 야기하는 대북 전단 살포 문제에 대해서 정부는 집권 이후 계속 강조해온 남북 간 '신뢰 프로세스' 구축 차원에서 자제를 설득하겠다는 입장을 표명하는 것이 바람직하다. 대화와 협력을 통한 북한 문제 해결이라는 전략 방향을 택했다면 정부는 그 실천에 장애가 되는 요인들을 정치적 지도력을 발휘해서 해소해나가야 한다.

둘째, 위의 조치를 통해 대화 분위기가 조성되면 정부는 실제로 남북 대화에 적극 나서야 할 것이다. 여기서 대화는 한꺼번에 큰 성과를 기대하다가 별 성과 없이 끝나는 정상회담을 의미하지 않는다. 비핵화와 남북 관계 개선이라는 목표를 달성하는 데 실질적으로 도움이 되는 회담을 해야 한다. 특히 상대방의 의도를 파악하는 탐색 그 자체를 위한 실무 차원의 대화부터 시작해야 한다. 이를 통해 남북 간에 서로가 실질적으로 무엇을 원하는지, 어느 선에서 타협이 가능할 것인지를 탐색하는 작업이 진행되어야 한다. 국내 정치적 의도가 담긴 전시성 정상회담보다 이러한 실질적인 작업이 우선시되어야 한다.

세 번째 단계에서는 남북 당국 간 접촉을 통해 협상의 분위기가 마련된 후, 남북한 간에 협력 가능 분야를 논의해야 한다. 5·24 조치*는 이러한 협상에 대한 북한의 의지가 확인된 다음에 해제해도 될 것이다. 남북 협상의 기본적인 골격은 북한의 모든 핵과 미사일 활동 동결과 남북 경협의 확대 조치를 연동하여 실시하는 것에서부터 시작해야 할 것이다. 북한 핵 문제의 완전한 해결에는 상당한 시간이 걸릴 수밖에 없다. 그러한 전제하에 우선 실현 가능한 일차적인 목표를 북한 핵과 미사일 활동의 동결에 두어야 할 것이다.

이 문제에 대해서 북측으로부터 협력을 받아낼 수 없다면, 사

---

* 2010년 3월 천안함 사건에 대한 대응 차원에서 이명박 정부가 같은 해 5월 24일 북한에 대해 취한 남북 교역 및 투자 중단 등의 경제 제재 조치.

실상 미국의 협력, 더 나아가 중국의 협력도 확보하기 힘들 것이다. 중국의 시진핑 정부도 북한의 비핵화에 대해 이미 강한 의지를 분명히 선언한 바 있기 때문이다. 이러한 타협의 가능성은 2012년 2·29 합의가 비록 실현되지는 못했지만 북미 간에 타결된 적이 있었다는 사실에 기인한다. 앞서 살펴본 대로 북한은 추가 핵실험, 장거리 미사일 발사, 우라늄 농축 활동을 동결하고 국제원자력기구 사찰단을 복귀시키기로 합의한 바 있었다. 북한의 이 같은 조치에 대해 한국은 경협 확대를 약속해야 할 것이다. 이때 중요한 것은 경협 확대가 현금 지급 방식을 피하고 인프라나 기업 투자 등 시장 원리에 부합하는 방향으로 이루어져야 한다는 점이다. 시장 원리가 제대로 지켜지지 않으면 북한 경제도 살아나기 힘들고 그렇게 되면 우리가 투자하는 재원도 허비될 가능성이 높기 때문이다.

핵과 미사일 개발 활동의 동결에 대한 북한의 협력을 확보하지 못한 상황에서 경제 협력만을 추진한다면 결과적으로 북한이 추구하는 병진 노선을 도와주는 결과가 될 수 있다. 이는 바람직하지 않다. 미국의 입장에서도 북한의 핵탄두 소형화와 장거리 미사일 기술 개발이 임박한 상황에서 만일 북한이 핵미사일 활동 동결에 협력한다면 남북 간의 경협 증대에 대해 동의할 수 있을 것이다. 또한 북한 측에서도 지금의 상황이 과거와 달리, 미국뿐 아니라 중국과 러시아마저도 북한 비핵화에 대해서 강력한 의지를 표명하고 있다는 점을 인식할 필요가 있다.

이 같은 3단계 해법을 박근혜 정부의 임기 내에 실현할 수 있다면 이는 핵 문제를 포함한 북한 문제 해결을 향한 긍정적 방향 전환의 계기를 만든 성공적 대북 정책으로 기록될 것이다. 물론 이것은 비핵화로 향해 가는 긴 과정의 출발점에 불과하고, 실제로 비핵화의 과정을 주도하는 것은 다음 정부의 몫이 될 것이다. 동시에 이러한 대북 정책은 남북한 간에 통합을 향한 구심력을 강화시켜 통일을 위한 동력을 만들어 가는 장기 통일 전략의 첫걸음이 될 것이다.

제9장

외교의 시대

지금까지 살펴본 것처럼 한반도의 주변 4국은 제각기 다른 시각에서, 다른 의도를 가지고 한반도 문제에 임하고 있다. 먼저 중국은 글로벌 차원에서는 아닐지라도 동아시아 지역 차원에서 미국에 정면으로 도전하면서 사실상 지역 패권을 추구해 나가는 움직임을 보인다.* 이 과정에서 중국은 그 어느 지역보다 한반도에서 우선적으로 영향력 증대를 모색하고 있다. 한편 미국은 한국 전쟁 종결 이후 체결된 한미 동맹이라는 강력한 연대의 끈을 유지함으로써 북한의 무력 도발 가능성을 억제하고 일본의 안보에 기여하면서 동아시아 개

---

† 이 장의 주요 내용은, 윤영관, "2020년 세계정치와 한국의 대외전략", 윤영관 편저, 『한국외교 2020: 어디로 가야하나?』 (서울: 늘품플러스, 2013), 9~76쪽과 중복됨을 밝힌다.
* 물론 중국 정부의 공식적인 입장은 패권을 추구하지 않는다는 것이다.

입 전략을 지속하고 있다. 상대적 쇠퇴에 따른 위기의식에 휩싸인 일본은 국제적 연대를 형성해 대중국 공동 전선을 펼치며 중국을 견제하고자 하며 한국이 중국에 기울 가능성을 경계하고 있다. 한편 러시아는 동아시아로 세계 경제의 축이 이동함에 따라 시베리아 개발을 목표로 삼고 동아시아 국가들, 특히 중국과의 연대를 강화하고 있다.

삼축 외교 전략

그렇다면 한국은 주변 4국이 이처럼 제각기 다른 시각과 의도를 지니고 있는 상황에서 한반도의 평화 번영과 통일을 완수하기 위해 어떻게 해야 할 것인가? 안타깝게도 이렇게 복잡해져 버린 한반도 주변 국제 정치 상황 속에서 그동안 한국은 일정한 방향 감각 없이 표류해온 느낌이다. "소국이기 때문에 강대국들 사이에서 별로 할 수 있는 일이 없다"라고 체념하고 만다면 아예 할 말이 없다. 만약 그렇다면 애초에 이 책을 쓴다는 것 자체가 쓸데없는 일일 것이다. 한국의 국력은 구한말이나 1950년대 한국 전쟁 시기와 비교해 훨씬 커졌는데, 정작 그 주인은 소국 의식에 젖어 헤어나지 못하는 그런 상태일 것이다. 마치 몸은 작은 호랑이새끼라 부를 수 있을 정도로 커졌는데, 그 의식은 고양이 상태에 머무른 부끄러운 모습에 비유할 수 있을 것이다.

앞에서도 언급했듯이 한국은 경제 13위로 선진국 문턱에 와 있다. 그리고 국제규범이 강화되고 상호의존이 심화된 오늘날 국제 질서는 구한말 제국주의 시대보다 한국과 같은 선도적 중진국이 활약하기에 훨씬 우호적으로 변했다. 우리 정치 지도자들이 나름대로 방향성과 목표를 갖고 외교하기에 훨씬 유리한 상황에 와 있는 것이다.

어찌 보면 우리는 체념하고 있다기보다 사실 "무언가 하긴 해야 하는 데 무엇을 어떻게 해야 할지 모르겠다"는 상황에 가까운 것 같다. 바로 그 이유 때문에 최소의 비용으로 최대의 효과를 확보해내는 문제, 즉 국가목표의 설정과 그것을 달성하기 위한 '전략'이 중요하다.

전략이 없는 외교는 나침반 없이 항해를 하는 것과 같다. 파도가 높더라도 온 힘을 쓰며 방향키를 한 방향으로 유지해야 한다. 그렇지 않으면 국가목표를 달성하기는커녕 더 멀어져 갈 수도 있다. 작금의 현실은 우리에게 그러한 느낌을 주고 있다. 북한, 외교, 통일에 관하여 구호는 있는데 실제 내용과 따로 놀고 있고, 전략은 여전히 부재하며, 그렇기 때문에 사방에서 터지는 현안들을 처리하는 데 있어 방향을 잡아줄 일정한 기준이나 개념 없이 표류하고 있는 느낌이다.

예를 들어 앞서 살펴본 것처럼 '신뢰 프로세스'라는 구호와 달리 정부는 대북 전단 문제, 흡수통일론 등을 놓고 애매모호한 입장을 취함으로써 오히려 신뢰 프로세스가 작동하는 데 혼선을 주었다. 또 정부는 '동북아 평화 구상'을 내세웠지만, 이 또한 아베의 일본이라는 장벽에 부딪쳐 공허한 '구상'에 그치고 말았다. 전통적 안보 대신에 '동북아 평화 구상'의 초점을 환경, 재난 구호 등 비전통적 안보 협력에 모으겠다고 했지만, 그러한 정부의 모습은 난관을 피해가는 것으로 비쳤다. 뒤늦게나마 한중일 삼국 협력을 재개하려고 한 것은 다행이지만 최근에 중국과 일본 두 나라가 서로 접근하자 이에 떠밀린 듯한 느낌이다. 정부가 추진하겠다던 '유라시아 이니셔티브'도 2014년 우크라이나 사태를 계기로 한러 협력을 적극 추진하기 힘든 상태에서 머뭇거리고 있다. 그동안 중국은 이른바 '일대일로(一帶一路)' 실크로드 프로젝트라는 거대 프로젝트를 밀어붙이고 있다. 그에 반해 한국 정부에게는 설령 어렵더라도 상황을 돌파해가면서 원래의 대외 전략 구상을 실현하겠다는 의지가 보이지 않는다.

한국 외교의 앞날에도 어려운 도전은 계속 밀어닥칠 것이다. 더욱이 한반도를 둘러싸고 상승 대국 중국과 기존 대국 미국의 관계가 더욱 경쟁적으로 되어 가고, 북한이 야기하는 도전 또한 더욱 심각해질 것이기 때문이다. 그러한 상황에서 그때그때 터져 나오는 현안들을 우리의 국가목표와 부합하게 처리해나가기 위해 필요한 것은 일정한 기준, 다시 말해 전략 개념이다. 이제 어떤 전략 개념으로 우리가 나아가야 할지 생각해보자.

한반도의 평화 번영과 통일을 위한 글로벌 차원에서의 미래 전략을 구상할 때 먼저 생각해봐야 할 점이 있다. 그것은 한국 외교를 종래의 평면적 시각에서 바라보는 것이 아니라 입체적 시각에서 새롭게 접근하자는 것이다. 한국의 국력 상승과 21세기의 새로운 국제 정치 현실에 맞추어 우리 외교의 공간적, 기능적 대상을 더욱 확장하는 새로운 외교 전략의 틀이 필요하다. 한반도의 평화와 통일을 위해 북한, 동맹국 미국, 인접국 중국, 그리고 일본을 대상으로 외교를 잘하는 것이 일차적으로 중요한 것은 사실이다. 그러나 그 하나의 틀에 갇혀서 더 넓은 세계, 더 많은 가능성을 놓치는 우를 범해서는 안 된다. 아래에서 다시 설명하겠지만, 횡축 차원 외교의 핵심인 동쪽의 미국과 서쪽의 중국 사이에서 우리의 입지를 다지기가 사실 그리 쉽지 않다. 그렇기에 비슷한 상황의 중진국들과의 연대를 다져 입지를 강화할 필요가 있다. 공간적으로는 한반도 북쪽에 위치하는 러시아와, 남쪽으로 동남아시아와 인도 등 동아시아 지역에서 시작하여 전 세계 차원으로 우리의 외교 전략 개념을 확대해 나가야 한다.

또한 외교 영역에는 정치, 군사, 안보 영역만 존재하는 것이 아니다. 21세기 세계화 시대에는 경제, 환경, 에너지, 인권, 개발 등의 영역도 하나같이 중요하고, 외교의 대상 영역도 그것들을 아우르는 방향으로 확장해나가야 한다. 이처럼 오늘날 한국 외교가 직면한 도전의 성격은 다차원적이고 복합적이다. 그렇기 때문에 한국 외교를 세 차원에서 입체적으로 접근하는 '삼축 외교'가 필요하다.

'삼축 외교'는 다음 세 가지의 주요 축으로 구성된다. 첫째, 한반도 문제의 일차적 당사국들을 대상으로 하는 '횡축 외교(橫軸外交)'이다. 이것은 한반도를 중심으로 동서에 위치한 동맹국인 미국, 일본, 중국을 대상으로 하는 외교를 의미한다. 여기에는 8장에서 논의한 북한도 포함된다. 다음으로 두 번째 축은 한반도의 북쪽과 남서쪽에 위치한 러시아, 동남아시아, 인도를 대상으로 하는 '종축 외교(縱軸外交)'이다. 그동안 상대적으로 소홀히 다루어진 종축 외교를 강화하면 횡축 외교 또한 더 강한 지지대 위에 설 것이다. 또 횡축에 더해 종축 외교를 구축한다는 것은 한국 외교가 그 새로운 자율적 공간을 십자(十字)형으로 확대해나간다는 의미이다.* 마지막으로 세 번째는 공간적 범위를 보다 더 확장해 전 지구를 대상으로 하는 '글로벌 외교'의 축이다. 전 지구적 차원에서 제기되는 환경, 개발, 인권, 자원 등의 이슈 영역에서 외교력을 강화하는 '다자 이슈 외교'를 포함한다. 다음 10장에서 설명할 통일 외교, 그리고 8장에서 설명한 새로

---

* 횡축과 종축 외교의 필요성에 대해서는 언론 지면의 칼럼을 통해 밝힌 바 있다. 윤영관, "러시아와 동남아에도 눈을 돌려야", 『조선일보』(2011. 11. 14). http://news.chosun.com/site/data/html_dir/2011/11/13/2011111300477.html?news_Head1

운 대북 정책도 바로 이러한 삼축 외교의 큰 전략적 틀 안에서 이루어질 수 있다. 그렇다면 삼축 외교의 방향은 어떻게 설정되어야 할지 구체적으로 살펴보자.

횡축 외교

앞에서 설명한 것처럼 한국은 지정학적으로 태평양 건너의 미국과 인접한 경제대국 중국 사이에 끼어 있다. 미국과는 지난 60여 년간의 동맹으로 깊은 유대 관계를 맺어 왔으며, 중국과도 20여 년 전 수교 이후 관계가 심화되어 왔다. 물론 한국의 이 같은 지정학적 상황에서 가장 바람직한 미중 관계는 앞서 4장에서 설명한 협력과 경쟁의 이중 관계에서 경쟁보다는 협력이 강화되는 것이다. 그래야만 한반도 문제를 놓고서도 미국과 중국 서로 간에 경쟁과 의심이 줄고 협력의 가능성이 높아질 것이다. 물론 그러한 경우에도 전혀 문제가 없는 것은 아니다. 미중 관계가 너무 밀착되는 경우에는 한반도 문제의 가장 핵심 당사자인 한국이 두 대국 사이에서 소외될 우려가 있다. 그렇게 되지 않도록 한국 정부는 신경 써야 할 것이다.

그러나 2008년 미국발 금융 위기 이후 미중 관계는 협력보다는 경쟁의 측면이 강화되고 있다. 세계 경제가 어려우면 국가들은 자국 이기주의와 상대국에 대한 의심이 깊어져서 국제적 협력이 힘들어진다. 이렇게 보면 미국과 중국 사이의 경쟁도 2008년 금융 위기의 영향을 받은 측면이 적지 않았다. 그러나 무엇보다도 4~6장에서 살펴본 것처럼 상승 대국 중국과 기존 대국 미국 간의 권력 전환이라는 구조적 요인이 경쟁 측면이 강화되는 데 큰 영향을 미쳤다. 그런데 우리 입장에서 더 중요한 문제는 7장에서 자세히 살펴보았듯이 중국과 미국의 경쟁이 지정학적으로 특이한 위치에 있는 한반도에 특별히 집중되고 있다는 점이다.

이러한 상황에서 무엇보다도 피해야 할 선택지는 바로 미국과 중국 사이에서 섣불리 특정한 한 국가에 집중하는 일방 외교, 즉 '골라잡기 외교'이다. 이것은 현명하지 못한 선택이 될 것이다. 많은 한국인들은 동맹인 미국과 이웃의 경제대국인 중국을 놓고 둘 중에서 어느 쪽이든 하나를 확실히 골라잡아야 한다는 강박관념을 가지고 있다. 이러한 강박관념은 주로 한국 외교를 너무 좁은 시야에서 바라보는 데서 기인한다.

시야를 넓혀 국제 정치 전반을 살펴보면 한국과 같은 딜레마에 부딪힌 국가들이 대단히 많다. 예를 들어 동남아시아 대부분의 국가들은 경제적으로 중국에 의존하면서도 안보 면에서는 미국을 끌어들여 중국을 견제하고 있다. 사실 서유럽의 많은 나라들도 마찬가지이다. 한 예로 미국의 맹방 영국은 2015년 중국이 주도하는 아시아인프라개발은행(AIIB) 참여를 서둘러 선언했다. 워낙 중국의 경제력이 커졌기 때문에 중국과의 경제 관계를 심화시키지 않을 수 없지만 동시에 나토를 중심으로 미국과 안보 협력을 지속하고 있는 것이다. 이러한 국제 정치 현실을 고려할 때 유독 한국인들만 미국과 중국 중 하나를 골라잡아야 한다는 강박관념을 갖고 있다면 이것은 이해하기 힘든 현상이다.

둘째, 이러한 골라잡기 외교는 미중 관계의 경쟁적 측면만을 중시하고 두 나라의 상호 협력 측면을 무시하고 있다는 데에 심각한 문제가 있다. 물론 이 책은 2008년 이후의 상황 변화를 상당히 집중해서 다루고 있고, 이 때문에 필자의 의도와 별개로 미국과 중국의 경쟁 측면이 다소간 부각되었다. 그러나 미국과 중국은 매년 전략경제대화와 같은 경제 및 안보 분야에서의 협력과 대화를 지속하고 있으며, 그 외에도 90여 개의 정부 고위급 대화채널들이 작동 중이다. 만약 한국이 '골라잡기'의 단순 논리에 빠져 일방 외교를 시행한다면 선택받지 않은 국가로부터 암묵적, 명시적으로 받게 될 부정적 대우와 피해를 각오해야만 할 것이다.

셋째, 정말로 동맹인 미국과 이웃의 경제대국 중국 중에 한 쪽만을 선택해야 한다면 그 시점은 두 나라가 무력 충돌 직전의 대단히 바람직하지 않은 상황에 갔을 때 정도일 것이다. 다시 말해 선택을 강요받는다고 하더라도 중요한 것은 타이밍이다. 아직은 미국과 중국의 관계가 한국이 어느 한 쪽만을 선택해야만 할 정도로 파국적인 상황은 아니다. 그런데도 벌써부터 섣불리 어느 한 쪽을 명시적으로 선택한다면 우리에게 돌아오는 피해는 상당할 것이다. 무엇보다 한국의 지정학적 위상을 깊이 고려해야 한다. 한국은 단순 논리의 속 시원한 1차원적 외교가 아니라 3차원, 4차원의 복잡하고 미묘한 외교를 펼쳐나가야 할 숙명을 안고 있다. 이를 전제로 한국이 횡축 외교를 수행해나가는 데 있어서 생각해볼 수 있는 전략을 4가지로 상정하고 자세히 검토해보자.

원미친중과 친미원중 전략 비판

첫 번째로 가능한 전략적 선택은 동맹국 미국과 이웃의 경제대국 중국 사이에서 어느 한 쪽만을 택하는 이른바 원미친중(遠美親中) 또는 친미원중(親美遠中) 전략이다. 먼저 원미친중 전략을 살펴보자. 예를 들어 노무현 정부 초기에 우리 사회 일각에서 제기되었던

"이제 미국의 시대가 갔으니 떠오르는 중국을 선택해야 한다"는 식의 주장이 그 사례다. 3장에서 설명했던 것처럼, 오늘날 미국은 경제력 면에서 상대적으로 약화된 모습을 보이고 있지만 군사력에 있어서는 여전히 세계 모든 국가들을 압도하는 절대적 우위를 차지하고 있다.* 이는 소프트 파워 면에서도 비슷하다. 군사적 우위를 통해 향후 최소한 한 세대 동안은 미국의 국제 정치 주도가 이어질 것으로 예측된다. 물론 그 모습은 과거 조시 W. 부시 대통령 시절과 같은 일방적 주도가 아니라 5장에서 밝힌 것처럼 '미중이 선도하는 다극 질서' 속에서 다자적 국제 협력을 추구하는 형태가 될 것이다. 또한 오바마 행정부에서 이라크 전쟁의 후유증으로 한때 나타나는 듯했던 신고립주의 외교 경향도 우크라이나 사태와 이슬람국가 사태로 주춤하고 있다. 오바마 대통령은 최근 쿠바와의 관계 정상화, 이란과의 핵 타결 등 선택적으로 적극적 외교를 수행하고 있다.

중국 또한 상승하는 국력에도 불구하고 국내의 여러 난제들 때문에 최소한 앞으로 30여 년 동안은 미국을 대체하는 글로벌 정치의 주도 국가가 되기는 힘들 것이다. 또한 동아시아에서 지역 패권을 추구하는 전략도 일본의 역할 강화 및 반중국 연대로 인해 쉽게 실현되기 힘들 것이다.

이처럼 미국의 주도권이 향후 한 세대 동안 이어질 상황에서 한국이 원미친중 전략을 채택한다면, 앞으로 최소한 30년 동안 미국

---

* 스톡홀름국제평화연구소(SIPRI)가 제시한 세계 각국의 군사비 통계에 의하면 2011년 중국의 군사비는 1292억 7200만 달러(2010년 US달러 기준)였고 미국은 6895억 9100만 달러로 미국이 중국의 약 5배 이상이었다. http://milexdata.sipri.org/result.php4

과의 관계는 멀어지고 한미 동맹은 공동화(空洞化)될 것이다. 외교도 국내 정치와 마찬가지로 '타이밍의 예술'이다. 그런데 결정적인 미국의 쇠퇴와 미중 대결의 극단적 상황이 임박하지도 않았는데 수십 년 시계바늘을 앞당겨 원미친중의 조급한 선택을 하는 것은 신중한 외교가 아니다.

만약 휴전 협정의 법적 주체로서 한반도 문제의 현실적 당사국인 그리고 아직도 압도적인 세계 최강 군사대국인 동맹국 미국과의 관계가 소원해진다면, 그로 인해 감수해야 할 정치적, 안보적 손실은 상당할 것이다. 그러나 문제는 그뿐만이 아니다. 특히 오늘날 일본이 중국의 부상에 대비해 미국과의 동맹 관계를 강화하고 있음을 고려하면, 섣부른 원미친중 정책은 미국뿐만 아니라 일본과의 관계마저 결정적으로 멀어지게 할 것이다. 이렇게 미국, 일본과의 관계가 소원해지면 한국은 점차 외교적으로 고립될 것이고 한반도 문제에 대한 한국의 발언권은 중국의 목소리 속에 묻혀버리고 말 것이다. 반면, 핵무기까지 보유하게 된 북한은 상대적으로 발언권을 강화하면서 한반도의 대표주자로 행세하려고 할 것이다. 또한 한국이 미국, 일본과 멀어진다는 것은 그동안 한국 국민들이 누려온 기본적 가치, 즉 민주주의나 인권 등을 수호하려는 국제적 동조 세력과 멀어진다는 것을 의미하기에 그 파장 또한 심각할 것이다. 무엇보다 한국과 가장 가까워지게 될 중국이 과연 그러한 한국 사회와 정치 체제가 추구하는 기본 가치를 존중해줄 것인지, 또 한중 간의 현안 문제들에 대해 평등한 입장에서 특별히 배려해줄 것인지 보장할 수 없다.

그러나 정반대로 동맹국 미국만을 선택하고 중국을 소홀히 하는 친미원중(親美遠中) 전략을 추진하는 것 또한 한국에는 바람직하지 않다. 지난 2014년 한국의 중국과의 무역액은 전체 무역액의 21.4%였는데, 이는 일본, 미국과의 무역액을 합한 것보다도 더 큰 수치였다.[*] 이것이 바로 오늘날 한국 경제의 현실이다. 그러한 경제적 현실을 차치하고라도 북한에 대한 중국의 영향력을 고려하면 중국과 협력적 관계를 유지하는 것은 한반도 문제의 해결을 위해 중요하다. 중국과의 협력이 제대로 이루어지지 않는다면 경제 문제뿐만 아니라 북한 문제 또한 순탄히 풀어가기 힘들 것이다. 단적인 예로 지난 천안함, 연평도 사태에서와 같은 일이 재발하는 것을 막기 위해서는 우리 스스로 원만한 남북 관계를 유지하려고 노력하는 것이 일차적으로 중요하지만, 중국과 긴밀한 전략적 협력을 추진하는 것 또한 상당히 중요한 일이다. 그러나 이명박 정부 5년 동안에는 명목상의 '전략적 협력 동반자 관계'로의 격상에도 불구하고 한국과 중국은 북한 문제를 놓고 번번이 충돌했었다.

균형자 및 균형 외교론 비판

두 번째로 가능한 전략적 선택은 미국과 중국, 또는 중국과 일본 사이에서 이른바 '균형자 외교'를 추구하는 것이다. 이는 한국이 미국과 중국 사이에서 산술적으로 등거리에 위치해야 한다는 전제를 깔고 있는데 실질적으로 한미 동맹의 공동화를 초래할 수 있다. A와 B라는 두 나라 사이에서 어느 한 나라와 동맹을 유지하면서 두 나라 사이의 균형을 잡아주는 균형자(balancer) 역할을 할 수는 없다.

---

[*] 2014년 우리나라의 무역액 중 중국은 21.4%였고 미국 및 일본은 각각 10.5%와 7.8%를 차지했다. 한국무역협회 통계분석 자료에 근거. http://stat.kita.net

한미 동맹을 유지하면서 중국과도 실질적인 동맹 관계가 되면 되지 않는가라고 말할 수도 있겠으나(聯美聯中), 그 경우에도 한미 동맹은 실질적으로 공동화되기 마련이다. 2005년 노무현 정부에서 '균형자 외교론'이 나왔던 때 큰 파장이 일었던 것은 한미 동맹의 공동화 효과가 과연 한국의 국익에 부합하는 것인가 하는 의문이 제기되었기 때문이었다.

그러나 최근까지도 한국 언론에서는 '균형 외교'라는 용어가 자주 등장하는데 이 용어의 사용에 대해서는 조심할 필요가 있다. 만약 그 의미가 과거의 '균형자 외교'와는 달리, 비록 동맹 관계는 아니지만 중국과의 관계 심화에도 힘써야 한다는 의미라면 모르겠으나, 일상적으로는 두 국가 사이에서 산술적인 등거리 외교를 해야 한다는 의미로 들린다. 그러한 발상에는 문제가 있다. 그렇게 소극적인 접근법으로는 오히려 두 나라로부터 동시에 불신을 살 가능성이 높다. 여기서 우리는 과거 1982년 이후 서독의 콜 정부가 한편으로 서방과의 관계를 중시하는 서방 정책과, 다른 한편으로 동독 및 동구권과의 관계를 중시하는 동방 정책을 동시에 적극적으로 수행하며 통일의 기반을 다진 사례를 음미해볼 필요가 있다. 우리에게도 미국과 중국 사이에서 적당히 균형을 잡겠다는 소극적 외교가 아니라 두 국가를 우리의 국익에 따라 주도적으로 품어 안는 '동맹에 기초한 중첩 외교(重疊外交)'가 필요하다.

위와 같은 '균형자 외교'나 '균형 외교'의 심리적 배경에는 미국이 우리의 동맹국이지만 중국 또한 우리의 지근거리에 있는 경제적으로 중요한 국가이기 때문에 두 대국 사이에서 우리의 입장이 곤란하다는 생각이 깔려 있다. 그러나 이 경우에도 앞에서 언급한 골라잡기 외교의 부정적인 효과가 야기될 것이다. 무엇보다도 한미, 한일 관계가 멀어지는 것을 감수하고까지 중국에 접근한 이후 중국이 우리에게 그러한 비용을 보상하고도 남을 정도의 국익을 가져다 줄 것인지 의문이다. 자국의 영향력 품안에 이미 들어와버린, 그리고 다른 나라와는 외교적 연계 고리가 약해져버려 레버리지가 별로 없는 한국을 중국은 과연 존중해줄 것인가? 혹시나 "조선은 과거 수백 년 동안 중국에 조공을 바쳤던 나라였으니 이제 제대로 원위치한 것이고 그것은 당연하다"라는 식의 태도를 중국이 취하지는 않을까?

한미일 삼각 동맹론 비판

셋째로 취할 수 있는 전략은 한미일 삼각 동맹론이다. 일본이나 미국의 일부 정책결정자들이 원하는 것처럼 한일 간의 군사 협력 관계를 강화하여 한미일 삼각 동맹 체제를 구축하자는 전략이다. 이는 기본적으로 냉전 시대에 공산 진영을 타깃으로 수행해온 전략이었다. 물론 한일 간의 과거사 문제로 인한 갈등 때문에 삼각 동맹 체제는 아니었지만, 한미일 삼국 간에 안보 협력 체제가 유지되어온 것은 사실이다. 그런데 한미일 삼각 동맹론은 이것을 실질적 삼각 동맹으로 업그레이드하자는 것이다. 최근 중국의 국력 상승과 2010년을 전후한 공세적 대외 정책에 대응하여 한일 간에도 군사 협력을 심화시키고 그래서 삼각 동맹 체제를 구축해야 한다는 주장이 일각에서 등장하고 있다. 그러나 이러한 전략적 선택에 대해서도 신중할 필요가 있다.

무엇보다도 중국은 한미일 삼각 동맹의 타깃이 북한이 아니라 중국 자신이라고 생각하게 될 텐데 이는 한국이 주도적인 당사자가 되어 북한 문제를 풀어나가고 한반도의 평화와 안정을 구축하는 데 있어 어려움을 줄 수 있다. 한반도에서 남북한의 대결 구도를 완화하고 화해 협력을 통해 평화 통일의 길로 나아가는 것이 우리의 목표이다. 물론 북한의 도발을 염두에 둘 때, 한미 동맹과 한미일 삼국 간의 안보 협력을 유지해나가는 것은 필요하다. 그러나 이것을 한미일 삼각 군사동맹으로 강화하는 경우 한반도를 둘러싼 주변국들 간에 미국과 중국을 양극으로 하는 한미일 대 북중러 두 진영 차원의 갈등 구도가 형성될 수 있다. 이는 이른바 냉전 대결 체제로의 복귀이고 바람직하지 않다.

예를 들어 2010년 천안함 사건이나 연평도 사태 때처럼 한미일, 북중러 간의 양극적 대립 구도가 형성되어 버리면 한국이 주도적으로 외교력을 펼칠 공간이 최소화되어 버린다. 우리에게는 한반도 주변 강대국들 간에, 특히 미중 간에 있을 수 있는 안보 딜레마 상황을 막아내는 것이 바람직하다. 한미일 삼각 군사동맹을 구축해 이러한 안보 딜레마 상황과 군사 경쟁을 오히려 유발시키는 것은 결코 한국이나 주변국들 스스로에게 득이 되지 못한다.

동맹에 기초한 중첩 외교 전략

네 번째의 전략적 선택은 삼각 군사동맹보다는 한미 간의 양자 동맹을 중심으로 삼고 북한의 도발을 억제하며 평화 달성을 위해 노력하되, 그와 동시에 한중 협력을 심화해나가는 '동맹에 기초한 중첩 외교' 전략이다. 이러한 전략의 특징은 한미 동맹이나 한일 협력이 중국을 타깃으로 하는 것이 아니라 북한의 도발 억제를 목표로 한다는 것을 분명히 하여 한반도 문제에 대한 중국의 협력을 유도해

내는 것이다. 한국은 중국과 미국에 대해서 "한미 동맹의 타깃은 북한이며 중국을 포위하기 위한 것이 아니다"라는 입장을 견지할 필요가 있다. 북한 문제를 항상 머리에 이고 있는 상황에서 한국이 이러한 원칙을 고수하는 것은 인접국들로부터도 충분히 이해받을 수 있는 일이다. 물론 미국 내 일부 국방부 인사들이 한미 동맹을 대중국 포위의 수단으로 활용하기를 원하는 경우도 있다. 그러나 한국에 그와 같은 선택을 강요하는 것은 미국의 입장에서도 결코 바람직한 정책이 되지 못할 것이다. 한국 국민들에게 미국이 한국을 자국의 세계 전략을 위한 수단으로 활용하려고만 할 뿐 우리의 염원인 한반도 평화통일에 대해서는 관심이 없다는 인상을 줄 것이기 때문이다. 그 경우 오히려 반미 감정이 야기되고 한미 동맹에 대한 한국 국민들의 지지 기반은 약화될 수 있다.

대신 한국은 중국에 대해서도 한미 동맹의 약화를 시도하지 말고 기정사실로 받아들일 것을 분명히 요청해야 한다. 북한의 연평도 공격에서 드러났듯이 북한이 더 이상 잠재적 위협이 아닌 핵무장 국가로서 실재하는 위협임을 극명히 보여주는 상황임에도 불구하고, 중국이 "한미 동맹은 냉전의 유산" 운운하는 것은 한반도의 현실을 무시하는 강대국 특유의 권력 정치적 사고의 소산이자 심리적 압박 전술일 뿐이다.[1] 또한 한국은 중국 측에 한국을 중국의 배타적 영향권 안에 흡수하려는 노력은 장기적으로 중국의 국익에 도움이 되지 않을 것임을 알릴 필요가 있다. 한국이 중국 쪽에 기울어지는 원미친중 외교가 현실화될 경우 일본과 미국은 중국으로부터 더욱 큰 위협을 느껴 동맹을 강화할 것이다. 그 경우 미국과 일본 두 나라는 대만과 더욱 밀착하면서 중국과 대결하는 방향으로 나갈 수 있다. 이처럼 중국이 한국에 배타적 영향력을 확장해 동북아시아가 양극화되고, 중국-대만 관계가 악화되고, 그리하여 미국, 일본, 대만 사이의 연대가 강화되는 것은 결코 중국에도 이득이 되지 않을 것이다.[2]

이러한 점들을 고려할 때 한국에 가장 바람직한 전략은 한미동맹의 유지와 발전, 그리고 이를 통한 일본과의 협력 확보를 기본으로 하면서, 그 위에 중국과의 협력을 심화시켜 나가는 '동맹에 기초한 중첩 외교' 전략이다. 물론 이를 달성하는 과정이 쉽지는 않을 것이다. 그러나 한국 정부가 넓은 글로벌 시각과 전략적 일관성을 갖고 신중하고 정교한 외교를 펼쳐나간다면 이 같은 중첩 외교를 기본으로 하는 횡축 외교는 충분히 성공할 수 있을 것이다.

한국 정부가 이 같은 중첩 외교를 펼쳐나가기 위해서 동시에 추구해야 할 일은 주변국 정세가 양극화되는 것을 막고, 한중일 삼국 간에 협력이 강화되도록 노력해야 한다는 점이다. 한중일 삼국 간에 그리고 미중 간에 갈등이 커지면 커질수록 한반도 문제를 놓고 주변국 간에 의견이 합치될 가능성도 낮아질 것이고, 이는 한국에 어려움을 줄 수 있다. 따라서 앞에서도 밝혔듯이 한국이 한중일 삼국 협력을 이끌어내는 주도적인 역할을 하는 것이 중요하다. 이를 위해서는 일본 문제에 대해서 지나치게 감정적으로 접근하지 말고 냉정하면서도 의연한 자세로 한중일 간의 평화 창출을 주도해내는 외교를 해나가야 할 것이다. 한국의 국력은 상대적으로 중국이나 일본에 비해 작을지 몰라도 오히려 작은 국력의 이점 때문에 한국이 의미 있는 외교적 역할을 충분히 할 수 있다.

그러한 맥락에서 7장에서 살펴본 것처럼 한일 협력의 장기적 목표도 중국을 견제하기 위한 연합을 형성하는 데 두는 것이 아니라

외교의 시대

동북아시아의 평화와 협력을 주도하는 방향으로 모색되어야 한다. 즉 중국이 기존의 국제 질서에 대한 도전자가 되고 세계 정치가 미국과 중국을 중심으로 양극화되어 가는 방향이 아니라, 기존의 국제 질서 규범과 제도에 중국이 적극적으로 참여하도록 유도해나가는 데에 한일 협력의 초점이 모아져야 한다는 것이다. 미국의 입장에서도 수 년간 지속되어온 한중일 삼국 협력 메커니즘이나 한중일 자유무역협정 논의에 반대할 이유가 없고 오히려 찬성해야 할 긍정적 프로젝트들이다. 한중일 삼국 간의 협력이 심화될 수 있다면 이는 미중 간의 전략적 협력을 매개하는 촉매 역할을 수행하게 될 것이며, 나아가 아시아 태평양 지역의 안정과 통합의 견인차 역할을 해 나갈 수 있을 것이다.

한중일 FTA의 체결은 용이하지 않을 것이나 이미 삼국 정상 간에 논의하기로 합의되었다. 이 과정에서 협상이 타결된 한중 FTA와 장차 시작될 수 있는 한일 FTA는 그 징검다리 역할을 하게 될 것이다. 어찌 보면 한국을 중심 거점으로 해서 한중일 간의 경제 통합이 심화되는 모양새가 될 텐데 이처럼 동북아시아의 통상과 경제 통합의 거점 역할을 해나가는 것이 통일을 지향하는 한국의 미래 비전과도 일치한다. 한중 FTA도 한중 경제 관계를 심화시켜 국익을 증진시킴과 동시에 남북 간 경제 교류를 심화시킬 수 있는 발판이 되어야한다.

또한 6장에서 상세하게 논의한 것처럼 동북아시아에 미국 및 러시아, 그리고 가능하다면 북한까지 포함한 다자 안보협력 기구가 수립될 수 있다면 한반도 평화와 통일 문제 해결에 더욱 유리한 여건을 조성할 수 있을 것이다. 다자 안보협력 기구의 기본적인 규범이나 원칙을 모든 국가들이 따르기 때문에 국가 간의 의심과 우려를 완화할 수 있을 것이고 한반도 평화와 통일 문제에 대해 합의하기도 쉬울 것이다. 또한 한반도 문제가 미중 관계의 종속변수가 되지 않도록 분리해내는 것도 좀 더 용이해질 수 있다. 따라서 한국은 한미 동맹은 동맹대로 유지하면서 동시에 동북아시아 다자 안보협력 기구의 건설에 적극적으로 임할 필요가 있다.*

한국 정부가 위에서 설명한 내용의 횡축 외교를 성공적으로 해내기 위해서 이외에도 몇 가지 고려할 사항이 있다. 첫째, 상대적 소국인 한국이 미국과 중국 사이에서 '동맹에 기초한 중첩 외교'를 수행하기 위해서는 분명한 전략적 방향 감각과 함께 외교적 우방이 필요하다. 이를 위해서는 국제 정치에서 우리와 유사한 입장과 목표를 추구하고 있는 국가들과 연대하는 것이 중요하다. 여기서 유사한 입장이란 중진국으로서 중국에 경제적으로 의존하지만 안보는 미국에 의존하는, 그래서 국제 정치가 미중이 갈등하기보다 협력 구도로 나아가는 것을 원하는 국가들을 의미한다. 한국이 시야를 좁게 잡고 횡축 외교의 틀에만 갇혀 혼자서 애쓰기보다 이러한 국가들과 연대를 형성하여 함께 미중 협력의 방향을 모색해 나간다면 횡축 외교를 추구하는 한국의 입지는 훨씬 강화될 것이다. 바로 그 때문에 우리에게는 외교 공간을 넓혀가는 종축 외교, 그중에서도 특히 아세안을 중심으로 하여 다른 중진국들을 엮어내는 적극적인 중진국 외교가 필요하다. 이 부분에 대해서는 뒤에서 좀 더 자세히 살펴볼 것이다.

---

* 이 같은 맥락에서 저자는 2003년 6자 회담을 북핵 문제 해결 이후 한반도 평화 구축을 위한 메커니즘으로 연결, 발전시킬 필요가 있다고 주장한 바 있다. "6자회담-평화번영 정책 연계(종합)", 『연합뉴스』 (2003. 8. 20). http://news.naver.com/main/read.nhn?mode=LSD&mid=sec&sid1=100&oid=001&aid=0000438407

둘째, 대국을 상대로 외교를 할 때 중요한 것은 무엇보다 흔들림 없는 자세로 필요한 원칙을 지켜나가려는 노력을 해야 한다는 점이다. 특히 한국의 주권 관련 사항이나 핵심적인 국가 이익과 관련해 문제가 발생했을 경우, 정부는 중국뿐만 아니라 미국, 일본 등 어느 국가를 상대로도 동일한 원칙과 잣대를 적용함으로써 우리의 입장을 분명히 해야 한다. 이와 관련하여 한국이 일관된 모습을 보여준다면 아무리 대국이라 하더라도 한국 정부의 정책 결정에 비합리적으로 반발하거나 무시하기는 쉽지 않을 것이다.

소국이지만 외교적 원칙을 흔들림 없이 준수해온 사례로 싱가포르를 들 수 있다. 지난 1994년 이른바 '마이클 페이(Michael Fay) 사건'으로 잘 알려진 사건에서 싱가포르 법원은 미국인 소년 페이의 위법 행위에 대해 태형을 선고했다. 이에 미국은 클린턴 대통령까지 직접 나서서 강하게 압력을 행사했는데 싱가포르는 이를 단호히 뿌리치고 국내법의 권위를 지켜 나갔다.[3] 이후 2010년 스위스 국적의 올리버 프리커가 유사한 위법 행위를 저질렀을 때에도 싱가포르는 마찬가지로 태형을 선고해 집행했으며 스위스 정부는 이에 전혀 항의하지 않았다.[4] 물론 태형이라는 것이 21세기의 글로벌 규범이 되기에는 문제가 있을 수 있다. 그러나 싱가포르는 소국이지만 대국의 압력 앞에 자국의 법 집행 체계가 무너지는 것은 절대 용납할 수 없다는 각오였던 것이다. 이처럼 상대적으로 소국이지만 자국의 주권사항을 지켜내기 위한 일관되고 단호한 노력에 대해 우리는 주목해야 한다.

한편, 지난 2010년 7월 이른바 '남중국해 핵심 이익' 논쟁이 일었던 아세안지역안보포럼(ARF) 회담 이후에도 싱가포르는 중국에 대해 이와 비슷하게 원칙에 입각해 단호하게 행동한 바 있다. 중국은 화교가 강한 영향력을 발휘해온 싱가포르를 역사적으로 마치 중국의 지방 정부처럼 대하는 모습을 보여왔는데, 당시 회담에서도 중국은 싱가포르에 자신의 입장을 지지해 달라는 외교적 압력을 가했다.[5] 그러나 싱가포르는 이에 굴복하지 않고 '자유 항행 보장(freedom of navigation)'의 명분을 내세워 중국을 압박하는 아세안 국가들의 결정에 동참했으며, 이후 '중국의 지방 정부'라는 오명을 떨치기 위해 싱가포르의 정체성을 강조하는 운동을 개시해나갔다.[6]

한국보다도 훨씬 작은 국가*인 싱가포르는 이처럼 원칙 있는 외교를 수행함으로써 미국, 중국이라는 양대 강국이 그들을 존중할 수밖에 없도록 만들었다. 그러나 한국은 이와는 대조적인 모습을 보여 왔다. 지난 2008년 4월 서울에서는 베이징올림픽 성화 봉송 과정에서 집단 시위에 나선 중국 유학생들이 당시 반중국 시위 중인 한국 시민들에게 무차별 폭력을 가하는 일이 벌어졌다. 그러나 이러한 명백한 위법 행위에도 불구하고 한국 정부는 즉각 강력히 조치하기는커녕 제대로 된 법 집행조차 추진하지 못하는 모습을 보였다.** 이와 같은 행태가 지속된다면 한국 외교는 싱가포르와 달리 결코 인

---

* 싱가포르(692.7km²)는 서울(605.25km²)보다 약간 크다.

** 당시 세계 주요 도시의 성화 봉송 과정에서 중국 유학생들이 벌인 시위 가운데 서울에서의 시위가 가장 조직적이고 대규모로 진행되었으며 유일무이하게 대규모 폭력 사태를 동반했다는 점에서 국내에서는 반중 여론이 급증하게 되었다. 또한 한국 외교부가 주한 중국대사를 공식적으로 초치(招致)하지 않은 상태에서 중국대사에게 유감을 표시함으로써 국내에서 정부의 '저자세 외교'에 대한 비난 여론 또한 급증했다. "中 집단폭력에 눈치만 … "어느 나라 정부인가?"", 『노컷뉴스』(2008. 4. 28). http://www.nocutnews.co.kr/show.asp?idx=813480

외교의 시대

접국으로부터 존중받을 수 없게 될 것이다.

종축 외교

횡축 외교에 더하여, 한반도의 북쪽과 남쪽에 위치한 중요 국가들을 대상으로 하는 종축 외교는 어떻게 강화되어야 할 것인가? 국력의 급격한 신장을 달성해낸 한국은 과거와 같은 횡축 외교, 즉 미국과 중국, 그리고 일본과의 관계에만 매달리는 외교를 넘어서야 한다. 이 제 한국은 신장된 국력만큼 외교의 지평 또한 넓혀 나가야 하며 이 를 통해 보다 폭넓은 국제적 시각을 갖고 입체적 외교를 펼쳐나가야 한다.

러시아

이러한 한국 외교 공간을 확장하기 위한 발판으로 먼저 대(對)러시아 외교를 강화할 필요가 있다. 그동안 러시아는 한반도 문제에 대해 중국과 공동보조를 취해 왔다. 그러나 러시아 최고 권위의 국책 국제 정치 연구기관인 세계경제및국제관계연구소가 지난 2011년 내놓은 『글로벌 전망 2030』은 향후 북한이 내부 주도권 다툼으로 인해 통제력을 상실하게 될 것이라고 보며, 늦어도 2020년경에는 한반도 가 한국 주도의 통일 과정에 진입할 것이라고 예측했다. 특히 주목할 점은 통일 한국과 러시아의 관계에 대한 부분인데, 이 보고서는 한국 이 주도하는 통일 한국은 극동에서 러시아의 외교력 확장을 위한 파트너가 될 수 있다고 평가하며 러시아의 국익에 긍정적이라는 결론을 내렸다.[7]

이 보고서가 얼마나 러시아 정부 내의 핵심 정책결정자들의 인식을 반영하고 있는지는 의문이다. 1990년 수교 이후 한러 관계에는 여러 굴곡이 있었고 서로 어려운 외교 파트너였음이 사실이다. 그렇지만 경제를 중시하는 지경학적 관점에서 볼 때 러시아가 한국의 잠재적 협력 파트너가 될 가능성은 분명히 존재한다. 그렇기 때문에 한국 정부는 종축 외교의 관점에서 러시아와의 관계를 점차적으로 강화해 나감으로써 이러한 잠재적 가능성을 현실화해야 한다. 그리고 이를 위해 한러 간 경제 협력의 범주를 철도 연결 사업, 시베리아 개발 사업 등으로까지 확장하며 그러한 상호 협력에 적극적으로 임할 필요가 있다. 이처럼 러시아와의 관계를 강화하는 것은 추가적인 협력 파트너를 확보하여 한국의 자율적 외교 공간을 넓히고 통일의 후원 세력을 확보한다는 의미가 있다.

이러한 가능성에도 불구하고 2015년 현재 한러 관계를 적극적으로 심화해 나가기 어려운 국제 정치 상황이 전개되고 있다. 2014년 러시아의 크림 반도 병합과 우크라이나 동부의 반군 지원, 특히 7월의 말레이시아항공 MH17기의 친러 반군에 의한 격추 사건 등으로 러시아는 미국을 비롯한 서방과의 관계가 냉전 종결 이후 최악의 상태로 악화되는 상황을 맞았다. 한국이 지구촌 사회의 국제규범과 가치를 중요시하는 국가라는 점에서 우리는 당분간 신중하게 대러 외교를 펼쳐 나가되 경제, 사회, 문화 협력을 통해 미래 한러 관계 심화의 기반을 만들어 가야 할 것이다.

동남아시아

한국 외교의 외연을 넓혀 나갈 대상이자 외교 역량을 강화할 잠재력을 가지고 있는 대상으로 북쪽에 러시아가 있다면 남쪽에는 동남아시아가 존재한다. 한국과 동남아시아의 관계는 특히 경제 측면에서 급속히 증진되어 왔으며, 오늘날에는 동남아시아가 한국의 2대 교역 대상 지역이자 2대 투자 대상 지역, 2대 방문 지역이고 이 지역은 앞으로도 풍부한 경제 발전의 잠재력을 지니고 있다. 이에 더해 동남아시아 국가들로부터 한국으로 노동자나 결혼 상대자가 대거 유입됨으로써 한국과 동남아시아 사이에는 인적 교류 또한 심화되어 왔다. 더구나 점차 동북아시아와 동남아시아를 구분하는 지역적 경계가 허물어지고 있다. 이는 1997년 동남아시아의 태국에서 시작된 경제 위기가 동북아시아의 한국으로까지 확산되었던 점에서 잘 드러난다.

특히 동남아시아 국가들은 '아세안 중심주의'라는 외교 전략으로 아세안+3, 동아시아정상회의(EAS), 아세안지역안보포럼(ARF) 등의 지역적 다자 협력 기구를 주도해왔다. 동남아시아 국가들이 경제적, 군사적으로는 소국이지만 서로 단합함으로써 주변 강대국에 의해 끌려가지 않고 오히려 주도하는 모습을 보여준 것이다. 다자 협력 기구에는 나름대로 지켜나가고자 하는 원칙과 규범이 있기 마련인데 동남아시아 국가들은 그러한 원칙의 하나로 의제 설정이나 지역 협력 논의 등을 아세안이 주도해야 한다는 '아세안 중심주의'를 주장해왔다. 이를 통해 강대국들에 대처하는 스스로의 외교 역량을 강화해온 것이다. 최근에는 역내포괄적동반자협정(RCEP) 등 지역 경제 협력 심화의 중추 역할을 하고 있다.

다행히도 최근 몇 년 사이 한-아세안 관계 발전을 위한 노력이 증대되어 왔다. 예를 들어 2009년에는 한-아세안 FTA가 완결되었고 한·아세안센터가 설립되었으며, 2010년에는 양측 간에 '전략적 동반자 관계'가 구축되었다. 또한 아세안 외교를 총체적으로 조망하고 보다 체계적으로 수행하기 위해 2012년 주 아세안대표부가 신설되었다. 그러나 수 년 전까지만 하더라도 한국 외교는 북핵 문제, 혹은 미국, 중국, 일본 문제에 매몰되어 왔기에 아세안 국가들과의 협력의 심도가 깊지 못했고 때로는 아세안 무대에서 미국, 중국, 일본에 밀려서 주변화되었다. 예를 들어 연평도 포격 후 아세안은 북한을 비난하지 않고 양측에 책임이 있다는 의미의 성명을 2011년 11월 발표했고, 2022년 월드컵 유치전이나 2012년 세계기후변화총회 유치전에서도 한국을 지지하지 않았다.[8] 1998년부터 아세안+3의 구성국으로 활동해온 한국은 이제 이러한 아세안 중심의 다자 협력 틀에 적극적으로 참여하고 이를 활용하여 아시아 태평양 지역 및 국제 정치 무대에서 외교적 위상과 입지를 강화해 나갈 필요가 있다.*

　　동남아시아 국가들은 외교 전략적인 이유에서도 한국에 중요하다. 한국은 강대국이 아닌 중위권 국가이기 때문에 국제무대에서 한국이 자신의 외교 목표를 달성하기 위해서는 중위권 국가들과 연대하고 협력을 강화해야 한다. 특히 동남아시아 국가들은 한국과 유사하게 경제적으로는 중국과의 교역 및 투자에 크게 의존하지만 안보적으로는 미국을 끌어들이는 전략을 추구하고 있다. 따라서 국제무대에서 비슷한 입지에 있는 이들과 전략적으로 연대하는 경우 한국의 외교적 입지가 강화될 수 있다.

---

* 한국은 아세안+3의 동아시아비전그룹(EAVG)의 의장국으로 1차(1999~2001년 한승주 전 외교부장관과 이경태 대외경제정책연구원장이 한국대표), 2차(2011~2012년 저자가 한국대표)에 걸쳐 동아시아비전보고서 채택을 주도해왔다.

예를 들어 미국, 중국, 일본 사이에 갇혀 있기보다는 동북아시아 바깥에서 우리와 입지가 비슷한 중위권 국가들과 연대하는 것이 미국, 중국, 일본에 대한 한국의 협상 레버리지를 강화하는 데도 유리하다. 한국이 동남아시아 국가들과 연대하여 비중 있는 역할을 하면서 아시아 태평양 지역의 평화 번영에 함께 기여하는 경우 한국은 미국 사회 일각의 '한국의 중국경사론'이나 중국 내의 '한미 동맹 무용론' 사이에 끼어 심리적 압박을 받는 협소한 외교 공간에서 벗어나 좀 더 자유롭게 입지를 강화할 수 있을 것이다. 즉 우리 외교 공간의 확대를 통해 지정학적 딜레마를 어느 정도 희석시킬 수 있을 것이다.

한국은 동남아시아 국가들 외에도 동일한 외교적 지향점을 모색해나가는 다른 중진국들과도 연대를 강화하여 아시아 태평양 지역의 국제 정치를 안정화시키고 미중 갈등을 완충시켜 나가는 중진국 외교를 주도해 나가야 한다. 박근혜 정부는 2013년 9월 멕시코, 인도네시아, 터키, 호주와 함께 이른바 믹타(MIKTA)그룹을 만들어 협력을 강화해왔다. 이는 바람직한 일이다. 그러나 그것의 운영 방향과 관련하여 앞에서 언급한 공동의 전략적 지향점과 가치를 추구하면서 방향성을 제시해나가야 할 텐데 아직까지 그러한 모습은 보여주지 못했다.

인도

한국이 미래를 생각하며 외교의 지평을 넓혀감에 있어서 깊은 관심을 쏟아야 할 또 하나의 대상 국가가 있다. 바로 남아시아에 위치한 인도이다. 12억 3600만 명의 인구(2014년 7월 기준)를 가지고 있고 특히 어느 국가보다도 젊은 층의 구성비가 큰 인도는 그 영토 또한 세계 7위에 이르는 엄청난 성장 잠재력을 지닌 대국이다. 인도는 2000년부터 2014년에 이르기까지 연평균 7.2%라는 놀라운 경제성장을 기록했다.[9] 이를 목도한 많은 이들은 인도가 머지않아 중국의 뒤를 잇는 새로운 대국으로 부상할 것이라고 예측해왔다. 더구나 2014년 집권한 모디 총리는 과거의 소극적 외교를 떨쳐버리고 대국외교를 지향하는 모습을 보이고 있다.

이 점을 고려할 때 한국과 인도가 지난 2009년 포괄적경제동반자협정(CEPA)을 체결한 것은 양국 간의 본격적 경제 협력의 물꼬를 텄다는 점에서 다행스러운 일이다. 앞으로 한국이 인도와의 관계를 강화해나가기 위해서는 아직 대기업 중심으로 한정되어 있는 인도 시장 진출 기업의 범위를 점차 중소기업으로까지 늘려 나가야 하며, 동시에 양국 간의 산업 협력 또한 한층 강화해 나가야 할 것이다. 최근 수 년 전까지만 해도 한국 기업이 일본 기업들보다도 더 적극적으로 인도 시장에 진출해 기업 활동 기업 활동을 하고 있었으나 최근 일본이 인도와의 정치적 관계를 강화하며 경제적 진출을 꾀하고 있다. 인도는 한국에게 중앙아시아와 중동아프리카 지역 진출을 위한 교두보로서도 중요하다.

경제적 차원뿐만 아니라 한국이 동북아시아를 뛰어넘어 국제무대에서 활약하는 선진국 외교를 펼쳐나가겠다면 인도와의 관계 강화가 중요하다. 5장에서 살펴본 대로 향후 미국과 중국 사이에서 국제 질서의 향배를 결정하는 역할을 할 국가가 인도이다. 한 바구니에 모든 달걀을 담아두듯 우리의 모든 외교적 자산을 미국, 중국, 일본에만 쏟지 말고, 이와 같이 미래가 있는 대국과의 긴밀한 정치적 관계 형성에도 투자를 해둔다면 미래의 우리 외교에 큰 자산이 될 것이다. 정부는 각별한 관심을 쏟아 인도와의 정치, 경제, 사회적 관계를 강화하기 위해 노력해야 할 것이다.

글로벌축 외교

강대국들에 둘러싸여 있는 분단국 한국의 특수성을 감안할 때 눈앞에 닥친 국가 안보의 확보와 평화 통일이라는 시급한 목표를 달성하는 것이 한국 외교의 일차적 목표인 것은 당연한 일이다. 그래서 자연스럽게 지정학적 전략의 관점에서 횡축 외교와 종축 외교의 방향을 우선 제시했다. 그러나 한국 외교의 목표와 범위를 여기에만 한정할 수는 없다. 우리는 또 다른 제3의 차원에서 글로벌축 외교를 입체적으로 펼쳐나가야 할 상황이다.

한국은 제3의 외교 영역, 즉 글로벌축 외교를 어떻게 추진해야 할 것인가? 1980년대 초 자유 시장의 역할을 강조하는 신자유주의의 물결이 높아지면서 글로벌 차원에서 경제적 상호의존, 즉 세계화가 심화되었다. 세계화는 1990년대 초를 전후한 사회주의 경제권의 몰락으로 더욱 가속화되었다. 또한 과학 기술, 특히 컴퓨터의 발달로 글로벌 차원의 소통의 양과 속도가 폭발적으로 증대되는 이른바 정보화 현상이 진행되었다. 이러한 세계화, 정보화, 민주화 현상이 국가라는 단위를 중심으로 전개되어온 국제 정치의 본질을 바꿔놓지는 못했지만 현대 국제 정치의 외연과 외교 영역을 확대시킨 것은 분명하다.

주목할 만한 현상은 우리의 국력이 상대적으로 성장하면서 한국이 이러한 글로벌 외교의 영역에서 나름대로의 영향력을 발휘하고 있다는 점이다. 횡축 및 종축이라는 국가 중심의 전통적 외교 영역에서는 상대적 국력의 차이 때문에 한국이 외교 역량을 발휘하는 데 한계가 있었다고 할 수 있다. 그러나 이러한 새로운 글로벌 정치의 외교 영역에서는 국력의 한계를 벗어나 비대칭적으로 한국의 영향력과 리더십을 행사할 수 있는 공간이 존재한다. 따라서 이러한 외교 공간을 충분히 활용하여 주도적인 외교를 해나가는 것이 필요하다. 이는 한국으로 하여금 단순히 국제적 위상을 높일 수 있도록 할 뿐만 아니라 상대적 국력의 차이에서 오는 전통적 현실주의 외교에서의 한계를 보완하는 새로운 영역이 될 수 있을 것이다.

한국은 지난 수 년 동안 환경, 에너지, 인권, 개발, 금융, 통상 등 다양한 글로벌 이슈 영역에서 적극적으로 활약해왔다. 첫째, 한국은 환경 협력의 영역에서 선도적인 역할을 모색해왔다. 예를 들어 기후 변화와 관련하여 매년 당사국총회가 열리고 온실가스 감축 문제를 놓고 선진국과 개도국 간에 힘겨운 협상이 진행되어왔다. 선진국은 온실가스 감축에 개도국도 의무적으로 참여하기를 바라고 개도국은 선진국 자신들은 오래전부터 이미 온실가스를 배출하여 경제 성장을 이룩한 뒤 개도국의 경제 성장을 가로막으려 한다고 비난해왔다. 이처럼 어려운 상황에서 한국은 정부간기후변화패널(IPCC)에서 개도국들에게 권고한 감축 범위의 최고 수준으로 온실가스를 감축하겠다는 안을 내놓았다.* 또한 한국은 글로벌녹색성장연구소(GGGI)의 창립을 주도해왔다. 각국 정부들이 상대국에게 부담을 떠넘기는 이른바 무임승차 문제 때문에 협상 타결이 어려운 상황에서

---

* 2009년 11월 정부는 2020년까지 배출전망 대비 30% 감축안을 제시했고 2015년 7월 박근혜 정부는 2030년까지 배출전망 대비 37% 감축안을 확정했다.

우회적인 그러나 장기적이고 근본적인 또 다른 접근법이 지속 가능 개발(sustainable development)인데 이 개념에 입각한 국제기구를 한국이 주도하여 만든 것이다. 여기에 15개국 이상이 참여하고 있으며 적지 않은 국가들이 기금을 제공하고 있다.

통상을 중심으로 하는 글로벌 정치 영역에서도 수많은 제도적 장치들이 아시아 태평양 지역에 형성되고 있다. 한중일 삼국 간의 FTA 논의, 아세안 국가들과 한중일이 함께 하는 아세안+3, 그리고 이들이 합의한 포괄적지역경제협력파트너십, 아세안+3에 호주, 뉴질랜드, 인도 및 미국과 러시아가 추가되어 만들어진 동아시아정상회담, 미국이 주도하고 있는 자유무역지대안인 환태평양경제동반자협정(TPP), 아시아태평양경제협력체(APEC) 등이 존재한다.

여기에 임하는 한국의 전략은 한국이 참여하는 경제 협력 메커니즘의 활성화를 꾀하되 이것이 궁극적으로 동아시아권을 넘어서서 아시아 태평양 지역의 통합으로까지 연결되는 것을 목표로 해야 할 것이다. 만일 중국 중심의 동아시아 경제협력권과 미국 중심의 아시아 태평양 경제협력권이 분리되어 대치하는 상황이 벌어지면 이는 한국에 바람직하지 않다. 한국은 이미 개방형 통상국가의 길에 들어선 지 오래이고 앞으로도 계속 그 길로 나아갈 수밖에 없기 때문이다. 더구나 동맹국인 미국과의 관계를 고려할 때 동아시아만의 단독 통합이 아니라 미국이 포함된 포괄적인 아시아 태평양 통합이 바람직하고 그런 의미에서 늦었지만 환태평양경제동반자협정 가입도 올바른 방향이다. 한국은 이러한 중국 중심과 미국 중심의 양 경제권을 연결하는 다리 역할을 하기에 적합한 조건을 가지고 있다. 즉 한미 FTA를 이미 체결하고 발효시켰을 뿐만 아니라 한중 FTA 협상까지 타결했기 때문이다. 즉 FTA 허브 국가로서 한국은 아시아 태평양 지역의 통합과 번영에 기여할 독특한 역할을 부여받은 국가라고 말할 수 있다.

빈곤 퇴치를 위한 개발 협력의 글로벌 정치 영역에서도 한국은 노력을 기울이고 있다. 한국은 2009년 11월 OECD의 개발원조위원회(DAC)에 가입하여 선진공여국으로 국제개발원조 분야에서 적극적으로 활동하고 있다. 예를 들어 2011년 11월에는 부산에서 제4차 원조효과고위급회의(High Level Forum on Aid Effectiveness, HLF-4)가 개최되어 원조의 효과성에 대한 논의의 장을 마련했다. 그러나 한국의 공적개발원조(ODA)는 2014년 현재 국민총소득(GNI) 대비 0.13%로 OECD 개발원조위원회 회원국 평균인 0.29%의 절반에도 못 미쳐 전체 28개국 중 23위에 그쳤다. 이는 2010년 1차 ODA기본계획에서 세운 2015년까지의 0.25% 수준에 훨씬 못 미치는 것이다.[10] 2011년 G20 서울정상회담에서 수원국의 여건을 고려하는 한국형 개발 협력 모델을 제시한 것도 의미 있는 시도였다. 예를 들어 현재 지식공유프로그램(Knowledge Sharing Program, KSP)을 통한 개도국 협력 사업들이 진행 중인데, 이것은 한국의 과거 발전 경험을 개도국들과 공유하며 협력하는 프로그램이다.

한국은 인권의 글로벌 정치 영역에서도 더욱 적극적으로 활약해나갈 필요가 있다. 특히 이 분야가 한국에 중요한 이유는 횡축 차원에서 한국과 일본, 한국과 중국 사이의 갈등 현안 중 하나가 인권 문제이기 때문이다. 단적인 예로 한국과 일본 간의 위안부 문제는 한일 양국 간의 문제로 접근하는 것보다 전시 여성 인권 보호라는 글로벌 규범 차원에서 접근하는 것이 더 효과가 클 것이다. 그렇게 할 때 한국의 일본에 대한 주장이 편협한 민족주의 감정에 의한 것이 아니라 인류 사회의 보편적 가치규범에 근거한 것임을 국제 사회에 보여주면서 한국 측 입장에 대한 폭넓은 지지를 얻을 수 있을 것이기 때문이다. 또한 글로벌 규범 차원에서 접근할 때 위안부 문제가 한일 양국 간에 지나친 감정싸움으로 번져 양국 관계의 다른 영역에까지 부정적 영향을 주는 것을 줄일 수 있을 것이다. 이는 중국에 거주하는 탈북 주민 보호의 문제에도 동일하게 적용된다. 이 문제를 놓고 한국이 중국에 대해 행사할 수 있는 레버리지는 크지 않다. 따라서 이것을 한중 간의 양자 차원의 문제로 한정하지 말고 국제 사회의 인권 규범 차원에서 접근할 때 우리의 목표를 달성할 가능성도 높아질 것이다.

　세계 도처에서 분쟁이 발생하는 이즈음 평화유지 활동(PKO)과 같은 평화 외교도 중요하다. 그동안 한국도 글로벌 평화 외교를 추진해왔다. 그러나 대체로 위에서 언급한 글로벌 외교 차원에서 자발적으로 참여하기보다는 미국의 동맹 파트너로 참여하는 수동적인 모습이 한국에 남아 있었던 것이 사실이다. 이제 이러한 방식을 지양하고 평화유지군 파병 등과 같은 외교적 조치가 필요할 때 한국 스스로가 지구촌 평화와 안정이라는 가치의 실현을 위해 적극적으로 나서는 모습을 보일 필요가 있다. 이것이 한미 간에 추진되고 있는 글로벌 동맹의 취지에도 맞고 한미 동맹의 유지에 대한 내용과 논리도 강화해줄 수 있을 것이다.

　앞에서 종축 외교의 맥락에서 중진국 외교 강화의 필요성을 살펴보았다. 그런데 한국은 글로벌 거버넌스 체제와 관련해서도 비슷한 입지에 있는 국가들과의 네트워크를 강화할 필요가 있다. 예를 들어 2008년 세계 금융 위기 직후 G20이라는 글로벌 거버넌스 체제가 각광을 받았고 한국도 회원국으로 참여했다. 그러나 최근 경제 위기의 다급함이 사라지자 서서히 과거 G8 체제로 복귀하는 움직임이 있다. 중국은 중국 나름대로 브릭스(브라질, 러시아, 인도, 중국, 남아프리카)를 중심으로 단합하여 영향력을 확대하고자 하고 있으며 이들은 2009년 6월 16일 최초의 정상회담을 예카테린부르크에서 가진 뒤 매년 정상회담을 개최하고 있다. 이 같은 상황에서 한국은 G20 거버넌스 체제를 선호하는 호주, 캐나다, 인도네시아 등과 연합하고 협력을 심화하는 중진국 외교를 강화할 필요가 있다.[11] 믹타그룹 외교도 앞에서 언급한 미중 사이의 전략적 완충 노력과 함께 G20 거버넌스의 강화에도 초점을 모아 운영되어야 할 것이다.

이상에서 언급한 글로벌 외교를 강화함으로써 한국은 소프트 파워와 국제적 영향력을 키워 나갈 수 있을 것이다. 물론 앞에서 설명한 글로벌 외교의 다양한 영역에서 기여하는 것 그 자체가 지구촌 사회의 보편적 가치의 달성을 위해 중요하고 바람직한 일이다. 그러나 이를 통해 글로벌 차원에서 한국의 영향력과 입지가 강화되면 장기적으로 북한 문제나 통일과 같은 한반도 문제를 한국이 주도해 나가고자 할 때 이에 대한 국제적 지지 기반도 더 탄탄해질 수 있을 것이다. 그런 의미에서 한반도 문제와 글로벌 외교 간에는 상호 보완 관계가 존재한다. 더 넓게 보자면 횡축 외교, 종축 외교, 글로벌축 외교는 유기적으로 연결되어 있다.

내부 역량의 문제

그런데 아무리 바람직한 전략을 세워놓았다 하더라도 그 내용을 담아낼 그릇, 즉 제도적 장치가 없다면 아무런 소용이 없다. 한 국가가 일관성 있는 대외 전략을 실천하기 위해 가장 중요한 것은 중앙에 컨트롤타워, 즉 사령탑 기능을 하는 조직이 있어야 한다는 점이다. 특히 오늘날의 대부분의 국제 이슈들은 외교, 국방안보, 통일, 경제 등 여러 영역들이 서로 중첩되어 있다. 예를 들어 대부분의 대북 관련 이슈들은 통일부뿐만 아니라 외교, 국방, 경제부처들도 함께 관여 해야 하는 이슈들이다. 그런데 과거 우리 정부에서 일이 돌아가는 것을 보면 부처별 칸 나누기 식 처리 방식이었다. 이것은 국방 이슈니까 국방부가, 저것은 외교 이슈니까 외교부가 한다는 등의 방식으로 부처 간에 심도 깊은 논의가 이루어지지 않고 정보도 교환되지 않은 채 독자적으로 처리해버리는 경향이 강했다.

예를 들어 국방 관련 한미 현안 문제는 국방부 소관이니 국방 부 장관이나 간부들이 외교부와 사전에 충분한 논의도 없이 미국 국 방부 측 인사들과 논의하고 주도해버린다. 그러다가 그것이 언론에 터져 나와 외교 문제로 비화하면 외교부가 뒤치다꺼리를 하느라 애 먹는 식이다. 국방부와 국정원이 손발만 맞았더라도 천안함, 연평도 공격은 막을 수 있을 것이라는 사후 분석이 있었고,[12] 북한에서 수 명 의 탈북자들이 집단으로 내려왔는데 국회에서 통일부장관이 일주 일 후 신문을 보고 알았다는 발언을 하기도 했다.[13] 2010년도 천안함 이나 연평도 공격 당시 국민들이 목도했던 국가 안보 시스템의 작동 불능 상태는 가히 심각한 수준이었다.

물론 정부조직법상으로 국가안보회의나 국가안보실이 존재 했다. 그러나 선진국들의 국가안보회의(NSC)와 같은 관계부처 장관 들이 함께 모여 중요 외교 안보 현안들을 부처가 아닌 전체 국가 관점에서 어떻게 처리해야 할지 심도 깊은 토론을 거쳐 정부 입장을 정리하고 대통령에게 자문하는 방식이 아니었다. 논의는 있어도 형식에 그치는 경우가 다반사였거나 범정부적 입장으로의 종합 및 조정 과정 없이 어느 특정 인사가 좌지우지하는 방식이었다. 그러다 보니 부처별 정책 조정이 안 되어 동일한 현안에 대해 부처마다 발언이 다르고 국정 및 대외 정책의 일관된 방향이 안 보이기 마련이었다. 결국 정부가 우리 국익을 위해 능동적으로 무언가 만들어나가는 것이 아니라 일이 터지면 각 부처가 혼란스러운 모습으로 수습하느라 바쁜 수동적인 모습이 되어버렸고 그래서 국민들에게 신뢰감을 주지 못했던 것이다.

그럼에도 불구하고 아직까지도 전체 국가와 국민보다는 부처를 먼저 챙기는 부처 이기주의가 만연해 있다. 갈수록 복잡해지는 21세기 국제 정치 무대에서 우리의 가용 역량을 최대한 효율적으로 발휘하여 목표를 달성하는 선진국 외교가 되려면 우선 안방 정리부터 제대로 해야 할 것이다. 그것도 해내지 못하면서 대국을 상대로 외교를 하는 것은 불가능하기 때문이다. 따라서 각 부처 간에 경쟁이 아니라 상호 보완 관계가 심화되고 외교안보 및 통일 관련 정책이 일관성 있게 가장 효과적으로 만들어지고 집행되도록, 정책총괄조정기구가 제대로 작동할 수 있게 하는 철저한 개혁이 필요하다.

외교의 시대

제10장

통일을 향하여

이제까지 우리는 냉전 이후 국제 정치의 변화를 그 핵심에 위치한 미국과 중국의 관계 변화와 경쟁, 그리고 그 외곽에 위치한 4대 국가 (지역)의 현재를 짚어본 뒤 미래 국제 질서의 모습을 예측해보았다. 그와 함께 미중 간의 협력을 통한 국제 질서 안정화 방안도 모색해보았다. 그리고 시야를 동아시아로 좁혀 주변 4국의 한반도에 대한 의도와 정책을 살펴본 뒤 가장 중요한 관심사인 북한 문제의 본질을 파헤치고 해법도 제시해보았다. 그리고 오늘날의 21세기 국제 정치 상황 속에서 우리의 국력에 걸맞은 선진 외교 전략으로 '삼축 외교' 와 '동맹에 기반한 중첩 외교'를 제시하고 우리가 이를 추진해야 한 다는 것도 밝혔다. 이제 마지막으로 이러한 내용의 전략을 실행해 가 면서 어떻게 궁극적으로 통일의 과제를 달성할 것인가에 대해, 즉 통 일 전략에 대해서 말해보려고 한다.

박근혜 정부는 주지하다시피 2014년 초 이래 통일을 강조해 왔다. 그러나 그 통일에 이르는 방법과 관련해서는 구체적인 내용을 제시하지 못했고 전략적 일관성도 부족했다. 예를 들어 8장에서도 언급했듯이 현 정부는 통일이라는 궁극적 목표에 대해 강조했지만 어떠한 과정을 거쳐 그 목표에 도달할 것인지 밝히지 않았다. 다시 말해 무엇보다 중요한 남북 간 교류 협력과 평화 정착을 어떻게 해야 할 것인지 구체적 방안을 제시하지 않았다. 바로 이 지점에서 국민들은 정부의 통일 및 대북 정책과 관련하여 혼란에 빠질 수밖에 없다.

먼저 통일 방식과 관련하여 박근혜 정부는 이전 정부들이 추구해온 남북 간의 협력 증진을 통해 통일의 기반을 조성하고 그 후에 통일을 이루는 방안, 즉 점진적 통일 방안을 지지하고 흡수통일을 추구하지 않을 것임을 분명히 밝힐 필요가 있다. 8장에서 설명했듯이 이 점을 분명하게 하지 않으면 남북 간 관계 개선이 힘들어지고 따라서 정부가 내걸었던 '신뢰 프로세스'와 그에 입각한 교류 협력도 제대로 추진될 수 없기 때문이다. 그러한 전제 아래 정부는 7장에서 설명한 주변 4대국의 한반도에 대한 전략적 의도와 우리의 통일목표를 조화시키면서 통일의 방향으로 나아가야 할 것이다. 이제 통일을 위한 대외, 대내 전략과 관련하여 다음과 같은 몇 가지 사항을 주목할 필요가 있다.

대외적 통일 전략: 원심력을 약하게

대외 전략 차원에서 무엇보다 중요한 것은 통일 한국의 국제정치적 위상을 어떻게 설정할 것이냐 하는 방향성의 문제이다. 즉 통일이 된

후 한반도가 주변국들과 어떤 외교 관계를 설정할 것이냐이다. 7장에서 설명한 대로 이 문제가 주변 국가들, 특히 미국, 중국, 일본, 러시아의 대단히 중요한 관심사이자 그들의 협조를 이끌어내는 데 있어 필수적인 고려사항이 될 것이기 때문이다.

이에 대한 답을 제시하기 위해서 먼저 고려해야 할 점은 통일 이후의 동북아시아 국제정세가 어떤 모습일 것이냐이다. 유럽과 달리 다자적 안보협력 체제가 약하고 개별 국가들이 힘겨루기 경쟁을 하는 세력균형 질서의 성격이 강한 지금의 동북아시아 국제 질서는 아마도 한반도가 통일된다고 하여 크게 변화하지 않을 것이다. 이는 한국의 입장에서 볼 때 안타까운 일이다. 유럽처럼 다자 안보협력을 위한 국제 제도가 제대로 정착되어 있다면 한국과 같은 핵무장하지 않은 상대적 소국이 안보를 크게 걱정하지 않아도 될 것이다. 유럽에서는 유럽안보협력기구, 유럽연합, 나토 등 다자 협력 기구들이 있어 그 기구들이 정해놓은 규범과 규칙에 따라 국가들이 예측 가능한 범위 안에서 행동하기 때문에 상호 관계가 비교적 평화롭고 안정적이다. 즉 강대국이 힘으로 밀어붙이는 권력 정치적 성격도 약하거니와 소국을 보호해주는 방패막이 역할을 국제 다자협력 기구가 상당 부분 해주는 것이다. 그러나 동북아시아에는 그러한 다자 협력 기구가 없다. 그래서 국가들 간에 대국들이 힘을 믿고 자의적으로 행동해도 어떤 국제적 규칙이나 규범으로도 그것을 제어하지 못하는 권력 정치적 상황이 통일 이후에도 지속되리라는 것이다.

이 때문에 통일이 되어도 군사력이나 경제력으로 보아 상대적으로 소국인 한국은 안보 문제에 대해 신중하게 생각할 필요가 있다. 더구나 주변 4대국들 중 3개국은 핵보유국인 군사대국들이고 일본은 언제라도 핵보유국이 될 수 있는 준비가 되어 있는 실질적 군사대국이다. 이러한 상태에서 통일 한국이 선택할 수 있는 선택지 중 하나는 한국도 핵보유국이 되어 주변 국가들로부터 오는 잠재적 안보 위협을 억제하는 전략이다. 그러나 중요한 것은 통일을 위해 협조를 끌어내야 할 주변국 모두가 하나같이 통일 한국의 핵무장을 반대하고 있다는 사실이다. 아마도 통일 한국이 핵보유국이 되겠다고 하면 주변국 중 어느 나라도 한국의 통일을 지원하지 않을 것이다.

그렇다고 해서 통일 한국의 안보를 핵도 갖지 못한 진공 상태로 방치할 수는 없다. 이러한 상황에서 통일 한국이 안전 보장을 위해 취할 수 있는 선택은 통일 한국과 영토 문제 등 직접적인 이해관계가 걸려 있지 않은, 그렇지만 가장 우호적인 군사대국으로부터 핵우산을 포함한 안전 보장을 제공받는 것이다. 물론 앞에서 언급한 대로 유럽에서처럼 유럽안보협력기구나 유럽연합, 나토와 같은 튼튼한 다자 지역협력 체제가 수립되어 있어서 상대적 소국임에도 안보를 걱정하지 않아도 되는 상황이 온다면 구태여 핵우산이 필요하지 않을 것이다. 그러나 그것은 시간이 걸릴 문제이고 그전까지는 우리 나름의 안전보장책을 강구해야 한다. 그리고 그러한 안보 우산을 제공받을 수 있는 선택지로서 한미 동맹의 지속이 필요할 것이다.

한국 전쟁 이후 과거 60여 년 동안 한미 동맹은 한국에 안정적인 안보 환경을 제공하고 한국의 경제 성장과 민주주의 발전에 기여했다. 1950년대 전쟁 직후 냉전 대결 상황에서 빈곤에 허덕이던 개도국 한국이 세계 13위 경제대국이 된 데에는 한미 동맹이 제공한 안정적인 안보 환경이 큰 역할을 했다. 바로 이러한 신뢰가, 다수의 한국 국민들이 통일 이후에도 미국과의 동맹이 지속되어야 한다고 믿는 이유이기도 하다. 무엇보다 19세기 말 이래 변하지 않은 지정학적 상황, 즉 통일 한국이 대국들인 중국, 일본, 러시아에 둘러싸여 있으며 역사적으로 이들에게 침략을 받은 경험이 있다는 사실이 멀리 있는 대국인 미국과의 동맹을 선호하는 이유가 될 것이다. 그래서 구한말에 일본, 중국, 러시아 세력들을 앞에 둔 고종(高宗)의 고민은 지금도 유효하다. 동북아시아 지역의 국제 질서 성격이 120~130여 년 전 제국주의 시대 때보다는 나아졌지만 경제적 상호의존의 증대에도 불구하고 근본적으로 아직도 대단히 권력 정치적이기 때문이다.

통일 이후 한미 동맹의 지속은 7장에서 설명했듯이 한미 양국, 더 나아가 일본의 이해관계와 일치한다. 이는 통일을 위해 미국과 일본의 협력을 구할 수 있을 것이라는 의미이다. 문제는 중국의 우려이다. 앞에서도 수차 언급했듯이 중국은 통일 한국이 대중국 포위망의 연결고리로 이용되는 것을 두려워한다. 이 때문에 통일 이후 한미 동맹은 냉전 시대처럼 특정한 국가를 타깃으로 하는 동맹이 아니라 방어적 성격의 동맹으로 바뀌어야 할 것이다. 무엇보다 동아시아의 다른 지역, 특히 중국과 관련된 국제 분쟁에 끼어들지 않는 것, 중국을 포위하는 국제적 연대에 참여하지 않는 것을 원칙으로 해야 할 것이다.

중국은 통일 한국이 대만 문제 등 동북아시아의 타 지역 분쟁에 개입하는 것을 원하지 않는다. 특히 대만에서 분쟁이 발생할 경우 주한미군이 이에 직접적으로 참여할 것인지에 대한 이른바 '전략적 유연성의 문제'도 중국에게는 중요한 관심사항이었다. 2005년 노무현 정부는 이 전략적 유연성의 문제와 관련해 한국이 원하지 않는 분쟁에 주한미군이 개입하는 것을 원치 않는다는 한국의 입장을 밝힌 바 있다.[1] 당시 중국 측은 이를 긍정적으로 받아들였으나 이후 이 문제가 미국 측의 요구대로 수용되자 실망의 뜻을 표기기도 했다. 향후 한반도 문제와 관련하여 중국의 협조를 구하는 데 있어서 이러한 문제들에 대한 한국 정부의 입장은 중요한 의미를 지닐 것이다.

또한 7장에서 논의했던 중국의 한반도에 대한 지정학적, 전략적 우려 사항 때문에 휴전선 북쪽에 주한미군을 배치하는 것은 바람직하지 않다. 그런데 이와 관련하여 한 가지 문제는 미국 및 국제 사회의 최대 관심사가 북한이 보유하고 있는 핵무기 및 핵물질, 핵 관련 시설을 신속하게 확보하고 안전하게 해체 또는 해외로 반출하는 것이라는 점이다. 이러한 작업을 확실하고 안전하게 이행하기 위해 미국은 일시적으로 최소한의 소규모 미군을 휴전선 이북의 핵시설 지역에 파견하기를 희망할 가능성이 높다. 그 경우 한국, 미국 및 중국 간의 협력이 잘 이루어져 상호 간에 오해와 불신이 없도록 하는 것이 중요할 것이다.

통일 한국이 중립국이 되어야 한다는 주장도 있다. 그러나 한국이 중립국을 선포한다고 해서 그 중립국의 위상을 주변국들이 존중해주리라는 보장이 없다. 그것은 과거 역사적인 경험들이 말해준다. 예를 들어 벨기에가 중립국을 선포했지만 독일은 1차 세계대전의 와중에 벨기에의 중립국 지위를 짓밟고 오히려 벨기에를 프랑스로 진격하는 루트로 사용했다. 이처럼 중립국 위상은 당사국이 선포한다고 해서 지켜지는 것이 아니고, 주변국들이 지켜줄 의지가 있을 때에만 가능하다. 물론 스위스처럼 중립국 지위의 유지에 성공했던 나라도 있다. 그러나 그것은 알프스 산맥이라는 자연지리 조건이 보호막이 되어주었기 때문이다. 2차 세계대전 때 나치 독일이 스위스를 침공하지 못했던 이유는 침공하는 경우 알프스 산맥의 지형 조건 때문에 상당한 비용을 치러야만 했고 그래서 중립을 존중해줄 수밖에 없었기 때문이었다. 한반도는 스위스와 달리 중립국에 걸맞은 자연지리 조건도 갖추지 못했다. 또한 통일 한국이 중립국이 된다고 선언했을 때 미국이나 일본이 한반도의 통일에 대해 얼마나 적극적으로 협력해줄지도 의문이다.

통일 한국이 미국과 방어적 동맹을 체결하고 그에 따라 주한미군의 기능과 배치를 바꾼다는 것은 미국이 세계 전략 차원에서 군사력을 공세적으로 투사하는 목적으로 배치하는 것이 아니어야 함을 의미한다. 주한미군이 주변국에 공세적인 존재로 인식되어서는 곤란하기 때문이다. 또한 앞에서 논했던 것처럼 한국은 이 지역의 제3국의 분쟁에 개입하지 않을 것임도 분명히 할 필요가 있다. 그러한 전제하에 우리는 중국에게 한국의 통일이 분단된 한반도의 지속보다 그들에게 더 유리할 수 있음을 설득해야 할 것이다. 만일 북한이 핵무장을 고집하고 도발적 행위를 저지르는 파행을 지속하는 경우, 북한을 지지하며 분단을 유지하는 현상 유지 정책이 국제 사회에서 지도국인 중국에게 득보다 실을 더 많이 가져다줄 수 있음을 알릴 필요가 있다. 또한 주한미군의 배치 문제와 관련해서도 한국이 중국의 우려 사항을 해소해줄 수 있으며 또 대만 문제에 있어서도 개입하지 않을 것이라고 밝혀야 할 것이다. 통일 이후 조선족의 민족 감정 고조, 영토 문제, 난민 발생 가능성에 대해서도 충분히 중국과 협력할 수 있음을 설득해야 할 것이다. 또한 북한 지역이 개발되면 중국 동북 지역의 경제 발전에 시너지 효과가 있을 것이고 중국의 대북 투자 기업들의 기존 권리에 관해서도 협력할 수 있음을 밝힐 필요가 있다.

통일 이후에도 한반도의 비핵화와 한미 동맹의 지속을 원하는 일본에게는 한미 간의 방어적 동맹이 긍정적인 유인(誘因)이 될 수 있을 것이다. 이에 더해 북한 지역 개발과 경제 발전에 일본 기업들이 활발하게 진출할 기회가 새로 마련될 것임을 알릴 필요가 있다. 통일이 이루어지는 경우, 북한 지역은 한국, 중국, 일본, 러시아, 미국 등 각 국가들에게 중요한 투자 대상이 될 것이고, 그런 의미에서 동북아시아 경제의 활성화와 통합의 촉매가 될 수 있을 것이다.

러시아 또한 한반도에 대해 경제적 협력 파트너로서의 가능성을 고려하고 있다. 경제적 협력을 통해 러시아는 통일 한국을 시베리아 개발과 자국의 동북아시아 진출의 파트너로 삼을 수 있을 것이다. 물론 러시아는 한국과의 경제 협력 심화와 함께 양국 간 정치 협력도 심화할 수 있기를 희망하고 있고, 또한 한반도 문제의 관련 당사국으로서 적절한 역할을 하기를 원한다. 한국 또한 에너지 자원의 안정적 공급, 새로운 경제 활로로서 북방 정책의 모색이라는 점에서 러시아와 이해가 일치한다. 따라서 우선 경제적 차원의 협력부터 심화해 나가면서 점차 협력 분야를 확대해 나가는 것이 바람직하다.

또한 중요한 것은 통일 한국이 어떠한 국가 비전을 지향할 것이냐를 밝혀 주변국들의 의혹을 사전에 불식시키는 것이다. 이와 관련해서 한국은 평화 지향 국가로서의 통일 한국을 추구할 것임을 약속해야 한다. 그동안 북한이 핵 개발, 경제난, 난민 문제 등으로 동아시아 안보 위기를 만들어내는 문제 국가였다면 이제 통일 한국은 주변 4국을 비롯한 동아시아의 모든 국가들과 평화적인 관계를 추구

외교의 시대

하며 동아시아 평화 구축의 동력을 강화하는 평화 지향 국가로 태어날 것임을 밝혀야 한다.[2] 또한 한국은 군사 무장을 강조하는 군사 국가보다는 네덜란드처럼 동아시아의 통상, 물류의 거점 국가를 지향할 것임을 알려야 한다. 미국과의 방어적 동맹이 이러한 국가목표를 추구하는 데 있어서 적절한 안보 환경을 제공해줄 것이다. 이를 통해 통일 한국이 주변국들 간의 경제 협력 및 통합을 심화시켜 번영을 가져다줄 것임을 믿게 해야 한다.[3]

이러한 통일 외교와 비전은 한미 동맹의 지속을 원하는 미국과 일본의 희망을 만족시켜줄 수 있을 것이다. 무엇보다 동시에 방어적 동맹으로서 한미 동맹의 성격을 전환하고 그에 따른 미군 배치와 기능의 조정, 그리고 기타 관심사항에 대한 협력을 통해 통일에 대한 중국의 협조를 유도해낼 수 있을 것이다. 또한 통일이 이루어지는 경우 신 북방경제 전략의 추구를 통해 중국뿐만 아니라 시베리아 개발과 철도 연결 등 협력 사업을 원하는 러시아도 만족시킬 수 있을 것이다. 이처럼 조심스럽고 섬세한, 그러나 주인 의식에 입각한 주도적 외교로 우리는 주변국들로부터 한반도 통일에 대한 협력이라는 공통분모를 도출할 수 있다.

대내적 통일 전략: 구심력을 강하게

여기서 잊지 말아야 할 점이 있다. 아무리 앞에서 논의한 것과 같은 외교 전략을 가지고 대외적으로 통일 외교를 추구해 나간다고 한들, 한반도 내부의 구심력이 충분히 강화되어 있지 않으면 통일은 힘들다. 앞서 지적했듯이 대외적 차원에서 한반도 주변 4국들은 가능하다면 그들 간의 세력균형 차원에서 한반도의 현상 유지를 원한다. 이는 통일을 저해하는 원심력이 국제적 차원에서 강하게 작동하고 있음을 의미한다. 이러한 상황에서 한국이 주변 4국에 인센티브를 제공하고 설득하여 각자의 국익 차원에서 한반도 통일에 대한 손익계산을 바꾸도록 하는 것, 그리하여 통일을 반대하는 방향으로 작용하는 원심력을 약화시키고자 하는 것이 바로 앞 절에서 본 대외적 통일 외교 전략의 핵심이라고 말할 수 있다. 그러나 대외적 차원의 원심력을 약화시키려는 노력과 함께 한반도 내부의 대내적 차원에서 구심력을 강화하는 것 또한 대단히 중요하다.

철저한 주인의식에 입각하여 대외, 대내 두 가지 차원에서 통일에 성공한 사례가 바로 독일의 통일이었다. 1989년 11월 베를린 장벽의 붕괴 이후 독일의 통일 외교에서 가장 큰 힘이 되어준 국가는 조지 H. W. 부시 대통령 재임 시의 미국이었다. 부시의 강력한 지원으로 독일은 영국이나 프랑스의 통일 반대를 무마할 수 있었다. 그리고 이는 무엇보다도 아데나워 총리 이래 독일이 추구해온 친서방 정책의 결실이었다. 친서방 정책 덕분에 독일은 통일을 반대하는 외부의 원심력을 약화시킬 수 있었던 것이다.

그러나 독일의 통일에서 친서방 정책 못지않게 중요했던 것이 동방 정책이었다. 사민당의 빌리 브란트 총리로부터 시작된 동방 정책은 통일 이전 20여 년 전부터 통일을 향한 동서독 간의 구심력을 키우는 데 기여했다.[*] 동방 정책이 추진될 때 동맹국인 미국 정부의 시각은 협조적이지 않았다. 키신저 국가안보좌관은 이것을 전통적인 독일의 민족주의 외교 정책의 발로로 동서 진영 사이에서 자유롭게 오가려는 비현실적이고 위험한 시도로 판단했다. 그는 독일의 의도를 있는 그대로 받아들이기보다는 그것이 냉전 구도와 미국의 세계 전략 추진에 미칠 영향, 즉 미국 관점에서 생각했던 것이다. 키신저는 동방 정책이 소련에 대한 유화 정책의 도구가 될 수 있다고 우려했고 브란트 총리에 대해서도 동방 정책의 결과로 파생될 사태를 감당할 만한 스태미나도 지적 능력도 없는 사람이라고 강하게 비판했다.[4]

그럼에도 불구하고 독일의 정치 지도자들은 동방 정책을 추진해나갔고 결국 통일의 디딤돌로 삼는 데 성공했다. 무엇보다도 1982년 집권한 기민당의 콜 총리가 사민당에서 시작된 동방 정책을 승계한 것은 주목할 만하다. 물론 동방 정책에 대한 국민들의 지지도가 높았으므로 그것을 계승하는 것이 기민당에 이득이 될 것이라는 현실정치적인 계산 또한 작용했다. 그러나 정책과 이념이 다른 경쟁 정당의 정책이라도 국민들이 높이 평가하면 서슴없이 채택하는 정치적 용기와 거기에서 드러나는—국민을 진정한 주인으로 섬기는—독일 정치의 모습은 부럽기만 하다. 무엇보다 중요한 것은 스스로 보수적인 친서방 정치 지도자였음에도 동맹국의 입장과도 차별화하면서 진정한 국익에 대한 판단을 적극적으로 추구해나갔던 콜 총리의 주인의식이다. 콜은 서방과의 관계를 중시하는 기민당의 보수적 지도자였지만 서방, 특히 미국, 영국, 프랑스, 러시아 4국의 주요 관심이 분단 독일의 현상 유지에만 있다는 것을 간파했고, 독일 국민들

• 동방 정책(Ostpolitik)은 1963년 "화해를 통한 변화(change through rapproachment)"를 주장한 에곤 바의 아이디어를 1969년 집권한 사민당의 빌리 브란트 총리가 채택해 실현한 대동독 및 대공산권 화해 정책이었다. 이는 1949년 기민당의 아데나워 총리에서부터 시작되어 1969년까지 기민당의 집권 기간 동안 이행된 대동독 대결 정책으로부터의 결별을 의미했다. 이에 기초해서 1972년 동서독 간의 기본조약(Basic Treaty)이 체결되어 1년 후 양독 간의 외교 관계가 개설되었다.

이 원하는 통일과 같은 현상 변경에는 관심이 없다는 것, 그래서 현상 변경은 독일인 스스로의 몫일 수밖에 없다는 것을 인식했던 것이다. 그래서 그의 기민당은 보수 정당이지만 1982년 집권 후 동방 정책을 수용했다. 이는 동맹 외교를 중시하면서도 주인 의식을 깊이 간직했던 독일 보수 세력의 지혜로운 결정이었다.

이처럼 대외적 통일 외교를 통해 원심력을 약화시키고 그와 동시에 한반도 차원에서 남북 통합을 위한 구심력을 강화시켜 나가는 것이 중요하다. 그렇다면 지금 우리 상황에서 그 구심력은 어떻게 강화해 나갈 것인가? 우선 무엇보다 남북 간의 연결고리를 튼튼하게 만드는 대북 정책이 중요하다. 그 핵심은 북한 주민들의 마음이 통일을 원하게 만드는 것이다. 또 이를 위해서는 대북 정책의 핵심이 평화 유지와 함께 북한 주민들의 인간다운 삶에 기여하는 데 놓여야 한다.[5] 사실 통일을 달성하기 위해서 그렇게 해야 한다기보다는, 애초부터 통일 여부와 무관하게라도 대한민국이 기초하고 있는 민주주의와 인권이라는 가치에 충실한 대북 정책이라면, 당연히 그러한 '인간' 중심의 대북 정책이 추구되었어야 했다. 그렇게 되면 경제 협력, 인도적 지원, 기타 분야에서의 협력 등 구체적인 대북 관계의 핵심적 이슈들에 대해 어떤 입장을 취해야 할지 그 방향성이 자명해질 것이고 보수네 진보네 하며 다툴 일도 없어질 것이다. 그러한 맥락에서 가장 중요한 것은 8장에서 설명했듯이 대북 정책의 핵심이 기존의 안보 일변도 정책에 더해 정치경제적 또는 지경학적 접근이 상당히 보완되어야 한다는 점이다.[6] 쉽게 풀리지 않는 그리고 오랜 시간이 걸릴 핵 문제 타결에 모든 것을 걸고, 비안보 영역에서의 모든 남북 관계를 중단시켜 놓은 채 무한정 기다리기만 한다면 아마도 통일을 위한 구심력은 결코 강화되지 못할 것이다.

그래서 안보 문제는 안보 문제대로 할 수 있는 정책 수단들을 다해 타결해 나가되, 비안보 영역에 있어서는 남북 간 협력을 실현해 나가야 한다. 예를 들어 핵 문제가 타결이 안 된다거나 정치적 관계가 안 좋다고 남북 간의 의료 협력, 환경 협력 등을 추진하지 않을 이유가 없다. '사람'을 앞세우는 그리고 구심력을 강화하기 위한 대북 정책이라면 모니터링의 협조를 받으며 대북 인도적 지원도 힘닿는 데까지 해야 한다. 특히 그런 맥락에서 남북한 간의 경제 협력 심화가 중요하다. 시장 기제가 확산되고 제도화된다는 조건 아래에서 상호 이익이 되는 남북 경협은 더욱 확대해 나가야 한다. 이를 통해 경제적 연계가 확대 심화되어 남북 상호 간에 끌어당기는 힘, 즉 통일의 구심력이 강화될 수 있다. 더구나 통일 외교가 통일이 임박한 상황에서도 추진할 수 있는 것이라면, 경제 통합과 같은 통일을 향한 구심력 강화는 오랜 시간이 걸리는 문제이다. 통일 훨씬 이전부터 시작되어야만 하는 것이기에 지금부터라도 서둘러야 한다. 안보뿐만 아니라 정치경제적인 방향으로도 대북 정책의 보강이 필요한 것이다. 지금까지 설명했듯이 한반도 주변의 국제 정치 판도가 어려워지고 있는데 그럴수록 남북 간에 강한 구심력이 작동해야 한다. 그래야 통일을 향한 한반도 내부의 동력 또한 갈수록 강해질 것이다.[7] 결국 통일은 사람과 사람이 엮어지는 것에 관한 문제이다

그러한 맥락에서 마지막으로 강조할 것이 있다.[8] 우리들은 대단히 복잡해진 국제 정치 환경 속에서, 대단히 큰 세계 최강의 대국들을 상대로, 대단히 어려운 과제인 통일을 달성해야 하는 상황에 있다. 그래서 이념 갈등 내지 남남 갈등은 사치다. 지금처럼 여야 간,

보수와 진보 간, 세대 간 갈등과 대결 양상이 지속된다면 통일은 불가능할 것이다. 대국들에 둘러싸인 작은 나라 한국의 경우 모두가 단합해서 지혜와 역량을 모아도 우리의 전략과 전술을 실천해나가기 힘들다. 그럼에도 불구하고 국내적으로 분열되어 국론이 수렴되지 않고 극단적 대결로 나아간다면, 그리고 그것을 막아낼 정치적 리더십이 없다면 구한말 상황은 반복될지도 모른다. 그런 가능성을 미리 막고 여야, 보수와 진보 간의 정책을 수렴하고 공통분모의 영역을 넓혀 나가기 위한 노력을 지금부터 강화해야 한다. 그중 하나로 정부 여권은 중요한 대북 관련 상황이 발생했을 때 야권의 핵심 지도부와 진지하고 솔직한 의견을 조용히 교환할 수 있는 제도적 장치를 만들어야 한다. 물론 이 경우 여야는 북한 문제를 국내정치적 목적으로 활용하지 않는다는 약속을 하고 지켜나가야 할 것이다. 어느 북한 전문가의 말처럼 급변 상황이 발생했는데 서울 광장이 촛불로 뒤덮인다면 어떻게 할 것인가?[9] 장기적이고 일관성 있고 효율적인 대외 전략의 추진을 위해서는 무엇보다 초당적 단합이 중요하다. 내부적 역량이 모아져야만 우리에게 미래가 있다.

외교의 시대

제1장 | 권력 부침의 세계사와 소국의 딜레마

1. Leslie H. Gelb, "We Just Saw the Future," *The Daily Beast* (December 20, 2009). http://www.thedailybeast.com/articles/2009/12/20/the-new-global-hierarchy.html

2. 국제 정치를 이처럼 대국 권력의 상승과 하강의 관점에서 설명하는 이론들로는, 찰스 F. 도란의 권력주기론(power cycle theory)과 조지 모델스키의 장주기론(long cycle theory) 등을 들 수 있다. Charles F. Doran and Wes Parsons, "War and the Cycle of Relative Power," *American Political Science Review*, Vol. 74 Issue 04 (December, 1980), 947~965쪽; Yoon Young-Kwan, "Power Cycle Theory and the Practice of International Relations," *International Political Science Review*, Vol. 24 No. 1 (2003), 5~12쪽; George Modelski, *Long Cycles in World Politics* (Seattle: Univ. of Washington Press, 1985).

3. Paul Kennedy, *The Rise and Fall of the Great Powers: Economic Change and Military Conflict from 1500 to 2000* (New York: Random House, 1987), 532~533쪽; Walter R. Mead, *Mortal Splendor* (Boston: Houghton Mifflin, 1987), 10쪽; David P. Calleo, *Beyond American Hegemony* (New York: Basic Books, 1987), 220쪽.

4. Francis Fukuyama, "The End of History," *National Interest*, No. 16 (Summer, 1989), 18쪽; Henry Kissinger, *Diplomacy*, paperback (New York: Simon & Schuster, 1994), 805쪽.

5. Norman Davies, *God's Playground: A History of Poland, Vol. I: The Origins to 1795* (Oxford: Oxford University Press, 2005), 386~411쪽.

6. 국사편찬위원회 옮김, 『광해군일기』, 광해 15년 3월 14일 인목왕후(仁穆王后) 의 교지. http://sillok.history.go.kr/

7. Walter Russell Mead, "The Return of Geopolitics," *Foreign Affairs* (May-June, 2014).

제2장 | 미국 패권의 절정과 쇠퇴의 씨앗

1. 진승권, 『사회주의, 탈사회주의, 그리고 농업』(서울: 이화여자대학교출판부, 2006), 57~62쪽.

2. 알렉시 드 토크빌, 『앙시앵 레짐과 프랑스혁명』, 이용재 옮김 (서울: 지식을만드 는지식, 2013), 308~309쪽.

3. Zbigniew Brzezinski, *The Grand Chessboard* (New York: Basic Books, 1997), xiii~xiv쪽; John J. Mearsheimer, *The Tragedy of Great Power Politics* (New York: W.W. Norton and Company, 2001), 386쪽; "Excerpts from Pentagon's Plan: 'Prevent the Re-emergence of a New Rival,'" *The New York Times* (March 8, 1992), A14.

4. 스톡홀름 국제평화연구소(SIPRI)의 해당 통계 참고. http://milexdata.sipri. org/result.php4

5. 경제 통계 전문 사이트 EconStats의 자료 참고. http://www.econstats.com/ weo/V012.htm

6. The White House, *A National Security Strategy of Engagement and Enlargement* (July 1994), 5쪽.

7. 2004년 5월 21일 빌 클린턴이 캔자스대학교에서 한 연설. http://archive. news.ku.edu/2004/04N/MayNews/May28/transcript.html

8. Stephen M. Walt, "Two Cheers for Clinton's Foreign Policy," *Foreign Affairs* (March/April, 2000), 79쪽.

9. C. Robin, "Grand Designs: How 9/11 Unified Conservatives in Pursuit of Empire," *The Washington Post* (May 2, 2004), B1.

10. Elliot A. Cohen, "History and the Hyperpower," *Foreign Affairs*, Vol. 83 No. 4 (July/August, 2004), 59쪽.

11. Joseph S. Nye, "President Bush goes Soft," *Project Syndicate* (February 24,

2005). http://www.project-syndicate.org/print_commentary/nye18/English

제3장 | 권력 상승과 하강의 정치경제

1. Yoon Young-Kwan, *Political Economy of Foreign Investment and Productivity: A Historical Observation and Industry-Specific Case Studies*, Ph. D Dissertation (The Johns Hopkins University, SAIS, 1987)을 참조.

2. "Spotlight," *The Week*, Vol. 10 No. 449 (February 5, 2010), 38쪽.

3. 패권국 내부에서 진행되는 정치경제적 경직성의 심화 및 사회적 이완 현상과 그 결과 야기되는 해외 투자의 과도화 현상의 비교역사적 연구로는 전기한 저자의 박사학위 논문인 *Political Economy of Foreign Investment and Productivity*를 참조.

4. Fareed Zakaria, CNN, "Interview with Robert Rubin and Paul O'Neill," *Fareed Zakaria GPS*, 2010년 8월 8일 방영.

5. Mancur Olson, *The Rise and Decline of Nations: Economic Growth, Stagflation, and Social Rigidities* (New Haven: Yale University Press, 1982), 74쪽.

6. "덩샤오핑 백묘흑묘론 30년 쾌속발전을 열다(邓小平白猫黑猫论开启30年飞速发展)", 『中国经济网』 (2008. 12. 12). http://news.sina.com.cn/c/2008-12-12/040416831808.shtml

7. IMF, *World Economic Outlook Database* (April, 2012).

8. 2011년 6월 기준. Tom Orlik and Bob Davis, "China Diversifies Away From Dollar," *The Wall Street Journal* (March 12, 2012), A1.

9. Helene Cooper, Michael Wines and David E. Sanger, "China's Role as Lender Alters Obama's Visit," *The New York Times* (November 15, 2009), A1; Noam Scheiber, "Peking Over Our Shoulder," *The New Republic*, Vol. 240 No. 17 (September 23, 2009), 28~31쪽.

10. Shirley A. Kan, *U.S.-China Military Contacts: Issues for Congress*, RL32496 (Washington DC: Congressional Research Service, 2012), 1~4쪽.

11. 전직 미국 외교관. 저자와의 대화. 2011년 1월.

12. U.S. Congressional Budget Office, "Updated Budget Projections: 2014

to 2024," (April, 2014); U.S. Congressional Budget Office, "Updated Budget Projections: 2015 to 2025," (March, 2015). http://www.cbo.gov/sites/default/files/cbofiles/attachments/45229-UpdatedBudgetProjections_2.pdf, http://www.cbo.gov/sites/default/files/cbofiles/attachments/49973-UpdatedBudgetProjections.pdf

13. Sarah O. Ladislaw, David Pumphrey, Molly A. Walton, Michelle Melton, "The Shifting Geopolitics of Natural Gas," CSIS (July 26, 2013). http://csis.org/publication/shifting-geopolitics-natural-gas

14. 이에 더해 지역 간 빈부 격차도 심각한 위협요인이 될 수 있다. "Comparing Chinese provinces with countries: All the parities in China," *The Economist* (February 24, 2011), 24쪽.

15. 출처는 중국국가통계국(中國國家統計局). http://www.stats.gov.cn/tjsj/zxfb/201402/t20140224_514970.html. Mark Magnier, Lingling Wei and Ian Talley, "China Economic Growth Is Slowest in Decades," *The Wall Street Journal* (January 19, 2015). http://www.wsj.com/articles/china-gdp-growth-is-slowest-in-24-years-1421719453

16. George Friedman, "Recognizing the End of the Chinese Economic Miracle," *Geopolitical Weekly* (July 23, 2013). http://www.stratfor.com/weekly/recognizing-end-chinese-economic-miracle

17. SIPRI의 2011년 통계자료. http://www.sipri.org/research/armaments/milex

18. 이와 관련한 실증적인 지표는 찾아보기 어려우나 이 수치를 추정한 연구 중 하나로, Michael Brzoska, "Trends in Global Military and Civilian Research and Development and their Changing Interface," in *Proceedings of the International Seminar on Defence Finance and Economics*, New Delhi, India (November 13-15, 2006), 289~302쪽을 들 수 있다. 한편 SIPRI 의 통계자료에 따르면 최근 러시아와 중국의 관련 예산이 날로 증가하고 있어 이 수치에도 변화가 나타났을 것으로 보인다.

제4장 | 미국과 중국의 경쟁

1. 대표적인 예로 로버트 서터는 그러한 가능성을 인정한 반면 데이비드 램프턴

은 꼭 미국과 중국이 동아시아에서 부딪칠 것이라고 볼 필요는 없다고 주장한 바 있다. Robert Sutter, "China's Regional Strategy and Why It May Not be Good for America," in David Shambaugh (ed.), *Power Shift: China and Asia's New Dynamics* (Berkeley, CA: California University Press, 2005), 289~305쪽; David M. Lampton, "China's Rise in Asia Need Not Be at America's Expense," in David Shambaugh (ed.), 위의 책, 306~328쪽.

2. Zbigniew Brzezinski, *The Grand Chessboard* (New York: Basic Books, 1997), 171쪽.

3. Henry Kissinger, *Diplomacy* (New York: Simon & Schuster, 1994), 674~702쪽.

4. Robert Dallek, "Theodore Roosevelt and William Howard Taft: The Rise of the Modern Presidency," *The Modern Scholar - The American Presidency: From Theodore Roosevelt To Ronald Reagan* (Prince Frederick, MD: Recorded Books, 2004).

5. Kenneth B. Pyle, *Japan Rising: The Resurgence of Japanese Power and Purpose* (New York: Century Foundation Books, 2007), 311쪽.

6. 미국의 이라크 전쟁에 대한 본격적인 국내 연구서로는, 이근욱, 『이라크 전쟁: 부시의 침공에서 오바마의 철군까지』(파주: 한울아카데미, 2011).

7. Geoff Dyer, David Pilling and Henny Sender, "Analysis: A Strategy to Straddle the Planet," *Financial Times* (January 18, 2011), A6.

8. "China Said to Plan $16.3 Billion Fund for 'New Silk Road'," *Bloomberg News* (November 4, 2014). http://www.bloomberg.com/news/articles/2014-11-04/china-said-to-plan-16-3-billion-fund-to-revive-silk-road

9. "Policy banks to lead Silk Road infrastructure fund," *China Daily* (November 5, 2014). http://www.china.org.cn/business/2014-11/05/content_33971587.htm

10. "Silk-Road Economic Belt project's scale at US$21tn," *Want China Times* (Sept. 16, 2014). http://www.wantchinatimes.com/news-subclass-cnt.aspx?id=20140916000119&cid=1102

11. "An Asian Infrastructure Bank: Only Connect," *The Economist* (October 4, 2013). http://www.economist.com/blogs/analects/2013/10/asian-infrastructure-bank-1

12. Shannon Tiezzi, "The New Silk Road: China's Marshall Plan?" *The Diplomat* (November 06, 2014). http://thediplomat.com/2014/11/the-new-silk-road-chinas-marshall-plan/

13. 진창수,『일본의 '동아시아 공동체 구상': 전개, 쟁점, 그리고 한국의 대응』(성남: 세종연구소, 2011), 5~31쪽.

14. 중국관세청 무역 데이터에 근거해서 계산. http://www.customs.gov.cn/publish/portal0/tab49666/info623903.htm, http://www.customs.gov.cn/publish/portal0/tab49667/info753502.htm;
정혁훈, 박봉권, "中"달러 대신 위안화 빌려가라"",『매일경제』(2012. 3. 8), A10. 이에 더해 5월에는 중국과 일본 당국이 위안화와 엔화 사이의 직거래 시장을 운영하는 방안에 합의하기도 했다. 정남구, 박민희, "중·일, 위안-엔 직거래…'달러 의존 탈피' 신호탄",『한겨레』(2012. 5. 27), 2면.

15. "위안화 직거래체제 구축…다양한 금융기회 기대",『연합뉴스』(2014. 7. 3). http://www.yonhapnews.co.kr/bulletin/2014/07/03/0200000000AKR20140703177300002.HTML?input=1179m. 이덕주, "韓·中 3.0 새로운 미래 ⑤ / 청산결제은행 지정…탄력받는 '위안화 허브'",『매일경제』(2014년 7월 6일). http://news.mk.co.kr/newsRead.php?year=2014&no=963053

16. 쑹훙빙,『화폐전쟁』, 차혜정 옮김 (서울: 랜덤하우스, 2008), 405~433쪽.

17. 문정인,『중국의 내일을 묻다: 중국 최고 지성들과의 격정토론』(서울: 삼성경제연구소, 2010), 257~258쪽.

18. Geoff Dyer, David Pilling and Henny Sender, 위의 글.

19. 이선진,「메콩강 유역개발계획과 중국·일본의 경쟁 : 중국의 남하전략과 일본의 서진전략」,『동아시아브리프』, 제5권 제1호 (2010년 2월), 56~62쪽; "Myanmar-China gas pipeline completed," *China Daily* (Oct. 20, 2013). http://usa.chinadaily.com.cn/business/2013-10/20/content_17046790.htm

20. Jane Perlez, "China and Russia Reach 30-year Gas Deal," *The New York Times* (May 21, 2014).

21. "시진핑의 제6회 중미전략 및 경제대화와 제5회 중미인문교류고위층교섭연합 개막식 연설(전문)(习近平在第六轮中美战略与经济对话和第五轮中美人文交流高层磋商联合开幕式上的致辞(全文))",『新华网』(2014. 7. 9). http://news.xinhuanet.com/world/2014-07/09/c_1111530987.htm

22. Xi Jinping, "Views from China's vice president," *The Washington Post* (February 13, 2012), A10.

23. Geoff Dyer and Richard McGregor, "Beijing builds navy to hold US at bay," *Financial Times* (January 19, 2011), 6쪽.

24. 류밍푸, 《中国梦—后美国时代的大国思维与战略定位》(중국의 꿈: 미국 패권 시대 이후 강대국의 태도와 전략적 자세), (Beijing: China Friendship Press, 2010), 290쪽. 후안강(胡鞍钢), 『2020년 중국』, 이은주 옮김 (서울: 21세기북스, 2011), 55~56쪽에서 재인용.

25. Kathrin Hille, "Defence policy: Navy flexes its muscles on the high seas," *Financial Times* (October 27, 2010), 4쪽.

26. Geoff Dyer and Richard McGregor, 위의 글.

27. Robert D. Kaplan, "The geography of Chinese power: how far can Beijing reach on land and at sea?" *Foreign Affairs*, Vol.89 Issue.3 (May/June, 2010), 22~41쪽.

28. Special Report, "Friend or Foe? A Special Report on China's Place in the World," *The Economist* (December 4, 2010), 12쪽.

29. Geoff Dyer and Richard McGregor, 위의 글.

30. "China's military rise: The dragon's new teeth," *The Economist* (April 7, 2012). http://www.economist.com/node/21552193/print

31. "日·中에 동중국해 가스전 공동개발 제의", 『연합뉴스』 (2005. 10. 1). http://media.daum.net/politics/dipdefen/newsview?newsid=20051001 154414130 ; "中·日 동중국해 가스전 공동개발 합의", 『연합뉴스』 (2008. 6. 18). http://media.daum.net/foreign/others/newsview?newsid=20080618 191211447

32. Thomas Wright, "America must find a new China strategy," *Financial Times* (August 8, 2010). A7.

33. "US: China rules for disputed seas 'provocative'," *AP* (January 9, 2014).

34. J. Perlez and K. Bradshermay, "In High Seas, China Moves Unilaterally," *The New York Times* (May 9, 2014). http://www.nytimes.com/2014/05/10/world/asia/in-high-seas-china-moves-unilaterally.html?action=click&contentCollection=Asia%20Pacific&module=RelatedCoverage&region=Marginalia&pgtype=article

35. 신상진, 「중국 외교안보전략의 자산, 북한과 북핵을 읽는 중국의 독법」, 정재호 편, 『중국을 고민하다—한중 관계의 딜레마와 해법』 (서울: 삼성경제연구소, 2011), 188~202쪽.

36. Lu Ning, "The Central Leadership, Supraministry, Coordinating Bodies, State Council Ministries, and Party Departments," in David M. Lampton (ed.), *The Making of Chinese Foreign and Security Policy in the Era of Reform* (Berkeley: University of California Press, 2001), 39~60쪽.

37. A. Browne, "Beijing Moves Boldly, And Calculates Carefully," *The Wall Street Journal* (June 4, 2014), 1쪽.

38. www.globalsecurity.org/military/world/china/budget-table.htm의 자료에 근거함. SIPRI연구소의 자료에 의하면 같은 기간 국방예산 증가율은 19.39%에 달한다. www.sipri.org/research/armaments/milex/milex/milex_database

39. Allen S. Whiting, "Chinese Nationalism and Foreign Policy After Deng," *The China Quarterly*, No. 142 (June, 1995), 295~316쪽.

40. Susan L. Shirk, *China: Fragile Superpower* (Oxford University Press, 2008), 52~55쪽.

41. 다이빙궈, "堅持走和平發展道路(화평발전의 길을 견지해나가자)", 중국 외교부 홈페이지.

42. Yoon Young-kwan, "The Grand Strategy of Xi Jinping," *Project Syndicate* (January 30, 2015). http://www.project-syndicate.org/commentary/china-challenges-american-global-leadership-by-yoon-young-kwan-2015-01

43. 장세정, "'도광양회 책략 바꿔야' vs '파도 쳐도 차분히 낚시'", 『중앙일보』 (2011. 12. 19), 12면.

44. Thomas Fargo, "The Military Side of Strategic Rebalancing," *Asia Policy*, No.14 (July, 2012), 29~30쪽.

45. Fargo, 위의 글, 28~29쪽.

46. John Pomfret, "U.S. continues effort to counter China's influence in Asia," *The Washington Post* (July 23, 2010), A10.

47. Barack Obama, "Remarks By President Obama to the Australian Parliament," (November 17, 2011). http://www.whitehouse.gov/the-press-

office/2011/11/17/remarks-president-obama-australian-parliament

48. Hillary R. Clinton, "America's Pacific Century," *Foreign Policy*, Vol. 189 (November, 2011), 56~63쪽.

49. Department of Defense, *Sustaining U.S. Global Leadership: Priorities For 21st Century Defense* (Washington DC: Department of Defense, January 5, 2012), 2쪽. http://www.defense.gov/news/defense_strategic_guidance. pdf; Department of Defense, *Defense Budget Priorities and Choices* (Washington DC: Department of Defense, January 26, 2012), 1쪽.

50. Mark Landler, "Offering to Aid Talks, U.S. Challenges China on Disputed Islands," *The New York Times* (July 23, 2010). http://www.nytimes. com/2010/07/24/world/asia/24diplo.html?_r=0

51. "US presses Beijing over South China Sea dispute," *BBC Report* (February 5, 2014). http://www.bbc.co.uk/news/world-asia-china-26062033

52. Geoff Dyer, "U.S. toughens line on China sea clash," *Financial Times* (February 10, 2014), 4쪽.

53. Geoff Dyer, R. McGregor, D. Sevastopulo, "US to counter China naval advance," *Financial Times* (July 10, 2014).

54. Daniel W. Drezner, "The New New World Order," *Foreign Affairs*, Vol. 86 No. 2 (March/April, 2007), 39~43쪽.

55. Robert Zoellick, "Whither China: From Membership to Responsibility?" *NBR Analysis*, Vol 16 No. 4 (Dec., 2005), 5~14쪽.

56. Alastair Iain Johnston, "Is China a Status Quo Power?", *International Security*, Vol. 27 No. 4 (Spring, 2003), 5~56쪽; 이에 더해 이러한 방식이 중국을 순치시키는 데 성공하고 있다는 연구로 Robert Z. Lawrence, "China and the Multilateral Trading System," *NBER Working Paper Series*, No. 12759 (December, 2006).

57. 이와 관련해 국제정치경제 학계에서도 이론적인 관점(세력전이, 안보 딜레마, 경제적 상호의존, 사회화 과정 등)에서 상당한 논의가 있었다. 이와 관련해서는 David Shambaugh, "Containment or Engagement of China? Calculating Beijing's Responses," *International Security*, Vol. 21 No. 2 (Autumn, 1996), 180~209쪽; Avery Goldstein, "Great Expectations: Interpreting China's Arrival," *International Security*, Vol. 22 No. 3 (Winter, 1997/98), 36~73

쪽; Alastair Iain Johnston and Robert Ross (eds.), *Engaging China* (New York: Routledge, 1999), 235~272쪽; Paul Papayouanou and Scott Kastner, "Sleeping with the (Potential) Enemy: Assessing the US Policy of Engagement with China," *Security Studies*, Vol. 9 No. 1-2 (1999), 157~187쪽 등을 참조.

58. Elizabeth Economy, "Don't Break the Engagement," *Foreign Affairs*, Vol. 83 No. 3 (May/June, 2004), 96~109쪽.

59. C. Buckley, "China Takes Aim at Western Ideas," *The New York Times* (August 19, 2013). http://www.nytimes.com/2013/08/20/world/asia/chinas-new-leadership-takes-hard-line-in-secret-memo.html?ref=global-home&_r=0

60. "China's Xi Calls for Asia Security Framework at Summit," *Bloomberg News* (May 21, 2014). http://www.bloomberg.com/news/2014-05-21/china-s-xi-calls-for-asia-security-framework-at-summit.html

61. G. John Ikenberry, "America in East Asia: Power, markets, and grand strategy", in E.S. Krauss and T.J. Pempel (eds.), *Beyond Bilateralism: U.S.-Japan Relations in the New Asia-Pacific* (Stanford: Stanford University Press, 2004), 37~54쪽.

제5장 | 4대국의 움직임

1. 전후 개혁과 관련하여서는, 앤드류 고든, 『현대 일본의 역사』, 김우영 옮김 (서울: 이산, 2005), 409~437쪽; Kenneth Pyle, *Japan Rising: The Resurgence of Japanese Power and Purpose* (New York: Public Affairs, 2008), 220쪽.

2. Pyle, 위의 책, 242쪽.

3. Kenneth Pyle, *The Japanese Question: Power and Purpose in a New Era* (Washington DC: AEI Press, 1996), 20~41쪽.

4. 손열, 「일본의 21세기 동맹전략: 권력이동, 변환, 재균형」,『EAI 국가안보패널 (NSP) 보고서』, No.34 (2009), 7~8쪽.

5. Michael H. Armacost and Kenneth B. Pyle, "Japan and the Unification of Korea: Challenges for U.S. Policy Coordination," *NBR Analysis*, Vol.10

No.1 (March, 1999), 10~12쪽. http://www.nbr.org/publications/analysis/pdf/vol10no1.pdf

6. Toko Sekiguchi, "Japanese Prime Minister Stokes Wartime Passions," *The Wall Street Journal* (April 25, 2013). http://online.wsj.com/news/articles/SB10001424127887324743704578444273613265696

7. Zbigniew Brzezinski, *The Grand Chessboard*, 176쪽.

8. 윤종구, "[日, 억류 중국선장 석방] '센카쿠 17일 분쟁' 전말", 『동아일보』 (2010. 9. 25), A2; 한국국방연구원(KIDA)에서 운영하는 세계분쟁현황(WoWW) 홈페이지. http://www.kida.re.kr/woww/

9. Gerard Baker and Jacob M. Schlesinger, "Abe Steps Up Japan's Role," *The Wall Street Journal* (May 27, 2014), 16쪽.

10. Michael Auslin, "Japan Emerges From Security Isolation," *The Wall Street Journal* (June 19, 2014), 11쪽.

11. Fareed Zakaria, CNN, "The end of an era for Japan," *Fareed Zakaria GPS*, 2012년 1월 29일 방영. http://globalpublicsquare.blogs.cnn.com/2012/01/29/

12. Mancur Olson, *The Rise and Decline of Nations*를 참조.

13. Thobias Harris, "Japan's Own Worst Enemy?" *Foreign Policy* (May 23, 2013).

14. "Putin address to nation: Excerpts," *BBC News* (April 25, 2005). http://news.bbc.co.uk/2/hi/europe/4481455.stm

15. Dmitri Trenin, "Russia Leaves the West," *Foreign Affairs*, Vol. 85 No. 4 (July/August, 2006), 90쪽.

16. Dmitri Trenin, 위의 글, 91쪽.

17. 세계경제및국제관계연구소 니콜라이 코솔라포프(Nikolai Kosolapov) 박사와의 인터뷰, 2009년 8월 23일.

18. M. Galeotti and A.S. Bowen, "Putin's Empire of the Mind," *Foreign Policy*, No. 206 (2014), 16~19쪽.

19. "Xi calls for closer ties with Russia," *International Herald Tribune* (March 25, 2013), 3쪽.

20. "Russia and China seal $400bn gas deal," *Financial Times* (May 22, 2014), 1쪽.

21. Jeffrey Mankoff, "The Wary Chinese-Russian Partnership," *The New York*

Times (July 11, 2013).

22. PwC Economics, "World in 2050: The BRICs and beyond: prospects, challenges, and opportunities," (January, 2013), 10쪽.

23. IMF, *World Economic Outlook* (April, 2015), 2쪽. http://www.imf.org/external/pubs/ft/weo/2015/01/pdf/text.pdf

24. "India as a great power: Know your own strength," *The Economist* (March 30, 2013), 22쪽.

25. Manjari Chatterjee Miller, "India's Feeble Foreign Policy," *Foreign Affairs* (May-June, 2013). http://www.foreignaffairs.com/articles/139098/manjari-chatterjee-miller/indias-feeble-foreign-policy

26. 인도가 미국의 입장에서 어떻게 쉽게 다루기 힘든 상대이며 인내가 필요한 지에 대해서는 Nicholas Burns, "India's Strategic Importance to the US," *Boston Globe* (February 3, 2012). http://www.bostonglobe.com/opinion/2012/02/03/india-strategic-importance/Gel26HClZGLUuWCw1lXHaN/story.html

27. "Can India become a great power?", *The Economist* (March 30, 2013), 11쪽.

28. "Friend or Foe? A Special Report on China's Place in the World," *The Economist*, Vol. 397 No. 8711, 12쪽.

29. Daniel Twining, "Modi's Challenges on the World Stage," *The Wall Street Journal* (May 22, 2014), 13쪽.

30. Brahma Chellaney, "Deconstructing the Modi foreign policy," *The Hindu* (December 4, 2014). http://www.thehindu.com/opinion/lead/deconstructing-the-modi-foreign-policy/article6658904.ece

31. Danielle Rajendram, "From 'Look East' to 'Act East' — India shifts focus," *DW* (December 19, 2014). http://www.dw.de/from-look-east-to-act-east-india-shifts-focus/a-18141462

32. Brahma Chellaney, "Modi reshapes India's foreign policy," *DW* (December 30, 2014). http://www.dw.de/opinion-modi-reshapes-indias-foreign-policy/a-18159829

33. "Can India become a great power?" *The Economist* (March 30, 2013), 11쪽.

34. 고기정, "中, 阿 세이셸에 첫 해외기지 추진", 『동아일보』 (2011. 12. 5), A19.

35. John Lewis Gaddis, *George F. Kennan: An American Life* (New York: Pen-

guin Press, 2011), 286쪽.

36. Josef Joffe, "Europe's American Pacifier," *Foreign Policy*, No. 54 (spring, 1984), 64~92쪽; John Mearsheimer, "The Future of the American Pacifier," *Foreign Affairs*, Vol. 80 No. 5 (September/October, 2001), 46~61쪽; 안병억, "미국과 유럽연합(EU)과의 관계: 안보공동체를 넘어", 안병억 외, 『미국과 유럽연합의 관계: 역사와 쟁점』(서울: 서울대학교출판문화원, 2014)에서 재인용.

37. R. J. Ahearn, J. K. Jackson, D. E. Mix, R. M. Nelson, "The Future of the Eurozone and U.S. Interests," *CRS Report*, R41411 (January 17, 2012), 13쪽.

38. Joschka Fischer, "The Erosion of Europe," *The Project Syndicate* (April 30, 2013).

39. Mark Leonard, "Four Scenarios for the Reinvention of Europe," European Council on Foreign Relations, Essay 43 (November 2011), 1쪽.

40. 이 개혁을 주도한 슈뢰더 총리 스스로의 평가에 관해서는, Gerhard Schröder, "Agenda 2010–The Key to Germany's Economic Success," (April 23, 2012). http://www.social-europe.eu/2012/04/agenda-2010-the-key-to-germanys-economic-success/

41. "(Special Report) Germany: Europe's Reluctant Hegemon," *The Economist* (June 15, 2013); Simon Nixon, "A Reluctant Hegemon Steps to Forefront," *The Wall Street Journal* (July 7, 2013)을 참조.

42. Philip Stephens, "Transatlantic pact promises bigger prize," *Financial Times* (February 15, 2013).

43. Philip Stephens, 위의 글; Philip Stephens, "China is giving Europe a harsh lesson in geopolitics," *Financial Times* (June 13, 2013).

44. Marta Dassu and Charles Kupchan, "Pivot to the Atlantic," *International Herald Tribune* (June 14, 2013), 6쪽.

45. 미국과 EU가 국제 사회의 주요 문제 해결에 어떻게 상호 보완적인 협력을 강화할 수 있을 것인지에 대해서는, 안병억, "결론: 21세기의 지정학과 미국-EU 관계의 전망", 안병억 외, 위의 책을 참조.

1. Robert Zoellick, "Whither China: From Membership to Responsibility?", *NBR Analysis*, Vol. 16 No. 4 (Dec., 2005), 5~14쪽.

2. "Wen: China disagrees to so-called G2, calling for effort to fight protectionism," *People's Daily Online* (인민일보 영문판) (November 18, 2009).

3. Leslie H. Gelb, "We Just Saw the Future," *The Daily Beast* (December 20, 2009).

4. Carl Bildt, "The Next Step for the EU: Europe 3.0," *2009 Global Viewpoint Network/Tribune Media Service* hosted online by the Christian Science Monitor.

5. 원자료는 EIU(Economist Intelligence Unit)의 구매력지수(PPP) 기준 통계자료이다. Mark Leonard, *Divided World: The Struggle for Primacy in 2020* (London: Centre for European Reform, 2007), 5~7쪽.

6. National Intelligence Council, *Global Trends 2025: A Transformed World* (Washington DC: US Government Printing Office, 2008), iv~v쪽.

7. Henry Kissinger, "Keynote Address: Power Shifts and Security," The 8th IISS Global Strategic Review: Global Security Governance and the Emerging Distribution of Power, Geneva (September 10, 2010).

8. Xi Jinping, Speech by Vice President Xi Jinping at Welcoming Luncheon Hosted by Friendly Organizations in the United States, The National Committee on U.S.-China Relations and the U.S.-China Business Council (February 15, 2012).

9. Jackie Calmes and Steven Lee Myers, "U.S. and China Move Closer on North Korea, but Not on Cyberespionage," *The New York Times* (June 8, 2013). http://www.nytimes.com/2013/06/09/world/asia/obama-and-xi-try-building-a-new-model-for-china-us-ties.html?pagewanted=all&_r=0

10. Cui Tiankai and Pang Hanzhao, "China-U.S. Relations in China's Overall Diplomacy in the New Era," Chinese Ministry of Foreign Affairs (July, 2012). http://www.fmprc.gov.cn/mfa_eng/wjb_663304/zzjg_663340/bmdyzs_664814/xwlb_664816/t953682.shtml (중국어판: http://www.fmprc.

gov.cn/mfa_chn/wjb_602314/zzjg_602420/bmdyzs_602866/xwlb_602868/t953676.
shtml)

11. Stephanie T. Kleine-Ahlbrandt, "Response, in Does Promoting "Core
Interests" Do China More Harm Than Good? Part Two of a China-
File Conversation" (May 2, 2013). http://www.chinafile.com/does-
promoting-core-interests-do-china-more-harm-good; Michael S.
Chase, "China's Search for a "New Type of Great Power Relation-
ship"," *China Brief*, Volume 12 Issue 17 (September 7, 2012). http://
www.jamestown.org/single/?tx_ttnews%5Btt_news%5D=39820&tx_
ttnews%5BbackPid%5D=589&no_cache=1#.U-9WXe6wdD8

12. David Shambaugh, "Prospects for a "New Type of Major Power Relation-
ship"," *China-US Focus* (March 7 , 2013). http://www.chinausfocus.com/
foreign-policy/prospects-for-a-new-type-of-major-power-relation-
ship/

13. Rudy deLeon and Yang Jiemian (eds.), *U.S.-China Relations: Toward a
New Model of Major Power Relationship*, Center for American Progress
and China-United States Exchange Foundation (February 2014). 이 보고
서 작성에 참여한 미국 측 인사들이 친(親)힐러리 클린턴계 인사들이 많기
에 만일 클린턴이 대통령에 당선된다면 미국의 정책에 반영될 가능성도 없
지 않다.

14. Yoon Young-kwan, "Filling the Global Leadership Vacuum," *Project Syn-
dicate* (October 1, 2013). http://www.project-syndicate.org/commentary/
yoon-young-kwana-us-china-partnership-for-global-leadership

15. George C. Herring, *From Colony to Superpower: U.S. Foreign Relations
since 1776* (New York: Oxford University Press, 2008), 308쪽.

16. 안두환, "19세기 후반 영국의 대미 인식: 미중 관계에 대한 함의", (2014. 11),
3~4쪽.

17. 2013년 세계은행 데이터, http://data.worldbank.org/data-catalog/GDP-
ranking-table; http://www.imf.org/external/np/sec/memdir/members.
aspx; Anna Yukhananov, "U.S. Congress closes out year without passing
IMF reforms," *Reuters* (Dec. 10, 2014). http://www.reuters.com/article/
2014/12/11/us-usa-congress-imf-idUSKBN0JO1UC20141211

18. "Friend or Foe? A Special Report on China's Place in the World," *The Economist* (December 4, 2010), 14쪽.

19. 위의 글.

20. Jeffrey Mankoff, "The Wary Chinese-Russian Partnership," *International Herald Tribune* (July 11, 2013). Leslie Gelb and Dimitri Simes, "A New Anti-American Axis?", *International Herald Tribune* (July 6, 2013).

21. Xi Jinping, "Cooperating Hand in Hand to Jointly Uphold World Peace and Security," Speech at the World Peace Forum organized by Chinghua University (July 9, 2012).

22. "China's military rise: The dragon's new teeth," *The Economist* (April 7, 2012). http://www.economist.com/node/21552193

23. Yoon Young-kwan, "The Asian Sleepwalkers," *Project Syndicate* (January 29, 2013). http://www.project-syndicate.org/commentary/east-asia-s-dangerous-diplomatic-failures-by-yoon-young-kwan

24. Charles P. Kindleberger, *The World in Depression, 1929-1939* (University of California Press, 1973)을 참조.

25. Yoon Young-kwan, "Asia's Military Revolution," *Project Syndicate* (July 3, 2014). http://www.project-syndicate.org/commentary/yoon-young-kwan-traces-the-region-s-growing-tensions-to-its-leaders--failure-to-build-multilateral-institutions

26. Aaron Friedberg, "Ripe for Rivalry: Prospects for Peace in a Multipolar Asia," *International Security*, Vol. 18 No. 3 (Winter, 1993/1994), 7쪽.

27. Brzezinski, *The Grand Chessboard*, 182쪽.

제7장 | 주변 4대국과 한반도

1. 돈 오버도퍼, 로버트 칼린 『두 개의 한국』, 이종길, 양은미 옮김 (서울: 길산, 2014), 113~114쪽.

2. 김용구, 『세계외교사』 (서울: 서울대학교출판부, 2006), 457쪽.

3. Henry Kissinger, *Does America Need a Foreign Policy?: Toward a Diplomacy for the 21st Century* (New York: Simon&Schuster, 2001), 112쪽.

4. Kissinger, 위의 책, 112쪽.

5. Brzezinski, 위의 책, 190쪽.

6. Henry Kissinger, 저자와의 대화. 2007년 6월 28일.

7. Brzezinski, 위의 책, 190쪽.

8. Brzezinski, 위의 책, 190쪽.

9. Yoon Young-kwan, "Realism on North Korea," *Project Syndicate* (April 1, 2013). http://www.project-syndicate.org/contributor/yoon-youn-kwan

10. Jeff Seldin, "N. Korea Capable of Nuclear Strike at US, Military Leader Says," *Voice of America* (April 7, 2015). http://www.voanews.com/content/north-korean-nuclear-strike-united-states/2710774.html

11. 제46차 한미 안보협의회의(SCM) 공동성명(2014. 10. 23, 워싱턴). 자료: 국방부, http://www.mnd.go.kr/user/boardList.action?command=view&page=1&boardId=I_43915&boardSeq=I_1301843&titleId=mnd_010600000000&id=mnd_010604000000

12. Charles L. Pritchard and John H. Tilelli Jr., *U.S. Policy Toward the Korean Peninsula* (New York: Council on Foreign Relations, 2010), 55~56쪽.

13. 이동준, 「1960년 미일 '한국 밀약'의 성립과 전개」, 『외교안보연구』, 제6권 제2호 (2010. 12), 159쪽.

14. 박철희, 「한일갈등의 반응적 촉발과 원론적 대응의 구조」, 『한국정치외교사논총』, 제29집 2호 (2008. 2), 333~334쪽.

15. Michael H. Armacost and Kenneth B. Pyle, 위의 글, 8~9쪽.

16. Armacost and Pyle, 위의 글, 9쪽, 30~31쪽.

17. 헨리 키신저, 『헨리 키신저의 중국 이야기』 (서울: 민음사, 2012), 171쪽.

18. Samuel Kim, *The Two Koreas and the Great Powers* (Cambridge: Cambridge University Press, 2006), 59~61쪽.

19. 정재호, 『중국의 부상과 한반도의 미래』 (서울: 서울대학교출판문화원, 2011), 172쪽; 당시 중국 외교부장 첸치천은 이와 관련해 중국의 통일 방식과 한국의 통일 방식이 같을 필요는 없다고 언급했다. 전택원, "남북한·중국-대만 통일 방식 같을 필요는 없다/중국 외교부장", 『중앙일보』 (1990. 3. 29); 전택원, "한국을 「국가」로 인정 신호/중국 「북한중심 통일」탈피 시사 의미", 『중앙일보』 (1990. 3. 30).

20. 이와 관련한 분석으로는 정재호, 위의 책, 262~283쪽.

21. "북한 '위대한 외교적 승리'…6자회담 복귀 시사", 『SBS』 (2010. 7. 10). http://news. sbs.co.kr/news/endPage.do?newsid=N1000768349&plink= OLDURL

22. "시진핑의 주변외교공작좌담회 중요 연설(习近平在周边外交工作座谈会上发表重要讲话)", 『新华网』 (2013. 10. 25). http://news.xinhuanet.com/politics/2013-10/25/c_117878897.htm 그는 또한 중국 주변외교의 기본 이념으로 주변국들과 "친함, 진실됨, 은혜, 관용(친성혜용(亲诚惠容))"을 내세웠다. 중국의 주변국외교에 대한 논의의 흐름에 대해서는 苏浩, 高飞, 周帅 "'시 외교 (시진핑 외교)' 읽기: 주변에 발을 딛고, 세계를 구상하다(读懂'习外交':立足周边,谋篇全球)", 『环球』 (2015. 3. 10). http://www.globalview.cn/html/zhongguo/info_1637_2.html "중국 외교 '대(大)주변' 국면 나날이 완성(中国外交'大周边'布局日趋完善)", 『新华网』 (2015. 1. 9). http://news.xinhuanet.com/2015-01/09/c_1113941031.htm

23. 이선진, "[글로벌포커스] 한·중 FTA의 국제정치적 함의", 『매일경제』 (2012. 1. 16), A35.

24. KOTRA, 『2011년도 북한의 대외무역동향』 (서울: KOTRA, 2012), 11쪽.

25. 중국의 대북 정책, 특히 핵 문제에 대한 지난 20년간의 변화에 대해서는 Yoon Young-kwan, "China's North Korea Pivot," *Project Syndicate* (July 8, 2013). http://www.project-syndicate.org/commentary/waning-chinese-interest-in-supporting-north-korea-by-yoon-young-kwan

26. Scott Snyder, *China's Rise and the Two Koreas: Politics, Economics, Security* (Boulder, CO: Lynne Rienner Publisher, 2009), 137~158쪽.

27. 주펑, "'남북한 균형정책' 깬 시진핑 주석", 『동아일보』 (2014. 7. 19).

28. Brzezinski, *The Grand Chessboard* (New York: Basic Books, 1997), 165쪽.

29. "국토 면적에서 민족지구 면적이 64.2%를 차지(国土面积民族地区面积占全国总面积64.2%)", 『中研网』 (2014. 7. 14). http://www.chinairn.com/news/20140714/163219920.shtml

30. Kissinger, *Does America Need a Foreign Policy?*, 132쪽.

31. 황유석, "[美中 정상회담] 美 의회선 냉랭한 접견", 『한국일보』 (2011. 1. 21), 8면.

32. Shen Dingli, "North Korea's Strategic Significance to China," *China Security*, No. 4 (Autumn, 2006), 19~34쪽.

33. 헨리 키신저, 『헨리 키신저의 중국 이야기』 (서울: 민음사, 2012), 161쪽.

34. 헨리 키신저, 위의 책, 47~49쪽.

35. 유신모, "한·중, 불안한 '전략적 동반자'…"한미동맹은 냉전 유물"", 『경향신문』(2008. 5. 28), 2면.

36. "社评:日韩不应自降为中美博弈筹码,"《环球时报》(2010. 6. 24).

37. 이러한 탐색 전략(probing strategy)에 대해서는 A. Wess Mitchell and Jakub Grygiel, "The Vulnerability of Peripheries," *American Interest*, Vol. 6 No. 4 (March/April, 2011), 5~16쪽.

38. Mitchell and Grygiel, 위의 글.

39. The Ministry of Foreign Affairs of the Russian Federation, "Concept of the Foreign Policy of Russian Federation: Approved by President of the Russian Federation V. Putin on 12 February 2013," (February 18, 2013). http://www.mid.ru/bdomp/brp_4.nsf

40. 이는 극동연구소 소장이자 학술원 회원인 미하일 티타렌코(Mikhail L. Tita-renko)의 지적이다. 백동인, "한러관계 17년: 불균형 대칭외교", 서울대 세미나(2008년 1월)에서 재인용.

41. 백동인, 위의 글.

42. 어떻게 미소(러) 관계가 나쁠 때마다 구소련이나 러시아가 세계 전략, 특히 미국에 대응하는 차원에서 대북 관계를 개선했는지에 대해서는 Van Jackson, "Putin and the Hermit Kingdom: Why Sanctions Bring Moscow and Pyongyang Closer Together," *Foreign Affairs* (Jan./Feb., 2015)을 참조.

43. 파노프(A. Panov) 교수(모스크바국립국제관계대학(MGIMO) 외교학과 교수이자 전 주한 러시아대사 (1992~1993))와의 대화, 2009년 8월 23일.

44. 신범식 교수와의 대화, 2009년 8월 5일.

45. 알렉산드르 딘킨 편, 『글로벌 전망 2030: 러시아의 전략적 시각』, 김현택, 이상준 옮김 (서울: 한국외국어대학교출판부, 2012), 397~398쪽.

46. 알렉산드르 딘킨, 위의 책, 394~395쪽.

제8장 | 북한 문제의 딜레마

1. 돈 오버도퍼, 로버트 칼린 『두 개의 한국』, 이종길, 양은미 옮김 (서울: 길산, 2014), 332~333쪽.

2. 오버도퍼, 위의 책, 375~377쪽, 401~403쪽.

3. "북한 공장 가동률 40% 줄어", 『MBC 뉴스』 (1991. 11. 30). http://imnews. imbc.com/20dbnews/history/1991/1854924_6097.html

4. 박소영, "김정일 "이라크처럼 될까 두려워 핵 포기 못 하겠다"", 『중앙일보』 (2009. 11. 10). http://article.joins.com/news/article/article.asp?total_id=3867049&cloc

5. 오버도퍼, 위의 책, 402~403쪽.

6. 오버도퍼, 위의 책, 471~472쪽.

7. 오버도퍼, 위의 책, 481쪽, 457쪽.

8. 조나단 폴락, 『출구가 없다: 북한과 핵무기, 국제 안보』, 이화여대 통역번역연구소 옮김 (아산정책연구원, 2012), 170쪽, 178쪽; 찰스 프리처드, 『실패한 외교』, 김연철, 서보혁 옮김 (파주: 사계절, 2008), 27쪽.

9. 저자가 직접 나눈 대화, 2005년 10월.

10. 2003년 5월 한미 정상회의에서 양국 정상 간의 대화. 당시 저자는 외교통상부 장관으로 정상회의에 배석했음.

11. Stephan Haggard and Marcus Noland, *Engaging North Korea: The Role of Economic Statecraft* (Honolulu, Hawaii: East-West Center, 2011), 38쪽.

12. Haggard and Noland, 위의 책, 38쪽에서 재인용.

13. Arshad Mohammed, "U.S. Lays Out Way to Break North Korea Nuclear Deadlock," *Reuters* (Apr. 11, 2008). 마이크 치노이, 『북핵 롤러코스터』, 박성준, 홍성걸 옮김 (서울: 시사IN북, 2010), 602쪽에서 재인용.

14. 2·29 합의의 내용에 대해서는 외교부의 다음 문서를 참조. http://www.mofa.go.kr/trade/hanbando/nuclear/nuclearspeech/index.jsp?menu=m_30_20_10&tabmenu=t_4

15. "'핵우산' 제공은 노골적인 북침 핵전쟁 공약이다", 『민주조선』 (2009. 6. 30).

16. Haggard and Noland, 위의 글, 10쪽.

17. 윤덕룡, "북한의 대외경제관계의 변화와 그 영향," 윤영관, 양운철 엮음, 『7·1 경제관리개선조치 이후 북한경제와 사회: 계획에서 시장으로?』 (파주: 한울, 2009), 258~259쪽.

18. 윤덕룡, 위의 글, 261쪽.

19. 김병연, 양문수, 『북한경제에서의 시장과 정부』 (서울대학교 출판문화원, 2012), 112쪽.

외교의 시대

20. "공식등장 1년 김정은 후계체제 안착할까", 『연합뉴스』 (2011. 9. 18). http://
www.yonhapnews.co.kr/bulletin/2011/09/15/0200000000AKR20110915
234200014.HTML; "북 화폐개혁 후 8개월간 52명 공개처형", 『연합뉴스』
(2011. 2. 15). http://www.yonhapnews.co.kr/politics/2011/02/15/0511000
000AKR20110215004200073.HTML

21. Drew Thompson, "Chinese Investors and North Korea's Future," Paper
presented at 2010 Northeast Asia Future Forum: Challenges and Oppor-
tunities for the Establishment of East Asian Community, Beijing, China
(August 2, 2010), 3쪽.

22. 김정은, "위대한 김정일 동지를 우리 당의 영원한 총비서로 높이 모시고 주
체혁명위업을 빛나게 완성해나가자", 『노동신문』 (2012. 4. 19).

23. "中, '샤오캉(小康사회·중산층이 늘어 여유 있는 사회)'처럼 北도 경제발전 분투",
『조선일보』 (2012. 8. 4), 1면.

24. "北, 농산물 30% 농민소유…식량배급제 - 계획경제 포기", 『동아일보』 (2012.
8. 10).

25. 정성장, "북한의 2013년 신년사와 정책 기조 변화: '선군정치'의 상대적 퇴조
와 '선경정치'의 부상", 『세종논평』, 258호 (2013. 1. 2). http://www.sejong.
org/boad/bd_news/1/egoread.php?bd=1&itm=0&txt=%EB%B6%81%ED
%95%9C&pg=1&seq=1246

26. 김근식, "김정은 시대 북한의 정치", 윤영관 편저, 『북한의 오늘』 (서울: 늘품플
러스, 2014), 63~64쪽.

27. 김성훈, "北, 평양과학단지 등 경제특구 6곳 추가", 『매일경제』 (2014. 7. 24).

28. "North Korea's Economy: Spring Release," *The Economist* (February 28,
2015). http://www.economist.com/news/asia/21645252-tantalising-
signs-change-are-emerging-whether-they-signal-more-profound-
shifts-less

29. 김병연, "김정은 시대 북한의 경제", 윤영관 편저, 『북한의 오늘』, 84쪽.

30. 김병연, 위의 글, 97쪽.

31. 김병연, 위의 글, 95쪽.

32. 전재성, "남북관계의 현황과 한국의 외교전략", 서울대 행정대학원 『정책&지
식』 포럼 발표 (2015. 3. 30).

1. "한·중, 불안한 '전략적 동반자'…"한미동맹은 냉전 유물"", 『경향신문』 (2008. 5. 28). http://news.khan.co.kr/kh_news/khan_art_view.html?artid=2008052 81841045&code=910302

2. Kenneth Lieberthal, "China's Strategies and Goals toward Northeast Asia," *Asia Policy*, No.3 (January, 2007), 65~70쪽.

3. "Singapore Journal; A Flogging Sentence Brings a Cry of Pain in U.S." *The New York Times* (March 16, 1994). http://content.time.com/time/specials/ packages/article/0,28804,1915352_1915354_1915337,00.html

4. "Swiss man admits vandalism, faces caning in Singapore," *Asiaone* (June 25, 2010). http://news.asiaone.com/News/AsiaOne+News/Singapore/ Story/A1Story20100625-223926.html

5. John Pomfret, "U.S. takes a tougher tone with China," *The Washington Post* (2010. 7. 30). http://www.washingtonpost.com/wp-dyn/content/ article/ 2010/07/29/AR2010072906416.html

6. Dana R. Dillon, "Countering Beijing in the South China Sea," *Policy Review*, No. 167 (June/July, 2011), 51~67쪽. http://www.hoover.org/research/ countering-beijing-south-china-sea

7. 알렉산드르 딘킨 편, 『글로벌 전망 2030: 러시아의 전략적 시각』, 김현택, 이상준 옮김 (서울: 한국외국어대학교출판부, 2012).

8. 이선진, "대동남아 외교", 윤영관 편저, 『한국외교 2020 어디로 가야하나?』, 386쪽.

9. 인구통계 출처: CIA, The World Factbook. https://www.cia.gov/library/ publications/the-world-factbook/rankorder/2119rank.html; 경제 성장률 통계 출처: IMF data. http://www.imf.org/external/pubs/ft/weo/2015/01/ weodata/weorept.aspx?sy=2000&ey=2014&scsm=1&ssd=1&sort=country &ds=.&br=1&pr1.x=30&pr1.y=7&c=534&s=NGDP_R&grp=0&a=

10. 정부 공식 통계 e-나라지표. www.index.go.kr/portal/main/EathDtlPage Detail.do?idx_cd=1687

11. 이홍구 전 총리와의 대화, 2012년 9월 26일.

12. 안용현, "[천안함 1년] 천안함 뒤에도 정보교류 안해 연평도까지 당해", 『조

선일보』(2011. 3. 25).

13. "[사설] 북 주민 귀순과 대북정보 공유 시스템의 난맥상", 『중앙일보』(2011. 6. 18).

제10장 | 통일을 향하여

1. "盧대통령, 주한미군 '전략적 유연성'에 우려", 『동아일보』(2005. 3. 9), A1.

2. 윤영관, "제3편: 통일, 외교에 달려있다", 기조 발표, KBS통일대토론 (2011. 8. 5).

3. 윤영관, "통일의 도전과 극복의 길: 철학, 전략, 제도의 관점에서", 윤영관 편저, 『한반도 통일』(서울: 늘품플러스, 2013), 499쪽.

4. Mario Del Pero, *The Eccentric Realist: Henry Kissinger and the Shaping of American Foreign Policy* (Ithaca: Cornell University Press, 2009), 95~96쪽.

5. 윤영관, 위의 글, 486~489쪽.

6. 윤영관, 위의 글, 494~496쪽.

7. 윤영관, "美中이 멀어질수록 北을 끌어당겨야", 『조선일보』(2010. 2. 24).

8. 이하 문단은 윤영관, "2020년 세계정치와 한국의 대외전략", 윤영관 편저, 『한국외교 2020: 어디로 가야하나』(서울: 늘품플러스, 2013), 72~73쪽.

9. 안드레이 란코프, "북이 무너질 때 서울에 촛불이 켜지면", 『조선일보』(2008. 7. 2).

| 참고 문헌 |

• 국내 도서

개디스, 존 루이스, 『냉전의 역사: 거래, 스파이, 거짓말, 그리고 진실』, 정철, 강
　　규형 옮김 (서울: 에코리브르, 2010).

고든, 앤드류, 『현대 일본의 역사』, 김우영 옮김 (서울: 이산, 2005).

김근식, "김정은 시대 북한의 정치", 윤영관 편, 『북한의 오늘』 (서울: 늘품플러스,
　　2014).

김병연, 양문수, 『북한 경제에서의 시장과 정부』 (서울: 서울대학교출판문화원,
　　2012).

김용구, 『세계외교사』 (서울: 서울대학교출판부, 2006).

딘킨, 알렉산드르 편, 『글로벌 전망 2030: 러시아의 전략적 시각』, 김현택, 이상
　　준 옮김 (서울: 한국외국어대학교출판부, 2012).

문정인, 『중국의 내일을 묻다: 중국 최고 지성들과의 격정토론』 (서울: 삼성경제연
　　구소, 2010).

삼성경제연구소, KOTRA, 『황금시장 러시아를 잡아라』 (서울: 삼성경제연구소,
　　2007).

신상진, 「중국 외교안보전략의 자산, 북한과 북핵을 읽는 중국의 독법」, 정재호
　　편, 『중국을 고민하다: 한중 관계의 딜레마와 해법』 (서울: 삼성경제연구소,
　　2011).

쑹훙빙, 『화폐전쟁』, 차혜정 옮김 (서울: 랜덤하우스, 2008).

안병억, "미국과 유럽연합(EU)과의 관계: 안보공동체를 넘어", 안병억 외, 『미국
　　과 유럽연합의 관계: 역사와 쟁점』 (서울: 서울대학교출판문화원, 2014).

오버도퍼, 돈, 로버트 칼린, 『두 개의 한국』, 이종길, 양은미 옮김 (서울: 길산,

외교의 시대

2014).

알렉시 드 토크빌, 『앙시앵 레짐과 프랑스혁명』, 이용재 옮김 (서울: 지식을만드는 지식, 2013).

유성룡, 『국역정본 징비록』, 이재호 옮김 (서울: 역사의 아침, 2007).

윤덕룡, "북한의 대외경제관계의 변화와 그 영향," 윤영관, 양운철 엮음, 『7·1 경제관리개선조치 이후 북한경제와 사회: 계획에서 시장으로?』 (파주: 한울, 2009).

윤영관 편, 『한국외교 2020 어디로 가야하나?』 전2권, (서울: 늘품플러스, 2013).

_____ 편, 『한반도 통일』 (서울: 늘품플러스, 2013).

_____ 편, 『북한의 오늘』 (서울: 늘품플러스, 2014).

_____, 양운철 편, 『7·1 경제관리개선조치 이후 북한경제와 사회: 계획에서 시장으로?』 (파주: 한울, 2009).

이근욱, 『이라크 전쟁: 부시의 침공에서 오바마의 철군까지』 (파주: 한울아카데미, 2011).

이선진, "대동남아 외교", 윤영관 편저, 『한국외교 2020 어디로 가야하나?』 제1권 (서울: 늘품플러스, 2013).

정재호, 『중국의 부상과 한반도의 미래』 (서울: 서울대학교출판문화원, 2011).

진승권, 『사회주의, 탈사회주의, 그리고 농업』 (서울: 이화여자대학교출판부, 2006).

진찬룽, "민주화, 민족주의, 중국 외교의 미래", 문정인 편, 『중국의 내일을 묻다』 (서울: 삼성경제연구소, 2010).

진창수, 『일본의 '동아시아 공동체 구상': 전개, 쟁점, 그리고 한국의 대응』 (성남: 세종연구소, 2011).

치노이, 마이크, 『북핵 롤러코스터』, 박성준, 홍성걸 옮김 (서울: 시사IN북, 2010).

키신저, 헨리, 『헨리 키신저의 중국 이야기』, 권기대 옮김 (서울: 민음사, 2012).

톰슨, 존 M., 김남섭 옮김. 『20세기 러시아 현대사』 (서울: 사회평론, 2004).

폴락, 조나단, 『출구가 없다: 북한과 핵무기, 국제 안보』, 이화여대 통역번역연구소 옮김 (서울: 아산정책연구원, 2012).

프리처드, 찰스, 『실패한 외교: 부시, 네오콘 그리고 북핵 위기』, 김연철, 서보혁 옮김 (파주: 사계절, 2008).

후안강, 『2020년 중국』, 이은주 옮김 (서울: 21세기북스, 2011).

KOTRA, 『2011년도 북한의 대외무역동향』 (서울: KOTRA, 2012).

Brzezinski, Zbigniew, *The Grand Chessboard* (New York: Basic Books, 1997). 『거대한 체스판』, 김명섭 옮김 (서울: 삼인, 2000).

Calleo, David P., *Beyond American Hegemony* (New York: Basic Books, 1987).

Dallek, Robert, "Theodore Roosevelt and William Howard Taft: The Rise of the Modern Presidency," *The Modern Scholar – The American Presidency: From Theodore Roosevelt To Ronald Reagan* (MD: Recorded Books, 2004).

Davies, Norman, *God's Playground: A History of Poland, Vol. I: The Origins to 1795* (Oxford: Oxford University Press, 2005).

Department of Defense, *Sustaining U.S. Global Leadership: Priorities For 21st Century Defense* (Washington DC: Department of Defense, January 5, 2012).

_____, *Defense Budget Priorities and Choices* (Washington DC: Department of Defense, January 26, 2012).

Fingleton, Eamonn, *In the Jaws of the Dragon: America's Fate in the Coming Era of Chinese Hegemony* (New York: Thomas Dunne Books, 2008). 『중국과 미국의 헤게모니 전쟁』, 이양호 옮김 (서울: 에코리브르, 2010).

Habeeb, William Mark, *Power and Tactics in International Negotiation* (Baltimore: Johns Hopkins University Press, 1988).

Haggard, Stephan and Marcus Noland, *Engaging North Korea: The Role of Economic Statecraft* (Honolulu, Hawaii: East-West Center, 2011).

Herring, George C., *From Colony to Superpower: U.S. Foreign Relations since 1776* (New York: Oxford University Press, 2008).

Ikenberry, G. John, "America in East Asia: Power, markets, and grand strategy," in E. S. Krauss and T. J. Pempel (eds.), *Beyond Bilateralism: U. S.- Japan Relations in the New Asia-Pacific* (Stanford, Cal.: Stanford University Press, 2004).

Johnston, Alastair Iain and Robert Ross (eds.), *Engaging China: The Management of an Emerging Power* (New York: Routledge, 1999).

Kennedy, Paul, *The Rise and Fall of the Great Powers: Economic Change and Military Conflict from 1500 to 2000* (New York: Random House, 1987). 『강대국의 흥망』, 이왈수 외 옮김 (서울: 한국경제신문사, 1989).

Kim, Samuel, *The Two Koreas and the Great Powers* (Cambridge: Cambridge University Press, 2006).

Kindleberger, Charles P., *The World in Depression, 1929-1939* (Cal.: University of California Press, 1973). 『대공황의 세계』, 박명섭 옮김 (서울: 부키, 1998).

Kissinger, Henry, *Diplomacy*, paperback (New York: Simon & Schuster, 1994).

_____, *Does America Need a Foreign Policy?: Toward a Diplomacy for the 21st Century* (New York: Siman&Schuster, 2001).

Lampton, David M., "China's Rise in Asia Need Not Be at America's Expense," in David Shambaugh (ed.), *Power Shift: China and Asia's New Dynamics* (Berkeley, CA: California University Press, 2005).

Leonard, Mark, *Divided World: The Struggle for Primacy in 2020* (London: Centre for European Reform, 2007).

Mackinder, H. J., *Democratic Ideals and Reality: A Study in the Politics of Reconstruction* (London: Constable, 1919).

Mead, Walter R., *Mortal Splendor* (Boston: Houghton Mifflin, 1987).

Mearsheimer, John J., *The Tragedy of Great Power Politics* (New York: W. W. Norton and Company, 2001).

Modelski, George, *Long Cycles in World Politics* (Seattle: Univ. of Washington Press, 1985).

National Intelligence Council, *Global Trends 2025: A Transformed World* (Washington DC: US Government Printing Office, 2008).

Ning, Lu, "The Central Leadership, Supraministry, Coordinating Bodies, State Council Ministries, and Party Departments," in David M. Lampton (ed.), *The Making of Chinese Foreign and Security Policy in the Era of Reform* (Berkeley: University of California Press, 2001).

Olson, Mancur, *The Rise and Decline of Nations: Economic Growth, Stagflation, and Social Rigidities* (New Haven: Yale University Press, 1982). 『국가의 흥망성쇠』, 최광 옮김 (서울: 한국경제신문사, 1990).

Pero, Mario Del., *The Eccentric Realist: Henry Kissinger and the Shaping of American Foreign Policy* (Ithaca: Cornell University Press, 2009).

Pritchard, Chalres L. and John H. Tilelli Jr., *U.S. Policy Toward the Korean Peninsula* (New York: Council on Foreign Relations, 2010).

Pyle, Kenneth B., *The Japanese Question: Power and Purpose in a New Era* (Washington DC: AEI Press, 1996).

_____, *Japan Rising: The Resurgence of Japanese Power and Purpose* (New York: Century Foundation Books, 2007). 『강대국 일본의 부활』, 이종삼 옮김 (파주: 한울, 2008).

_____, *The Japanese Question: Power and Purpose in a New Era* (Washington DC: AEI Press, 1996).

Rozman, Gilbert (ed.), *East Asian National Identities: Common Roots and Chinese Exceptionalism* (Stanford, CA: Stanford and Woodrow Wilson Center Press, 2012).

Schmitt, Gary J. (ed.), *The Rise of China: Essays on the Future Competition* (New York: Encounter Books, 2009).

Shirk, Susan L., *China: Fragile Superpower* (Oxford: Oxford University Press, 2007). 『판도라의 상자 중국』, 강준영, 장영희 옮김 (서울: HUEBOOKs, 2013).

Snyder, Scott, *China's Rise and the Two Koreas: Politics, Economics, Security* (Boulder, CO: Lynne Rienner Publisher, 2009).

Sutter, Robert, "China's Regional Strategy and Why It May Not be Good for America," in David Shambaugh (ed.), *Power Shift: China and Asia's New Dynamics* (Berkeley, CA: California University Press, 2005).

Weathersby, Kathryn, "Stalin and the Korean War," in Leffler and Painter (eds.), *Origins of the Cold War: an international history* (New York: Routledge, 1994).

Wells, H. G., *The Outline of History* (New York: The Macmillan Company, 1921).

• 학술 논문 및 자료

김용민, 「조어군도와 센카쿠열도: 중국과 일본의 전략적 충돌이 가진 함의」, 『국제지역연구』, 제15권 제3호 (2001. 가을): 175~198쪽.

남창희, 「일본의 국제안보공헌론의 구체화 과정에 대한 연구」, 『21세기정치학회보』, 제19집 제2호 (2009. 9): 461~482쪽.

박병환, 「코리아 선언에 담긴 러시아의 고민과 우리의 대응」, 『법학논고』, 제33
집 (2010. 6): 151~198쪽.

박철희, 「한일갈등의 반응적 촉발과 원론적 대응의 구조」, 『한국정치외교사논
총』, 제29집 제2호 (2008. 2): 323~348쪽.

백동인, "한러관계 17년: 불균형 대칭외교", 서울대 세미나 (2008. 1).

손열, 「일본의 21세기 동맹전략: 권력이동, 변환, 재균형」, 『EAI 국가안보패널
(NSP) 보고서』제34호 (서울: 동아시아연구원, 2009).

안두환, "19세기 후반 영국의 대미 인식: 미중 관계에 대한 함의", (2014. 11).

이동준, 「1960년 미일 '한국 밀약'의 성립과 전개」, 『외교안보연구』, 제6권 제2호
(2010. 12): 137~166쪽.

이선진, 「메콩강 유역개발계획과 중국·일본의 경쟁: 중국의 남하전략과 일본의
서진전략」, 『동아시아브리프』, 제5권 제1호 (2010. 2): 56~62쪽.

전재성, "남북관계의 현황과 한국의 외교전략", 서울대 행정대학원 『정책&지식』
포럼 발표 (2015. 3. 30).

조민, 「동아시아 국제정세의 변화와 한반도: 미중갈등과 표류하는 한반도」, 『평
화재단 제43차 전문가포럼』 (평화재단, 2010).

주승호, "Putin's Russia and the Korean Peninsula: Nuclear Proliferation,
Power Succession, and Trilateral Economic Cooperation", 동북아공동체
연구회 제15회 전문가정책포럼 발표논문 (2010. 6. 30).

주평, 「중북관계에서의 동맹요소: 변화와 조정」, 국가안보전략연구소, 『북중우호
협조 및 상호원조조약과 한미동맹 자료집』 (2011. 9. 1).

Ahearn, Raymond J., James K. Jackson, Derek E. Mix, and Rebecca M.
Nelson, "The Future of the Eurozone and U.S. Interests," *CRS Report
R41411* (January 17, 2012).

Armacost, Michael H. and Kenneth B. Pyle, "Japan and the Unification of
Korea: Challenges for U.S. Policy Coordination," *NBR Analysis*, Vol. 10
No. 1 (1999).

Bader, Jeffrey A., "U.S. Policy: Balancing in Asia, and Rebalancing to Asia,"
India–U.S. Policy Memo (The Brookings Institute, September, 2014).

Brzoska, Michael, "Trends in Global Military and Civilian Research and Development and their Changing Interface," in *Proceedings of the International Seminar on Defence Finance and Economics* (New Delhi, India) (November 13-15, 2006).

Cha, Victor, "Power Play: Origins of the U.S. Alliance System in Asia," *International Security*, Vol. 34 No. 3 (2009/2010).

Clinton, Hillary R., "America's Pacific Century," *Foreign Policy*, Vol. 189 (November, 2011).

Cohen, Elliot A., "History and the Hyperpower," *Foreign Affairs*, Vol. 83 No. 4 (July/August, 2004).

Dillon, Dana R., "Countering Beijing in the South China Sea," *Policy Review*, Vol. 167 (June/July, 2011).

Shen Dingli, "North Korea's Strategic Significance to China," *China Security*, Vol. 4 (Autumn, 2006).

Doran, Charles F. and Wes Parsons, "War and the Cycle of Relative Power," *American Political Science Review*, Vol. 74 No. 4 (December, 1980).

Drew, Elizabeth, "The Neocons in Power," *New York Review of Books* (June 12, 2003).

Drezner, Daniel W., "The New New World Order," *Foreign Affairs*, Vol. 86 No. 2 (March/April, 2007).

The Economist, "Friend or Foe? A Special Report on China's Place in the World," *The Economist Special Report* (December 4, 2010).

_____, "Germany: Europe's Reluctant Hegemon," *The Economist Special Report* (June 15, 2013).

Economy, Elizabeth, "Don't Break the Engagement," *Foreign Affairs*, Vol. 83 No. 3 (May/June, 2004).

Fargo, Thomas, "The Military Side of Strategic Rebalancing," *Asia Policy*, Vol. 14 (July, 2012).

Friedberg, Aaron, "Ripe for Rivalry: Prospects for Peace in a Multipolar Asia," *International Security*, Vol. 18 No. 3 (winter, 1993/1994).

Fukuyama, Francis, "The End of History," *National Interest*, Vol. 16 (summer, 1989).

Goldstein, Avery, "Great Expectations: Interpreting China's Arrival," *Interna-*

tional Security. Vol. 22. No. 3 (winter, 1997/1998).

Harris, Thobias, "Japan's Own Worst Enemy?" *Foreign Policy* (May 23, 2013).

Jackson, Van, "Putin and the Hermit Kingdom: Why Sanctions Bring Moscow and Pyongyang Closer Together," *Foreign Affairs* (January/February, 2015).

Johnston, Alastair Iain, "Is China a Status Quo Power?", *International Security*, Vol. 27 No. 4 (spring, 2003).

Kan, Shirley A., *U.S.-China Military Contacts: Issues for Congress*, CRS Report RL32496 (Washington DC: Congressional Research Service, 2012)

Kaplan, Robert D., "The Geography of Chinese Power: How Far Can Beijing Reach on Land and at Sea?", *Foreign Affairs*, Vol. 89 No. 3 (May/Jun, 2010).

Kissinger, Henry, "Keynote Address: Power Shifts and Security," *The 8th IISS Global Strategic Review: Global Security Governance and the Emerging Distribution of Power*, Geneva (September 10, 2010).

Ladislaw, Sarah O., David Pumphrey, Molly A. Walton, and Michelle Melton, "The Shifting Geopolitics of Natural Gas," *CSIS* (July 26, 2013).

Lambakis, Steven, James Kiras, and Kristin Kolet, *Understanding "Asymmetric" Threats to the United States*, Fairfax, VA: National Institute for Public Policy (September, 2002).

Lawrence, Robert Z., "China and the Multilateral Trading System," *NBER Working Paper Series* 12759 (December, 2006).

Leonard, Mark, "Four Scenarios for the Reinvention of Europe," *European Council on Foreign Relations*, Essay 43 (November, 2011).

Lieberthal, Kenneth, "China's Strategies and Goals toward Northeast Asia," *Asia Policy*, Vol. 3 (January, 2007).

_____, and Wang Jisi, "Addressing US–China Stregetic Distrust," The Brookings Institution (March, 2012). http://www.brookings.edu/~/media/research/files/papers/2012/3/30%20us%20china%20lieberthal/0330_china_lieberthal.pdf

Matray, James, "Dean Acheson's National Press Club Speech Reexamined," *Journal of Conflict Studies*, Vol. 22 No. 1 (spring, 2002).

Mead, Walter R., "The Return of Geopoltics," *Foreign Affairs* (May-June,

2014).

Miller, Manjari Chatterjee, "India's Feeble Foreign Policy," *Foreign Affairs* (May-June, 2013).

Mitchell, A. Wess, and Jakub Grygiel, "The Vulnerability of Peripheries," *American Interest*, Vol. 6 No.4 (March/April, 2011).

Papayoanou, Paul A., and Scott L. Kastner, "Sleeping with the (potential) enemy: assessing the US policy of engagement with China," *Security Studies*, Vol. 9 Issue 1-2 (1999): pp.157~187.

Philippon, Thomas, "The Evolution of the US Financial Industry from 1860 to 2007: Theory and Evidence," *NBER Working Paper* (13405) (2008).

PwC Economics, "World in 2050: The BRICs and beyond: prospects, challenges, and opportunities," (January, 2013).

Scheiber, Noam, "Peking Over Our Shoulder," *The New Republic* (September 15, 2009).

Schroeder, Gerhard, "Agenda 2010 — The Key to Germany's Economic Success," (April 23, 2012). http://www.social-europe.eu/2012/04/agenda-2010-the-key-to-germanys-economic-success/

Shambaugh, David, "Containment or Engagement of China? Calculating Beijing's Responses," *International Security*, Vol. 21 No.2 (1996).

Thompson, Derek, "The Economic History of the Last 2000 Years in 1 Little Graph," (June 20, 2012).

Thompson, Drew, "Chinese Investors and North Korea's Future," Paper presented at 2010 Northeast Asia Future Forum: Challenges and Opportunities for the Establishment of East Asian Community (Beijing, China), (August 2, 2010).

Trenin, Dmitri, "Russia Leaves the West," *Foreign Affairs* (July/August, 2006).

Walt, Stephen M., "Two Cheers for Clinton's Foreign Policy," *Foreign Affairs* (March/April, 2000).

Whiting, Allen S., "Chinese Nationalism and Foreign Policy After Deng," *The China Quarterly*, No. 142 (1995).

Yoon, Young-Kwan, *Political Economy of Foreign Investment and Productivity: A Historical Observation and Industry-Specific Case Studies*, Ph.

D Dissertation, The Johns Hopkins University, SAIS (1987).

_____, "Power Cycle Theory and the Practice of International Relations," *International Political Science Review*, Vol. 24 No. 1 (2003).

Zoellick, Robert, "Whither China: From Membership to Responsibility?", *NBR Analysis*, Vol. 16 No. 4 (2005).

• 언론 매체

『경향신문』

『노동신문』

『노컷뉴스』

『동아일보』

『매일경제』

『문화일보』

『연합뉴스』

『SBS뉴스』

『MBC뉴스』

『조선일보』

『중앙일보』

『한겨레』

『한국경제』

『한국일보』

AP

BBC

Bloomberg News

Boston Globe

China Daily

CNN

The Daily Beast

The Diplomat

The Economist

Financial Times

Geopolitical Weekly

The Hindu

International Herald Tribune

The New Republic

New York Review of Books

The New York Times

People's Daily

Project Syndicate

Reuters

The State

The Times

Voice of America

The Wall Street Journal

Want China Times

The Washington Post

The Week

• 인터넷 사이트

국제통화기금(IMF), http://www.imf.org/

러시아 외무부, http://www.mid.ru/

미국 백악관, http://www.whitehouse.gov/

미국 의회예산처(U. S. Congressional Budget office), http://www.cbo.gov/

세계분쟁현황(WoWW), http://www.kida.re.kr/woww/

세계은행 데이터베이스(The World Bank Data), http://data.worldbank.org/

스톡홀름 국제평화연구소(SIPRI), http://www.sipri.org/

유럽연합(European Union), http://europa.eu/

EconStats, http://www.econstats.com/

조선왕조실록, http://sillok.history.go.kr/

중국 외교부, http://fmprc.gov.cn/
통일부 북한정보포털, http://nkinfo.unikorea.go.kr/
국가통계포털, http://kosis.kr/
한국무역협회 무역통계, http://stat.kita.net/

• 인터뷰

세계경제및국제관계연구소 니콜라이 코솔로포프(Nikolai Kosolapov) 박사와의
    인터뷰, 2009년 8월 23일.

외교의 시대

외교의 시대

지은이 **윤영관**

서울대학교 정치외교학부 교수이다. 2003~2004년 외교통상부 장관을 지냈다. 서울대학교 문리대 외교학과를 졸업하고 동대학원에서 석사학위를 받았고, 미국 존스홉킨스대학교 국제관계대학원 (SAIS)에서 패권국 권력이 쇠퇴하는 경제적 메커니즘에 관한 역사 및 사례 연구로 국제정치학 박사학위를 받았다. 이후 캘리포니아대학교 데이비스캠퍼스에서 3년간 조교수를 지냈으며, 1990년부터 서울대학교 외교학과로 옮겨 학생들을 가르치며 국내 학계에 국제정치경제학을 소개해 왔다. 한국 정치경제의 미래 대안을 연구하는 싱크탱크인 '미래전략연구원'과 북한 및 통일 문제를 다루는 '한반도평화연구원'을 설립하여 운영했다. 2011년부터 2012년까지 아세안+3(ASEAN+3)의 자문기구인 동아시아비전그룹 II(EAVG II)의 공동의장을 역임했다. 지은 책으로 『전환기 국제정치경제와 한국』(1996년), 『21세기 한국정치경제모델』(1999년) 등이 있다.

외교의 시대
한 반 도 의 길 을 묻 다

발행일	2015년 11월 10일(초판 1쇄)
	2023년 4월 20일(초판 11쇄)
지은이	윤영관
펴낸이	이지열
펴낸곳	미지북스

서울시 마포구 서교동 468-3 401호
우편 번호 04003
전화 070-7533-1848 팩스 02-713-1848
mizibooks@naver.com
출판 등록 2008년 2월 13일 제313-2008-000029호

책임 편집	김대수
출력	상지출력센터
인쇄 제본	한영문화사

ISBN 978-89-94142-45-6 03340
값 20,000원

· 블로그 http://mizibooks.tistory.com
· 트위터 @mizibooks
· 페이스북 http://facebook.com/pub.mizibooks